天津市哲学社会科学重点学科建设工程
滨海新区开发开放研究系列丛书

滨海新区开发开放与综合配套改革

郝寿义　吴敬华　曹达宝　主编

南开大学出版社

天　津

图书在版编目(CIP)数据

滨海新区开发开放与综合配套改革 / 郝寿义等著.—天津：
南开大学出版社,2012.4
(滨海新区开发开放研究系列丛书)
ISBN 978-7-310-03856-5

Ⅰ.①滨… Ⅱ.①郝… Ⅲ.①经济开发区－经济体制
改革－研究－天津市 Ⅳ.①F127.21

中国版本图书馆 CIP 数据核字(2012)第 056898 号

南开大学出版社出版发行
出版人:孙克强
地址:天津市南开区卫津路 94 号 邮政编码:300071
营销部电话:(022)23508339 23500755
营销部传真:(022)23508542 邮购部电话:(022)23502200
＊
天津市蓟县宏图印务有限公司印刷
全国各地新华书店经销
＊
2012 年 4 月第 1 版 2012 年 4 月第 1 次印刷
787×960 毫米 16 开本 35 印张 4 插页 503 千字
定价:68.00 元

如遇图书印装质量问题,请与本社营销部联系调换,电话:(022)23507125

序　言

　　党中央、国务院高度重视天津滨海新区的开发开放,邓小平、江泽民、胡锦涛等中央领导同志多次视察滨海新区,为新区的发展作出许多重要指示。2005年10月召开的党的十六届五中全会,将"推进天津滨海新区开发开放","带动区域经济发展"写入国家"十一五"规划建议,这标志着天津滨海新区纳入国家整体发展战略,成为中国经济发展的第三增长极。2006年5月,国务院批准天津滨海新区为国家综合配套改革试验区,并作出《国务院关于推进天津滨海新区开发开放有关问题的意见》。2010年10月,党的十七届六中全会再次将天津滨海新区写入国家"十二五"规划的建议,要求"更好发挥天津滨海新区在改革开放中先行先试的重要作用"。在这期间,胡锦涛总书记视察天津和听取天津工作汇报时又先后提出了"要当好一个排头兵"、"两个走在全国前列"、"四个着力"、"五个下功夫见成效"、"四个注重"等一系列重要要求,为天津滨海新区的开发开放指明了方向。

　　市委、市政府认真贯彻中央的要求,将加快滨海新区改革开放与发展作为落实好国家发展战略,带动区域经济发展和天津加快发展重要战略任务,始终紧紧抓住不放,全力以赴抓出成效。在市委的领导下,天津社科界充分认识到,在当今国际国内经济发展复杂多变的形势下,加强对滨海新区开发开放这一重大理论和实践问题的研究,是必须承担起的重大历史责任。经市委批准,市哲学社会科学规划领导小组办公室决定把滨海新区开发开放纳入市哲学社会科学重点学科建设工程项目,自2006 年开始拨专款资助研究,滨海新区区委、区政府,原滨海新区管委会对此大力支持,每年拨出专款作为研究的配套资金,开始了对滨海新区发展方向、发展战略以及综合配套改革等重大问题思路的研究。

在研究指导思想上,坚持以邓小平理论、"三个代表"重要思想为指导,深入贯彻科学发展观,将滨海新区作为贯彻落实科学发展的排头兵加以落实;坚持理论与实践相结合,把滨海新区改革发展的规律性研究与新区建设的实际要求紧密联系起来,把普遍研究与重点探讨相结合,不断推动研究的深度;坚持自主研究与利用外脑相结合,既建立自己的研究队伍,同时吸引国家和我市各类研究机构、大专院校的专家学者共同研究滨海新区,提高课题研究的适用性和深度。

在组织形式上,滨海新区开发开放课题研究采取首席专家负责制。首席专家为原市委副秘书长、研究员吴敬华,市人大财经委主任委员曹达宝,滨海新区管委会副主任、天津滨海综合发展研究院院长、南开大学教授、博士生导师郝寿义。首席专家决定课题的设立、研究力量的配备、研究成果验收等重大事项;成立课题研究工作的协调组,负责按照首席专家和市社科规划办的要求,做好组织评审论证、监督研究进度、落实手续经费等课题研究辅助工作;建立课题研究的课题组,设牵头人、联系人和参加人,牵头人负责组织课题调研和撰写报告,对课题研究工作全权负责。

在程序安排上，滨海新区开发开放课题研究分为选题、课题立项、调研撰稿、验收结项几个阶段来开展。选题阶段坚持围绕与滨海新区经济、社会、改革、开放密切相关的重点、难点、热点问题，确定子课题题目，请有关领导同志、高校及科研院所学术带头人、相关领域著名专家担任课题负责人，以年为周期进行调研研究；立项阶段，课题组就所承担选题的研究意义、主要内容、提纲框架进行论证，明确参与人员和经费预算，报市社科规划办审批立项，签署项目合同书；调研撰稿阶段，定期召开滨海新区开发开放研讨会，邀请相关领域专家提出改进建议，对课题研究开展情况进行汇报和检查，对未能按计划进度开展的课题采取相应措施督促；结项验收阶段，委托相关领域资深专家对课题研究成果进行鉴定，通过鉴定的办理结项手续。

时至今日，滨海新区开发开放课题研究已连续开展了5年，累计完成课题达63个，内容涵盖滨海新区落实国家功能定位、综合配套改革、区域经济合作、产业发展、社会管理、金融创新、涉外经济、科技创新、功能区建设等重点领域，受到市及新区机关研究部门、高校及科研院所、市社会科学理论界的大力支持和直接参与，取得了大量富于决策参考价值的研究成果。这些研究成果受到了市委、市政府、区委、区政府领导的充分肯定，发挥了顾问咨询作用，在社会上产生很大反响。课题报告通过专报件报领导参阅，多次获得市领导、区领导的批示或批转，并大量以论文、专著形式公开发表，多个课题报告荣获市级各类评奖奖项。

日前，已将历年课题研究成果修编整理，出版了这套滨海新区开发开放研究系列丛书。此套丛书是目前国内专门研究滨海新区体系最完整、内容最丰富、水平最高的专著合集，希望它的出版能够对滨海新区开发建设和理论政策研究有促进作用,对政府有关决策部门有借鉴咨询作用。同时,我们也期待广大理论和实际工作者进一步深化和扩展对滨海新区的研究,产生更多更好的研究成果。

肖怀远

2012年3月26日

前　言

　　新世纪新阶段,党中央、国务院把天津滨海新区的开发开放上升为国家战略。滨海新区加快开发开放肩负着国家赋予的三大历史使命。一是实施国家重大发展战略。加快转变经济发展方式,构筑高端高质高新化的现代产业体系,整合区域发展要素,强化服务辐射功能,发挥区域增长极作用,带动环渤海乃至我国北方地区的快速发展,打造提升我国区域经济发展的第三大板块。二是综合配套改革先行先试。在改革开放进入攻坚期,深层次体制机制矛盾和问题日益突出的形势下,在事关经济社会全面协调可持续发展的重点领域和关键环节,探索破解之道、创新举措,从而形成经验范式;率先基本建立以自主能动的市场主体、统一开放的市场体系、精简高效的行政体制、科学高效的调控机制、公平合理的保障体系、完备规范的法制环境为主要特征的、完善的社会主义市场经济体制。三是加快成为深入贯彻落实科学发展观的排头兵。探索二、三产业互补、内外需并举、经济社会环境和谐的科学发展模式,形成符合时代要求、具有新区特色的发展经验,探索新形势下我国区域全面协调可持续发展的实现路径。这就要求我们高度重视滨海新区开发开放的研究工作,把研究作为滨海新区开发开放整体工作的重要组成部分,认真抓紧抓好。

　　滨海新区开发开放研究不同于一般的社科研究,它的思路要新,起点要高,立意要深,眼界要远。在研究内容上,要以实施国家发展战略,推进滨海新区开发开放为目标,以贯彻科学发展观、建设和谐社会为宗旨,以推动综合配套改革为重点,以解决实际问题的方案研究和工作可行性研究为主要形式,突出研究的全局性、前瞻性和务实性,深入探索滨海新区开发开放的规律性,提出滨海新区加快发展、实现新跨越的战略措施。在研究力量上,鉴于研究的综合性,一个单位、一个系统、一个院校、一两个学科单独完成是不可能的,要集全市社科研究界之力,做好总体规划、任务分工、科学整合、积极转化等一系列工作。在成果应用上,特别强调研究成果的宣传和转化工作,直接为市委、市政府和滨海新区区委、区政府科学决策服务。

天津市委、市政府对滨海新区开发开放研究工作高度重视,2005 年 9月,市社科规划办把滨海新区开发开放研究作为天津市哲学社会科学重点学科建设工程项目,成立了以时任市委副秘书长、市委财经办主任的吴敬华同志,市委副秘书长、市委研究室主任的曹达宝同志和滨海新区管委会副主任、天津滨海综合发展研究院院长的郝寿义同志为首席专家的项目课题组。项目采取滚动式立项和资助的方法,一年一规划,连续 5 年。市社科规划办将项目纳入日常重点管理之列,严格管理,及时指导,主动服务,保证这项工作善始善终,确获实效。

其后,在市委宣传部、滨海新区区委、区政府,原滨海新区管委会的领导下,市社科规划办、天津滨海综合发展研究院开展了卓有成效的工作,针对新区开发开放和综合配套改革亟待解决的重大理论和实际问题,广泛组织社会各界科研力量,进行了大量的战略和对策研究,取得了很好的效果。

产出了一批研究成果。5 年间累计立项完成了 63 个兼具理论和实用价值的课题报告。《肩负历史使命,做深入贯彻落实科学发展观的排头兵》课题荣获天津市纪念改革开放 30 周年理论征文一等奖;《建设天津东疆保税港区的战略研究报告》课题荣获天津市优秀调研成果一等奖;《关于滨海新区在国家区域发展战略中地位和作用的研究报告》、《关于滨海新区建设全国性产业基金市场的方案研究》、《天津辟建自由贸易港区的研究报告》、《综合配套改革的先行先试与法制建设互动关系的研究》、《滨海新区文化产业发展研究》、《天津市滨海新区公共服务设施规划与建设研究》等一批课题荣获市级各类评奖奖项。历年课题报告共形成百余篇论文在核心期刊上公开发表，部分论文被 CSSCI、CNKI、万方、维普资讯等数据库收录；《中国区域经济发展趋势与总体战略》、《全新定位下京津合作发展研究》等课题的研究成果形成专著并正式出版。持续多年、成体系的课题研究为推进滨海新区开发开放提供了具体的操作方案，积累了扎实的理论基础，在社会上产生了强烈的反响。

起到了决策参考作用。滨海新区开发开放课题成果通过市委研究室、原市委财经办、市政府研究室、天津滨海综合发展研究院的专报件报我市及滨海新区领导参阅，得到了充分肯定。《天津建设国家级环保型石化产业基地研究报告》、《关于设立和发展渤海产业基金的研究报告》、《建设天津东疆保税港区的战略研究报告》、《天津辟建自由贸易港区的研究报告》、《关于天津东疆保税港区发挥政策辐射作用的研究》、《关于滨海新区打好开发开放攻坚战的研究》等课题研究成果得到了戴相龙、黄兴国、何立峰、杨栋梁等市领导同志的高度重视和重要批示。这些紧密联系实际的针对性研究及时为领导提供决策咨询，对提升滨海新区开发开放水平起到了重要的支撑作用。

形成了一支研究新区的队伍。滨海新区开发开放研究受到市及新区机关单位、高校及科研院所、市社会科学理论界、相关企事业单位的大力支持和直接参与。参与单位包括：天津市委办公厅、天津市委宣传部、天津市委研究室、原天津市委财经办、天津市政府研究室、天津市发展和改革委员会、天津市财政局、天津市经济和信息化委员会、天津市科学技术委员会、天津市政府法制办公室、天津市人大财经委、天津市政协、天津市高级人民法院、天津市人民检察院、天津海关、天津出入境检验检疫局、天津市银监局、天津外汇管理局、原滨海新区工委办公室、原滨海新区工委宣传部、原滨海新区工委组织部、原滨海新区管委会研究室、原滨海新区管委会投融资局、原滨海新区管委会综合配套改革办公室、滨海新区区委宣传部、滨海新区政府办公室、滨海新区国土与规划管理局、滨海新区民政局、滨海新区教育局、滨海新区卫生局、滨海新区文广电局、滨海新区纪

委、塘沽工委、管委会、原塘沽区委、区政府、汉沽工委、管委会、原汉沽区
委、区政府、大港工委、管委会、原大港区委、区政府、天津经济技术开发区
管委会、天津港保税区管委会、天津滨海高新区管委会、原天津高新技术
产业园区管委会、天津海洋高新技术开发区管委会、天津东疆保税港区管
委会、滨海新区中心商务区管委会、中新生态城管委会等机关单位;天津
滨海综合发展研究院、南开大学、天津大学、天津市委党校、天津财经大
学、天津师范大学、天津理工大学、天津城建学院、天津职业技术师范大
学、天津工业大学、天津科技大学、天津商业大学、天津财贸干部管理学
院、清华大学、北京大学、中国民航大学、中国政法大学、首都经贸大学、河
北联合大学、河北工业大学、天津市租赁行业协会、中国租赁业研究中心、
天津市经济发展研究所、天津港航发展研究中心、天津城市规划设计院、
天津市教科院等高校及科研院所;天津港(集团)有限公司、国家开发银行
天津分行、天津泰达控股有限公司、天津天保控股有限公司、天津海泰控
股集团有限公司、天津滨海快速交通发展有限公司、天津泰达集团有限公
司、天津市房地产开发经营集团、天港建设开发有限公司、金诺律师事务
所、长丰律师事务所等企事业单位。来自上述单位的千余人次研究人员
参与课题的设计、调研、写作、论证,形成了一支关注新区、了解新区、扎根
新区、研究新区的专家学者队伍,为滨海新区研究工作的进一步深入开展
积蓄了力量、培养了人才。

　　打造一个新区研究工作平台。以历年滨海新区开发开放研究项目为
依托,天津滨海综合发展研究院与天津市社会科学界联合会每月举办"滨
海新区开发开放研讨会",围绕事关滨海新区开发开放的长远发展战略和
亟待解决的现实问题,邀请承担相关研究课题的专家作专题报告,开展研
讨。截至2011年底,"滨海新区开发开放研讨会"已成功举办30多次,参
会人员包括市委、市政府、市人大、市政协和市发改委、市经信委、市金融
办,滨海新区区委、区政府各委办局,各功能区、管委会等有关部门负责同
志和全市十余所高校和科研机构的专家学者。"滨海新区开发开放研讨
会"已成为天津市社科界了解研究滨海新区开发开放的重要阵地。

　　为更好发挥研究成果在推进天津市发展和滨海新区开发开放中的作

用，我们把历年结项的课题报告缩编整理，以滨海新区开发开放研究系列丛书的形式呈现给各位读者。这套丛书围绕区域、产业、社会、改革、开放专题由 5 本书组成，分别为《滨海新区开发开放与区域发展》、《滨海新区开发开放与产业发展》、《滨海新区开发开放与社会管理》、《滨海新区开发开放与综合配套改革》、《滨海新区开发开放与涉外经济》，收录了全部 63 篇课题报告，共计 200 万字左右。

希望这些研究成果对进一步深化研究滨海新区开发开放的伟大实践能够发挥示范效应，这也是对所有参研同志常年来坚持关注滨海新区、研究滨海新区的最好的回报。同时也希望这些研究成果能够对中国许多新兴经济区域的管理者、研究者有所启迪、以资借鉴。最后，本套丛书付梓之时恰逢党的十八大召开在即，希望以此研究的丰硕成果来迎接党的十八大，迎接天津市及滨海新区科学发展、和谐发展、率先发展的美好明天！

内容提要

　　本书为滨海新区开发开放与综合配套改革专题，重点研究了滨海新区综合配套改革发展战略、制度保障、金融改革专项、其他改革专项四个方面的内容，共收录了十三篇课题。

　　滨海新区综合配套改革战略研究方面，收录了《天津滨海新区建设国家综合配套改革试验区研究》一篇课题。该课题在对国家综合配套改革试验区背景、内涵和特征进行界定的基础上，构建了通过微观主体行为分析国家综合配套改革试验区的理论模型，从指导思想、运行实践、建设目标、功能作用等方面对国家综合配套改革试验区进行研究，提出了经济、政治、文化等六个层面的评价指标体系。最后，围绕滨海新区建设国家综合配套改革试验区的目标任务设计了具体的改革切入点。

　　滨海新区综合配套改革制度保障研究方面，收录了三篇课题。《综合配套改革机制的研究》在阐述改革机制的概念、属性、本质、类型和作用的基础上，通过对改革要素和改革过程的解析构建了研究改革机制的理论模型，进而运用模型对以往改革和综合配套改革进行分析，并提炼出我国综合配套改革试验区机制构建的总体特征，总结了浦东新区、深圳、滨海新区等综合配套改革试验区机制构建的成功经验,重点分析了滨海新区综合配套改革面临的突出问题,提出了有针对性的改进建议。《综合配套改革的先行先试与法制建设互动关系的研究》运用现代制度经济学和法经济学的一般原理,从制度创新需求与供给的角度,对国家综合配套改革先行先试与法制建设互动关系进行理论分析。以深圳经济特区为典型案例,通过对其改革制度创新与法制建设的历史演进过程的系统梳理,对综合配套改革先行先试与法制建设互动关系进行实证分析。最后,结合天津滨海新区的实际,就加强法制建设,推动和保障综合配套改革先行先试提出相应的政策建议。《天津滨海新区综合配套改革司法保障研究》在对我国综合配套改革与法治建设各要素的内在联系进行全面分析的基础上,进而阐述了司法对综合配套改革保障的重要性,并以滨海新区为例,着重对其综合配套改革实践中,特别是滨海新区行政管理体制改革过程中所遇到的司法组织体系建设问题进行实证分析,在此基础上就如何加强滨海新区综合配套改革司法保障提出了相应的对策建议。

滨海新区金融改革专项研究方面,收录了六篇课题。《关于设立和发展渤海产业基金的研究报告》系统地阐述了产业投资基金的涵义、分类、特征和功能,分析了国外私募股权和国内产业基金的发展现状、运作模式、法律规范,从组织形式、募集方式、管理模式、交易方式、治理结构、投资方向、投资策略、运作流程、风险控制、利益协调等方面,对渤海产业基金试点进行了系统、完整的方案设计,具体提出了提出渤海基金试点运作以及进一步推进我市产业投资基金行业发展的对策思路和建议。《深化滨海新区综合配套改革　加快产业投资基金市场建设》介绍了滨海新区产业基金市场发展现状,分析了在法律保障、政策支持、投资运作等方面存在的问题,阐述了产业基金市场的内涵特征、功能定位和形成条件。在此基础上,为促进产业基金发展、提高投资者素质、保障市场规范运作、拓展基金发行交易和投资退出渠道,提出了营造发展环境、培育投资者、完善监管体系、建立 OTC 市场等一系列建设滨海新区全国性产业基金市场的对策建议。《滨海新区开发建设金融服务区的研究》借鉴纽约华尔街、伦敦金融城、香港中环、上海陆家嘴等著名金融服务区开发建设经验,确定于家堡金融服务区的功能定位,系统研究了于家堡金融服务区的发展模式与中长期发展方向,详细讨论了于家堡金融服务区的软环境建设中的工作重点、发展策略和保障措施,创造性地提出了建立 OTC 市场体系、成立"天津期权交易所"和"天津外汇衍生品交易所"、完善风投退出机制、开展商业银行综合性服务等开展金融创新的具体内容建议。《关于滨海新区建设中国融资租赁产业基地的研究》对中国融资租赁产业发展的现状、面临的问题、未来发展趋势进行分析,指明新区所具备的建成融资租赁产业基地的基本条件,在此基础上提出滨海新区融资租赁产业基地总体规划、推进措施和保障措施。《滨海新区基础设施投融资体制改革的研究报告》通过研究我国投融资体制改革有关政策、方针和发展趋势,以及国内外的成功做法和经验,结合滨海新区的创新实践和投融资现状、特点和未来发展需求,比较深入地探讨了滨海新区基础设施投融资改革的主要目标、方向、路径、突破重点和战略举措。提出了把基础设施投融资体制改革纳入综合配套改革试点、进一步放开基础设施投资建设运营市场、积极开展融资创新、为投融资体制改革创造更好条件等四个方面的对策建议。《滨海新区城市轨道交通投融资模式创新及资产证券化研究》从经济学角度对轨道交通产业进行分析,明确了其准公共产品的定位和外部性、规模经济性、时空局限性等经济特征,并对城市轨道交通涉及的利益关系进行系统分析,对其社会经济效益进行估算分析。随后,在比较借鉴国内外标杆城市轨道交通投融资模式的基础上,提出了滨海新区发展城市轨道交通的思路和投融资模式创新建议。最后,借鉴国内轨道交通资产证券化实务操作案例,提出了滨海新区轨道交通既有线路及新线建设的投融资模式。

滨海新区其他改革专项研究方面,收录了三篇课题。《滨海新区管理体制创新研究》在探讨行政管理体制改革内涵的基础上,通过分析区域经济发展与管理体制创新的相互作用,整理了我国区域发展管理体制方面的改革探索,重点对滨海新区管理体制的创新实践进行深入研究,在行政体制改革的现实意义、改革的目标思路、历史沿革、主要做法、取得成效等方面做细致分析,并通过借鉴对比上海浦东新区、深圳经济特区及其他主要综合配套改革试验区在行政管理体制改革领域的经验,提出对滨海新区行政管理体制改革的展望。《滨海新区法制建设研究》全面分析滨海新区加强法制建设的重要作用,学习借鉴深圳特区、浦东新区等先进地区法制建设的主要做法与成功经验,回顾总结滨海新区法制建设取得的成绩,深入研究和探讨新形势下滨海新区法制建设面临的新情况新问题新任务,按照滨海新区功能定位的要求,从全面落实国家发展战略的高度,有针对性地提出加快滨海新区法制建设的对策和建议,积极推进依法治区,努力为滨海新区开发开放创造良好的法制环境和法律保障。《天津滨海新区国有企业改革研究》从国有资产出资人的视角出发,从理论上阐述了国外的监管主要模式,从实践上介绍了中央和地方国企改革的实践经验及启示,从现实上全面总结了滨海新区国企改革发展的主要成效和不足,提出了滨海新区国有企业改革的总体思路、方案设计、重点任务和具体举措。

目　录

滨海新区综合配套改革战略　/1

　　天津滨海新区建设国家综合配套改革试验区研究　/3

滨海新区综合配套改革制度保障/49

　　综合配套改革机制的研究　/51

　　综合配套改革的先行先试与法制建设互动关系的研究　/96

　　天津滨海新区综合配套改革司法保障研究　/134

滨海新区金融改革/173

　　关于设立和发展渤海产业基金的研究报告　/175

　　深化滨海新区综合配套改革 加快产业投资基金市场建设　/216

　　滨海新区开发建设金融服务区的研究　/253

　　关于滨海新区建设中国融资租赁产业基地的研究　/294

　　滨海新区基础设施投融资体制改革的研究报告　/338

　　滨海新区城市轨道交通投融资模式创新及资产证券化研究　/376

滨海新区其他改革/421

　　滨海新区管理体制创新研究　/423

　　滨海新区法制建设研究　/462

　　天津滨海新区国有企业改革研究　/502

　　后　记　/541

滨海新区综合配套改革战略

天津滨海新区建设国家综合配套改革试验区研究

【摘要】 在对国家综合配套改革试验区背景、内涵和特征进行界定的基础上,构建了通过微观主体行为分析国家综合配套改革试验区的理论模型,从指导思想、运行实践、建设目标、功能作用等方面对国家综合配套改革试验区进行研究,提出了经济、政治、文化等六个层面的评价指标体系。最后,围绕滨海新区建设国家综合配套改革试验区的目标任务,从"经济市场化、政治民主化、社会和谐化、环境友好型"的视角设计了具体的改革切入点。

一、国家综合配套改革试验区提出的时代背景

2005 年 6 月 21 日召开的国务院常务会议,批准上海浦东新区进行社会主义市场经济综合配套改革试点。时隔一年,2006 年 5 月 26 日,国务院正式批准天津滨海新区成为全国综合配套改革试验区。至此,中国社会经济改革进入了综合配套改革阶段。国家综合配套改革试验区建设和发展将成为这一改革阶段的显著标志。国家综合配套改革的提出,有其深刻的时代背景。

(一)中国应对经济全球化的现实选择

中国经济的增长和发展既是一个大国复兴的过程,即恢复其原来在世界经济体系中的地位;也是一个正在推进的新一轮经济赶超过程,即在社会经济发展各方面缩小与发达国家的差距。而这一过程正处于经济全球化的浪潮之中。在这样的背景下,要想实现民族复兴和赶超的宏伟目标,中国经济必须重新确立其在全球经济分工体系中的强势地位。为此,中国必须积极主动、科学地参与自由贸易基础上的经济全球一体化进程。

为了实现在世界经济体系中的和平发展,中国在"科学发展观"和"和平发展观"基础上,必须对中国的社会经济各方面进行综合配套改革和全面开放,以应对经济全球化和中国对外经济发展格局变化的挑战。而这种综合配套改革应该顺应中国的"渐进式改革"之路,先进行改革的试点。"国家综合配套改革试验区"应运而生,国家综合配套改革试验区的建设承担着与世界经济体制接轨的重任,试验区要加快对不符合 WTO 规则的各种体制障碍进行改革。

(二)中国改革反思和深化的必然选择

中国的改革首先从农村开始,也正是因为城市改革要比农村显得更复杂。中国的城市改革不是突然性地改变旧的结构,而是在旧结构的缝隙中逐渐增加新的元素。城市改革历程中的"浅水区"、"深水区"、"体制内"、"体制外"等说法都形象地说明了改革的渐进式道路。然而,中国的改革成功与否,最终既决定于"体制外"的新因素能否健康成长起来,更决定于"体制内"因素的变迁。中国目前的改革已经进入"深水区","体制内"的保守与僵化阻碍着"体制外"新因素的成长。最近的几年来,"体制内"的因素已经被部分或全部触及和深入,改革进入了"攻坚阶段"。

在改革的攻坚阶段,越来越多的深层次矛盾涌现出来,要求对改革的模式、路径进行反思。当前,中国已经进入了一个受资源、环境、社会矛盾等多重条件约束的新时期;同时,随着中国对外开放向纵深发展,来自外部的挑战趋于严峻。可以说,中国的发展受到了内外部两个环境的约束和影响,发展的模式亟待调整。因此,"国家综合配套改革试验区"的提出,符合中国特色的"渐进式"改革之路,也是中国改革进入"攻坚阶段"的必然结果。

(三)中国落实科学发展观和构建社会主义和谐社会的需求

就宏观经济看,我国经济发展的各项指标中存在"三快"、"三慢",快的是投资、进出口和工业等指标,都是跟物质财富增长有关的;慢的是就业、收入和消费等民生指标。这些都和我们全面建设小康社会这一拥有丰富内涵的目标不吻合。所有这些都表明,我们需要全新的改革思想和经济发展模式。

从"发展是硬道理"到"发展是第一要务",到"科学发展观"和"构建和谐社会",表明中央对发展理念的认识在不断地深化。而且中央对发展的质量要求也不断提高,开始是数量的发展,接着是质量的发展,然后是科学的发展,最后追求的是全社会的和谐发展。"发展"的内涵逐步升华。国家综合配套改革试验区正是我国树立和落实科学发展观、构建和谐社会的现实切入点。也就是说,国家综合配套改革试验区是实现新的经济发展模式的必由之路。

(四)实施全国区域协调发展总体战略的支点

树立和落实科学发展观,实现"五个统筹",其中一个非常重要的问题,就是统筹区域发展。加快滨海新区开发开放,建设国家综合配套改革试验区对于带动我国经济增长"第三极"——以京津冀为核心的环渤海区域经济的发展,改变我国经济"南高北低"、"东快西慢"的格局具有重要的意义,有利于巩固和发展"三驾马车"并驾齐驱、共同带动全国经济更快更好发展的良好局面。

建立国家综合配套改革试验区,是经济整合、产业分工和资源共享的根本途径。从综合配套改革试验区视角分析,区域协调发展,就是要继续发挥各个地区的比较优势,逐步扭转地区差距扩大的趋势,整合资源,形成合力,实现共同发展。显然,滨海新区建设国家综合配套改革试验区是中国区域经济发展新的战略启动点,是推动地区协调平衡发展的重要支点。

二、国家综合配套改革试验区的内涵及其特征

相比开发区、特区等,国家综合配套改革试验区是我国区域经济发展历程中的一个崭新提法,准确把握和界定这一概念的内涵与特征对于建设国家综合配套改革试验区、实现改革的全方位纵深发展有着极为重要的意义。

(一)国家综合配套改革试验区的内涵

目前对于"国家综合配套改革试验区"还没有一个明确的概念。但是从总体上看,至少需要从三个角度来理解国家综合配套改革试验区的含义。第一,"国家层面",指综合配套改革试验区,是在国家直接指导下实施的,其综合配套改革试点要对全国的区域经济发展起到"带动和示范"作用;第二,"综合配套改革层面",指改革不再是若干分散的单项改革,而是综合配套改革,是一项系统性的工程,需要处理好方方面面的交互关系,以期实现多层面、立体式协调发展;第三,"试验区层面",指综合配套改革的"先试、先行",特定的经济区在社会经济与生活的各方面进行改革试验,着眼于"制度创新",以"立"为主,以全面制度建设的方式推进改革。

根据上面的界定,我们认为"国家综合配套改革试验区"的含义应该是:

"顺应经济全球化与区域经济一体化趋势和完善社会主义市场经济体系内在要求,在科学发展观指导下,国家所建立的以制度创新为动力,以全方位改革试点为特征,以科学、和谐、持续、快速发展为表象,对全国社会经济发展带来深远影响的实验区。"

根据上述定义,国家综合改革试验区应该包括以下几方面的具体内涵:

第一,国家综合改革试验区是改革不断深化的体现。正如前面所提到的,中国的改革进入了"攻坚阶段",改革不再停留在农村、城市的分割改革上,也不再仅仅是经济体制改革,而是全方位、立体式的改革。国家综合配套改革试验区的提出,其出发点在于深化改革,其重点内容构成了进一步改革的方向。

第二,国家综合配套改革试验区符合我国进一步扩大开放的现实要求。国家综合配套改革试点的一个标尺,就是发达国家的现有良好经验。当今世界,全球化浪潮已经深入地影响到中国社会经济生活的方方面面。发达国家经历了那么多年的发展,形成了较为完善的市场经济体制和法制等制度。我们的综合配套改革需要在保持特色的基础上,积极借鉴他国经验,寻求与世界经济体系的对接,以便更好地从全球化浪潮中获益。我们不能以表面上的中国"特色"为借口来拒绝世界其他国家的经验和知识。

第三,国家综合配套改革试点是一个试验的过程,国家综合配套改革试验区是社会经济活动改革的实验区。"试验"的特性是国家综合配套改革试验区的最显著的特点。国家综合配套改革试验区应该作为各种改革开放措施以及政治、经济、社会等方面新的举措的试验场。国家综合配套改革试验区应该在全国率先试点各种新型改革措施和现代化模式。在完成试验的基础上,相应的制度创新应该可以向全国相关地区推广、实施。当然,试验就允许有失败,失败的经验、教训,也将作为相关的成果进行积累和总结。

第四,国家综合配套改革试验区的发展历程将是一个制度变迁的过程。这种制度变迁,实质上是一种制度创新过程。这种制度创新体系需要在三个方面着力打造。在市场结构方面,清晰产权,促进要素的优化配置,完善社会主义市场经济;在行为主体方面,培育制度创新主体,发挥地方政府、中介组织等在区域社会经济发展中的推动作用;在文化和意识形态方面,弘扬积极进取、互帮互助等精神,促进社会的和谐发展。

第五,国家综合配套改革试验区的发展是一个"一线多面"的改革历程。综合配套改革的试点,是一个全面的制度创新过程,而不是单一的经济体制改革。制度①不同于体制,体制多指系统,而制度强调的是关系。

---

　　① 这里所说的制度是沿用著名新制度经济学家诺思关于制度的概念,即制度是一系列被制定出来的规则、服从程序和道德、伦理的行为规范。参见:诺思.经济史中的结构与变迁.[M].上海三联书店、上海人民出版社,2003:225—226。

国家综合配套改革试验是一个整体制度创新的过程,是社会经济生活各种关系的重塑。所谓的"一线"指的是"经济发展的主线",发展是硬道理,改革要为发展服务;"多面"是指围绕经济发展这一主线的"社会层面"、"政治层面"、"文化层面"、"环境层面"等。综合配套改革是一个多层面、立体式的关系重塑。

(二)国家综合配套改革试验区的特征

国家综合配套改革试验区不同于之前的"经济特区"和"经济开发区",也不同于农村综合改革试验区,除了具有上述特殊的内涵,还具有其相应的特征。主要表现为:改革的广度不同、改革开放的深度不同以及改革开放的路径不同。国家综合配套改革试验区将不会依赖于特殊的优惠政策,而侧重于自主创新的历程。"先试权"的提出与实践都以区域自身的制度创新为依托,以不侵蚀其他区域,进而带动和影响其他地区的发展为根本。

国家综合配套改革试验区,作为已经开始实践的新生事物,必然有其鲜明的具体特征。

1.国家综合配套改革试验区的主体问题

主体问题对于区域经济发展有着至关重要的作用。在区域经济发展中,要素禀赋和区域主体行为方式起着重要作用。以前的改革中,区域主体大多是地方政府,企业和居民对政府的各项制度进行应急式反应,没有充分发挥主体的自主积极性。现在看来,区域政府、企业和居民都是重要的经济主体,新的综合式改革的重要特征就是各个主体之间关系顺畅和谐,共同推动区域经济的发展。更多地强调多元化区域主体的能动性发挥,替代以前地方政府的单一权力束,明晰的区域主体是国家综合配套改革试验区顺利运行的基础。只有奠定了多元化主体格局,综合改革才能成为一种典型的分享式改革。企业和居民积极参与改革同时分享改革成果和收益。

2.自上而下和自下而上有机结合的改革模式

关于综合配套改革的推动方式,仍有许多人认为应该以地方为主来推动实施,我们的建议是加强自上而下和自下而上的两种推动方式相结合,既在国家层面上要加强对综合配套改革的指导和领导,又要把中央部门的积极性和地方的积极性更好地结合起来,同时还要发挥微观主体企业和居民的能动性,以便更有效地推动改革顺利进行。

从理论上讲,自下而上的发展依赖于微观主体地位的明晰,也就是说只有充分承认企业和居民的主体利益和能动性,才会形成自下而上的发展模式。我们以前更多的是自上而下型的改革,由于信息不对称、能动性单一且薄弱等原因,改革路径中存在大量的不顺畅环节,甚至形成事与愿违的困境。自上而下和自下而上相结合的模式,强调上下的沟通与互动,确保改革中间环节的信息畅通,多元化和多向性的能动力量将更加高效地推进综合配套改革进程。

3. 效率与社会公平关系的有效重塑

改革本质上是利益关系的调整。通过综合配套改革,应该形成一种公平有效的利益调节机制。这种利益调节机制的形成,是构建社会主义和谐社会的重要体制基础。我国改革已经取得重大进展,但传统体制中某些重要环节改革的滞后,制约了公平有效的利益调节机制的建立和完善。在改革初期和经济积累的前期,我们走的是一条非均衡道路,提倡效率优先、兼顾公平,目前的区域发展差距、居民收入差距等利益关系已经出现了明显失衡。国家综合配套改革试验区的一个特征就是效率与公平关系的和谐重塑。

在主流经济理论中,效率和公平是一对矛盾,效率优先是经济学家普遍认同的法则。国家综合配套改革试验区的发展就是要建立一套效率和公平有效兼顾的经济运行机制,从根本上解决由于过分强调效率而产生的一系列社会矛盾。

4. 从"试错式"到"综合导航型"的改革路径转变

在改革之初,我们是在确保社会主义基本制度的大原则下由政府进行一系列制度设计,然后通过"试错"的方法来检验这些改革政策的效果,再决定改革政策的实施与否。这种"试错式"的改革符合中国渐进式的改革思路,理顺了中国经济从计划经济向市场经济转型过程中的相当一部分的经济运行关系,促进了社会经济的发展,为中国的改革发展积蓄了相应的经济能量。然而,随着中国社会经济的发展,深层次的矛盾凸显,单项的试错式的改革逐渐丧失其优势,单项改革往往出现相互抵触、相互影响的问题。改革也不能只停留在经济体制层面,改革的路径需要重新设计。

国家综合配套改革试验区的建立和发展给了我们一个更为明确的改革目标、改革路径。国家综合配套改革试验区的改革,希望在总结改革的方方面面经验的基础上,迅速形成综合配套改革的理论体系,开辟综合导航型的改革路径。如果说以前的单路径改革还可以通过"试错"的方式进行,那今天的综合配套改革则必须有一套科学的理论进行指导,促进综合型、网络化改革顺利进行。

国家综合配套改革试验区是一种新的经济发展形态,我们对其内涵和特征的界定是基于对改革历史的反思和科学发展观的未来预期,但是,改革实践是鲜活和动态的,内涵与特征必然会随着改革的不断深入和完善而不断添加新元素。

三、国家综合配套改革试验区的理论模型分析

为探讨建立国家综合改革试验区的理论基础,首先要明确的是一些基础概念。单向改革模式的局限性,有其历史的必然性,主要是因为我国经济发展水平没有达到追求整体社会协调发展的高度。综合配套改革阶段,我们需要更加全面、系统地明确社会、经济、市场、政府、企业、居民等概念的核心内涵和准确定义。

(一)国家综合配套改革试验区理论模型的建立

国家综合改革试验区的理论基础在于如何协调作为市场中的利益主体和作为社会中的利益主体之间的利益协调问题。具体而言,作为在不同层次制度约束条件下如何实现社会福利最大化的问题。在市场机制条件下,作为政府、企业和居民按照市场机制——这一制度安排,按照各自利益最大化的条件进行市场竞争,按照各自博弈的手段,最终实现各自的利益最大化和效率最大化。而在社会制度安排下,作为政府不能单纯追求自身利益的最大化,而应该作为公平的追随者,实现社会整体福利水平

的最大化。这就形成了市场、社会两个制度层级对消费者的效用函数、对企业的生产函数以及政府双重函数的制度约束。

1. 各主体的行为函数分析

在对国家综合改革试验区的研究的意义及现实迫切性进行论述的基础上,综合前面提出的国家综合改革试验区的理论假设,建立国家综合改革试验区的理论模型。按照前面的假设,模型将有三个最主要的行为主体:居民、企业、政府;两层制度安排:市场、社会。居民和企业在不同的制度层级上目标是一致的,即实现自身的利益或福利最大化,而政府则在不同的制度安排下具有不同的目标,即在市场制度安排下政府追求利益最大化,在社会制度安排下政府追求社会福利最大化[1]。为此建立不同行为主体的函数[2]。

企业的生产函数为 $Y_1 = f(\dot{A}, L, K, N)$ [3],其中变量 $\dot{A}$ [4],其核心含义是制度变迁[5]对生产函数的影响,L 为土地要素投入,K 为资本要素投入,N 为劳动力要素投入。为了体现不同的制度安排对企业生产函数产生的不同影响,对企业的生产函数进一步量化为 $Y_1 = f(\dot{A}, L, K, N) = \dot{A}^{\eta} L^{\alpha} K^{\beta} N^{\gamma}$,其中 $\dot{A}$ 对生产函数产生如何的影响取决于不同的制度安排本身[6]。在完全市场竞争条件下,其导数为零。企业的成本函数包括制

---

① 在社会制度安排下,不仅存在社会福利最大化的函数,而且政府可以通过制度变迁来限制某些过分追求自身利益最大化,而损害社会福利的行为,这也就是综合改革试验区出现的理论需要。

② 也可以按照杨晓凯的超边际分析方法,将企业和居民拟合成为一个行为主体,基于论述的复杂性,将在别的文章中进一步深入论述。本文将按照较为简单的方法进行论证。

③ 本文中的生产函数都是规模报酬不变的,也即 $\alpha + \beta + \eta + \gamma = 1$,同时不考虑技术进步的作用。

④ 制度为 $-1 \leqslant \dot{A} \leqslant 1(\dot{A} \neq 0)$,也就是说制度性因素对生产函数的影响可能是正的也可能是负的。

⑤ 制度变迁包含内在制度变迁和外在制度变迁,内在制度变迁是指企业内部的制度变迁对企业生产函数中要素组合产生的影响;而外在制度变迁主要是指企业所在的市场或社会环境中的制度变迁对企业生产函数中要素组合产生的影响。本文的制度变迁主要是指外在制度变迁,而不深入内在制度变迁,便于分析。

⑥ 如果企业生产具有外部性,那么在社会制度安排下,必然形成相应的制度安排。对于生产企业来说,这种制度安排是不利于其生产的,而对于整个社会来说是福利增加的,因此制度变迁对企业生产的影响是不确定的,取决于企业生产本身而形成外部经济或不经济。

度成本和生产成本,制度成本即企业生产所造成的社会福利的损失需要企业承担的成本[①],生产成本是企业投入生产要素而形成的成本。在市场制度下,其收益最大化的条件是边际收益等于边际生产成本。而在社会制度下其收益最大化的条件是边际收益等于边际生产成本+边际社会成本。

政府提供的产品主要包括两个方面的内容,一方面是政府投资提供的公共产品或服务[②],另一方面是政府所拥有的资产[③]。在本文中政府还有一个核心的功能即提供相应的制度安排,这种制度安排的维持具有收益和成本。在市场制度安排下,政府的利益最大化条件是其提供的产品和服务的边际成本[④]等于边际收益[⑤]。而在社会制度安排下,政府的目标发生了变化,为实现社会福利最大化而进行相应的制度变迁,相应的制度变迁自然形成了相应的收益和成本。在此条件下,其利益最大化的条件是提供的产品和服务的边际成本+制度变迁的边际成本等于提供的产品和服务的边际收益+制度变迁的边际收益[⑥]。因此,政府的生产函数为 $Y_2 = f_2(\dot{A}, x_i^j, L)$, x_i^j 是政府提供的公共产品或服务, L 为土地所有权益出售的数量, $\dot{A}$ 是政府提供的制度变迁。

居民的效益函数 $u(\dot{A}, x_i)$ ($i \in R^{++}$, $i \geqslant 2$)相对较为简单,主要包

---

① 在这里假设企业所造成的社会福利的损失全部由企业来承担。在现实生活中是不合理的,或者说很难通过量化来合理化,但在理论研究上是可行的。

② 政府公共产品或服务是实现意义的基础设施、自来水、燃气等公共或半公共的产品。

③ 政府拥有的资产主要是针对我国的现状,主要是指政府拥有的土地所有权,政府按照现实经济发展的需要出售政府所拥有的土地使用权益,所获得的收益。将这一项都纳入到政府提供的产品和服务中去。

④ 政府的边际成本是一个综合的概念,包括政府投入土地的成本和政府提供其他公共产品和服务的成本即政府为维持其正常运作所需要的成本。

⑤ 在这种情况下,政府的目标很简单,即政府提供的产品和服务获得的收益等于其维持政府运作所需要的成本与投入产品和服务所需要的成本,即边际收益为零。

⑥ 为了研究的需要,可以进一步抽象,譬如企业生产的产品产生了污染,那么政府制定一项政策限制产品的标准,那么这个制度安排造成了企业的产品数量的减少和成本的上升,由此形成的社会福利的增加量即是制度变迁形成的收益的增加,而制度变迁的成本即企业所带来的相应的损失。

含两方面的内容,收入函数 $I = N_w$ 和支出函数 $C = \sum_{i=1}^{n} p_i x_i$,其中 w 为居民的工资收入, p_i 为 i 种产品的价格。其效用最大化的条件即消费的产品的边际效用相等。

2.市场制度下国家综合改革试验区理论模型构建

为了使理论模型具有现实指导性,首先应该明确在单纯市场制度安排下,政府、企业与居民如何实现各自的利益最大化,最终实现均衡①。在这个市场制度下的国家综合改革试验区理论模型中,遵循几个假设条件:

(1)各个行为主体遵循自身的函数实现各自的最大化利益或福利;

(2)政府不具有制度产品提供的功能;

(3)交易各方是理性的;

(4)各自实现最大化的条件都是 $MC = MR$ 或边际效用相等。

在市场制度条件下,企业作为完全竞争市场的产品提供者,而政府作为垄断性的公共产品或服务的提供者,居民作为企业提供的产品与政府提供的产品和服务的消费者,同时居民作为企业、政府的劳动力的提供者获取收入,以满足其产品和服务以及闲暇消费的需求。在此条件下引入求解国家综合改革试验区理论模型的均衡条件,其均衡模型为:

$$\begin{cases} \underset{p_L,r,w}{Max\pi_1} = Y_1 - Lp_r - K_r - N_w = pL^\alpha K^\beta N^\gamma - Lp_r - K_r - N_w & (1) \\ Max\pi_2 = Y_2 - C_{政府} = x_i^j p_i^j + Lp_r - C_{政府} & (2) \\ Mu(x_i) = Mu(x_i^j) & (3) \end{cases}$$

对于上述均衡模型很显然可以通过埃奇沃思框图或者通过瓦尔拉斯

---

① 在这个模型中,各个行为主体实现自身的利益最大化,因此本文假设在这个制度环境下完全竞争是合理的。

均衡模型求解得到一个均衡价格向量①。在这个均衡解中,可以看到,企业获得了正常的利润,消费的效用获得了最大化,而政府作为一个独立的经济利益主体也得到了最大化的效益。这种市场制度的安排是没有考虑社会福利的整体变化的,或者说是一种不可持续的、不科学的发展,没有实现经济发展与社会和谐相统一。这也就是经济学中所常说的,市场只是社会的一个重要的组成部分,其实现了最优并不能实现社会整体的最优。或者说,这种经济效益最大化的获得是以社会的不和谐为代价的②。

3. 社会制度下国家综合改革试验区理论模型构建

基于上述分析,可以看到在市场制度安排下的发展,是一种单纯的数量发展,是一种没有考虑到发展内涵和质量的发展,是不可持续的发展。这种发展模式在特定的历史阶段是必需的,也是可行的。但是我国现阶段的现实经济变化决定需要改变以往的发展模式,在模型中加入社会制度的因素,也就是说模型在新的假设条件下,进一步约束企业、政府、居民追求利润、效益最大化的行为。对在市场制度下国家综合改革试验区理论模型假设条件进行完善,得出在社会制度下国家综合改革试验区理论基础模型的假设条件:

(1)政府追求的目标是社会福利最大化,即政府具有制度产品提供的功能③;

(2)企业追求的目标是利润最大化;

(3)居民追求的目标是效用最大化;

(4)社会福利最大化实现的条件是边际社会成本等于边际社会收益。

在这些条件下,企业是有一定限制条件下的市场竞争产品的提供者,

---

① 对模型进一步抽象,假设企业和政府同属于提供产品的两个部门,企业提供的是一个产品束,包含政府提供的产品以外的所有产品,同时企业提供的产品和政府提供的产品不具有替代性,那么由此消费者的消费束包含政府的产品和企业的产品,对公共产品的消费是一定的,在此情况下可以形成均衡条件,消费者在预算限制下达到了效用最大化。企业、政府达到了利润最大化,而且资源配置也处于最佳状态。所有的市场出清,包括要素全部用于生产、产品全部用于消费。

② 譬如说,贫富差距不断拉大、环境污染严重等造成的。

③ 也就是说,政府在追求社会福利最大化的情况下制定一定的制度以实现这一目标。

政府作为公共产品、福利和公共制度的提供者,而居民的身份也相应地进行调整,居民在一定条件下也得服从政府的制度安排①,以实现社会福利的最大化。为了较为系统地分析,我们可以将制度变迁的类型进行分类②,第一种是由于企业的行为造成了社会福利的损失而进行的制度变迁,第二种是由于政府的行为影响了社会福利而进行的制度变迁,第三种是为了约束消费者的行为提高社会福利而进行的制度变迁。本部分就企业的行为造成了社会福利的损失而进行的制度变迁进行分析,进一步说可以通过企业的外部性来进行论述。企业在竞争性市场中的生产决策模型如下:

$$\underset{p_L,r,w}{Max\pi_1} = Y_1 - Lp_r - K_r - N_w = \grave{A}^{\eta}L^{\alpha}K^{\beta}N^{\gamma} - Lp_r - K_r - N_w \qquad (4)$$

在原有模型的基础上加入了社会制度性因素对生产决策的影响,制度对生产函数影响因子 η 的大小直接决定了其生产要素组合的变动③。如果企业的生产对社会产生的影响很大,那么制度影响因子 η 就会随之增大,而其要素组合所占的比重就减小。

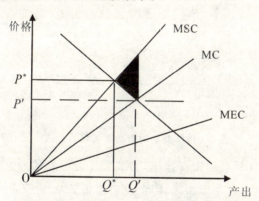

图1　社会制度安排下企业生产决策的变动

---

① 消费者可能是某些产品的偏好者,可能这类产品对社会福利具有负面影响,那么政府可能制定相应的政策或制度来限制这些消费。

② 这里的分类仅就为便于本文的分析而进行的分类。也可能存在某些制度是为了约束两个行为主体而进行的制度变迁,这里就不进行具体的分析。

③ 因为 $\alpha + \beta + \eta + \gamma = 1$。

　　在企业按照边际成本等于边际收益的最大化条件下,企业的决策是生产 Q' 数量的产品,按照 P' 价格出售。基于此,政府制定了一项政策,譬如说,对企业生产的产品进行征税。由于政府对企业的产品进行征税 $t = P^* - P'$,导致了企业产品的成本上升,企业为维持一定的利润,减少了产品的数量到 Q^*,同时价格提高到 P^*。在产品数量逐步减少的过程中社会福利水平在不断提高,最终其增加量为图 1 中的黑色三角。

　　对于政府的行为来说,为实现社会福利的增加而进行的制度变迁的收益,即征税所带来的收益为 $T = t(Q' - Q^*)$ [①]。

　　但是对于消费者而言,产品价格的上升提高了其消费成本,使得其总效益在减小。假设在收入及其他产品价格不变的情况下,这个产品价格的上升将改变预算线与无差异曲线的切点,重新形成均衡,如图 2 所示。

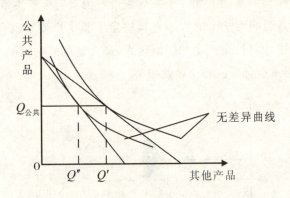

图 2　价格变动对消费者福利的影响

　　综上所述,在社会制度安排下,为实现社会福利的最大化,必然要求三者形成的福利总和是增加的,即企业的利润损失、消费者的福利损失与政府的税收收益的增加,三者的总和是增函数。由此得出其均衡模型为:

---

　　① 政府征税的同时也支付了一定的成本,以实现税收的增加。但是这种收益的增加是政府为实现社会福利的总体增加而进行的制度变迁。

$$\begin{cases} \underset{p_L, r, w}{Max\pi_1} = Y_1 - Lp_r - K_r - N_w = \grave{A}^\eta L^\alpha K^\beta N^\gamma - Lp_r - K_r - N_w \ (5) \\ Max\pi_2 = Y_2 - C_{\text{政府}} = x_i^j p_i^j + Lp_r + T - C'_{\text{政府}} \qquad (6) \\ Mu_{(x_i)} = Mu_{(x_i^j)} \qquad (7) \end{cases}$$

　　显然,社会制度安排下的均衡模型也是可以通过改造埃奇沃思框图或瓦尔拉斯均衡求解,最终得到均衡解。而其他两种制度变迁类型——政府行为造成的福利变动和居民行为造成的福利变动而引起的制度变迁,也可以通过相应的模型得到解决。可见,在市场制度条件下单纯考虑的经济效益在社会制度下将发生相应的变化,主要在于其社会的总体目标发生了相应的改变,不仅作用于政府针对的对象本身,而且会对整个社会的其他行为主体发生相应的影响,包括提供制度产品的政府。同时我们还要看到,一个制度的建立对整个社会的各个行为主体产生影响,而一整套制度体系的建立将会产生更深的影响,其中还包含制度与制度之间的博弈问题。

(二)国家综合配套改革试验区的理论模型的几个结论

　　设定不同层级的制度对企业、政府和居民的行为产生不同的影响,由此确定了制度变迁对社会经济的发展将产生深刻的影响。而对于在市场制度下和社会制度下相同的行为主体的不同选择或者叫决策带来的社会福利的影响是明显的。由此得出几个简单的结论:

　　首先,从国家综合改革试验区理论模型的研究中可以看出,国家综合改革试验区的目标或者说指导思想是贯彻落实科学发展观和构建和谐社会。而科学发展观和构建和谐社会从经济学角度来说就是要实现社会福利的最大化。从单一的市场制度安排到综合性的社会制度安排,其均衡模型的博弈过程及其结果的变动恰好说明了贯彻落实科学发展观和构建和谐社会的核心在于如何实现资源的有效利用并实现社会的协调发展,而不单纯是资源的有效利用却忽视了社会的和谐发展。

　　其次,不同的制度安排下社会福利最大化的标准是不同的,或者说在不同的历史阶段社会福利最大化的标准也是不相同的。在改革开放以前,社会福利注重的是公平,而忽视了效率。改革开放到现在,注重了效率,也注意到了公平,但是在一定程度上没有深刻研究效率的内涵。在经济全球化和区域经济一体化国际背景下,以及城市化快速发展和经济转型的国内背景决定了现阶段不仅要发展,更要注重发展的内涵和质量,由此使得现阶段社会福利最大化标准的核心不在于发展的速度,而在于发展的质量和速度的有机结合。

最后,建立国家综合改革试验区的目的是为了实现经济的发展、社会整体福利水平的提高,但是针对任何一项制度的变迁,应该进行综合的评估和测算,充分考虑到各个行为主体的福利变化,否则就脱离了其指导思想和相应的理论基础。

四、国家综合配套改革试验区与区域经济发展

国家综合配套改革试验区具有"空间渐进"的特征。"空间渐进"是指改革首先在某一个地区综合配套、全面推进。通过在有限地域内进行试验性质的试错性改革来测定改革的效果和影响程度,待其取得成功后,再向其他地区全面推广。这种沿着空间维度上的推进,我们称之为改革"空间渐进"机制。

(一)国家综合配套改革试验区的区域理论基础

国家综合配套改革试验区作为特殊的经济区域,具有相应的区域理论基础。

1.增长极理论

增长极理论源于对区域发展非均衡规律的考察。最早是由法国经济学家佩鲁(Fancois Perrous)于20世纪50年代提出的。

在佩鲁的理论中,增长极被认为是"具有推动作用的关键产业"。在高度工业化的背景下,受劳动地域分工规律的影响,各区域筛选并培育出具有高度竞争优势的基础性主导产业,参与市场竞争。由于产业效益的差异,各产业部门的增长速度不一致,增长的势力往往集中在主导产业和创新企业上。空间分布的不平衡性表现为主导产业和创新企业首先在某些城市和地区集聚并优先得到发展,形成"增长极",然后向外围扩散,带动区域经济的发展。一般而言,增长极是指具有优势区位和推动型产业

的地理空间。

增长极对周边区域具有极化效应和扩散效应两种作用机制。极化效应是指增长极利用优越的发展条件,快速和大量地吸纳区域资源要素和经济活动主体,促进自身经济能量积累的过程。扩散效应是指各资源要素和经济活动主体由增长极向外围地区扩散并由此带动腹地经济发展的过程,这实际上就是一个更加合理的区域发展秩序建构的过程。

极化效应和扩散效应是区域经济运行的两种作用机制,是区域空间的组织过程。在区域经济发展的不同阶段其作用强度不同。在初级阶段,增长极的作用以极化效应为主,当其发展到一定程度后扩散效应增加并逐步占据主导地位,推动区域经济从不平衡向平衡的更高层次发展。

2. 中心－外围理论

中心－外围理论又称核心－边缘理论。美国区域发展与区域规划专家弗里德曼(Friedmann)通过对委内瑞拉区域发展演变特征的研究,并结合缪尔达尔(K. G. Myrdal)与赫希曼(A. O. Hischman)等人的有关区域经济增长和相互传递理论,于1966年提出了核心－边缘发展理论,它是解释经济空间结构演变模式的　种理论。

中心－外围理论认为,经济发展的不同阶段,会出现不同的空间结构形态。在前工业化阶段,经济活动的空间结构呈离散形,经济活动以农业为主,各地经济发展水平差异较小,联系不紧密,城镇发展慢,自成独立的中心状态;工业化初期阶段,城市经济快速发展,成为区域发展核心,不断吸引边缘区域的生产要素,产生极化效应,核心区域与边缘区域发展不平衡进一步扩大;工业化成熟阶段,核心区对边缘区的支配与控制作用及二者间的不平衡仍在继续,导致在边缘区内部出现次级的核心区域,但其发展方向仍主要取决于核心区,不会改变其对核心区的依赖地位;空间相对均衡阶段,核心区域对边缘区域的扩散作用加强,边缘区域产生的次级核心区域趋向于发展到与原来核心区域相似的规模,基本达到相互平衡状态。在次级核心外围也会依次产生下一级新的核心,形成新的核心与边缘区域。

该理论基本是以极化效应与扩散效应来解释核心区域与边缘区域的

演变机制,与增长极理论机制解释相似。试图解释一个区域如何由互不关联、孤立发展,变成彼此联系、发展不平衡,又由极不平衡发展变为相互关联的平衡发展的区域系统。在处理城市与乡村、国内发达地区与落后地区、发达国家与发展中国家的关系等方面具有一定的实际价值。

3.空间相互作用理论

空间相互作用是指区域之间通过交通通信等手段所发生的人口、货物、服务、信息、技术、金融等的相互传输过程。它对区域之间经济联系的建立与发展具有很大的影响:一方面,能够使相关区域加强联系、互通有无,拓展发展的空间,获得更多的发展机会;另一方面,又会引起区域之间对资源、要素、发展机会等的竞争,并有可能对有的区域造成伤害。空间相互作用的结果是导致区域分工、分工的组织产生组合效应。

乌尔曼(1956)从地理学角度分析得出互补性、可达性和中间机会是空间相互作用的三个因素。互补性是区域相互作用的前提,相关区域之间必须存在对某种商品、技术、资金、信息或劳动力等方面的供求关系,才能实现相互作用。空间相互作用量的大小与互补性成正比。可达性是区域之间进行人口、物资、信息等传输的可能性,一般受到空间距离和运输时间,传输客体的可运输性,区域之间是否存在政治、行政、文化和社会等方面的障碍以及区域之间交通联系的影响。区域之间的相互作用与可达性呈正相关关系。中间机会又称干扰机会,是指两个区域之间相互作用可能受到其他区域的干扰,说明区域之间互补性的多向性。可达性是区域之间空间相互作用发生的前提,可达性好,并且在没有干扰机会或干扰机会影响小的条件下,空间相互作用才会发生。

区域之间的空间相互作用既可以通过商品、人口、技术、信息的传输量的实际调查而测量,也可以引入物理学的万有引力定律,用来测度社会经济现象的空间相互作用,也从而有了空间相互作用的距离衰减原理。

4.区域创新理论

区域创新这一术语类似于"区域创新政策"、"创新环境"、"区域技术政策"、"创新网络"和"高技术组合"等术语。而区域创新理论,则是通过"国家创新体系"、"工业群"和"区域经济"等发展而来的,最主要的区域创新理论来源是国家创新理论。当前,对国家创新体系的概念有不同的解释,国际上较通用的定义是:国家创新体系是指由一个国家的公共和私有部门组成的组织和制度网络,其活动是为了创造、扩散和使用新的知识和技术。其中政府机构、企业、科研机构和高校是这一系统中最重要的要素。

区域创新体系是国家创新体系的基础和有机组成部分,是国家创新体系在具体领域和地区的深化与细化,构建国家创新体系必须充分重视区域创新体系的建设,将区域创新系统建设融入国家创新系统建设之中,根据国家创新体系的总体框架,全面规划,分步实施。

区域创新与国家创新的不同之处在于:第一,地方政府是营造区域创新环境的主体,国家创新环境则主要依靠中央政府来营造;第二,地方政府要将中央政府的创新政策和制度具体化到地区政策和地区的经济行为之中,并根据具体地区的经济文化特征加以丰富和补充;第三,在政策环境中突出具体的产业政策,鼓励富有地区特色和市场竞争力的产业群创新和发展;第四,所有为鼓励创新而制定的区域政策都更加具有针对性和可操作性,具有直接的区域效果,成为区域经济发展的直接推动力。

(二)国家综合配套改革试验区对区域经济发展的带动作用

通过上述分析,我们可以看出,在区域经济发展过程中,必须充分发挥和强化国家综合配套改革试验区作为区域经济增长极的极化效应和扩散效应,待国家综合配套改革试验区发展到一定程度后,再逐渐向周边地区扩散,最终实现整个区域的协调发展。

具体而言,国家综合配套改革试验区对区域经济发展的作用主要表现在以下几方面:

1. 集聚辐射作用

建立国家综合配套改革试验区,正是要通过特殊的政策和优良的发展环境,利用经济势能的运行规律,逐步使国家综合配套改革试验区成为资本、信息技术、高级人才和现代经营管理集聚的核心。同时,从周边区域来看,通过国家综合配套改革试验区先行先试产生的示范效应,展示其蕴涵的市场潜力、资源潜力和经济潜力,从而吸引外部的优势资源,聚集于国家综合配套改革试验区,然后辐射到周边区域,带动区域经济加速增长和发展。

2.结构转换作用

国家综合配套改革试验区的结构转换功能表现在两个方面:一是通过自身的结构调整使其产业结构、产品结构不断适应国际市场和国内市场的要求。国家综合配套改革试验区在资金运用筹措能力、项目评估选择能力、技术引进吸收能力等方面不断探索提高,增强产业结构、产品结构的转换柔性和自我演化能力,不断培植出具有区域特色的主导产业、主导产品系列。因此,国家综合配套改革试验区的这种结构转换作用将成为其带动区域经济增长和发展的关键所在。二是通过产业关联和扩散效应带动和促进周边区域经济转换。国家综合配套改革试验区的产业结构是以主导产业为核心的、区内外投入产出关联性比较强的产业群落。因此,国家综合配套改革试验区产业结构、产品结构的转换,也是周边地区产业结构、产品结构的助推器。通过生产要素向周边地区的流动、生产能力向周边地区的转移、市场信息向周边地区的传播,以此来推动区域经济的发展。

3.经济拉动作用

发展经济学的理论和世界各国、各地区经济发展的实践表明,经济增长不是在每个地区以同样速度增加的,增长的势头往往集中在某些主导部门和有创新能力的企业。而这些部门和企业一般都聚集在某些经济中心和改革试验区。为了充分发挥国家综合配套改革试验区对区域经济的拉动作用,必须具备以下几个方面的有利条件和优越环境:一是具有特殊的财政税收、金融信贷、管理权限等优惠政策;二是信息传播及时;三是各类专业人才、经营管理人才密集;四是投资软环境完善。上述有利条件将使国家综合配套改革试验区在较短时间内发展成为重要的经济密集区,并随着集聚效应的不断强化,进一步向周边地区扩散其经济势能。

4.体制示范作用

设立国家综合配套改革试验区的一个重要功能,就是让其作为改革的一个试验场,先行探路、超前探索、积累经验,在实践中不断总结完善,并将其中已经被证明是行之有效的、比较成熟的有益经验逐渐向外推广。这种策略一方面有利于在传统经济体制的重围中找到一个重要的突破口和立足点,完成体制再造的历史使命;另一方面也有利于避免出现宏观经济震荡和减少改革所必须付出的社会经济综合成本。通过国家综合配套改革试验区在改革的各个领域所进行的探索和实践,一方面将使国家综合配套改革试验区初步走上在国家宏观调控下以市场调节为基础的经济运行轨道,率先探索进一步改革的成功经验和做法;另一方面也为整个区域体制改革的不断深化和整体推进发挥有益的示范作用。

(三)国家综合配套改革试验区对区域经济发展的作用机理

国家综合配套改革试验区对区域经济发展的作用机理,主要体现在以下三方面。

1.技术溢出机制

技术溢出,通常是指技术领先者对同行企业及其他企业的技术进步产生的积极影响。但与技术转让的不同之处在于,技术转让是一种商业行为,而技术溢出则是经济学意义上的外部效应,是技术领先者带来的,却难以从中获得相应的回报,因而这种效应通常是非情愿或无意识状态下完成的。国家综合配套改革试验区的技术溢出效应主要是通过如下途径来实现:第一,通过人员流动实现技术溢出。当国家综合配套改革试验区的企业培训的管理人员、技术人员为周边区域的企业雇用或者这些人员在周边区域自办企业时,他们可能会把在国家综合配套改革试验区获得的技术、营销、管理知识扩散出去,从而为周边区域带来利益。尤其需要指出的是,那些在国家综合配套改革试验区受过严格训练的管理者,在离开了国家综合配套改革试验区后,回到本地创办企业,可以成为推动区域技术创新的重要力量。第二,通过产业间的前向联系与后向联系带来技术溢出。国家综合配套改革试验区的企业会以供应商、顾客、合作伙伴等身份与周边区域的企业建立起业务联系网络。在后向联系方面,国家综合配套改革试验区的企业可能会促使周边区域供应商队伍的形成,并对当地供应商的产品质量提出新的要求,有时还提供改进质量和技术的帮助与信息。此外,国家综合配套改革试验区的企业还对周边区域的下游企业提供产品培训及使用方面的技术指导与帮助,这种有关高质量产品的知识,有时也能转化为周边区域下游企业自身的创造性活动。国家综合配套改革试验区的企业与周边区域的企业、研究机构的技术合作关系,也能产生技术溢出效果。如合作研究中取得的经验可以用于合作各方独立的研究活动。

2.制度移植变迁机制

所谓制度移植变迁机制,就是指周边区域以国家综合配套改革试验区已经创设和运作并与周边区域模仿创新型技术进步相适应的、具有一定效率的制度为目标制度的制度变迁过程。制度移植变迁的利益体现在与制度创设变迁相比较的基础上。所谓制度创设变迁是指以自我设计和自我建构的制度为目标制度的制度变迁。这种性质的制度安排或制度结构基本上没有先例,因此,制度变迁论证分析在很大程度上是依据理论的预期分析,而没有他方的制度实际绩效可供参考。制度创设变迁一般发生在技术率先创新的改革试验区,它是适应新形势变化需求的产物。一般而言,制度创设变迁的主体根据目标函数和对制度变迁的预期,有可能创设一套更具效率的制度,从而促进技术的进一步创新;有可能创设一套更乏效率的制度,从而阻碍技术的进一步创新。同时,制度创设变迁具有初始成本较高(要花费大量的摸索、研究、设计、创制、试错等创设成本)、预期的可信度较低、风险性及摩擦成本较大等特点。与创设式制度变迁不同,制度移植变迁其实是一种合法的"搭便车"行为。需要指出的是,制度创设方并不一定一概反对制度的被移植,甚至有可能还给予一定的资助以支持和鼓励制度的被移植。因为有的制度运作同样要求规模效益,制度被移植得越广泛、越深入,就越能产生良好的效益(包括经济收益、社会收益、环境收益)。所以说,表层意义上的免费甚至出资支持制度的被移植,在深层意义上是能给制度创设方带来更大的收益。当然,移植方在论证移植可行性时,必然要从经济、社会和环境等方面进行成本和收益核算,只有当各方面的纯收益预期都大于 0 或通过替代补偿使总纯收益预期大于 0 时,移植才具有可行性。不过,在制度移植变迁中,由于有他方制度运作绩效的示范力量引导制度需求方理解、认同进而支持制度变迁,但如果是制度需求方首先萌发制度变迁需求,也可运用原创制度运作绩效的强有力示范效应,故能最大限度地提高预期的可信度。这样,如果是供给方首先发生的强制性变迁,就可利用原创制度运作的示范力量说服制度供给方发动制度变迁。因此,制度移植变迁具有初始成本较小(尽可能地缩减摸索、设计、研究、创制等初始成本)、预期可信度较高、风险性及摩擦成本较小等特点。由此可见,对国家综合配套改革试验区而言,其本身具有制度的先试权,即制度的创设变迁的权利,同时担负着我国进一步改革开放试验的攻坚任务,制度的创设变迁是一种必然;对周边区域来说,制度移植变迁要优于制度创设变迁。虽然国家综合配套改革试验区内一种有效率的制度变迁的形成,是一个需要支付高额代价的不断"试错"的过程,但是这种制度一旦形成并行之有效,周边区域就可以避免这种试错的高额代价,直接模仿、吸收、采纳国家综合配套改革试验区已经形成的有效的制度。

3.产业转移机制

产业转移机制是指在市场经济条件下,国家综合配套改革试验区的产业顺应竞争优势的变化,通过直接投资活动,把部分产业的生产转移到周边区域进行,从而使产业表现为空间上移动的过程。国家综合配套改革试验区与周边区域经济发展水平的不同梯度,是产业转移的客观基础。一般而言,随着经济的发展,国家综合配套改革试验区的土地、环保、劳动力等要素成本会以更快的速度攀升,再加上其面临的市场饱和、投资回报率下降等原因,一些产业或产品的竞争优势会逐渐丧失,产业结构也面临着调整的巨大压力。另一方面,周边区域由于基本发展条件已经具备、要素价格低廉、政策性优惠等诸多因素,而成为一些产业新的优势生产区位。这两方面的作用,会使国家综合配套改革试验区的一些产业出于保持、提升竞争优势的动机而寻找空间上的迁移和重组,从而发生产业向周边区域转移的现象。可以说,国家综合配套改革试验区与周边区域经济发展水平的梯度,导致了其与周边区域间产业竞争优势的消长转换,从而推动了产业空间转移。一般而言,国家综合配套改革试验区的产业转移对周边区域产业结构转换的影响表现在两方面:(1)优势升级效应。周边区域产业结构的一个重要特征就是资源、劳动密集而技术层次低的传统产业比重大,先进产业比重小。相应地,区域比较优势主要也以传统要素为依托,体现在传统产业上,因而在区际分工中的地位、层次都比较低。国家综合配套改革试验区的先进产业移入周边区域,必然带动资本、技术等稀缺要素迅速积累,引起区域要素禀赋的快速变化,这种变化将有助于周边区域新的主导产业或支柱产业的形成,从而推动产业比较优势的转换升级,提升周边区域在区际分工中的地位。(2)结构优化效应。国家综合配套改革试验区产业转移会直接或间接地影响周边区域产业结构的变动。一方面,先进产业的移入将使周边区域产业中采用先进技术的部门在数量和比例上增加,从而使周边区域产业结构体现出高级化的优势;另一方面,先进产业的移入,意味着新的生产函数的导入,这种蕴含新技术的新的生产组织方式会作为"扩散源",对原有的相对处于较低层次或等级的产业发生"升级转型",对其增长产生广泛的直接或间接影响,从而逐步提高整个产业的技术集约化程度,促进周边区域产业向高级化方向演进。

国家综合配套改革试验区对区域经济发展的作用机理如图3所示。

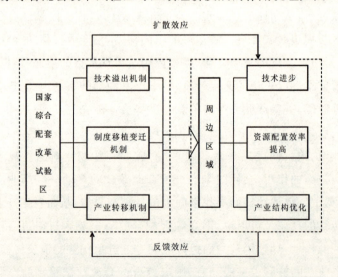

图3　国家综合配套改革试验区对区域经济发展的作用机理

五、国家综合配套改革试验区的发展

国家综合配套改革试验区的建设需要把握好其内在的机理。这主要体现在其系统性和整体发展上面。制度是一种"关系",制度创新则是一种"关系的重构"。国家综合配套改革试验区需要对原有的关系体系进行研讨和分析,并在此基础上,结合发展的背景和实践,进行有效率的"关系重构"。

(一)国家综合配套改革试验区系统发展模型

国家综合配套改革试验区的发展需要遵循系统性、整体性和立体性原则。具体来说,综合配套改革试点应该把握好三个层次的问题,即指导思想层面、实践运行层面和目标指标层面。我们可以用下图 4 来表示。

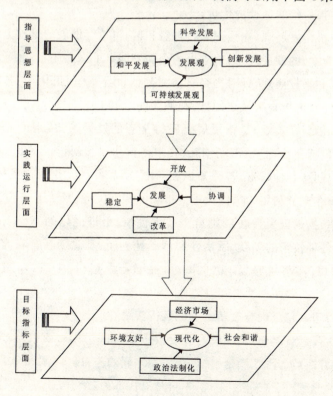

图 4　国家综合配套改革试验区系统结构图

(二)国家综合配套改革试验区指导思想

国家综合配套改革试验区的指导思想：以邓小平理论和"三个代表"重要思想为指导，全面落实科学发展观，进一步解放思想，坚持社会主义市场化改革方向，把重点突破与整体创新相结合、经济体制改革与其他方面改革、解决本地实际问题与攻克面上共性难题结合起来，深化和拓展改革领域，用新思路、新体制、新机制推动新区不断提高综合实力、创新能力、服务能力和国际竞争力，在带动天津发展、推进京津冀和环渤海区域经济振兴、促进我国东中西互动和经济协调发展中发挥更大的作用。

具体来说，在指导思想层面，国家综合配套改革试验区要坚持可持续发展观、科学发展观、和平发展观和创新发展观。

——可持续发展观，强调的是代际之间的公平发展机会，当代的发展不能以牺牲后代的福祉为代价；

——科学发展观，在强调人与自然和谐、可持续发展的基础上更加注重"以人为本"的发展理念，追求人的全面发展；

——和平发展观，针对当今日益激烈的世界竞争，强化"共赢"理念，国与国之间（区域与区域之间）的和平发展；

——创新发展观，是指发展要坚持全新的发展模式，走全面创新之路，创新包括制度创新、市场创新、技术创新和观念创新。制度创新旨在激励人们创造各种财富、各种知识、各种发明和各种文化的制度体系；市场创新旨在充分利用中国巨大国内市场的特有优势，激活市场活力，提高市场效率；技术创新旨在鼓励自主技术创新、引进消化的基础上的再创新、集成各种技术的创新、原始性和基础性创新；观念创新旨在充分利用"解放思想，实事求是"的观念资源，提倡新思想、新主意、新观点和新理念。

(三)国家综合配套改革试验区运行实践

在实践运行层面，国家综合配套改革试验区仍然需要以"发展"为核心，处理好改革、开放、稳定、协调与发展之间的关系。国家综合配套改革试验区的改革对于"发展"来说，不再是以往那种"牵引力"，而是"发展"的核心动力。国家综合配套改革试验区的"改革"，是一种创新式的变革，是清除发展道路上遇到的深层体制障碍的有力武器,是推进发展的原动力。国家综合配套改革试验区的开放是一种区域发展条件,而不能作为国家综合配套改革试验区有别于其他区域的"特惠"政策,只有正确认识"开放"的作用,才能不至于错误地理解开放在国家综合配套改革试验区发展历程中的地位。稳定则构成发展和改革的前提,发展和改革必须要有稳定的政治和社会环境。国家综合配套改革试验区的发展将成为各种变革、创新的发源地,对于全国的发展具有较强的示范和带动作用。在其发展历程中,我们需要防止其"不稳定"因素向全国的扩散。协调是指国家综合配套改革试验区的发展追求的应该是一种"人文社会、政治经济、生态环境"相互协调、"以人为本"的"现代化"模式。同时,这种协调还需要注重国家综合配套改革试验区的发展与周边区域之间的协调发展问题,不能以牺牲其他地区的发展为代价,求得自身的发展。

(四)国家综合配套改革试验区的建设目标

国家综合配套改革试验区的发展目标:按照党的十六届三中、四中、五中全会和国家"十一五"发展规划提出的改革任务,从试验区的实际出发,先行试验一些重大改革开放措施,率先建立起以自主能动的市场主体、统一开放的市场体系、科学有效的调控机制、合理适度的社会保障、严谨规范的法制约束为主要特征的完善的社会主义市场经济体制,为实现试验区的功能定位,带动周边腹地和区域的经济振兴,提供强大动力和体制保障。

国家综合配套改革试验区的建设目标,具体可以概括为:"经济市场化、政治民主化、法制健全化、文化多样化、社会和谐化、环境友好型。"这一目标的设定体现了"国家综合配套改革试验区"改革的系统性和全面性,综合配套改革是一个全面创新过程,是一种模式的探讨。

每一个进行"综合配套改革试验"的具体区域,因其自身禀赋的差异,又会有其具体的建设目标。但是总的建设目标应该是一致的。

1.国家综合配套改革试验区追求的"经济市场化"目标

(1)经济关系市场化。即一切经济活动都要建立在以市场为轴心的基础上,让市场的作用涵盖一切经济领域;同时取消经济活动中大量残存的行政隶属关系、行政等级制度和行政考核系列,最终以横向的市场经济联系取代纵向的行政依附关系。例如,推进基础设施领域、公共采购领域的市场化程度,引入相应的市场竞争机制。

(2)经济运行自由化。它包括自由企业制度、自由竞争制度和自由贸易制度等内容。政府干预的最终目的应该仅仅设定在保障经济运行长期的有秩序的自由化运作上。在一定的制度化、法律化的规则基础上,允许企业自由经营、自由贸易。

(3)经济发展开放化。它主要是指国家综合配套改革试验区的建设应该符合经济全球化的发展趋势,构建有利于生产要素自由流动的市场环境,同时培育自身独具特色的"区域性"要素,进而吸引和留住那些"非区域性"要素。

(4)经济管理法制化。它主要是指强化市场经济立法、建立健全规范市场运行及其市场活动的各种规则,形成依靠法律推动经济发展的运行机制。做到有法可依、违法必究、执法必严,从而保证市场经济活动的有序进行。

2.国家综合配套改革试验区追求的"民主政治、法制"建设目标

国家综合配套改革试验区将按照"小政府大社会"的原则构造政府结构,充分发挥政府的服务功能。根据选拔考核的结果和实际功能能力挑选国家公务员,打破个人权力垄断和权力终身化,消除权力商品化和官本位制,使政府真正转变职能,增加服务项目,提高服务质量,高效而廉洁。加强法制建设,推进司法体制改革,维护社会稳定。

3.国家综合配套改革试验区追求的"文化多样化"建设目标

国家综合配套改革试验区将坚持以马列主义、毛泽东思想、邓小平理论和"三个代表"重要思想为指导,以科学发展观统领文化建设。坚持弘扬主旋律、提倡多样化,满足人民群众多层次、多方面的文化需要。

4.国家综合配套改革试验区"社会结构"发展目标

国家综合配套改革试验区将按照"综合配套改革"的思路,构建"和谐"新区,具体表现为:城乡结构的和谐、社会阶层结构的和谐、就业结构的和谐、价值观的和谐。城乡结构的和谐是指城乡生活水平、城乡空间结

构以及城乡的居住人口结构相互协调；社会阶层结构的和谐是指不同的社会阶层之间相互和谐；就业结构的和谐是指三次产业结构的就业人员的数量比例更为合理，就业人员的素质不断提高；价值观的和谐则是指不同社会阶层、不同年龄、不同地域之间人员在价值观层面的协调和沟通，形成彼此的谅解。基于此，试验区将通过相应的财政、税收、福利等杠杆，对收入再分配进行科学的调控，理顺工资和收入分配的秩序，扩大中等收入群体，减少贫困和低收入群体，使本区的社会阶层结构从金字塔形转变为两头小、中间大的橄榄形，建设一个更加幸福、公正、和谐、节约和充满活力的社会。

5. 国家综合配套改革试验区"生态环境"目标

国家综合配套改革试验区应该建成"资源节约、环境友好"的生态区。结合本地区的资源禀赋，在科学发展观指导下，依托"自主创新"进行"内源式"的发展。大力促进新区循环经济的发展。坚持集约型、节约型、生态型的发展模式，鼓励绿色生产，倡导绿色消费，建设新区内的产业生态链接和新区与周边城区的产业链接，实现废弃物减量化、资源化和无害化处理与利用。

六、国家综合配套改革试验区评价指标体系

(一)国家综合配套改革试验区指标体系设立的原则

国家综合配套改革试验区的指标体系可以分为两类，一类是准入性的指标体系，另一类是评价性的指标体系。在设定国家综合配套改革试验区时，需要遵循相应的原则。

1. 全面性原则

国家综合配套改革试验区的审批和发展评价是一个综合性问题，涉及政治体制、经济、环境和社会等多方面，因此评价指标的选取一定要全面，要有反映政治、经济、社会和环境协调发展状况的指标。

2. 实用性原则

在遵循全面性原则的同时，各项指标的设定应具有实用性，即指标应满足：(1)已经可得或可以通过一个明确的过程取得；(2)能够逐年评价。

3.政策相关性原则

指标的设定应与政策的制定和修改密切相关,能够为政策的制定和修改提供参考依据。

4.区别原则

不同级别、不同类型的国家综合配套改革试验区之间并不存在一个截然的界限,综合配套改革是一个渐进的过程,需要因地制宜,区别对待。

5.可操作性原则

指标的设计要求概念明确、定义清楚。指标的内容不应太繁太细,过于庞杂和冗长,否则会给评价工作带来不必要的麻烦。

6.定性与定量相结合的原则

指标的设计应当满足定性与定量相结合的原则,即在定性分析的基础上,还要进行量化处理。对于缺乏统计数据的定性指标,可采用评分法,利用专家意见近似实现其量化。

需要指出的是,上述各项原则并非简单的罗列,而是一个系统的整体。

(二)国家综合配套改革试验区的评价指标体系

根据国家综合配套改革试验区的内涵、特征以及所肩负的使命,需要对此进行有效的评价。因为目前国家综合配套改革试验区刚刚起步,对评价指标体系的探讨只是一个预测性的评估。

这一评价指标体系的建立,依托于对国家综合配套改革试验区的理论内涵及发展目标的理解。整个指标体系旨在解决两个关系,即人与人之间的和谐和人与自然的和谐发展。指标体系分为:经济层面、政治层面、文化层面、社会层面、资源层面、环境层面六个层面,并提出每个层面的发展目标,在其基础上,针对每一个层面提出相应的指标。具体指标体系如表1所示。

表 1　国家综合配套改革试验区评价指标体系

	关系	领域	目标	主体	指标
国家综合配套改革试验区评价指标体系	人与人和谐	经济层面	好的市场经济	企业	自由企业制度
					自由竞争制度
					自由贸易制度
				政府	强化市场经济立法
					培育市场运行环境
					经济管理法制化
				居民	自由迁徙
					自由择业
				公民社会	经济类中介机构总数
					经济类中介机构服务质量
		政治层面	政治民主法制化	政府	法制化程度
					决策民主程度
					政务公开程度
				居民	居民法制观念
					参与政治的通达性
				企业	企业法制观念
					管理法制化程度
				公民社会	参与政治程度
		文化层面	文化多样化	企业	企业文化理念的构建
					人均职工培训费用
				政府	人均教育公共支出
				居民	人均文化休闲娱乐小时数
					文盲率
				公民社会	非营利性文艺团体数

	关系	领域	目标	主体	指标
国家综合配套改革试验区评价指标体系	人与人和谐	社会层面	社会和谐化	企业	吸收就业数量占劳动力比重
					慈善捐款总额
					职工福利支出占利润额比率
				居民	人均居住面积
					平均预期寿命
					基尼系数
				政府	社保支出占 GDP 比重
				公民社会	慈善机构数量
	人与自然和谐	资源层面	高效节约	政府	资源保护政策
				企业	能源利用效率
					绿色能源使用率
				居民	人均能源消耗量
					人均不可再生能源消耗量
				公民社会	资源保护协会影响力
		环境层面	环境友好	政府	环保投入占 GDP 比重
					绿化面积覆盖率
				企业	三废排放量
					三废处理率
				居民	人均生活垃圾排放量
				公民社会	环保协会影响力

具体的指标体系综合评价,还需要进一步分析。

七、天津滨海新区建设国家综合配套改革试验区的战略构想

(一)建设国家综合配套改革试验区对滨海新区及天津发展的战略意义

1. 建设国家综合配套改革试验区对于促进滨海新区进一步深化改革和发展将具有重要的意义

(1)有利于滨海新区进一步消除发展的制度障碍。滨海新区通过建设国家综合配套改革试验区,可以在社会、政治、经济、环境等众多方面进行有效的制度创新和综合配套改革,进而提高经济运行效率。

(2)有利于滨海新区形成进一步双向开放的良好格局。滨海新区通过建设国家综合配套改革试验区,进一步形成对内、对外双向开放的良好格局,根据自身的实际,吸引域外要素在滨海新区聚集,同时把滨海新区的良好发展模式向域外扩散。

(3)有利于滨海新区形成独特的区域经济发展模式。滨海新区通过建设国家综合配套改革试验区,有助于总结和发展符合科学发展观和构建和谐社会的区域发展模式。

2. 滨海新区建设国家综合配套改革试验区是天津市需要做好的一篇大文章

(1)滨海新区建设国家综合配套改革试验区,将有利于进一步理顺天津市与滨海新区之间的关系。综合配套改革试验区的一个核心点在于行政管理体制的改革。滨海新区与天津市区如何形成一个有效的、互补的经济体系,以及滨海新区与各内部行政区划之间的关系调整,都将成为综合配套改革试验区建设需要回答的问题。这对天津市的发展也会产生重大影响。

(2)滨海新区建设国家综合配套改革试验区,将有利于推进天津市整体改革的深化,有利于消除天津市社会、政治、经济发展的体制障碍。国家综合配套改革试验区的"示范带动"作用,首先将影响天津市。

(3)滨海新区建设国家综合配套改革试验区,将有利于促进天津市整

体社会经济的发展。改革的示范效益将有利于改善天津市的整体社会经济发展的绩效、塑造良好的发展环境,进而吸引各种资源进入天津,促进天津市的社会经济发展。

(4)滨海新区建设国家综合配套改革试验区,将会影响到天津市区各种组织结构、管理模式的调整。

(二)天津滨海新区建设国家综合配套改革试验区的原则

1.注重发展与改革、需要与可能的紧密结合

天津滨海新区建设国家综合配套改革试验区应该按照党的十六届三中全会《决定》精神,把改革的力度、发展的速度和社会可承受的程度统一起来,既满足当前发展的需要,又为长期发展创造条件。国家综合配套改革试验区的改革应该探讨一种协调发展的改革之路。

2.改革要突出重点,注重配套

国家综合配套改革试验区,关键在于在综合协调改革的背景下,对一些具有普遍性的问题进行试点改革,以便积累经验,为全国的改革发展提供示范。

3.利益相关者协调共识原则

国家综合配套改革试验区的各项改革应该从利益主体的现实需求出发,结合国家和地方政府的特殊资源,引导利益相关者积极地投身于改革洪流之中,形成利益相关者协调一致的目标,同时形成中央政府各部委、地方政府、企业和专家四位一体的推进模式。

4.突出政策导向性和可操作性

国家综合配套改革在坚持科学性和前瞻性的同时,还将制定完善的改革方案和具体的保障措施,以此指导改革的顺利进行,保证各项改革目标的顺利完成。

5.坚持把经济体制改革与其他方面改革相结合原则

滨海新区建设国家综合配套改革试验区的方案,必须按照科学发展观的要求,统筹推进各项改革,努力实现宏观经济改革和微观经济改革相协调,经济领域改革和社会领域改革相协调,城市改革和农村改革相协调,经济体制改革和政治体制改革相协调,深化改革和扩大开放相协调,

增进改革的整体效应。

(三)天津滨海新区建设国家综合配套改革试验区的战略构想

滨海新区建设国家综合配套改革试验区发展的关键在于正确选择改革的重心和改革的关键接点。在科学发展观、和谐发展理念的指导下,在经济全球化和中国快速城市化、经济转型的背景下,比照现代化的发展目标,滨海新区建设国家综合配套改革试验区将遴选出进一步深化改革的关键问题。从"经济市场化、政治民主化、社会和谐化、环境友好型"四个视角来设计具体的改革切入点。

1.构筑一个"好的市场经济"

建设国家综合配套改革试验区的目标之一,在于不断完善社会主义市场经济体系,培育一个"好的市场经济"。这就要求不断深化改革,消除市场经济发展的障碍,提高经济运行效率和管理效率。

(1)深化企业改革。企业是社会主义市场经济体制的微观基础,是创造社会财富和形成竞争力的源泉。滨海新区建设国家综合配套改革试验区要求发展混合所有制经济,形成充满活力、自主创新的微观基础,完善现代市场经济体系。改革的主要内容是:

①破除垄断,强化竞争。加大垄断行业的改革,对垄断性行业进行重组,结合行业实际最大限度地引入竞争,构建公平、有效的市场竞争环境,构建竞争性市场和产业组织结构,兼顾国内市场的竞争和我国进入WTO之后与国际跨国公司之间的竞争。一方面要破除国家垄断,引入市场竞争;另一方面还要避免出现市场垄断。

②培育骨干企业,完善产业链条,提升整体竞争力。加快培育具有较强竞争力的大企业集团,通过对泰达控股公司、天津港集团、钢管集团等一批国有大型企业集团的调整,不断提升企业集团的竞争力。

③建立比较完善的现代企业制度。继续推进股份制改革,规范国有企业改制和产权转让行为,着力完善产权结构、公司法人治理结构、推进企业制度创新,建立企业的自由进入和退出机制。

④大力发展非公有制经济。积极营造各种所有制平等竞争、共同发展的政策环境和市场环境,消除对非公有制经济的歧视性政策,进一步放

开非公有制经济的投资领域,对外商开放的领域同时向民间资本开放,放手发展非公有制经济。允许民间资本筹建风险投资基金,加快建立和完善中小企业信用担保体系和社会化服务体系。

(2)完善要素市场,科学、合理配置资源。加快推进要素市场化进程是改革攻坚的重要任务,滨海新区建设国家综合配套改革试验区应该不断完善包括资本、土地等要素的市场体系,使市场在资源配置中发挥基础性作用。改革的主要内容是:

①培育和发展要素市场。继续发展土地、资本等要素市场。推进金融改革与创新试点,建设与北方经济中心相适应的金融服务体系。拓宽直接融资渠道,在发展各类基金的基础上,扩大企业债券业务和信托投资公司的资金集合信托业务等直接融资的试点;推进外汇管理体制改革,进行更多区域性外汇管制改革试点,实行新区内企业经常项目下意愿结售汇和小额人民币自由兑换,开展离岸金融业务;创新和完善金融机构体系,发展一批新的金融机构;探索天津产权交易中心开办非上市企业股权交易试点。

②加快推进土地制度改革。在滨海新区率先推行城镇建设用地增加与农村建设用地减少挂钩试点工作,建立区域统筹的土地用途管制制度;开展农村集体建设用地流转及土地收益分配,改革征地补偿和安置制度,建立适合被征用土地农民需求的保障机制;推进土地市场建设,完善经营性土地招拍挂制度;创新土地管理方式,加大土地管理改革力度;针对滨海新区耕地后备资源短缺的实际,制定相关政策,支持滨海新区快速发展。

③积极发展劳动力市场,进一步健全技术市场。按照统一、开放的要求,加快建设航运、石油、煤炭、优质钢材等全国性商品交易市场,在此基础上,恢复天津期货交易所。

④完善要素市场的价格形成机制。加快资源价格改革步伐,进一步减少政府对资源配置和价格形成的干预,切实建立起反映市场供求、资源稀缺程度以及污染损失成本的价格形成机制。全面推进水价改革,积极推进电价改革,完善石油天然气定价机制,全面实现煤炭价格市场化,完

善土地价格形成机制。

（3）推进科技体制改革，发挥科技生产力的巨大作用。以推进科技体制改革和提升自主创新能力为重点，全面落实建设创新型国家的战略。通过推进科技体制改革，形成符合市场运行规律的科技运行体系，发挥科技生产要素的作用，对于中国的市场经济完善和发展至关重要。改革的主要内容是：

①完善以企业为主体的技术创新体系。企业是投入的主体、利益的主体和风险承担的主体，也是技术创新的主体。滨海新区应该积极鼓励和完善以企业为主体的技术创新体系。出台促进引进技术消化、吸收和再创新的政策，增强孵化器技术创新功能的政策，保护自主知识产权的政策等。支持和组织企业组建各种形式的战略联盟，在关键领域形成具有自主知识产权的核心专利和技术标准。

②开辟科技成果转化的"绿色通道"。滨海新区可以考虑把科研部门、金融单位和企业有机地结合，创造有利于技术创新发展和实现产业化的优越条件，确保科技成果在第一时间进入生产，占领市场。凡被列入国家、省、市财政资助的科技创新项目或被新认定为国家、省、市级高新技术研发中心或企业技术中心的，按规定比例给予配套资助。

③构建科技创新的孵化平台，为中小科技企业创新发展提供优越的条件。要按照新区发展需要和科技创新的需要，建设多种产业特色突出的孵化器，不断满足高科技中小企业科技创新和成长成熟的需要。

④构建科技创新的人才平台，坚持"政策倾斜，重点投入，优化环境，畅通渠道"的工作思路，形成"市场驱动、政府推动、部门联动、企业主动"的人才工作格局。

⑤创新滨海高新区开发与管理模式，建设国际化研发转化基地。用新体制、新机制开发建设滨海高新区，为滨海新区乃至中国北方的科技创新、科技转化提供有效载体。

（4）营造良好的市场环境。好的市场经济除了要有充满活力的微观主体和完善的产品与要素市场，还需要一个良好的市场环境。改革的主要内容是：

①强化市场经济立法、建立健全规范市场运行及其市场活动的各种规则,形成依靠法律推动经济发展的运行机制。

②加大合同行政执法力度,严厉打击各种商业欺诈行为。

③不断完善商品质量市场准入体系,加强流通领域以食品为重点的商品质量监测,实施规范的商品质量快速检测,及时发现和查处存在质量问题的商品;建立商品质量监测数据库,提高商品质量监管水平。

④加大反不正当竞争的执法力度,加大对商业贿赂的整治力度。

⑤进一步加大制止行业垄断的工作力度,严厉查处垄断性行业强制交易、强制服务等行为。

⑥进一步加大制止行政性垄断、打破地区封锁的工作力度。

(5)深化涉外经济体制改革,扩大对外开放。在经济全球化背景下,一个好的市场经济体系必然是一个开放的市场体系,滨海新区建设国家综合配套改革试验区必然要深化涉外经济体制改革,建立符合市场经济和世贸组织规则要求的涉外经济运行机制和管理体制。改革的重点应为:

①加快东疆保税港区建设,使其成为全国最大、开放度最高的保税港区,实现货物、资本、技术在区内的自由流动;将港区、保税区、出口加工区和保税物流区等政策叠加,实行“境内关外,一线放开,二线管住,区内自由,入港退(保)税”的特殊海关监管政策。

②探索特殊监管区域管理制度创新,实行海关、商检等中央垂直管理部门有效配合的联动机制;完善与腹地城市的口岸合作机制,完善大通关体制。

③深化外经贸管理体制改革。进一步简化直接利用外资核准审批程序,放开滨海新区对鼓励类和允许类项目的审批管理权限;创新引资方式,建设国家级服务外包基地和服务外包培训基地;在出口退税分担机制和深化结转方面进行管理机制创新。

④创新东北亚区域合作新模式。建立面向东北亚国家和地区的产业合作与服务机制,推进多边经贸交流,推进与东北亚地区享有特殊政策的区域合作,促进贸易投资和人员往来便利化;发起设立东北亚银行,加快

东北亚区域的金融合作;以中日韩十城市市长会议、环渤海省市长会议为基础,设立国家级的东北亚经济论坛。

2.创建统一、协调、精简、高效、廉洁的政府管理体制

滨海新区建设国家综合配套改革试验区很重要的一项内容是探索建立行为规范、运转协调、公正透明、廉洁高效的行政管理体制。

(1)探索滨海新区行政管理体制。这是滨海新区建设国家综合配套改革试验区,摸索区域协调发展、科学管理模式的重要内容。改革的主要内容是:

①探索区域经济发展的新模式,理顺滨海新区行政区与功能区的关系。科学界定新区管委会和各行政区与功能区的管理职责和职能分工。

②进一步转变政府职能,改进政府管理方式,真正实现政企、政事、政社分开,将政府职能尽快转变到维护公民和法人的合法权益、加强经济规划和市场监管、强化社会管理和公共服务上来,提高行政效率,降低行政成本,推行电子政务,逐步建立政府与公众之间的互动回应机制,提升政府内部运作效率。

③按照精简、统一、效能的原则和决策、执行、监督相协调的要求,推进机构改革,加强地区经济规划和市场监管,完善社会管理和公共服务,科学规范部门职能,合理设置机构,优化人员结构,实现机构和编制的法定化,切实解决层次过多、职能交叉、人员臃肿、权责脱节和多重多头执法等问题。

(2)加强和完善行政监督制度。监督行政资源的利用以及对相关人员进行有效考核,是行政管理体制改革的重要内容之一。改革的主要内容包括:扩大舆论监督和群众监督,建立健全监督机关的勤政、廉政和责任机制,依法保障公共权力的廉洁和高效;改革和完善行政首长负责制;加快政府投资体制改革;规范政府投资行为,并建立投资决策责任追究制等。

(3)促进民主参与。改革的主要内容是:深化基层单位管理体制改革,推进各级政府职能转变;建立健全广大群众积极参与新区建设的渠道与机制,充分发挥新区建设者的聪明才智。

3.创新适合社会主义和谐社会的社会体制

在市场经济条件下,社会利益分化、价值多元、矛盾复杂、风险加大,社会整合和社会控制的任务非常繁重,改革计划经济体制下形成的社会管理体制,创新适合社会主义和谐社会需要的新体制,已经十分迫切。滨海新区建设国家综合配套改革试验区,是科学发展观的试验田,是构建和谐社会的示范区,将进一步推进社会体制改革历程,创新社会主义和谐社会体制。

(1)建立完备的社会管理体制。其改革的主要内容是:充分发挥各类社会组织的作用,加强政府与社会组织之间的分工和协作;创造综合的社会调节机制,平和社会心态,促进社会和谐;加大对发展社会公益事业的投入,这是政府履行社会管理职能最实在的表现。

(2)建立统一开放、竞争有序、覆盖城乡的新型就业体制。其改革的主要内容是:

①允许居民自由迁徙和自由择业。

②健全以公众创业带动就业的机制,放宽公众创业条件,提供小额贷款、税费减免、场地安排、开业指导等宽松的创业环境。

③实施积极的就业政策,建立促进就业再就业的长效机制,扩大失业保险基金促进就业支出范围。

④完善就业服务体系。

(3)改革收入分配关系,完善社会保障体系。建立公平与效率相统一的收入分配制度,基本保险和补充保险相结合的社会保障制度。其改革的主要内容是:

①完善多种形式并存的收入分配制度,坚持各种生产要素按贡献参与分配。

②推行企业工资集体协商制度。

③完善城镇企业职工基本保险制度,鼓励有条件的企业建立补充保险,发展商业保险。

(4)深化教育、文化、卫生体制改革。其改革的主要内容是:

①实施城乡基础教育一体化改革,缩小城乡教育差距,搞好国家职业

教育改革试验区,争取国家有关部门下放中外合作办学、设立国际学校的审批权限,允许国外知名教育机构以灵活形式设立相对独立的教育和培训机构。

②改革文化产业的投融资体制,争取国家在发行文化彩票和新区利用债券、股票等资本市场发展文化产业方面先行先试,积极争取国家有关部委下放涉及文化产业的审批权限,建设国家及滨海新区文化产业示范园区,整合、开发天津市乃至环渤海地区文化资源,使之成为新区文化产业发展的策源地和示范区。

③构建"大卫生"行政管理体制,合理布局新区卫生资源,建立公共卫生和基本医疗经费保障机制,鼓励社会资金参与政府和国有企业所属的医疗机构的改制,鼓励发展民办医疗机构,积极争取国家有关部门下放合资合作办医审批权,构建基本卫生服务体系。

(5)促进城乡协调发展。滨海新区在这方面的改革内容应是:

①深化农村综合改革,加大统筹城乡产业发展的力度,破除"三个集中"的制度障碍,以推进农村组织化为重点,发展高科技、专业化、生态化农业,实现农业的规模经营集中,以振兴工业园区为切入点,以宅基地置换和复垦为载体,实现农民居住向城镇集中,推进土地处置、社会保障和户籍"三联动",争取率先实现农村人口"农转非"。

②建立城乡一体化保障制度。建立农民工的养老、医疗、工伤保险制度;做好城镇居民医疗保障制度试点,允许外籍人员参加我市基本社会保险制度;探索切实有效并与城镇相衔接的农民养老、医疗保险制度。

③统筹城乡公共服务资源,整合城乡教育、文化、卫生资源,加大对郊区社会事业投入的比重。强化农村公共服务体系建设,确保农民在文化、教育、卫生、社保等方面享有与市民同等的待遇。

④建立确保农民增收的长效机制。深化农村土地征收、征用制度改革,完善征地程序和补偿机制,确保形成新区开发与农民利益增长挂钩机制。探索建立农民集体所有建设用地使用权流转机制,使集体经济组织和农民拥有更多的发展权和收益权。建立城市反哺农村、工业支持农业的长效机制,促进城区、功能区与周边农村地区的一体化发展。

4.建设资源节约型和环境友好型社会

中国的改革进入了资源约束型和环境制约型阶段,滨海新区建设国家综合配套改革试验区,必须进一步探讨如何建设资源节约型和环境友好型社会。

(1)探索"以环境优化经济增长"的体制机制。以资源禀赋和环境容量作为制定滨海新区发展规划的主要依据,划定优先开发、重点开发、限制开发和禁止开发区域,优化经济格局。

(2)促进资源的合理利用。实施有利于资源节约的财税金融政策;健全资源节约监督制度;提出企业资源节约、综合利用和发展新能源的方针、政策和法规;推进以节能降耗为主要内容的新产品、新技术开发和设备改造。

(3)推进环境管理体制改革。建立融市场、行政、法律、科技和教育等多元化的管理体制;重新构建起全新的环境管理体制,即跨区域垂直环境管理体制;贯彻公众参与原则,积极发展非政府组织,特别是民间性非政府组织;注重运用法律手段,实现环境管理法制化;高度重视基层管理,加强区乡级环境管理机构建设。

(4)推动循环经济加快发展的体制机制。在滨海新区范围内,制定相应的环境标准,重点行业试行生产者责任延伸制度,健全固体废弃物管理和交换机制,建立循环经济评估体系,实行环境标识、环境论证和绿色采购等制度,争取建成国家级循环经济示范区。

(5)改进领导干部绩效评估机制和环境保护领导体制。探索将资源环境和绿色GDP核算纳入科学发展评价体系,并作为领导班子和领导干部考核内容,推行资源环境问责制。

课题组负责人:郝寿义(天津市滨海新区管委会、南开大学城市与区域经济研究所、天津滨海综合发展研究院)、高进田(南开大学城市与区域经济研究所)、邢春生(天津市滨海新区管委会、天津滨海综合发展研究院)

课题报告完成时间:2006年8月。

参考文献

中共中央关于建设社会主义市场经济体制若干问题的决定.1993年11月14日中国共产党第十四届中央委员会第三次全体会议通过

中共中央关于完善社会主义市场经济体制若干问题的决定.2003年10月14日中国共产党第十六届中央委员会第三次全体会议通过

中共中央关于加强党的执政能力建设的决定.2004年9月19日中国共产党第十六届中央委员会第四次全体会议通过

中共中央关于制定"十一五"规划的建议.2005年10月11日中国共产党第十六届中央委员会第五次全体会议通过

中华人民共和国国民经济和社会发展第十一个五年规划纲要.2006年全国两会特别专题

中共天津市委关于加快推进滨海新区开发开放的意见.2005年11月10日中国共产党天津市第八届委员会第八次全体会议通过

天津国民经济和社会发展第十一个五年规划纲要.2006年1月20日天津市第十四届人民代表大会第四次会议通过

天津滨海新区国民经济和社会发展"十一五"规划纲要(修改稿).天津市滨海新区管委会

中国综合配套改革新版图.领导决策信息,2006(27)

国务院关于深化文化体制改革的若干意见.新华网,2006—1—12

曾培炎.综合配套改革试点是滨海新区开发开放要务.新华网(天津),2006—6—1

马凯.站在新的起点开创浦东改革开放新局面.在上海市浦东综合配套改革试点推进工作会议上的讲话要点,2006

范恒山.改革攻坚阶段的10大难题[N].当代财富报,2006—8—1

戴相龙.中国金融改革进入体制和机制创新阶段.中美金融研讨会,2006—6—24

陈良宇.努力实现"四个率先"当好改革开放排头兵[N].上海新闻,2006—3—22

郝寿义,高进田.试析国家综合配套改革试验区 [J].开放导报,2006 (2)

郝寿义.天津滨海新区与国家综合配套改革试验区[J].城市,2006 (3)

郝寿义,张换兆,赵军.国家综合配套改革试验区的理论模型[J].天津师范大学学报,2006(4)

深圳综合发展研究院.综合配套改革试点的战略背景、制度安排与设计[J].脑库快参,2006(5)

迟福林."十一五"时期政府行政管理体制改革的基本目标[N].经济参考报,2006—6—3

徐永祥.社会体制改革与和谐社会建构[J].学习与探索,2005(6)

杨开忠.振兴环渤海地区·破解21世纪中国发展的新密码[J].领导之友,2004(2)

吴良镛.从京津冀及更大空间范围看天津和滨海新区的战略意义[J].港口经济,2005(5)

迈克尔·波特.国家竞争优势[M].北京:华夏出版社,2002

申兵.天津滨海新区——我国区域经济新的增长点[J].前线,2006 (1)

袁铖伴.从经济开发区看改革开放20年[J].中国外资,1998(9)

李丰洲.打造中国经济"第三极"——天津市市长戴相龙访谈录[N].今日中国论坛,2006

周克瑜.走向市场经济——中国行政区与经济区的关系及其整合[M].上海:复旦大学出版社,1999

高尚全.新形势下深圳经济特区的新使命[J].开放导报,2005(1)

肖力等.社会良性互动·构建社会主义和谐社会的重要目标[J].中国党政干部论坛,2006(1)

沈越.新型工业化道路的特征[N].人民日报,2003—10—28

宋修岩.改革开放以来中国社会价值观研究进展[J].山东教育学院学报,2005(3)

赵凌云.改革目标的新定位·完善社会主义市场经济体制[J].中南财经政法大学学报,2004(1)

王国平.经济体制"改革攻坚"的目标及途径[J].学术月刊,1998(8)

胡荣涛.我国经济体制改革目标模式的理性思考[J].郑州大学学报,2000(2)

张军.中国的经济改革和发展·价值观的影响[J].江苏社会科学,2000(4)

滨海新区综合配套改革制度保障

综合配套改革机制的研究

【摘要】 在阐述改革机制的概念、属性、本质、类型和作用的基础上,通过对改革要素和改革过程的解析构建了研究改革机制的理论模型,进而运用模型对以往改革和综合配套改革进行分析,并提炼出我国综合配套改革试验区机制构建的总体特征,总结了浦东新区、深圳、滨海新区等综合配套改革试验区机制构建的成功经验,重点分析了滨海新区综合配套改革面临的突出问题,提出了有针对性的改进建议。

在当前中国的改革实践中,综合配套改革被寄予厚望,但深入研究综合配套改革理论和实践的科研成果并不是很多,关于综合配套改革机制的研究更是寥寥无几。因此,深入研究综合配套改革的机制机理,对于更好地认识和理解这一新生事物具有深刻的理论意义。

滨海新区是全国综合配套改革试验区,改革是推进天津滨海新区的开发开放的动力所在。因此,总结借鉴浦东新区、深圳等改革先进地区构建改革机制的经验,分析自身面临的改革问题,对于滨海新区推动落实改革工作,解决当前改革中存在的体制机制障碍具有指导作用。

一、改革机制的含义与作用

(一)改革机制的内涵

1.改革机制的概念辨析

"制度作为一系列界定经济行为的规则,通过降低交易费用,便利合约的签订和执行,影响资源配置和风险分配,提供激励和协调,确定公共品和服务的生产与分配,从而对经济增长发挥作用。"①要改变不适应经济发展的旧有制度,创设与经济发展相适应的制度安排,需要进行制度的变革。改革就是进行制度创新,从而导致制度变迁的过程,通过改革,可以实现从不适应生产力发展的旧体制向新体制转变,从而提供经济发展的制度保障。

一般来讲,机制泛指一个工作系统的组织或部分之间相互作用的过程和方式。具体到改革上来,机制又可以分为广义和狭义两种。

广义的机制与制度、体制一样同属于制度范畴,通常指制度机制,其从属于制度,受制度的制约,同时又对制度的巩固与发展起着积极的促进作用。改革是进行制度创新从而导致制度变迁的过程,那么广义的机制就是改革的主要对象之一,人们通常所说的竞争机制、市场机制、激励机制等就属于这个范畴。

另一方面,改革本身也是一个运作系统,有着自己的运行方式,这就是狭义的改革机制。具体来说,改革运作系统是由改革主体、改革资源、改革技术、改革利益等要素构成。这些构成要素各自的功能和它们之间的相互作用,使改革得以实施,形成新的制度安排。在这一过程中,这些改革要素的各自运动和它们之间相互作用的特定方式,就是改革的机制。改革运作系统的正常运转就是通过改革自身的机制实现的。

在中国的经济体制改革中,改革者的注意力往往集中在研究和制定特定制度的经济运行机制上,却在很大程度上忽视了对改革自身运行机制的研究,这应该说是一个缺陷,因为转换经济运行机制的改革本身也要

---

① 李竹兰,郝寿义.授权立法:综合配套改革试验法律保障的需求[J].开放导报,2007(2)

通过一定的作用机制才能得以实现。因此,为了推进改革深化,我们必须研究改革本身的运行机制并加以完善,以提高改革运作的效率。

2.改革机制的属性

改革机制通常具有以下两个属性(见图1):一是改革机制具有多样性,因此改革机制是可选择的,实现相同改革目标的改革机制可能有很多解。改革机制是改革运作系统诸要素相互作用、促使改革得以实现的方式,因此,改革运作体系中各构成部分的属性变化或者它们之间相互作用方式的变化,会形成不同的改革机制。对于相同的改革目标,改革机制却可以是多样的,而不同的改革机制对实现改革的目标有不同的绩效。二是改革机制具有适应性,在一定时空条件下,实现特定改革目标的改革机制有最佳解。不同改革机制的功效不同,所以比较和判断其效率如何,不能脱离具体的改革阶段和制度环境,否则就无法比较和做出准确的判断。只有符合特定改革体制机制环境的改革机制,才能有力地推动改革目标的实现;反之,如果改革机制脱离甚至违背特定的制度环境,则可能延缓甚至阻碍改革目标的实现。研究改革机制的目的即在于为实现特定改革目标选择最佳的改革机制,使改革利益最大化。

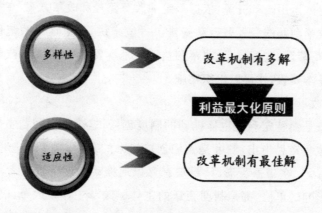

图1　改革机制的属性

3.改革机制的本质

改革不会自动实现,改革本身需要动力才能产生、推进并取得改革利益。改革机制的存在意义即在于为改革的提出、组织、设计、实施、推广提供一系列激励和动力。从这个意义上讲,改革机制需要给改革主体提供一种在制度安排外部不可获得的利益,防止改革集团内成员的机会主义行为或非改革集团成员的"免费搭车"行为,为改革集团内成员形成稳定的改革利益预期创造条件,并提供持续的改革激励。

可见,改革机制的本质是激励与约束,而约束又是一种反向激励,因此可以把改革机制看成一种对改革本身进行激励的条件和手段的总称。

(二)改革的基本要素与过程

改革机制的内涵是本文改革机制研究的起点,通过分析改革机制的内涵可以明确改革机制的研究对象。如前所述,改革机制是指在改革过程中改革运作系统诸要素相互作用的方式。因此,要具体把握改革的机制,需要对改革的要素及其运作过程进行较为细致的分析。

1.改革的基本要素

改革的实质是制度创新,是一种制度的生产和再生产过程,符合一般的社会再生产模式。如同一般社会再生产可以描述为劳动者运用生产资料、将原材料按照一定的工艺流程加工为最终产品的过程,改革也可以看作改革主体运用改革资源,依据一定的改革路径和改革方案,在具体实施中谋取改革利益的一系列行动安排。一般来讲,改革运作系统包括改革主体、改革资源、改革技术、改革利益四个基本要素(见图 2),改革只有具备这些基本要素,才可以组织实施。

(1)改革主体

改革是由特定利益主体推动的制度创新,这个特定利益主体即为改革的主体。诺思指出,制度是人们创造出来的东西,制度演进着,亦为人们改变着。[1] 在诺思看来,只要是有意识地推动制度变迁或者对制度变迁施加影响的单位,都是制度变迁的主体。改革主体是改革试验的推动者和实施者,也是改革成效的受益者,它可以是中央政府、地方政府、企业、居民及非营利组织(NPOs)或非政府组织(NGOs)等。

---

[1] 诺思. 制度、制度变迁与经济实绩[M]. 台湾时报文化出版社,1994

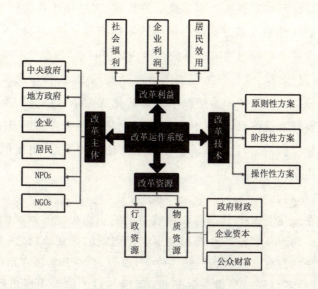

图 2　改革的基本要素构成

（2）改革资源

改革是建立在 定的权力、人力、物力、财力等投入基础上的制度创新，这种在改革过程中投入的各种物质或非物质资源即为改革的资源。改革要建立一整套新的制度环境，还要清除原有的旧制度，其间还要消除受损者对改革的阻力，因此改革不能凭空产生和运作，改革总要以一定的资源为代价才能取得预定的效果。按改革资源的来源不同，又可以分为政府财政、企业资本、公众财富等。另外，作为制度领域的创新，改革必须有行政力量进行支持，因此，改革还需要掌握特定行政资源才能推行。由于改革资源相对于改革需求的稀缺性，因此一方面，改革不可能一蹴而就，总要选择适宜的突破口，分阶段有重点地加以推进；另一方面，不同地区的自然禀赋条件、发展程度、制度环境有别，适合推进的改革试验内容不同，制度变迁总要选择具备一定改革条件的区域加以推进。

（3）改革技术

改革是构建更有效率的制度安排的制度创新，这种新的制度安排需要设计一整套制度体系进行支撑，并通过一定的技术路线予以实现，这种制度体系的设计和实施蓝图即为改革的技术,它往往体现为一系列的改革方案。原则性的改革方案应当明确改革的指导思想、目标、主要任务;阶段性的改革方案应当明确改革的重点内容、组织实施办法、决策部门及具体举措;操作性的改革方案应当明确改革实施细则、程序规章、执行部门及职责分工。改革技术是把改革资源转化成改革利益的转换器,如果把这个转换器看成技术创新的话,那么把它归纳提升为制度或工作流程的话就是制度创新,这就是技术创新和制度创新的关系,制度创新是表,技术创新是里。

(4)改革利益

改革在一定意义上是由对改革收益的追求而引发的制度创新,这种改革收益即为改革利益。改革利益是制度创新的内在动因之一,也是改革所要实现的目标。在市场经济条件下,政府、企业和居民在市场机制的引导下,按照各自利益最大化的条件,运用各自的博弈手段进行市场竞争,最终实现各自的利益最大化。因此,改革利益可以是政府关心的最大社会福利,可以是企业关心的最大利润,也可以是居民关心的最大效用满足。正是获利能力无法在现有制度结构内实现,才导致了新的制度安排的形成。从一般意义上讲,如出现预期的净收益超过预期的成本,一项制度就会被创新,可以说,制度创新是制度主体根据成本效益分析进行权衡的结果,只有当制度创新与变迁有利可图,人们才会发动制度创新与变迁。改革利益可分为改革物质成果、区域发展目标、改革经验等,有些改革利益是定性的,有些改革利益是定量的。

综上,改革运作系统是由改革主体、改革资源、改革技术、改革利益四个基本要素构成的,改革只有具备这些基本要素,才可以组织实施。

2.改革的一般过程

改革的实质是制度创新。改革的过程也是制度变迁的过程。根据新制度经济学家戴维斯和诺思的分析,制度变迁过程可分为五个阶段:第一,预见到潜在利润的存在,形成"初级行动团体",即制度变迁的创新、策划、推动主体;第二,初级行动团体提出制度变迁方案,对方案的设计是复杂的,涉及面很广,时间可能很长;第三,在有了若干可供选择的制度变迁方案之后,初级行动团体对制度变迁方案进行比较和选择,选择的标准就是利润最大化原则;第四,形成次级行动团体,即制度变迁的具体实施者,它可能是个人或团体,也有可能就是政府部门本身;第五,初级行动团体和次级行动团体一起努力使新的制度方案得以通过并付诸实施,并就制度变迁的收益进行再分配。[①]

我国学者黄少安则将制度变迁的过程分为六个阶段:第一,认识变迁条件、发现变迁机会,这需要付出代价,也需要相应主体具备一定的知识和经验的积累;第二,组成变迁集团,政府、团体需要经过一些组织安排,才能转化为变迁主体,组织变迁团体也是需要支付代价的,包括所费时间;第三,确定变迁目标,也就是确立新制度的目标模式,确立目标也是要支付代价和花费时间的;第四,设计和选择变迁方案,这需要对各种方案的预计成本进行核算,这种核算选择也是需要支付代价的;第五,按照既定方案实施制度变迁,这是制度变迁的实际和直接的操作阶段,这一阶段往往需要耗费较多的人力、物力和财力,还需要较长的时间;第六,完成检验变迁,修补和完善新制度,这是制度变迁的最后阶段,如果与目标不完全吻合,或者修改目标,或者修补和完善新制度。[②]

依据上述观点,结合我国目前综合配套改革的实践,本文将改革的一般过程概括为五个阶段,如图 3 所示。

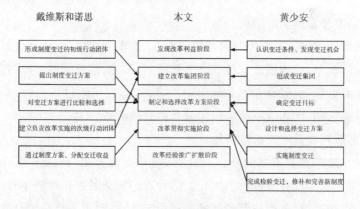

图 3　改革的一般过程

① 戴维斯,诺思.制度变迁理论:概念与原因[M].上海三联书店,1991:271~274
② 黄少安.产权经济学导论[M].经济科学出版社,2004:340~342

(1)发现改革利益阶段

发现特定改革利益的存在是启动改革的前提条件。制度非均衡意味着潜在利润的存在和变迁机会的出现,但这并不意味着制度变迁的机会必然为人们所认识或发现,自动地进入人们的视野,需要人们去搜寻、发现。特别是当这种机会还不明显、改革利益还不易确认时,这种认识和发现机会的工作就更具有意义。谁先发现就可能及时抓住机会,从而获取制度创新的潜在收益。

(2)建立改革集团阶段

改革是有成本的,政府、企业、居民等改革主体需要掌控一定的人力、物力、财力、权力等资源才能实施改革,从而使预期改革利益转变为现实利益,这就需要围绕改革进行必要的组织和分工,形成改革集团。

(3)制定和选择改革方案阶段

改革是改革主体有意识的行为,一旦形成改革共识,就会确定改革的目标,否则改革就没有方向。为了实现特定目标,改革主体可能会设计出多种改革方案,然后,对预期纯收益为正值的改革方案进行比较和选择,选择的标准就是利润最大化原则,人们总是要选择最迅速、最经济的方案。

(4)改革贯彻实施阶段

改革的实施从来都不是自动的,选定了改革方案之后,就要按照既定方案实施改革,它构成改革的一个实质性阶段。虽然是按照选定的方案,朝确定目标行动,但也并不是简单的按方抓药,在实施过程中,还要解决一些具体问题,比如改革的法律保障和监督检验等。

(5)改革经验推广扩散阶段

我国改革具有明显的渐进式特征,改革由点及面、由简至繁逐步推进,通常采取先试验后推广的方式。这种改革模式具有初始成本较小、预期可信度较高、风险性低及摩擦成本较小等特点,改革一旦在试点地区行之有效,其他区域就可以避免重新设计、试错的高额代价,直接模仿、吸收、采纳已经形成的有效的制度。

经历上述五个阶段后,改革又将进入新一轮继续深化的过程,在已取得改革经验的基础上,重复这个过程,由浅入深。

(三)改革机制的研究对象

1.改革机制的过程解析

改革运作系统诸要素相互作用的方式在改革过程中具体体现为动力生成机制、组织推动机制、技术支持机制、外部保障机制和空间扩散机制,如图4所示。

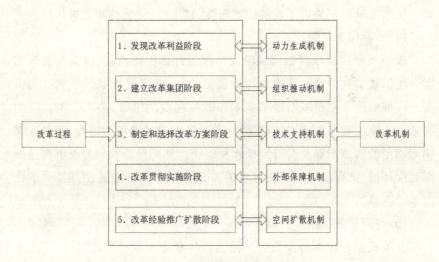

图4　改革的过程与机制

(1)动力生成机制

改革机制在发现改革利益阶段体现为动力生成机制,即发现预期改革利益并吸引改革主体提出改革要求的机制。动力生成机制是联结预期改革利益和改革主体的纽带,要求明确改革利益所在和改革主体所求。动力生成机制是改革的力量源泉,推动改革的启动或开始。

(2)组织推动机制

改革机制在建立改革集团阶段体现为组织推动机制,即召集改革决策主体和实施主体形成改革推动集团,控制各改革资源的机制。组织推动机制是联结改革主体和改革资源的纽带,要求各改革主体掌控推进改革所需要的各种资源。组织推动机制决定了改革的可行性和推进力度,提供了实施改革所需要的各种投入的来源。

(3)技术支持机制

改革机制在制定和选择改革方案阶段体现为技术支持机制,即根据改革资源设计和选择最佳改革方案的机制。技术支持机制是联结改革资源和改革技术的纽带,要求制度变迁集团进行周密的改革方案设计,在确保改革试验的方向性和可操作性前提下,选择最迅速、成本最低的改革方案。技术支持机制决定了改革的方向性、精细性、经济性和可操作性。

(4)外部保障机制

改革机制在改革贯彻实施阶段体现为外部保障机制,即确保改革方案合法依规实施并使改革进程得到监督检验,以实现预期改革利益的机制。外部保障机制是联结改革技术和改革利益的纽带,要求改革方案的实施有法律法规依据或立法权保障,并且随时监督改革的进程,一旦改革偏离预定的轨道能够及时得到检验和纠正。外部保障机制为改革创造外部制度环境,确保各项改革在科学的监督检验中依法推进,实现"改革让改革者获益"。

(5)空间扩散机制

改革机制在改革经验推广扩散阶段体现为空间扩散机制,即使改革经验得以迁移和复制的机制。空间扩散机制是联结本地改革和其他地区改革的纽带,要求改革经验具备较强的生命力,可复制、可迁移。空间扩散机制可以降低其他地区改革取经的成本,模仿、吸收、采纳改革试验区已经形成的有效的制度,最大限度地发挥改革的示范作用。

2.改革机制的运作方式

上述改革主体、改革过程和改革机制的相互关系可用图5表示。图中黑色表示改革的阶段,浅灰色表示改革的要素,深灰色表示分阶段的具体改革机制。

在改革的第一阶段(发现改革利益阶段),动力生成机制是联结预期改革利益和改革主体的纽带。在改革利益的吸引下,相关利益主体互相接近,提出改革的要求。

在改革的第二阶段(建立改革集团阶段),组织推动机制是联结改革主体和改革资源的纽带。为了实施改革,各利益主体结合成制度变迁集团,通过行政命令或利益交换等手段,掌握各种改革资源,为完成改革任务提供保障。

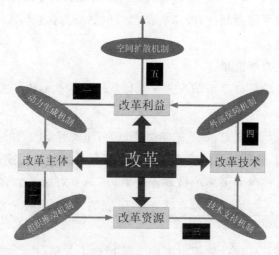

图5　改革机制的运作方式

在改革的第三阶段(制定和选择改革方案阶段),技术支持机制是联结改革资源和改革技术的纽带。技术支持机制要驱动改革主体组织智力资源,针对各改革资源设计和选择实施方案与细化方案,确保方案的方向性、经济性和可操作性。

在改革的第四阶段(改革贯彻实施阶段),外部保障机制是联结改革技术和改革利益的纽带。外部保障机制通过为改革立法和对改革进程进行检查和纠错,确保改革利益的实现。

在改革的第五阶段(改革经验推广扩散阶段),空间扩散机制是联结本地改革和其他地区改革的纽带,是促使改革经验向同类型其他地区示范、迁移的保障。

(四)改革机制的类型

1.改革机制的类型划分

制度经济学家将制度变迁的路径分为两大类型:强制性制度变迁和

诱致性制度变迁。强制性制度变迁指的是由政府命令和法律引入而实现的制度变迁。诱致性制度变迁指的是现行制度安排的变更或者新制度安排的创造,由个人或一群人在响应获利机会时自发倡导、组织和实行。

与两类改革路径相应,改革机制也可以划分为强制性改革机制和诱致性改革机制。

2. 强制性改革机制

强制性改革机制是由单一改革主体从上而下强制推行改革措施,实现制度变迁的运作方式。

在这一改革机制中,改革主体是唯一的,即政府。改革的具体方案是由政府制定的,改革方案的实施是借助于行政性组织机构推行的。企业和居民只是这些改革措施的被动接受者,不具有对改革的自主选择性。与此相适应,对改革进程以及改革中问题的掌控,也完全操纵在政府手上。

强制性改革机制所发挥出来的改革冲击力较强,组织成本低,见效快。一般来讲,在改革初期,强制性改革机制更有效率,因为它以其特有的功效有助于在较短时间内形成对旧体制框架的强烈冲击。

强制性改革机制的局限性表现在,它可能违背了一致性同意原则,甚至侵害了一些人的利益,这些人会设法阻挠改革的正常推进,造成改革效果的稳定性较差,容易出现反复和"上有政策,下有对策"的现象。另外,在一个政府主导的强制性制度变迁的机制里,由于存在着统治者的有限理性、意识形态刚性、官僚政治、集团利益冲突和社会科学知识局限等问题,易于产生无效改革,而且政府承担的改革投入较沉重。

3. 诱致性改革机制

诱致性改革机制是政府、企业、居民多元改革主体采取自上而下和自下而上双重渠道推进改革措施,实现制度变迁的运作方式。

在这一改革机制中,企业和居民不再是改革措施的被动接受者,而是以具有改革自主选择权的改革设计者和参与者的身份出现。尽管有关改革的大政方针、基本原则等仍然是由政府设定的,但改革的具体措施、具体方式方法以及具体实施过程,在很大程度上将由企业和居民通过自主选择来设定。在这一改革机制中,改革的进程取决于各改革主体相互作用产生的合力,政府对改革中出现的问题只能加以引导和间接调控。

诱致性改革机制的适应性较好,改革能够因地制宜、因时制宜地实施,改革的效果具有较强的稳定性。无效制度改革在诱致性变迁机制里是不易发生的,因为制度的变动是以社会的需求为基本出发点的,具有很强的针对性。诱致性改革机制降低了政府的改革负担,它将广大企业和个人纳入到新体制创新活动中来,并依据其选择进行制度安排,使新体制创新的成本由各改革主体自行分担,因地制宜的制度创新也大大降低了费用,改革效果的稳定性也减少了相对成本。

但这一改革机制所诱发的改革比较缓慢,有一个改革示范效应的扩散过程,而且为取得一致性意见而花费的组织成本较高。

(五)改革机制的作用

1.改革机制是顺利推进改革进程的保障

制度的实施机制对制度的功能与绩效的发挥具有至关重要的作用。安德鲁·斯考特在《社会制度的经济理论》提出,社会制度指的是"社会的全体成员都赞同的社会行为中带有某种规律性的东西,这一规律性具体表现在各种特定的往复情境之中,并且能够自行实行或由某种外在权威实行之"。[①] 青木昌彦在《比较制度分析》中指出,"制度是关于博弈如何进行的共有信念的一个自我维系系统。制度的本质是对均衡博弈路径显著和固定性的一种浓缩性表征,该表征被相关域几乎所有参与人所感知,认为是与他们策略决策相关的。这样,制度就以一种自我实施的方式制约着参与人的策略互动,并反过来又被他们在连续变化的环境下的实际决策不断再生产出来"。[②] 换言之,制度本身应该内含着实施机制,没有实施机制的政治制度、法律条文和规章制度只能是制度的纸制复本,它们不可能对社会效率与公平的提高发挥真正的作用。

改革作为制度变迁,其实施机制是联结改革运作系统诸要素的纽带,

① 安德鲁·斯考特.社会制度的经济理论[M].上海财经大学出版社,2003
② 青木昌彦.比较制度分析[M].上海远东出版社,2001:6

对于改革的推进与绩效的发挥是至关重要的。改革动力生成机制、组织推动机制、技术支持机制、实施保障机制、空间扩散机制是改革机制在改革过程中的具体体现,每一机制有效发挥作用才能确保各步骤的顺利推进,最终实现改革利益。

2.改革机制是决定特定改革设立和成败的关键

按照科斯的交易成本理论,制度运行是有交易成本的,它包括制度实施过程中的维持组织和机构的费用、强制成本、信息成本、监督费用等。对改革而言,改革机制的建立和运行恰恰形成了改革的成本,其主要由上述各机制的建立和发挥作用需要投入的人力、物力、财力、时间等成本共同构成。动力生成机制的成本主要表现在发现潜在利益和取得利益主体一致同意的支出上;组织推动机制的成本主要体现在改革执行中的人力、物力、财力消耗上;技术支持机制的成本主要体现在对各种信息的搜集、加工、发明、创造和核算选择变迁方案的支出上;外部保障机制的成本主要体现为取得地方立法权并进行相应立法,以及对改革结果监督检验所花费的时间和支付的代价;空间扩散机制的成本主要体现为其他地区模仿、吸收、采纳行之有效的改革制度所支付的取经和改造费用。

因此,改革机制既是改革收益最终实现的保障,又实际形成了改革的成本,它直接决定了制度变迁的"潜在利润"的实现与否和数量多少。如诺思所说,"如果预期收益超过预期成本,一项制度安排才会被创新,只有当这一条件得到满足时,我们才可望发现在一个社会内改变现有制度和产权结构的意图"。① 因此我们可以说,改革机制对一项改革的设立和成败,具有至关重要的意义。

二、我国改革机制变迁的理论分析

(一)我国以往改革的机制分析

1.以往改革的机制特征

在我国改革开放初期,计划经济运行机制完全把企业和居民置于一

---

① 诺思,戴维斯.制度变迁与美国经济的增长[M].上海三联书店、上海人民出版社,1993

种服从地位,具有强大的行政隶属关系。企业和居民不仅受到有形制度的强制,而且也受到无形制度(道德观念等)的约束,其自主选择的空间和倾向性很小,比较有条件生成的是强制性改革。

　　与改革类型对应,以往改革机制属于以强制性改革机制为主,诱致性改革机制为辅的类型。依据上文对改革机制的分析框架,以往改革的运作方式如图 6 所示。

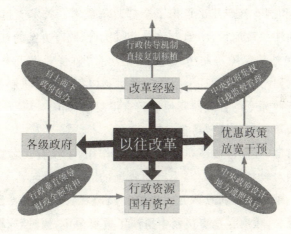

图 6　以往改革机制的运作方式

　　(1)以往改革的系统分析

　　以往改革的改革主体以政府为主,企业、社会一般被排除在改革集团之外。改革资源为政府手中强大的行政资源和间接控制的国有资产。改革技术倾向于大量运用政府资源(如倾斜性财税优惠政策)或直接采取行政干预。改革利益主要以取得经济发展的改革经验为主,非经济改革如行政体制改革、社会管理改革等则处于辅助地位。

　　(2)以往改革的过程分析

　　以往改革的过程较为简单:中央政府发现经济发展过程中存在的体制机制障碍,遂选取典型地区,借鉴国外先进经验,制定改革方案,通过行政垂直领导在地方进行实施试点,试点取得成功后向其他地区复制移植。在改革内容安排时序上由易到难,把改革的力度同社会各方面可接受的程度结合起来,很大程度上依靠增量改革、体制外突破的方式。

(3)以往改革的机制特征

以往改革的动力生成机制以自上而下、政府包办为特征,政府从全局和宏观角度出发提出改革任务,企业、社会等微观利益主体的诉求常被忽视,制度供给相对于微观利益主体具有外生性,长期以来形成微观利益主体对外生制度的依赖。组织推动机制以政府系统内行政垂直领导为特征,政府财政和国有资产几乎承担了全部改革成本。技术支持机制体现为改革方案由中央政府设计,地方政府遵照执行,改革方案的精细化和可操作性不足。外部保障机制由改革者、立法者、监督者集于中央政府一身,其外部监督作用难以保证。空间扩散机制以行政传导机制为主,改革经验往往以行政命令的方式向其他地区直接复制移植。

2.以往改革机制的绩效评价

在这一时期,强制性改革机制发挥主导作用,不仅有其客观必然性,而且也具有相对较高的效率,对于启动我国的改革开放起到了非常积极的重要作用。单向性质的改革方式能够突出改革针对的主要目标,具有一定的积极意义,政府在这一机制中扮演了重要角色,通过"放权让利"为核心的一系列改革方案的出台,直接引发了经济改革的浪潮。正是在这种力量的冲击下,传统体制框架发生了松动,市场机制发展壮大,经济管理高度集中的僵化模式土崩瓦解,地方政府和企业的自主权日益强化,他们对改革的选择权也随之增强。

与此同时,以往改革的增长动力效应已经大幅减弱,现行经济制度下面临的诸多问题与挑战已经无法在以往改革框架下获得满意解决,以强制性改革机制为主的以往改革机制存在的固有缺陷日益显现。改革已经进入更深层次的经济、政治和社会的全面变革的攻坚阶段,直截了当、单兵突进的改革难有结果,忽视地区、企业、居民利益的改革没有出路,新时期必须对改革的路径进行转变,对改革机制进行重建。

(二)我国综合配套改革的机制分析

1.综合配套改革机制的特征

鉴于中国正处于经济转型时期,综合配套改革的路径既不能延续以往的政府强制性改革路径,也不能一步跨越到完全的诱致性改革而放弃政府的引导,而是由政府主导的强制性改革转变为政府引导下的诱致性改革,发挥各方面的改革积极性,这是中国改革的新路径。与此相适应,综合配套改革机制属于一种以诱致性改革机制为主,以强制性改革机制为辅的新的改革机制类型。

依据上文对改革机制的一般分析,结合我国综合配套改革试验区的运行实践,我们可以进一步分析和把握综合配套改革机制的特征,图7描述了我国综合配套改革机制的运作方式。

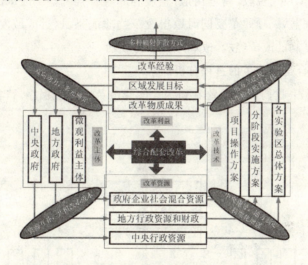

图7 综合配套改革机制的运作方式

(1)综合配套改革的系统分析

综合配套改革的改革运作系统要素呈现多级化特征:

改革主体由中央政府、地方政府、微观利益主体等各级主体共同组成,各改革主体关注的改革利益有别,存在相互博弈,在共同改革过程中获取各自的改革利益,制度具有内生性特征。

改革资源由中央行政资源、地方各级行政资源、地方各级政府财政、企业资产、公众财富等各种资源共同组成,改革可能动及方方面面的利益和能力。

改革技术最终体现为各试验区总体方案、试验区分阶段改革实施方案、项目详细操作方案等各级方案,逐级细化,呈金字塔分布,确保各项改革落到实处。

改革利益由改革经验、区域改革目标、改革物质成果等各级利益共同组成,各改革主体各取所需:国家重在从各试验区改革中汲取落实科学发展观和构建和谐社会的经验;地区侧重借助综合配套改革获取先行利益,实现区域发展目标;各微观利益主体(也包括政府在内)分享改革物质成果,如区域 GDP、税收、新增用地、企业利润等直接利益。改革的目的是实现改革利益,一项改革要同时取得改革物质成果、逼近区域发展目标、获得可以复制的改革经验,改革才算取得成功。

(2)综合配套改革的过程分析

从图 8 中我们可以大致看到综合配套改革的推进程序,路径如图中箭头所示。

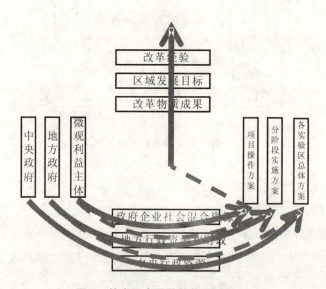

图 8　综合配套改革的推进过程

综合配套改革首先从国家层面开始,中央政府选取具备试验条件的综合配套改革试验区,指导制定各试验区综合配套改革总体方案;以总体方案批复为标志,改革进入地方层面,地方政府设立综合配套改革责任部门,制定分阶段、分领域改革实施方案;以分阶段实施方案获国家批复为标志,改革进入专项改革层面,微观利益主体配置改革资源,提出并选取重点改革项目,制定详细项目操作方案;以详细项目操作方案出台为标志,改革进入实施阶段,改革在法制保障和检验监督下分别取得改革物质成果、实现区域发展目标、形成改革经验,改革经验总结后再通过空间扩散机制向周边区域扩散。

综合配套改革的改革运作过程呈现层次化的特征,从图 8 中可以清晰地看到综合配套改革分三个层面:

第一层面是国家综合配套改革层面,改革主体是中央政府,改革的资源是中央的行政管理和审批权限以及中央财政,这一层面的改革技术体现为各试验区政府上报、国务院审批的综合配套改革总体方案,改革的利益是取得改革经验并向同类型地区推广扩散。综合配套改革国家层面的改革驱动力和归宿是取得改革经验,并依赖空间扩散机制向外辐射。这个层面关注的是选取适宜的改革试验区进行特定改革试验,取得相应的改革经验后向外辐射和扩散。

第二层面是综合配套改革试验区层面,改革的主体是地方各级政府,改革的资源是各试验区政府的行政管理和审批权限以及地方财政,改革技术体现为各试验区自行设计的分阶段、分领域改革实施方案,改革利益是实现区域发展目标,落实区域功能定位。综合配套改革试验区层面的改革驱动力和归宿是试验区的区域发展目标。这个层面关注的是确定正确的改革突破领域,并通过实施一系列改革项目向区域发展目标逼近。

第三层面是专项改革层面,改革的主体是地方各级政府、社会、企业等微观利益主体,改革的资源可能来自政府财政、企业资产、公众财富等各种渠道,改革技术体现为各重点改革项目的具体操作方案,改革利益是取得改革项目的物质成果,比如新增用地、税收、企业利润等直接利益。在专项改革层面,改革的驱动力和归宿是改革带来的物质利益。在改革物质利益的吸引下,政府、社会、企业互相博弈提出改革要求,组成改革集团,策划具体操作方案,确保该层面改革实施和改革利益的实现。

(3)综合配套改革的机制特征

由以上分析,我们可以概括出综合配套改革机制的特征:

在动力生成机制方面,自上而下和自下而上的改革路径相结合,中央政府、地方政府、企业、社会抱着各自的目的提出改革要求,共同组成改革推动集团,改革利益的分配是多方博弈的结果。

在组织推动机制方面,多元主体各自掌握的资源互相交换和补充,共同承担改革任务,共同分担改革成本。相比以往改革中央政府扮演了近乎全部的角色,承担了全部的改革成本,综合配套改革扩大了改革主体的范围,减轻了财政的负担,由企业和社会分担了部分改革成本。

在技术支持机制方面,中央政府把握改革的大方向,具体的改革方案由地方政府会同相关利益主体设计和选择。中央政府的指导体现为具体改革项目操作方案从属于各试验区提出的分阶段实施方案,而分阶段实施方案又从属于各试验区上报的总体方案。地方利益主体的自主性体现在,从国家总体方案到地方分阶段方案再到项目操作方案,主要由地方政府会同微观利益主体制定并落实。

在外部保障机制方面,综合配套改革需要地方改革立法权和外生检查监督主体进行配套。综合配套改革存在中央政府、地方政府、企业、社会等多元参与主体,主体多元化使改革主体、立法主体、监督主体发生分离,使外生的检验监督和约束成为可能,可以对改革的效果进行有效监督检查和客观评价,及时发现和解决改革过程中遇到的问题。

在空间扩散机制方面,综合配套改革具有多重空间传导机制:一是传统的行政传导机制,政府将制度变迁复制移植到其他区域,从而实现改革经验的推广;二是自然传导机制,综合配套改革会使试验区域与非试验区域之间产生"位势差",并通过技术溢出机制、制度迁移变迁机制、产业转移机制对周边区域产生影响,促使试验区的制度创新向非试验区转移传播,进而促进了周边区域发展。①

---

① 王家庭.国家综合配套改革试验区对区域经济发展的作用机理及对策研究[J].华侨大学学报(哲学社会科学版),2008(1)

2.综合配套改革机制的绩效评价

我国以往的自上而下的改革路径使得微观层面形成对宏观层面改革的一种路径依赖,导致制度作为一种外生变量而存在。而综合配套改革试验则是要在以往改革的基础上,探索一个依托于内生制度创新的区域发展模式。在综合配套改革阶段,诱致性改革机制发挥主导作用,符合现阶段经济社会发展对改革的要求。

第一,多元利益主体促使改革稳定性增强。以往改革政府扮演了近乎全部的角色,改革主要反映政府的意志,而综合配套改革是中央政府、地方政府、企业甚至居民共同参与的制度变迁,由于综合了各方的利益,提出的改革应该是一个多赢的结果,使综合配套改革较以往改革相比更具有稳定性,但取得一致同意的博弈过程较长且成本较高。

第二,自费改革分散了改革成本。以往改革政府承担了全部的改革成本,而综合配套改革是在中央领导下由地方政府、企业自导自演的自费改革,减轻了中央财政的负担,由企业和社会分担了部分改革成本。

第三,同时调动中央、地方、微观利益主体的多个积极性。综合配套改革是在中央领导下地方的自主改革,可以最大限度地发挥地方政府和微观利益主体的能动性。强调中央政府指导确保各级改革方案遵循整体改革方向,强调地方利益主体的能动性可以充分调动地方的各种改革资源。同时,由于多元主体、多种资源、多级改革利益的存在,改革方案的精细化要求更加突出,改革方案的设计难度加大。

第四,外部监管确保改革评价的公正性和改革方向的正确性。以往改革的改革倡导者、立法者、监督者都是中央政府,改革完全在政府体制内运行,这种改革机制导致改革主体过度集权,势必影响对改革结果的公正评价和有效监督。而综合配套改革的多元利益主体使改革主体与立法主体、监督主体发生了分离,第三方监管的引入无疑增强了评价的客观性和监管的有效性。但地方对改革立法权的缺失也常使制度创新的"试验"因无"法"可依而裹足不前。如果不赋予地方相应立法权,综合配套改革的制度创新和现行法律法规的冲突将无法化解。

第五,通过"看不见的手"的自然传导机制加大了对周边区域的辐射带动。与以往改革机制过度依赖行政命令向同类型地区推广不同,综合

配套改革侧重以自然传导机制向周边地区扩散。王家庭提出,自然传导
机制的强弱受试验区与周边区域的劳动力状态、资源状态、区位因素、市
场环境、现有制度状况、政府意识的差异的影响。一般而言,试验区与周
边区域的发展梯度越小,周边区域接受制度创新的能力越强,这种传导机
制就越强。[1]

三、我国综合配套改革试验区的改革机制分析

(一)国家综合配套改革试验区的改革机制构建

综合配套改革的试点工作于 2005 年启动,目前已准许 5 批 7 个地区
设立综合配套改革试验区(见图 9)。国家综合配套改革试验区作为一种
全新的改革模式,与以往的改革模式相比,不仅仅是以往改革模式的延
伸,更是改革思维、改革方式的创新,是改革机制的一种完善和提升。

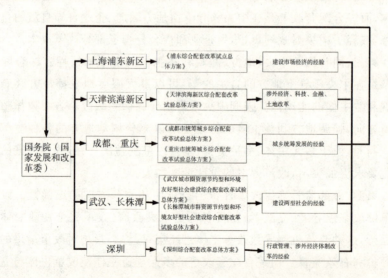

图 9 国家层面综合配套改革试验体系框架

---

① 王家庭.国家综合配套改革试验区制度创新的空间扩散机理分析[J].南京社会科学,
2007(7)

1.依托内源式改革动力进行制度自主创新

以往改革主要依赖政策的势能差和开放的时间差,是一种外来型的发展模式,其成功大都是依赖资源和要素短期内向其高度聚集的结果,是一种相对剥夺其他区域发展机会的成长模式。不管是经济特区、经济开发区,还是以往的其他改革模式,大多是自上而下按照中央政府的要求进行的改革,其核心的特点就是制度变迁外生化。中央政府给予特殊经济区域的特殊经济政策,具有直接的先行垄断优势,由政府主导,在一定阶段内具有独占性。

综合配套改革试验区则强调"内源式"模式。国家综合配套改革试验区将不会依赖于特殊的优惠政策,而侧重于制度的自主创新。先行先试政策的提出和实践都以区域自身的制度创新为依托,以带动和影响而非侵蚀其他地区的发展为根本。国家综合配套改革试验区采取自下而上与自上而下相结合的改革模式,中央政府给予这些改革试验区的是改革的权利,而不是改革本身,这就使得综合配套改革的制度变迁内生化,使得这些改革试验区在中央政府的指导下,针对当前国家和区域自身发展中存在的重大、重点问题进行自主改革和试验。从改革主休看,政府虽然也在改革过程中起到主要作用,但不是唯一的,实施主体也包括企业、社会、居民等。

2.中央政府、地方政府、企业、社会改革资源优势互补

当然,我国目前仍处于综合配套改革的初期阶段,企业、社会等改革主体的发育还很不成熟,市场的力量有待挖掘。当前的重点是充分调动中央和地方政府的改革资源,形成改革推动合力,这就必须要处理好中央与地方资源配置权限的关系。一个地区如果设立为国家综合配套改革试验区,中央政府就应当适当下放一些资源配置的基本权限,使改革到位。各地要进行自主创新的需求和创新的层面也不大一样,国家对各地的综合配套改革应有不同的支持政策。同时,很多创新还需要国家部委层面的介入配合,比如口岸监管体制改革、金融创新等。各个综合配套改革试验区政府也要积极地与国家有关部委进行沟通,以加强国家对试验区综合配套改革的指导,同时应努力争取各种改革权限和政策支持,形成自上

而下和自下而上两种推动的合力,使综合配套改革能够取得最强大的行政资源支持。

3. 改革技术的精细化要求更加突出

从国家层面综合配套改革试验的系统设计上看,改革要充分考虑到不同地区处在不同发展阶段所面临的改革问题及解决问题的资源条件,提出有针对性的试验要求,取得对同类型地区具有借鉴意义的改革经验,这就要求改革技术的适应性、针对性更强。

加之现阶段改革的内容更加复杂深入,改革的难度远远超出想象,各项改革措施已经是"牵一发而动全身",任何一个单项改革措施,都可能遇到其他方面体制上的束缚和障碍,面临既有利益格局的调整,使得我们的路径选择和改革举措更为艰难,需要特别依赖精细化改革技术有效降低改革的难度系数。

此外,现在的改革是以地方为主的自费改革,地方要供给改革所需的物质资源和智力资源,因此地方还必须有能力整合足够的智力资源支撑改革技术的设计。

4. 授权立法和外部监督为改革提供法律保障

以往改革的立法保障问题相对容易解决,只需将国家赋予的优惠政策加以法制化即可。以经济特区为例,其改革先由优惠政策启动,后由国家赋予经济特区"立法权",借此通过立法将优惠政策法制化,将改革成果制度化,并进一步通过立法和政策创新指导推进改革的深入进行。

在综合配套改革试验的今天,我国的社会主体市场经济体制已初步建立,各方面的运行机制和管理体制有了一个基本框架,相应的法律体系也基本成型。在这样的背景下,综合配套改革试验的制度创新往往不是对有关法律"空白"进行填补,而是在现有的法律规定的基础上更多地进行调整、修改、补充和完善,甚至可能还包括否定现有的某些法律规定而破旧立新。因此,它既需要国家层面修改完善现行相关法律规范以适应改革开放的新形势,又需要国家赋予综合配套改革试验区相应的立法权,来保障和推动试验区的制度创新。此外,综合配套改革阶段存量改革的分量加大,越来越多触及既得利益的调整,所遇到的阻力会越来越强大,如果不尽快解决相关法律问题,将会带来一些负面影响,难以作出一个长期性的、稳定性的制度安排。

除去法律保障之外,为了防范综合配套改革本身的制度风险,要设计合理的监管机制、自适应控制机制、调整与改进机制,对改革运行实施实时、有效的监控,定期评估其经济和社会效益、示范带动作用、区域互动影响、环境影响和可持续发展的绩效,并予以及时的反馈和调整,以保证改革试验有序进行,预期目标充分实现。

5. 改革经验自发性、区域化向外传播

以往的改革是自上而下的改革,制度变迁是外生的,是中央政府指导特殊经济区域进行制度变迁,然后总结经验,通过相应的法律、法规向其他地区推广,达到普惠的效果。在此过程中政府行为起主导作用,改革表现为一次性的短期复制行为,正如经济特区与经济开发区等改革形式,其可复制性主要是这类型改革的特殊政策的可复制性,中央政府将这些特殊经济区的政策同样赋予另一个经济区域,那么这个经济区域也就变成另一个特殊的经济区域。

国家综合配套改革试验区相比特殊经济区,虽然都负有试验再推广的任务,但具有更深层次的内涵。在示范推广的内容上,国家综合配套改革试验区的可复制性表现为综合配套改革原理的可复制性。在不同的地区进行不同的制度创新,实际上是改革原理和当地实际的结合,从中可以提炼出更具普遍意义的改革模式。通过不断的制度变迁行为,试验区形成创新制度体系,总结出可供同类型地区学习的发展模式,而非简单的排他性政策。在示范推广的方式上,随着区域经济联系和区域政府合作的不断加强,综合配套改革的模式和经验更多地表现为自发性、区域化的向外传播。在试验区与非试验区之间往往形成以国家综合配套改革试验区为制度变迁创新源、以制度变迁辐射区为作用范围的创新型区域发展模式,相比以往改革的行政传导方式,这种传导方式具有制度变迁累积创新的优势,可以起到持续提高区域乃至国家竞争力的效果。

(二)浦东新区综合配套改革的机制

作为中国第一个综合配套改革试验区,浦东新区已有近四年综合配套改革的推进经验,是全国综合配套改革成果最多、经验最丰富的试验区,在挖掘基层政府和微观利益主体改革积极性、制定阶段性改革安排、下放改革事权等很多方面形成了较为成熟的改革机制,成为后发改革试验区学习和借鉴的榜样。

1. 围绕国家功能定位推进地方改革

上海市密切关注国家改革的脉搏,以落实"两个中心"国家定位为契机,顺势而为推出一系列政策法规,既符合国家的整体发展战略,又兼顾地方的根本利益和长远利益,相关改革得以快速推进。

2009 年 4 月 14 日,国务院发布《关于推进上海加快发展现代服务业和先进制造业建设国际金融中心和国际航运中心的意见》。在国务院有关上海"两个中心"建设文件出台一个月之后,5 月 18 日,上海市政府颁布《上海市人民政府贯彻〈国务院关于推进上海加快发展现代服务业和先进制造业建设国际金融中心和国际航运中心意见〉的实施意见》,明确加快推进国际金融中心建设的六方面 36 项具体任务和国际航运中心的五方面 22 项具体任务。在国务院有关上海"两个中心"建设文件出台近三个月之后,8 月 1 日,《上海推进国际金融中心建设条例》正式实施。目前上海市正积极研究支持国际航运中心、国际贸易中心的配套措施。

2. 拓宽企业和社会参与改革的渠道

作为浦东新区综合配套改革试点方案之首——行政管理体制改革的产物的浦东新区市民中心,其本身也是对改革机制的一种创新。从三年来的运行实践看,政府透过这个窗口有效地了解企业、社会、民众的改革愿望和对改革的意见与建议。浦东市民中心的功能定位是"两个窗口、六个平台",即建设成为服务政府、责任政府和法治政府的窗口,政府、市场和社会三位一体互动的窗口;建成政府服务的平台、政府与社会合作的平台、市民与市民交流及社会组织与社会组织交流的平台、市民自我服务的平台、政府事务重组的平台、政府体制内自我监察的平台。通过这样一个建言献策的互动共享平台,拓宽了自下而上反映企业和社会改革诉求的渠道,而且是身为制度供给者的政府与身为制度需求者的微观利益主体的面对面的沟通的渠道,极大增强了改革的社会参与度。

3.三个层面联动组织推动改革

在改革的组织推动上,上海是典型的强政府管理体制,政府在改革中占据着无可置疑的主导地位。上海在国家、上海市、浦东新区三个层面上积极推进综合配套改革。

在国家层面上,对于需要国家有关部委配合完成的改革或国家部委需要在地方试点的改革,上海市通过各种渠道积极争取国家有关部委来浦东试点改革。在上海市层面上,对于行政管理体制改革、为改革建章立制等需要全市统筹的改革及相关工作,成立了由市长牵头、副市长具体领导的工作组织,以上海市各个部门为主导,与浦东新区共同推进,并充分将先行先试权下放浦东新区。在浦东新区层面上,上海在 2006 年开始酝酿市区联动的工作机制,即浦东新区作为实施主体,成立以区委书记为组长,区长为常务副组长,人大主任、政协主席、各位副书记及所有区委常委、副区长参加的领导小组,并成立了改革办,负责在领导小组的指导下全面推进各项具体改革工作。

4.选取重点领域制定阶段性改革计划

根据《总体方案》的要求,上海市委市政府特别选择需要着力突破的重点领域和关键环节,专门制定了《2005 年~2007 年浦东综合配套改革试点三年行动计划框架》,2006 年 1 月由国家发改委正式批复。2008 年 6 月,《2008 年~2010 年浦东综合配套改革试点三年行动计划框架》出台,再次为浦东新区新三年改革指明方向和动力,对于进一步明确指导思想和目标任务,有的放矢地推进综合配套改革试点各项工作具有重要意义。

5.适度下放事权支持自主改革

上海市向浦东新区充分下放各种行政管理事权,为综合配套改革提供权力保障。事权下放有三个显著特点:一是范围广,按照"东事东办"原则,凡是属于上海市权限范围、浦东自己可以定的事,原则上都下放给浦东,其中包括:规划、土地管理、投资项目审批、自主创新、人口管理、定价权限、文化市场管理等七个方面;二是力度大,如在投资项目审批方面,凡属于上海市审批权限内的鼓励类、允许类外商投资项目,授权浦东新区政府审批,外资项目涉及其他市相关审批部门的权力同步下放;三是含金量较高,很多事关浦东改革的瓶颈问题,如在规划方面,授权浦东新区城市规划部门组织编制控制性详规,报浦东新区政府审批,并报市规划局备案。

6. 以地方人大常委会决定的形式为改革提供法律支撑

综合配套改革要对现有制度安排进行创新突破,能否建立配套的法律体系是一个很关键、很重要的问题。2007 年 4 月 26 日,上海市人大常委会表决通过了《关于促进和保障浦东新区综合配套改革试点工作的决定》,以人大常委会文件的形式,支持浦东新区综合配套改革。《决定》规定,市人民政府和浦东新区人民政府可以就浦东新区综合配套改革制定相关文件在浦东新区先行先试;市人大常委会根据实际情况,适时制定相关地方性法规;在不违背基本原则的前提下,浦东可以自行探索施行新政,见效之后再由上海人大确定为新的地方法规。

《决定》的出台意味着浦东综合配套改革迈入一个关键的时期,浦东新区政府在现有的法律法规下,拥有了更大的变通执行权力,一些具体的改革措施还可以获得上海人大的立法支持。

(三)深圳综合配套改革的机制

深圳是新近审批的综合配套改革试验区,但其作为中国改革的先进和热点地区由来已久,在构建新型改革机制方面,诸如率先推进改革市场化、法制化等很多实践经验值得其他改革试验区学习和借鉴。

1. 广泛动员社会力量参与改革

深圳改革高度重视来自企业、社会的改革诉求和意见建议,并通过行政法规的形式予以确定,2006 年 7 月 1 日开始实施的《深圳经济特区改革创新促进条例》对机关、企业、社会参与改革进行了相应规定。

在改革项目的设立上,《条例》规定机关、公立非营利机构和人民团体应当广泛收集、听取社会各界以及公众对改革创新的意见和建议,并作为确定改革创新的重点、制定改革创新工作计划及方案的重要依据;在改革内容的设计上,规定机关、公立非营利机构和人民团体应当通过论坛、座谈会、研讨会等形式,组织公众及相关行业协会等社会组织参与重大改革创新事项的研究和讨论;在改革的决策上,规定涉及公众利益的重大改革创新,有关单位应当举行听证会,市、区政府确定的重大改革创新项目,应当征求相关行业协会等社会组织的意见,涉及公众利益的重大改革创新在正式决定前要向社会公示征求意见。

2.从机构上保证改革推进

早在获批综合配套改革试验区之前,2006年,深圳即设立了体制改革办公室,体制改革办公室设在市发展和改革局,办公室主任同时也是市委和市政府的副秘书长。

成为综合配套改革试验区后,《深圳市综合配套改革总体方案》和《深圳市综合配套改革三年实施方案》均提出,成立深圳市综合配套改革领导小组,统筹协调指导全市综合配套改革的推进实施工作;探索建立由国家发展和改革委牵头、各相关部委参与的深圳综合配套试点工作联席会议制度,推动一些国家层面的重大改革项目在深圳先行试点。

3.履行民主、科学的改革推进程序

在改革创新的程序上,《深圳经济特区改革创新促进条例》规定,改革创新工作应当经过提出建议、制定计划及方案、组织实施、效果评估等基本程序。首先,国家机关、公立非营利机构和人民团体应当广泛收集、听取社会各界以及公众对改革创新的意见和建议,并作为确定改革创新的重点、制定改革创新工作计划及方案的重要依据;然后,市、区政府制定改革创新工作中长期规划和年度计划,国家机关、公立非营利机构和人民团体结合本单位工作实际,制定改革创新工作计划,并组织专家论证、技术咨询和预评估;最后,改革创新方案在实施过程中及实施完成之后,有关单位应当组织效果评估。

4.通过落实阶段性、年度性的改革方案逐步实现改革目标

2009年5月初,国务院批准实施《深圳市综合配套改革总体方案》,此后深圳市按照"总体方案——三年实施方案——年度改革计划"的滚动实施办法,突出重点难点,点面结合整体推进综合配套改革。

《总体方案》批复仅2个多月,8月3日,《深圳市综合配套改革三年(2009~2011年)实施方案》通过政府公报形式正式对外公布。《三年实

施方案》作为《总体方案》的细化版本,确定的改革主要内容和任务与《总体方案》一脉相承,明确了从 2009 年起到 2011 年三年中,在行政管理体制改革、经济体制改革等六大方面 25 个改革项目 84 个具体事项,比《总体方案》给出了更加明确的改革任务表达,并进一步明确了各改革项目的主要内容、阶段性目标、牵头单位及协办单位。

5. 以地方人大立法的形式为改革提供法律保障

深圳市"双权"并拥,既有"特区立法权",又具"较大市立法权",相比其他综合配套改革试验区,在立法方面有得天独厚的优势。1992 年 7 月 1 日,七届全国人大常委会第 26 次会议作出了《关于授权深圳市人民代表大会及其常务委员会和深圳市人民政府分别制定法规和规章在深圳经济特区实施的决定》,授予深圳特别立法权。2000 年 3 月 15 日,九届全国人大三次会议通过的《中华人民共和国立法法》,赋予经济特区所在地的市以较大市的立法权。

具体到改革立法,深圳市以地方人大立法的形式为改革提供法律保障。2006 年 3 月 14 日,深圳市第四届人民代表大会常务委员会第五次会议通过了《深圳经济特区改革创新促进条例》,于 2006 年 3 月 20 日正式公告,并于 2006 年 7 月 1 日施行。《条例》是一项促进改革的专门性法规,也是我国第一部有关改革方面的地方性法规,从地方层面基本解决了综合配套改革亟需的立法保障问题。

四、滨海新区综合配套改革的机制研究

(一)滨海新区构建综合配套改革机制的经验

2008 年 3 月《总体方案》批复以后,天津市及滨海新区的综合配套改革工作迅速启动、进展明显,在短短一年时间里,金融、土地、涉外、科技等重点领域的改革工作已经全面铺开,一些条件成熟的改革项目已经取得了阶段性进展。在这个过程中,经过深入研究和反复实践,也初步形成了符合滨海新区综合配套改革特点的改革机制,在综合配套改革初期有力地保证了各项改革任务的快速启动和推进。

1. 通过对改革利益的宣传示范，变"要我改"为"我要改"

滨海新区 2008 年两批近 20 个改革项目的启动和实施，通过率先突破两三个关键改革项目，让改革者分享实实在在的改革利益，起到了良好的示范效应。看到先行者尝到改革的甜头，更多的基层政府和骨干企业纷纷提出改革要求，争取列入 2009 年改革项目中去，使改革从最初的曲高和寡变为后来的炙手可热，从原先的上边给下边派任务变为下边主动提出改革的想法和要求，增强了改革的动力（见图 10）。

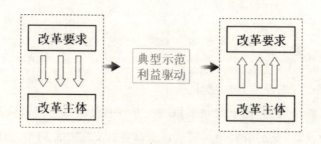

图 10　利益驱动激发改革动力

2. 以抓项目的方式抓改革

滨海新区综合配套改革创造性地提出了"以抓项目的方式抓改革"。通过在每个改革领域确定有代表性的项目，将该领域中的诸多改革事项在项目中体现和实施，通过实施重点项目带动整个领域的改革。

"以抓项目的方式抓改革"要求改革项目明确"三体、一成效、一机制"。"三体"是指改革的实施部门（主体）、改革的承载对象（载体）和改革要实现的目标（客体），"一成效"是指改革要取得可以度量和考核的物质成果，"一机制"是指改革必须科学有效地组织起来。"三体、一成效、一机制"的关系如图 11 所示，改革主体通过推进落实改革载体，取得改革成效回馈改革主体；改革成效不断累积趋向改革客体；改革主体、改革载体、改革客体、改革成效通过系统化的改革机制联结成紧密的改革项目运作体系。

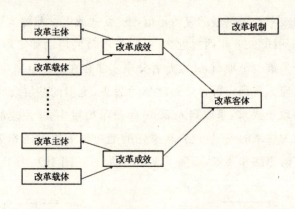

图11　"三体、一成效、一机制"的关系

3.加强组织领导,明确责任分工

在天津市层面,由市加快滨海新区开发开放领导小组统领滨海新区综合配套改革,审定事关全局的重点改革项目实施方案和相关政策,协调解决改革中遇到的重大问题。

在滨海新区层面,滨海新区管委会发布了《关于推进天津滨海新区综合配套改革的指导意见》,对滨海新区管委会、滨海新区综合配套改革办公室、改革项目责任单位、改革项目配合单位的职责分工进行了明确界定。其中,滨海新区管委会负责滨海新区综合配套改革的组织协调工作;滨海新区综合配套改革办公室作为滨海新区管委会的下属部门,是滨海新区综合配套改革的具体职能部门,负责滨海新区综合配套改革的推动落实工作;各改革项目的责任单位负责项目的具体实施工作,实行单位"一把手"负责制。

4.制定科学规范的改革项目实施程序

按照《关于推进天津滨海新区综合配套改革的指导意见》,滨海新区综合配套改革项目的实施程序包括项目申报、可行性研究、制定年度计划、编制实施方案、审批方案、项目实施、考核评估七个步骤。改革程序衔接紧密、步骤明晰、分工明确,确保了改革项目方案制定及实施的规范性;在改革过程中,对项目申请进行可行性研究,对项目方案进行专家论证,对项目实施进行过程监管和成果考核,确保了改革项目方案制定及实施的科学性。

5.选取重点领域和关键环节集中突破

滨海新区管委会提出"突出一个重点,实施五个聚焦,明确六大基础"的改革思路,力争取得重点突破、以点带面、整体推进的效果。"突出一个重点",即推行政管理体制改革。"实施五个聚焦",即通过聚焦东疆保税港区、滨海高新区、中新生态城、于家堡金融区、开发区,提升科学发展的新功能。"深化六大基础",即通过深化社会改革、创新廉政建设、完善法规体系,改革城乡规划体制、推进土地改革和海洋管理创新、创新投融资体制,为滨海新区又好又快地发展提供规划、用地和城市载体等方面的保障。

6.制定阶段性和分年度的改革计划,分解落实改革任务

在天津市层面,着眼于重点改革领域关键环节,以三年为周期编制实施阶段性改革计划,内容涵盖《总体方案》的主要领域,并有所突破和创新。为落实三年计划,滨海新区管委会研究制定了配套分工落实意见,将三年计划按照滨海新区管委会牵头的项目、滨海新区组成单位牵头的项目、滨海新区管委会及滨海新区组成单位配合的项目进行分类,分别明确责任部门、责任人及主管领导,层层推动落实。

在滨海新区层面,滨海新区管委会每年推出以管委会本身及各组成单位为实施主体的综合配套改革年度工作计划,提出当年加快推进和启动的综合配套改革重点项目。该计划是对天津市三年计划的分解和补充,内容上有所细化和延伸。

7.重视改革项目研究,提出专项方案

对于纳入滨海新区综合配套改革年度计划的改革项目,在可行性研究的基础上,将进一步编制项目实施方案,列出具体的改革事项,形成可以直接推行的改革项目操作方案。项目实施方案由项目责任单位组织编制,在研究过程中要充分借助相关智力资源,组建专项研究队伍,方案编制完成后还需请相关领域专家进行论证及修改完善后才能启动实施。

(二)滨海新区推进综合配套改革过程中存在的问题分析

1.滨海新区推进综合配套改革过程中存在的问题

(1)改革主动性不强

按照天津市委市政府的统一部署,改革各相关部门和单位加紧组织重点改革项目的方案编制和启动实施,成熟一个推动一个。但仍有个别部门和单位的改革主动性不强,往往只重视工程建设等"硬项目",而把改革看作软任务,没有摆到应有的重要位置。

(2)改革内容把握不准确

一些改革相关部门和单位在制定改革方案时,往往过分关注自身利益,忽视改革的整体性和示范性,难以满足滨海新区整体发展需要和国家综合配套改革试验要求。

(3)组织推动力度偏弱

滨海新区综合配套改革需要进一步完善市级－新区－各行政区功能区－各改革项目的多层面改革组织推动体系以及金融、开放、土地等专项改革组织推动体系,并且建立相适应的一整套进度监督、成果评估、绩效奖惩机制。

(4)投入明显不足

综合配套改革缺少"普惠"式的优惠政策,是以地方投入为主的"自费改革"。可目前天津市尚未设立用于改革的专项经费,滨海新区层面至今没有独立财政,有限的各区统筹经费尚难以满足大规模基础设施建设的需要,对改革的投入更是捉襟见肘。如果不能有效地吸引企业、社会资本进入改革领域,改革难免出现"巧妇难为无米之炊"的困难。

(5)利益调整难度加大

很多改革任务已经不再是取得利益增量的改革,而是对现有利益存量进行调整,尤其是体制机制方面的制度创新,往往由于牵涉权力、利益的调整而无法推进,这是滨海新区行政、财政、规划、土地等管理体制改革面临的突出问题。

(6)改革方案有待于进一步精细化

与过去中央政府提出改革方案、地方各级政府遵照执行的改革方式不同,综合配套改革需要在中央的领导下,以地方为主提出改革方案。相比综合配套改革对改革技术的更高要求,天津市及滨海新区依靠有限的地方智力资源,需要进一步促进官产学研的有效对接和磨合,否则难以提出高水平、精细化的改革方案。

(7)改革的法制保障有待加强

滨海新区工委管委会是天津市委市政府的派出机构,不是一级政府,没有立法权和行政执法权;天津市也只具有一般性的地方立法权,虽然这种地方立法权可以为综合配套改革试验提供一定的法律支持,但相对于改革试验所承担的艰巨任务,其法律保障是有限的。没有比一般性立法更为特殊的立法模式的配套,滨海新区综合配套改革只能被限制在现行法律法规的范围内,难以突破。

(8)各行政区、功能区管理机构的改革权限不足

综合配套改革要充分调动地方政府、企业、社会的积极性,就要赋予各自充分的改革自主权。如果涉及改革事事都要审批,无疑将降低改革的效率,增加改革的成本。滨海新区各单位的事权和改革权并不匹配,有些改革各单位不想改又不得不改,有些改革想改又说了不算,影响了各单位参与改革的热情。

(9)改革辐射带动能力有待加强

天津市及滨海新区的经济规模相比环渤海地区的北京、河北、山东、辽宁还有较大差距,想要成为中国经济的第三增长极和环渤海经济圈的龙头,单凭经济规模远远不够,唯有通过综合配套改革打造制度高地,并通过空间扩散机制向外辐射,才是有效带动周边地区发展、实现自身定位的一条捷径。而目前这种改革带动作用远远没有发挥出来,制约了滨海新区区域发展定位的实现。

2.过渡期改革机制不健全是造成改革问题的深层次原因

天津市及滨海新区在推进综合配套改革中面临的种种问题,和改革机制不健全有着直接必然的联系。当前,我国正处于由既有改革机制向综合配套改革机制的过渡时期,以上改革问题正是改革机制在过渡期运行不畅的具体体现。

在动力生成机制方面,以往改革的动力生成机制以自上而下、政府包办为特征,企业、社会等微观利益主体的诉求常被忽视。而综合配套改革自下而上的新改革路径使多元改革主体参与博弈,由于综合了各方的利益,提出的改革能取得一个多赢的结果。过渡期由于地方政府、企业和社会尚未摆脱长期对中央改革的制度依赖,改革之初不能很好把握自主制度创新的方向,常找不准国家、地方、企业、社会利益的结合点,而且未能形成有效的企业和社会利益诉求通道,造成基层政府、企业、公众参与改革的积极性不高,地方政府对改革内容缺乏把握。

在组织推动机制方面,以往改革的组织推动机制以政府系统内行政垂直领导为特征,政府财政和国有资产几乎承担了全部改革成本。而综合配套改革多元主体各自掌握的资源互相补充,共同承担改革任务,共同分担改革成本。过渡期由于中央政府对改革由直接管理转变为宏观指导,地方政府改革机构未能及时建立,暂时造成了改革职能缺位;另一方面,离开了中央财政支持,多元改革主体的改革资源又未能够积极介入也造成了改革投入的不足。

在技术支持机制方面,以往改革的技术支持机制体现为改革方案由中央政府设计,地方政府遵照执行。而综合配套改革由中央政府把握改革的大方向,具体的改革方案由地方政府会同相关利益主体设计和选择,需要充分发挥地方政府和相关利益主体的能动性。但过渡期间由于地方研究改革的智力资源准备不足常使地方的改革方案精细化不够,在实施中缺乏合理性和可操作性,难以快速推进。

在外部保障机制方面,以往改革的外部保障机制由于改革者、立法者、监督者集于政府一身,不存在法律配套问题。而综合配套改革的改革主体、立法主体、监督主体发生分离,在外生的检验、监督和约束成为可能的同时,离不开相关的法律为改革提供支撑。但过渡期由于改革不能得到相应的立法支持,常常令改革处于无法可依、无章可循的尴尬境地,改革的实施主体也常因得不到改革的充分授权而对改革心有余而"力"不足。

在空间扩散机制方面,以往改革的空间扩散机制以行政传导机制为主,改革经验往往以行政命令方式向其他地区直接复制移植。综合配套改革阶段,中国改革已经迈向了复杂的制度深层,试验区取得的改革经验更多表现为一种改革原理的成功运用、一种改革模式的创新构建,而非简单的优惠政策或法规法条。因此,改革经验依靠行政命令向其他地区简单复制粘贴的方式已经不再适合,综合配套改革经验需要通过多重空间传导机制才能有效传播:不仅有传统的行政传导机制,还有通过"看不见的手"的市场路线和区域合作进行传播的自然传导机制。

(三)关于滨海新区综合配套改革机制的改进建议

滨海新区经过一年多的综合配套改革实践,已经初步摸索出一些构建改革机制的经验,但仍然存在着很多不足。为此,本课题报告将在已有改革机制的基础上,针对改革机制存在的问题,借鉴浦东新区、深圳等综合配套改革试验区的先进经验,结合滨海新区综合配套改革的实际,提出如下关于改革机制的改进建议,以期形成一套科学、高效、可持续的综合配套改革机制,为滨海新区综合配套改革的顺利推进提供机制保障。

1.聚焦多元改革主体的利益结合点

综合配套改革存在着多元利益主体,因此改革要同时兼顾中央、地方、微观利益主体的利益诉求。一项改革如果只具有试验意义,不能兼顾试验区区域发展目标和微观主体利益,改革就不易引起地方的积极响应和微观主体的资源支持;同样,一项改革如果只注重和考虑实现地方利益或微观主体利益,缺乏样本示范作用,这样的改革也就背离了综合配套改革的原意,难以获得中央的批准。在综合配套改革中要充分挖掘中央、地方、微观利益主体的利益结合点并作为改革启动点,按照利益主体"多赢"的原则量身定做改革项目(见图12)。

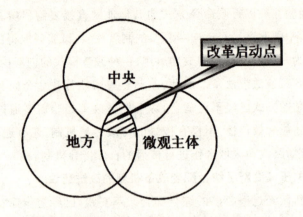

图 12 多元主体利益的结合点为改革的启动点

2.搭建企业和社会的改革诉求通道

综合配套改革主要由地方政府和微观利益主体提出改革要求,但实际由于微观利益主体的分散性及改革成果的共享性,单个微观利益主体即便有改革要求,但出于自身得到的改革利益和付出的改革成本难以平衡的考虑,改革需要常被掩藏。因此,面向分散的企业和民众建立畅通的低成本改革诉求通道尤其重要(见图 13)。

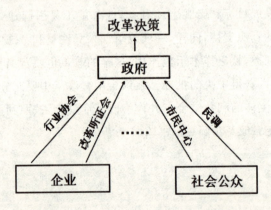

图 13 建立多种形式的改革诉求通道

3.通过改革利益的合理分配,吸引社会资源投入改革

以往改革依靠倾斜性财税优惠政策甚至直接的财政资助的时代已经远去,"自费改革"成为新阶段改革的突出特征,改革必须合理配置政府、企业、社会的资源才能正常进行。在市场经济条件下,改革的资源配置只能通过利益交换来实现,巧妙地调节政府和企业的改革利益分割点,可以有效地调动企业投资改革的积极性。滨海新区没有自己的财政,从各行政区、功能区统筹来的建设资金,尚不能满足基础设施建设的需要,因此,通过利益交换调动社会资源参与改革尤其重要。调动社会资源的关键在于合理让渡部分改革权益,政府应主动就改革事项与改革资源所有者进行谈判,提出合理的改革利益分配方案,争取社会资源的投入并帮助其取得适当的利益补偿。

4.建立上下联动的改革组织推动体系

在国家层面上,加强与国家发改委、科技部、国土资源部、商务部、财政部等部门的联系,巩固和拓展现有工作渠道,争取在重点领域的关键改革上获得指导和帮助。具体推进两项工作:一是在综合配套改革的总体推进上,建立天津市与国家部委的会商机制。探索建立国家发改委与天津市政府关于综合配套改革的会商制度,成立"委市会商"领导小组及办公室,建立完善"委市例会"、"中央部委联席会"等会商制度。二是在综合配套改革重点改革项目的制定和实施中,建立天津市与国家部委的共建机制。例如,针对东疆保税港区涉外经济体制改革,应主动加强和口岸垂直监管部门合作,探索建立口岸监管机构联合改革机制;针对滨海高新区科技体制改革,应加强和科技部合作,探索建立部市共建机制;针对中新生态城建设,应加强两国政府合作和与城乡建设部合作,探索建立两国政府共建机制和部市共建机制等。

在天津市层面上,滨海新区管委会与天津市发改委等单位要进一步加强沟通,研究建立例会、联合办公、信息通报等制度,组织协助全市各有关部门,研究出台相关政策,整体推动滨海新区综合配套改革。

5.以技术创新推动制度创新

体制机制方面的制度创新涉及多个部门,往往导致部门之间权力、利

益的调整,难度很大。在实施重点改革项目的过程中,会遇到许多需要解决的具体问题,这就需要创新具体的工作方式、方法、程序,突破或绕过现行的规定、规章、标准等,通过这种技术层面的改革和创新,培植新制度的生存环境,进而促进新制度的诞生,完成制度创新的任务。通过多规合一带动行政管理权限下放就是以技术创新带动制度创新的典型例子,通过实施多规合一,不仅能够有效整合现有规划,同时能够促进土地、建设、环保等一系列权利集中打包下放,可以有效解决滨海新区管委会现有行政管理权限偏弱的问题。

6.充分借助外脑,搭建改革研究平台

滨海新区综合配套改革要建立各种研究平台,广泛借助外脑加强对综合配套改革试验内容的研究:一是将综合配套改革所涉及的战略问题和长期问题作为全市哲学社会科学重点学科建设工程项目,委托知名院校、科研机构和政府各部门,采取知名专家领衔制,开展深入研究工作。二是结合综合配套改革过程中的焦点问题和热点问题,定期召集综合配套改革研讨会或研究论坛,邀请专家学者、政府官员、企事业单位相关人士共同对改革过程中涌现的新思路、新作法、新问题进行及时、深入的研究,提出对策和建议。三是聘请专家对改革项目进行初期方案论证、中期过程参与、后期效果评估,为改革项目顺利实施提供智力支持(见图14)。

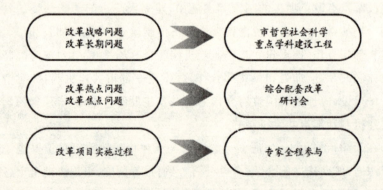

图 14   建立多种形式的改革研究平台

同时,滨海新区应建立相应的研究保障机制,加强对改革研究的资金投入。筹划建立"综合配套改革研究专项引导基金",制定基金使用管理办法,多渠道筹集资金,支持和鼓励重点改革项目的前期研究和启动实施,并对改革成效突出的改革项目单位进行奖励。

7.扩大现有法律框架,为改革提供法制保障

综合配套改革要对现有制度进行突破,因此其范畴要大于现有法律的范围。在我国目前社会主义市场经济法律体制比较健全的条件下,综合配套改革试验必须依法推进,同时也要为先行试验重大改革措施提供相应的法律制度供给。在这个方面,滨海新区要做三件事情:一是将综合配套改革的相关内容和要求写入《滨海新区管理条例》,由天津市人大授权通过,为综合配套改革提供法律依据。二是由天津市人大对滨海新区开展综合配套改革进行立法授权:综合配套改革试验内容超出国家有关规定的,由天津市人民政府依法定程序报请审批;法律、法规没有规定的,由天津市人大常委会制定法规或者由天津市人民政府制定规章,予以规范。三是与市高院、市法制办等单位合作,探索建立立法、执法、司法协调互动的创新型法制体系(见图15)。

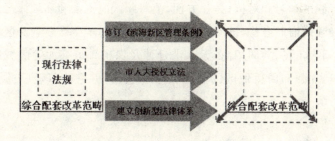

图 15　采取多项举措扩大法制框架

8.下放改革权限,加强外部监督

综合配套改革要充分调动地方和微观利益主体的积极性和能动性,这就要给予地方甚至是企业以充分的改革自主权。滨海新区正在开展的承接市级行政管理职责和权利的研究,在对市级管理权限"减、精、放"的原则指导下,促使改革权限充分下放,使地方和微观利益主体的改革权和

事权相匹配,并建立改革风险免除机制和对有效改革的政绩奖励机制。

在放权的同时,加强对改革项目的监督管理,一旦改革偏离预设目标,要能够及时发现和解决改革存在的问题。这种监管体制既要包括行政性的自上而下监管,也应当包括社会监督。当前,一是要建立项目实施方案报批制度,各项目责任单位编制的改革实施方案,需事先征求有关单位意见后方可实施;二是建立项目推动会机制,定期召开滨海新区综合配套改革重点项目推动会,掌握进展情况并及时发现改革中的问题,研究解决办法;三是建立信息通报机制,各责任主体及改革项目配合单位需定期汇报改革的进展情况,滨海新区综合配套改革办公室定期对外发布改革讯息,并以"专报"、"决策参考"等形式向滨海新区管委会领导报告。

9.加强与周边地区经济联系和政府合作,促进改革经验传播

综合配套改革经验多体现为一种改革原理的成功运用或一种改革模式的创新构建,其已不适合采用简单复制粘贴式的行政传导方式对外传播。滨海新区综合配套改革经验侧重以自然传导方式向外扩散为主,即通过"看不见的手"的市场路线和政府间合作进行传播。一方面,滨海新区的改革经验要通过产业传导、功能传导、市场流通传导等方式推动周边地区进行制度学习和对接;另一方面,滨海新区应主动和环渤海区域及内陆腹地加强政府间合作,拆除地方保护壁垒,致力于生产要素跨区域自由流动、共同大市场、共同招商、无水港延伸及保税政策叠加等区域制度一体化建设,加强和周边地区的制度共享和联动,促进改革经验的无障碍传播。

课题组负责人:郝寿义(天津市滨海新区管委会、南开大学城市与区域经济研究所、天津滨海综合发展研究院)、赵恩成(天津滨海综合发展研究院)

课题组成员:邢春生(天津市滨海新区管委会、天津滨海综合发展研究院)、杨建(天津市滨海新区管委会)、王维斌(天津市滨海新区管委会)

课题执笔人:郝寿义、赵恩成

课题报告完成时间:2009年8月

参考文献

戴维斯,诺思.制度变迁理论:概念与原因[M].上海三联书店,1991

诺思,戴维斯.制度变迁与美国经济的增长[M].上海三联书店、上海人民出版社,1993

诺思.经济史中的结构与变迁[M].上海三联书店,1994

诺思.制度、制度变迁与经济实绩[M].台湾时报文化出版社,1994

青木昌彦.比较制度分析[M].上海远东出版社,2001

安德鲁·斯考特.社会制度的经济理论[M].上海财经大学出版社,2003

卢现祥.西方新制度经济学[M].中国发展出版社,2003

黄少安.产权经济学导论[M].经济科学出版社,2004

国彦兵.新制度经济学[M].立信会计出版社,2006

郝寿义.国家综合配套改革试验区研究[M].科学出版社,2008

郝寿义,高进田,邢春生.我国设立综合改革试验区的时代背景与战略意义[R].天津市哲学社会科学重点学科建设工程滨海新区开发开放课题,2006

李竹兰.综合配套改革和法制先行先试[R].天津市哲学社会科学重点学科建设工程滨海新区开发开放课题,2007

郝寿义,高进田.试析国家综合配套改革试验区[J].开放导报,2006(2)

赵莹.新制度经济学的发展与启示[J].金融经济,2006(4)

郝寿义,张换兆,赵军.国家综合改革试验区的理论模型[J].天津师范大学学报(社会科学版),2006(4)

袁易明.综合配套改革:制度需求改革重点与推进战略[J].开放导报,2006(5)

姜良瑜.从改革的发展演变看综合配套改革试验区的提出[J].开放导报,2006(5)

第一届沪津深三城论坛综述.综合配套改革试点的战略背景、制度安

排与政策设计[J]. 中国经贸导刊,2006(10)

李罗力. 对我国综合配套改革试验区的若干思考[J]. 开放导报,2006(10)

张换兆,郝寿义. 国家综合配套改革区与制度的空间演化分析[J]. 财经研究,2007(1)

郝寿义,张换兆. 国家综合配套改革试验区的制度空间传导机制研究[J]. 天津社会科学,2007(1)

施红星,方志耕,阮爱清. 国家综合配套改革试验区改革的系统设计[J]. 开放导报,2007(2)

李竹兰,郝寿义. 授权立法:综合配套改革试验法律保障的需求[J]. 开放导报,2007(2)

郝寿义. 论综合配套改革的特征、路径与目标[J]. 开放导报,2007(6)

宋伟. 制度缺陷、破解思路与市场经济的完善[J]. 学习论坛,2007(7)

王家庭. 国家综合配套改革试验区制度创新的空间扩散机理分析[J]. 南京社会科学,2007(7)

张占斌. 我国经济体制改革发展的历史进程[J]. 理论视野,2007(8)

房美凤. 浅析我国经济体制改革的成就及发展路径[J]. 湖北经济学院学报(社会科学版),2007(9)

宗寒. 我国经济体制改革的成就与前瞻[J]. 学习论坛,2007(11)

王家庭. 国家综合配套改革试验区对区域经济发展的作用机理及对策研究[J]. 华侨大学学报(哲学社会科学版),2008(1)

张晓第. 我国综合配套改革试验区要处理好几大宏观关系[J]. 产业与科技论坛,2008(2)

王家庭,张换兆. 国家综合配套改革试验区与以往改革模式的异同点分析[J]. 中国科技论坛,2008(5)

郝寿义. 国家综合配套改革试验的意义、政策设计和动力机制[J]. 城市,2008(6)

广东省深圳市人大常委会. 深圳经济特区改革创新促进条例(深圳市人民代表大会常务委员会公告第 17 号)[Z].2006 年

国务院.浦东综合配套改革试点总体方案[Z].2006 年

国务院.2005 年～2007 年浦东综合配套改革试点三年行动计划框架[Z].2006 年

国务院.国务院关于推进天津滨海新区开发开放有关问题的意见(国发[2006]20 号)[Z].2006 年

上海市人大常务委员.关于促进和保障浦东新区综合配套改革试点工作的决定[Z].2007 年

上海市政府.2008 年～2010 年浦东综合配套改革试点三年行动计划框架[Z].2008 年

国务院.国务院关于天津滨海新区综合配套改革试验总体方案的批复(国函[2008]26 号)[Z].2008 年

天津市政府.滨海新区综合配套改革试验总体方案三年实施计划(2008～2010)(津政发[2008]82 号)[Z].2008 年

国家发展和改革委员会.珠江三角洲地区改革发展规划纲要(2008～2020)[Z].2008 年

天津滨海新区综合配套改革办公室.《滨海新区综合配套改革试验总体方案三年实施计划(2008－2010)》滨海新区分工落实意见(津滨综改办[2009]1 号)[Z].2009 年

天津滨海新区综合配套改革办公室.关于推进天津滨海新区综合配套改革的指导意见(征求意见稿)[Z].2009 年

天津滨海新区综合配套改革办公室.2009 年滨海新区加快推进和启动的二十个综合配套改革重点项目(征求意见稿)[Z].2009 年

国务院.国务院关于推进上海加快发展现代服务业和先进制造业建设国际金融中心和国际航运中心的意见(国发[2009]19 号)[Z].2009 年

上海市人民政府.上海市人民政府贯彻《国务院关于推进上海加快发展现代服务业和先进制造业建设国际金融中心和国际航运中心意见》的实施意见(沪府发[2009]25 号)[Z].2009 年

国务院.深圳市综合配套改革总体方案[Z].2009 年

深圳市政府.深圳市综合配套改革三年实施方案[Z].2009 年

综合配套改革的先行先试与法制建设互动关系的研究

【摘要】 运用现代制度经济学和法经济学的一般原理,从制度创新需求与供给的角度,对国家综合配套改革先行先试与法制建设互动关系进行理论分析。以深圳经济特区为典型案例,通过对其改革制度创新与法制建设的历史演进过程的系统梳理,对综合配套改革先行先试与法制建设互动关系进行实证分析。最后,结合天津滨海新区的实际,就加强法制建设,推动和保障综合配套改革先行先试提出相应的政策建议。

一、综合配套改革先行先试与法制建设互动关系的理论探讨

综合配套改革试验实质是制度创新,先行先试和综合配套是其基本的特征。本章试图运用现代制度经济学和法经济学的一般原理对综合配套改革先行先试与法制建设的互动关系进行初步的探讨。

(一)制度、经济制度和法律制度

按照制度的定义,有狭义和广义之分,狭义的制度是指一定的组织机构所制定和编制的需共同遵守的具体行动规范、准则、企业规章、法律条文等。广义的制度是"在有关价值框架中由有组织的社会交互作用组成

的人类行为的固定化模式"(杰克·普拉诺,1986)。① 在内涵上,制度是一种"集体行为",是解决社会交易冲突的秩序,是"一系列被制定出来的规则、守法程序和行为的道德伦理规范,它旨在约束追求主体福利或效用最大化利益的个人行为"(诺斯,1984)②。在外延上,制度作为反映社会政治、经济和文化的有序性、规范性的一个基本范畴,应该被理解为包含了所有影响我们存在和行动方式的成文或不成文的法规和习惯,即制度"由非正式约束(道德约束、禁忌、习惯、传统和行为准则)和正式的法规(宪法、法令、产权)组成",并表现为一系列软性和硬性的行为约束规则和规范(丁煌,2002)③。

制度安排按照规制对象的不同具有层次性.一是宪法秩序(诺斯,1984),二是制度安排(林毅夫,1989)④,三是行为的伦理道德规范。从一般意义上讲,制度安排涉及政治制度、经济制度和社会制度等制度的安排。其中,经济制度是关于一个经济中的经济主体及相互关系,经济运行和资源配置以及相关保障体系的框架安排,旨在约束追求效用和个人福利最大化的经济主体的经济行为。从狭义的角度理解,主要的经济制度类型可列为以下四类:一是降低交易费用的制度,如货币金融制度、市场体系。二是影响资源配置和经济主体风险分配的制度,包括合约的签订和执行,企业组织形式(如分成制、公司制、合伙制)、保险和社会保障制度、公共安全体系等。三是提供激励和协调机制的制度,包括收入分配制度、税收制度等。四是确立公共品和服务的生产与分配的制度,包括政府管理体制、财政体制、社会事业的举办等。而从广义的角度理解,除了上述有关经济运行的制度安排外,经济制度还包括保障经济运行的一些基础制度,包括产权及其保护、信用制度、法律规范等。

① 杰克·普拉诺等.政治学分析辞典[K].北京:中国社会科学出版社,1986

② Douglass C. North,1984. Government and the Cost of Exchange in History . *Journal of Economic History* 44(No. 2),June

③ 丁煌.政策执行阻滞机制及其防治对策[M].北京:人民出版社,2002

④ Justin Yifu Lin. 1989. An Economic Theory of Institutional Change: Induced and Imposed Change. *Cato Journal* . vol. 9. No. 1(Spring/Summer 1989)

经济制度构成的各种类型及其相互关系,如图 1 示意。

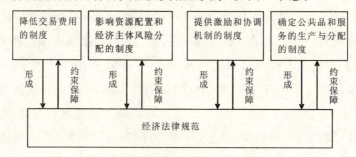

图 1   经济制度的主要构成及其相互关系

在一个国家内,无论是经济制度还是社会制度和政治制度等,其主体行为和制度的安排都要受到宪法秩序等法律制度的规范和约束。法律制度是指国家权力机关和行政机关制定的全部法律、法规、规范和规范性文件的总称。按照法律效力的阶位,我国法律制度可以划分为:根本法律制度和普通法律制度。根本法律制度即宪法制度,普通法制度即除宪法制度之外的其他的法律制度,如民法、商法、经济法等法律部门中的经济法律规范。

法律制度的主要构成及其相互关系,如图 2 示意。

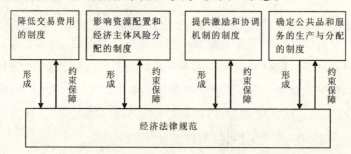

图 2   法律制度的主要构成及其相互关系

(二)经济制度与法律制度的相互关系

按照马克思主义政治经济学的基本观点,生产力决定生产关系,经济基础决定上层建筑,而上层建筑一旦形成,则对经济基础产生反作用。经济制度作为经济基础的体现者决定了法律制度的制度安排,而法律制度一旦形成,就会对经济基础产生反作用,从而对经济制度的安排起到约束和规范作用。经济制度和法律制度的相互关系可由图 3 表示。

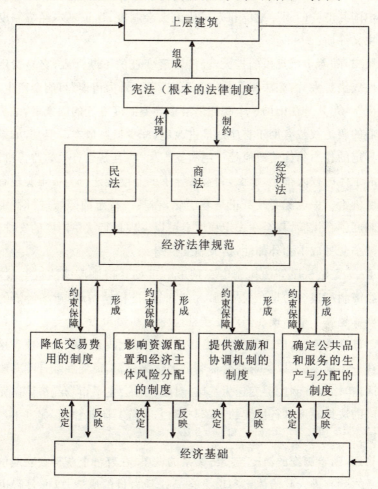

图 3 经济制度和法律制度的相互关系

由上图 3,我们可以看到:

1.法律制度对经济制度具有反作用

法律制度对经济制度主体行为及其创新的方向进行规范和约束,具

体表现为以下几个方面(杨瑞龙,1993)[①]:

第一,宪法秩序等法律制度通过对政体和基本经济的明确规定来界定经济制度创新的方向和形式。在我国,新的经济制度安排必须有利于巩固中国共产党的领导地位和人民代表大会制度,保证基本经济制度的社会主义性质。

第二,随着生产规模的扩大,经济制度变迁的不断深入,交易费用和外部性成倍扩大,由宪法赋予政府掌握国家的"暴力潜能"可能会产生"规模效应"。尤其是在中国一个实施供给主导型制度变迁的国家里,维护权力中心的政治权威有助于有序地推进改革,减少谈判成本。但是,如果由宪法界定的权力结构使政府处于绝对支配地位,且缺乏有效的监督机制,非政府主体的权限很小,那么,利益诱导下的制度变迁行为很难实现有效的制度供给。综合配套改革正是基于此,在某一特定的区域进行特定内容的制度创新试验,甚至在一定程度上可以突破现行法律制度的安排,有利于减小交易成本和外部性,扩大制度供给。

第三,宪法秩序等法律制度直接影响市场经济制度的演进与效率。市场经济制度遵循的是产权规则,一般而言,产权越明晰,市场经济的运行效率就越高。中国现在仍然处于社会主义初级阶段,社会主义市场经济体制已基本建立,但还不完善,需要进一步深化改革和扩大开放。这就要求在一定程度上,以实现社会福利最大化为目标,需要在综合配套改革试验区内,以经济制度的变迁为基础,对阻碍社会主义市场经济体制完善的相应的法律制度进行持续的改革与调整,消除其阻碍作用,促进生产力的发展。

第四,随着制度的演变与经济关系的调整,在经济上获得独立地位的利益主体就有进入政治体系和增大自己谈判力量的愿望,以上过程也要求对与新的制度安排不相适应的法律法条进行修订或制定新的法律、法规。因此,现行法律制度的安排将直接影响进入政治体系的成本和建立新制度的立法基础的难易度。

[①] 杨瑞龙.论制度供给.经济研究,1993(8)

2.经济制度作为经济基础的体现者决定了法律制度的安排

经济基础是各种生产关系的总和,而生产关系取决于生产力。生产力是最革命、最活跃的因素,随着经济社会和技术水平的变化,生产力是不断变化的。它要求生产关系随之而发生变化,从而导致经济基础及其体现者的经济制度要不断进行创新。当经济制度创新积累到一定程度,与之相应的法律制度就要进行调整,否则就会束缚生产力的发展。

当然,我们也要看到,由于法律具有严谨性、规范性和权威性的特点,决定了法律的相对稳定性,因此,尽管法律制度必然要随着经济社会的变化而不断调整完善,但在一段时期内,为保证经济社会秩序的稳定,法律要维持总体的连续性,避免频繁的修改和变更。这决定了经济制度的创新和变迁,首先是在现行法律制度框架下对有碍经济发展和社会进步的经济制度进行调整,以促进社会生产力的发展。只要在现行法律制度与符合社会生产力发展要求的经济制度创新发生严重冲突、限制乃至阻碍经济社会发展时,经济制度的创新就会要求相应的法律制度进行调整。

3.经济制度安排和法律制度安排存在着关联效应

如前所述,制度安排和创新存在着关联效应。经济制度安排与创新和法律制度安排与创新之间也存在着这种关联效应,它们是一系列相互独立又相互关联的制度安排的变迁过程,其变迁的成效既取决于各自制度本身的安排合理与否,也取决于它们之间的相互关系和相互影响,尤其是制度安排之间的关联效应,关联程度越高制度的绩效越明显。

当我们把经济制度安排与创新和法律制度安排与创新作为一个有机整体来看时,它包括三个层面的制度安排:第一个层面的制度安排是有关经济运行的各种具体的经济制度安排。第二个层面的制度安排是各种具体的经济法律制度安排。这一层面的法律制度安排一方面作为广义的经济制度,构成了保障经济运行的基础制度,另一方面作为完整的法律制度体系的组成部分是宪法等基本法在经济领域中的具体体现。第三个层面的制度安排是宪法等基本法律制度安排,它通过对政体和基本经济制度的明确规定约束经济制度创新的方向和形式,并通过各种具体的经济法律制度安排规范经济制度主体的行为。

作为一个有机整体,上述三个层面制度安排间的关联效应是非常明显的。第一和第二个层面的制度安排构成了广义的经济制度,因此其绩效的高低既取决于各种具体的有关经济运行的经济制度安排,也取决于各种具体的有关保障经济运行的经济法律制度安排与其自身的匹配度。从这个意义上说,经济制度安排与创新就包括各种具体的经济法律制度的安排与创新。而第二和第三个层面的制度安排构成了完整的法律制度体系。各种具体的经济法律制度安排既是各种具体的有关经济运行的经济制度安排在法律上的反映,又是宪法等基本法律制度在经济领域中的具体体现。这决定了各种具体的经济法律制度安排与创新一方面要随着各种具体的有关经济运行的经济制度安排与创新而调整,以不断起到保障经济运行的作用,另一方面在宪法等基本法不变时,这种调整也要在不违背宪法等基本法原则内运行。

(三)国家综合配套改革制度创新与法律制度创新的互动关系

国家综合配套改革是以完善社会主义市场经济体制为主的一系列相互独立又相互关联的制度创新过程,它具有先行先试和综合配套的性质。以上,我们在一般意义上对经济制度与法律制度的相互关系进行了分析。在此基础上,我们进一步从制度创新需求与供给的角度对国家综合配套改革先行先试与法制建设的互动关系进行较为具体的分析。

1.国家综合配套改革制度创新的供给和需求分析

制度创新和变迁是制度的替代转换过程,也可以被理解为制度创新供给和需求的互相反应和交易过程。现实制度创新的供求往往表现为同一主体制度创新的需求者同时是制度创新的供给者。从微观层次看,影响国家综合配套改革制度创新供给和需求的因素主要是试验内容和试验利益空间。试验内容是指国家综合配套改革制度创新内容。试验利益空间是指国家综合配套改革制度创新潜在的利益与成本之间的比较或者是差额,也即制度创新潜在的纯收益。有效的制度创新收益超过成本,促进社会经济的发展,无效的制度创新收益低于成本,不能促进甚至阻碍社会经济的发展。因此,制度创新潜在的纯收益直接决定制度创新的有效性。

据此,可构建一个简单的数理模型进行描述。假设试验内容为 A ,影响国家综合配套改革制度创新供给的试验利益空间为 π_1，影响国家综合配套改革制度创新需求的试验利益空间为 π_2。那么可以定义供给函数和需求函数分别为：

供给函数 $D = f_1(A, \pi_1)$ (1)

需求函数 $S = f_2(A, \pi_2)$ (2)

设定制度创新是制度创新潜在利益的函数，基于此，对式（1）、式（2）进行修改，即：

供给函数 $D = f_1(A, g_1(A))$ (1.1)

需求函数 $S = f_2(A, g_2(A))$ (2.1)

对供给函数和需求函数分别求取试验内容的导数，即：

$$\frac{\partial D}{\partial A} = \frac{\partial f_1}{\partial A} + \frac{\partial f_1}{\partial g_1}\frac{\partial g_1}{\partial A} \tag{1.2}$$

$$\frac{\partial S}{\partial A} = \frac{\partial f_2}{\partial A} + \frac{\partial f_2}{\partial g_2}\frac{\partial g_2}{\partial A} \tag{2.2}$$

令两式相等，则有：

$$\frac{\partial f_1}{\partial A} + \frac{\partial f_1}{\partial g_1}\frac{\partial g_1}{\partial A} = \frac{\partial f_2}{\partial A} + \frac{\partial f_2}{\partial g_2}\frac{\partial g_2}{\partial A} \tag{3}$$

式（3）表明，国家综合配套改革制度创新的供需平衡主要取决于实验内容对供需的影响和试验利益空间对供需的影响。

2. 综合配套改革制度创新与法律制度创新的供求分析

在社会主义市场经济体制下，同样满足一般市场经济对其所赖以存在的法律秩序的框架应包括以下要素：（1）法律的预期性；（2）法律的普遍性；（3）法律的稳定性；（4）法律的有效性；（5）法律的善意性；（6）法律的独立性；（7）程序的正当性。正如前面所描述的，法律制度在经济制度的变革过程中充当约束角色，在综合配套改革中亦是如此。按照前面的描述，可以看出，综合配套改革的变迁具有连续性，而法律制度则具有相对的稳定性，其短期行为和长期行为可以用图 4 进行描述。在图 4 短期中可以看到，综合配套改革制度的安排与创新首先是在现行法律制度框架下进行的，随着制度变迁利益的不断增加，现行法律制度框架已经无法适应综合配套改革制度变迁的要求，这就对现行法律制度的框架提出变革要求，以适应生产力的发展。这就形成了法律制度变迁的点 E,在这个时期,法律制度实现变迁,同时也实现了综合配套改革制度变迁的利益最大化。这个过程在综合配套改革过程中不断进行,不适应发展的法律框架在不断地突破,形成非连续的点集,如图 4 长期动态博弈均衡所描述的,各个法律制度变迁点的出现具有必然性,但具体落在哪个位置取决于综合配套改革的制度变迁情况。

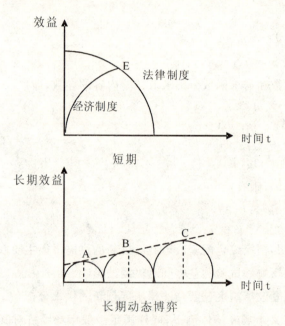

图 4 法律制度与综合配套改革的短期与长期均衡

据此,对前面的模型进行调整,假设试验内容在不同的历史时期为 A_T,但是受到法律制度变迁的约束,在不同的历史阶段,其受到法律条件的约束各不相同,假设为 L_T。同时可以看出,影响法律制度创新的需求因素是综合配套改革对法律制度的变迁带来的利益,包括经济制度变迁的利益以及由于法律制度变迁带来的利益增加。而影响法律制度变迁的供给因素主要在于法律制度本身的因素以及突破现行法律制度所带来的成本。综上所述,可以确定:

$$\pi_t = f(A_t, L_{t+1}) - \varphi(A_t, L_t) \tag{4}$$

其中，π_t 是在 t 期由于综合配套改革制度创新要求突破现行法律制度所能带来的纯收益，其利益函数 f 的影响因素为 t 期的制度变迁和 $t+1$ 的法律制度，其成本的影响因素为 t 期制度变迁成本以及突破现行法律制度带来的成本。显然，其均衡的结果取决于综合配套改革突破现行法律制度的制度创新带来的边际收益等于综合配套改革在现行法律制度下的边际成本。

$$\frac{\partial f}{\partial A_t}\frac{\partial A_t}{\partial t} + \frac{\partial f}{\partial L_{t+1}}\frac{\partial L_{t+1}}{\partial (t+1)} = \frac{\partial \varphi}{\partial A_t}\frac{\partial A_t}{\partial t} + \frac{\partial \varphi}{\partial L_t}\frac{\partial L_t}{\partial t} \tag{5}$$

因此，对综合配套改革而言，在给定经济制度变迁的前提下，其面临的选择是一种二选一的结果，这个结果可以用下面的博弈模型进行描述，即表 1。

表 1　综合配套改革突破现行法律与否的利益分析

突破现行法律制度	不突破现行法律制度
（$f(A_t, L_{t+1})$、$\varphi(A_t, L_t)$）	（$f(A_t, L_t)$、$\varphi(A_t, L_t)$）

一旦其突破现行法律制度所获得的边际收益能够满足式（5）要求，则其必然会突破现行的法律制度以获取更大的利益。综上所述，综合配套改革的制度创新与法律制度的供求关系，其核心取决于制度创新带来的利益与突破现行法律制度及其对应的制度变迁所带来的成本。

（四）基本结论

从以上对经济制度与法律制度的相互关系，进而对国家综合配套改革制度创新与法律制度创新的相互关系的分析，可以得出如下三个基本结论。

1. 法制建设对国家综合配套改革先行先试具有重要的推进和保障作用

由于法律制度对经济制度具有反作用，它对经济制度的安排和创新的方向进行规范和约束，并对经济的运行起到保障作用，因此，法制建设对国家综合配套改革先行先试具有重要的推动和保障作用。这具体体现为：(1)确认改革措施，即通过立法形式对国家综合配套改革先行先试的重大原则和各项主要措施及改革的成果用法律的形式加以确认；(2)引导改革方向，即通过立法和实施法律，引导个人、企业和政府朝着国家综合配套改革确定的目标和方向先行先试，正确地发展；(3)协调推进改革，即运用法律手段调整改革中出现的不同利益关系之间的矛盾和冲突，为国家综合配套改革的先行先试创造一个良好的有秩序的法律环境。因此，在国家综合配套改革的先行先试中，要特别注重加强法制建设，这是国家综合配套改革先行先试能否成功，能否达到预期目标的一个关键。

2. 以法律制度创新为主的法制建设也是国家综合配套改革先行先试的一个重要内容

由于制度安排和创新存在着关联效应，作为宪法等基本法律制度在经济社会领域中具体体现的各种经济法律制度也是广义经济制度中保障经济运行的基础制度，因此，以完善社会主义市场经济体制为主要内容的国家综合配套改革先行先试本身就包括对各种具体经济法律制度创新的内容。此外，国家综合配套改革试验本质上是对阻碍经济社会发展的体制性障碍进行变更创新，这种体制性障碍包括与社会主义市场经济体制不相适应的具体的法律规范。只有进行法制创新才能形成改革所需要的法律秩序和法律环境。因此，在改革攻坚时期推动国家综合配套改革的先行先试，既要推进若干领域的具体改革，也要推进相关的法制创新，努力构建改革的保障体系。

3. 国家综合配套改革先行先试要解决好改革的"变革创新性"和法律"相对稳定性"的矛盾

决定国家综合配套改革制度创新供给与需求的主要因素是试验内容和试验利益空间。试验内容即国家综合配套改革制度创新内容从根本上将取决于社会生产力发展的内在要求，具体而言，取决于试验地区所面临的制约其社会经济发展的实际问题。而追求制度创新的最大收益（或利益）则是推动国家综合配套改革试验的内在动力。这决定了改革，特别是国家综合配套改革先行先试，具有"变革创新性"的特质。而法律则如前所述具有"相对稳定性"的特质。因为法律只有具备稳定性,才能更好地发挥其权威性,才能给人以合理的预期,如果法律经常变动,就很难具备权威性,人们也很难对自己的生活予以预期和安排。因此,改革的"变"与法律的"不变"的矛盾是任何改革,特别是国家综合配套改革先行先试必然要面对且不可回避的问题。

解决这一问题的基本途径是:(1)尽量在现行法律制度条件下,设计综合配套改革试验内容,推进综合配套改革的制度创新与变迁,以获取在现行法律制度条件下改革的利益最大化;(2)当综合配套改革先行先试只有在突破现行法律的限制才能推进的情况下(即综合配套改革突破现有法律制度的制度创新带来的边际收益大于综合配套改革在现行法律制度下的边际成本),应严格按照宪法规定的原则和精神,本着总结经验和大胆创新相结合的原则,对涉及的具体经济法律进行调整;(3)当综合配套改革先行先试对现行法律的突破超出地方立法权的法定权限时,改革的地区既要充分适用地方立法权,也应尽量争取国家给予特别授权立法权,以保障和推动综合配套改革先行先试的顺利进行,实现制度创新和依法行政的有机统一。

二、综合配套改革先行先试与法制建设互动关系的实证分析

以上主要从理论上对综合配套改革先行先试与法制建设互动关系进行了初步的探索。在此基础上,本节试图循着我国改革开放三十年来的发展历程,考察改革和法制建设的实际演进过程,对综合配套改革先行先试与法制建设互动关系做一实证分析。

我国改革开放三十年来的成功实践表明任何新的重大改革措施都离不开法律制度建设的保障和支持。从经济特区的建设和发展来看,我国从 1980 年先后建立深圳、珠海、汕头、厦门和海南五个经济特区。为使这一重大改革措施顺利实施,自 1981 年 11 月至 1996 年 3 月,先后 5 次由全国人民代表大会及其常务委员会通过授权立法的方式授权上述经济特区所在地的省、市人大及其常委会在遵循宪法的规定及法律和行政法规

的基本原则的前提下,制定地方法规,在各自管辖的经济特区内实施。经济特区的授权立法,不仅推动和保障了经济特区的经济改革和发展,也带动了全国范围内的改革与发展,推动了社会主义市场经济体制的建立与完善,与之相应的法律体系也不断完善。在此我们主要以深圳特区的改革为例,对制度创新和法制建设的互动关系进行较为系统的实证分析。

(一)深圳经济特区制度创新与法制建设的历史演进过程

深圳经济特区自 1980 年建区以来,围绕着社会主义市场经济体制建设在很多方面在全国率先对传统的计划经济体制进行改革即进行体制和机制的创新。与此同时,努力围绕建立较为完善的社会主义市场法制框架,加强法制建设,发挥经济特区立法权的优势,大胆创新,大胆试验,推动和保障改革创新,仅 1992 年以来深圳市人大及其常委会就通过法规及有关法规问题的决定 296 项,市政府制定规章 189 项。下表 2 概括了 1980 年至 2006 年深圳经济特区改革的主要制度创新和相应法律法规的立法情况。

表 2　深圳经济特区主要制度创新与相应法制建设情况(1980 年~2006 年)

年份	制度创新内容	法规名称	发布日期	颁布机关
1980	税制改革(企业所得税率为 15%等)	广东省经济特区条例	1980-08-26	广东省人大常委会
1982	物价改革	物价管理暂行条例	1982-07-07	国务院
1985	企业工资改革	关于国营企业工资改革问题的规定	1985	国务院
	引进外资银行	经济特区外资银行、中外合资银行管理条例	1985-04-02	国务院
1986	国营企业股份制改革	深圳经济特区国营企业股份化试点暂行规定	1986-11-1	深圳市人民政府
1987	国有土地有偿使用	深圳经济特区土地管理条例	1987-12-29	广东省人大常委会
1988	成立外汇调剂中心	全国外汇调剂中心规程	1988-03-20	国家外汇管理局
	设立保税工业区	深圳市沙头角保税工业区暂行管理规定	1988-07-01	深圳市人民政府
	住房制度改革	深圳经济特区住房制度改革方案	1988-1-1	深圳市住房制度改革办公室
	改革创新体制化	深圳经济特区改革创新促进条例	2006-07-01	深圳市人大常委会

年份	制度创新内容	法规名称	发布日期	颁布机关
1990	向外商有偿转让土地使用权,收取土地使用费	深圳市经济特区土地使用费征收办法	1990—08—03	深圳市人民政府
1991	成立深圳证券交易所	深圳证券交易所章程	1991—01—01	中国人民银行深圳分行
		股票发行与交易管理暂行条例	1992—08—01	国务院证券委
1992	社会保险	深圳市社会保险暂行规定	1992—8—1	深圳市人民政府
1993	建立现代企业制度试点	深圳经济特区股份有限公司条例	1993—04	深圳市人大
		深圳经济特区有限责任公司条例	1993—04	深圳市人大
		全民所有制工业企业转换经营机制条例	1993—01—14	深圳市人民政府
	成立有色金属期货交易所	深圳经济特区有色金属期货经纪商管理暂行规定	1993—01—14	深圳市人民政府
		关于批准试点期货交易所的通知	1994—10—20	中国证券监督管理委员会
		关于深圳有色金属期货联合交易所章程和交易规则的批复	1995—05—30	中国证券监督管理委员会
	银行汇率风险管理	深圳市银行业资产风险监管暂行规定	1993	中国人民银行深圳市分行
1994	劳动合同制	深圳经济特区劳动合同制	1994—08—04	深圳市人大常委会
	企业无行政主管部门改革	深圳市企业无行政主管部门改革实施办法	1994—11—01	深圳市委、深圳市人民政府
1995	国有资产管理改革	深圳经济特区国有资产管理条例	1995—09—01	深圳市人大常委会
	建设中介服务市场改革	深圳经济特区律师条例	1995	深圳市人大
	口岸管理体制改革	关于深圳口岸管理体制改革试点方案的通知	1995—7—21	国家体改委、国家经贸委
	对机关、事业单位工资制度进行改革,在全国率先实行结构工资制	关于印发深圳经济特区机关事业单位工资制度改革两个实施办法的通知	1995—10—24	深圳市人民政府办公厅

年份	制度创新内容	法规名称	发布日期	颁布机关
1996	国有企业领导管理体制改革	关于调整深圳市国有资产管理体制的通知	1996－03－21	深圳市委、深圳市人民政府
		深圳市属国有企业领导人员管理暂行办法	1996－11－27	广东省委办公厅、广东省人民政府办公厅
	组建大型企业集团	关于重点扶持一批大型企业集团改革和发展的若干意见	1996－07－08	深圳市人民政府
	社区建设	深圳市社区健康服务工作方案的通知	1996－10－15	深圳市人民政府
1997	企业年薪制改革	深圳市国有企业经营者年薪制暂行规定	1997－8－16	深圳市人民政府
	外商国民待遇	关于对在深外商投资企业和在深外籍人员逐步实行国民待遇的通知	1997－01－01	深圳市人民政府
	建立保税区	关于盐田港保税区建设和管理有关问题的通知	1997－04－07	深圳市人民政府
1998	政府管理体制改革	深圳经济特区政府采购条例	1998－10	深圳市人大常委会
1999	行政审批制度改革	深圳市审批制度改革若干规定	1999－02－13	深圳市人民政府
2001	国有企业改革	深圳市属企业国有产权变动审批管理暂行办法	2001－1－11	深圳市人民政府
		关于进一步加快我市国有企业改革和发展的实施意见	2001－01－11	深圳市人民政府
		关于进一步完善我市"三个层次"国有资产营运与监管体制的若干意见	2001－01－11	深圳市人民政府
	审批登记制度改革	深圳市审批登记制度若干规定	2001－11－1	深圳市人民政府
	建立行政过错责任追究制度	深圳市行政机关工作人员行政过错责任追究暂行办法	2001－12－18	深圳市人民政府
2002	行政事业性收费	深圳市行政事业性收费管理若干规定	2002－04－03	深圳市人民政府
2003	国有集体企业改革	深圳市国有集体企业产权交易办法	2003－02－10	深圳市人民政府

年份	制度创新内容	法规名称	发布日期	颁布机关
2005	行政管理创新	关于推进行政管理创新加强政府自身建设的实施意见	2005－09－13	深圳市人民政府
		深圳市人民政府工资规则	2005－06－21	深圳市人民政府
	社区自治	深圳市社区建设工作试行办法	2005－2－22	深圳市委办公厅、市人民政府办公厅
2006	建立政府信息公开制度	深圳市政府信息公开规定	2006－09－01	深圳市人民政府
	改革创新体制化	深圳经济特区改革创新促进条例	2006－07－01	深圳市人大常委会

(二)深圳经济特区制度创新与法制建设的历史演进分析

自 1980 年建区以来,深圳经济特区的改革或制度创新与法制建设的历史演进过程大致可概括为三个阶段。

第一阶段,1980 年至 1992 年。在这一阶段,深圳经济特区的改革或制度创新主要是突破传统计划经济体制的束缚,率先在全国进行培育商品市场和要素市场方面的改革,如进行商品物价改革,建筑工程招标改革,城市土地使用制度改革,建立城市国有土地有偿使用制度,企业、机关、事业单位工资制度改革,建立劳动合同制度,住房制度改革,成立证券交易所,建立资本市场的制度创新等。围绕这些改革或制度创新,先后出台了一系列相关法律、法规和行政规章。这些法律、法规大致可归为三类:一类是由全国人大和人大常委会出台的法律和国务院出台的法规(如《物价管理暂行条例》、《中华人民共和国外资金融机构管理条例》等);一类是广东省人大常委会出台的地方性法规(如《广东省物价管理暂行条例》、《广东省经济特区条例》、《深圳经济特区土地管理条例》等);另一类是深圳市人民政府出台的行政规章。深圳市于 1990 年成立市人大,在此之前,深圳市人民政府为搞好上述改革或制度创新,先后制定了 400 多个规范性文件。这些规范性文件对推动深圳经济特区的改革起到了重要的作用,但由于这时深圳经济特区还没有立法权,这些规范性文件缺乏足够的法律效力。随着上述各项改革或制度创新的展开,缺乏足够的法律依据和法律保障的问题日益凸现。这使得"深圳市委、市政府深刻认识到,深圳的经济体制改革是一种实试验,政治体制改革、民主法制建设也要进行试验,政治体制改革的试验要和经济体制改革的试验相协调和配套。而加强民主法制建设是政治体制改革的重要内容。再说,深圳经济特区作为改革开放的'试验田',每项探索都去请省里、中央进行立法,也不大现实。因此,深圳市领导层一致认为,要在争取立法权上有所突破,把改革推向深入"。①

第二阶段,1992 年至 2006 年。这一阶段最主要的特点是深圳经济特区在立法权上取得重大突破,由此进一步推动了改革的不断发展。1992 年 7 月 1 日,七届全国人大常委会第二十六次会议通过决定,授权深圳市人民代表大会及其常委会和深圳市人民政府分别制定法规和规章在深圳经济特区实施。2000 年通过的立法法又赋予深圳市较大市立法权。有了立法权,深圳经济特区的改革开放明显加速。

在获得"特别立法权"后,深圳经济特区进一步加强了法制建设的力度:一是组建法制建设的领导班子,制定法制建设的计划;二是吸纳人才,面向国内外集中招聘了 100 多名有经验的法律专才;三是借鉴香港市场经济运作经验以及国际上一些国家的立法做法,特别加强了和香港方面的联系,把香港的全套法律体系中英文版本都拿过来研究;四是针对和结合深圳经济特区改革或制度创新最迫切的现实需要进行立法;五是将深圳经济特区建区以来出台的政府规范性文件和行政规章进行系统的总结,并由市人大及其常委会进行修订。

1993 年 4 月深圳市第一届人大第五次会议通过了《深圳经济特区股份有限公司条例》和《深圳经济特区有限公司条例》,这两个公司条例是我国第一批公司法,对深圳规范和培育市场主体,率先进行建立社会主义市场经济体制改革起到了重要的推动作用。

1995 年深圳市人大出台律师条例,率先对律师体制、律师协会行业管理等进行改革和规范,在建设中介服务市场的改革中走在全国的前列。

---

① 《用立法推动改革创新》,《深圳法制报》,2005 年 8 月 21 日。

1998 年 10 月,深圳市人大率先制定政府采购条例,这是我国规范政府消费行为的首部"阳光"法案,对推动政府管理体制的改革起到了重要的作用。

在这一阶段内,深圳市人大及其常委会立法 200 余项,其中 1/3 是在国家相关法律法规尚未出台的情况下先行先试的;1/3 是根据深圳经济特区经济体制改革和对外开放的实际需要,对国家法律法规进行重要的变通、补充和细化;另外 1/3 是为了加强行政法制、环境保护、特区城市管理以及精神文明建设需要而制定的。这些立法,不仅满足了深圳经济特区改革的制度创新的需要,也为完善社会主义市场经济法律体系摸索道路,积累了经验。

第三阶段,2006 年至今。在这一阶段,深圳经济特区改革或制度创新与法制建设又有了一个突破性的进展,深圳市人大出台了《深圳经济特区改革创新促进条例》,在改革法制化的道路上迈出了开创性一步。

随着我国改革开放的不断深入,特别是党的落实科学发展观、构建和谐社会的战略方针的提出,深圳经济特区的改革或制度创新和全国一样,进入一个新阶段。为此,深圳市委和市政府于 2005 年提出要在以往改革的基础上,从六个方面摸索推进改革:(1)通过行政资源的再配置来打造责任政府、廉洁政府和服务型政府;(2)围绕自主创新战略实施配套改革;(3)实施公共产品供给方式的改革;(4)进行教育、医疗体制的改革;(5)进一步深化对外开放的改革;(6)进行执法体制和司法体制衔接的改革。为了适应新的改革,深圳市一方面对改革机构和工作机制本身进行了改革,市委、市政府成立了专门的体制改革办公室,以市委市政府文件的形式专门对改革创新机制提出意见;另一方面于 2006 年 3 月在深圳市四届人大常委会第五次会议上第三次审议通过了《深圳经济特区改革创新促进条例》,以地方性法规的形式,以条例的方式确保改革的持续推进。

《深圳经济特区改革创新促进条例》的出台,实现了三大突破:一是这是国内首次将改革纳入立法轨道;二是鼓励改革,允许试错,"宽容失败",这被认为是为改革者提供了护身符;三是明确国家机关是改革创新的主体,将改革作为行政机关的法定义务。《条例》的出台,对促进深圳经济特区乃至全国的改革创新无疑将具有特殊的意义。

(三)深圳经济特区制度创新与法制建设历史演进的启示

总结上述对深圳经济特区制度创新与法制建设历史演进的分析,可以得到以下三点启示:

1.改革或制度创新与法制建设之间存在着相辅相成、互相促进的关系

一方面,法制建设对改革或制度创新具有重要的推动和保障作用,因此,改革或制度创新需要法制先行;另一方面,法制建设特别是法制创新也是改革或制度创新的重要内容。改革是对阻碍经济社会发展的体制性障碍进行变革创新,这种体制性障碍包括与市场经济体制不相适应的法律规章。只有进行法制创新,才能形成改革或制度创新所需要的法律秩序和法律环境。

2.在我国既定的法律制度框架下,立法权,尤其是特别立法权对推动和保障改革或制度创新的法制建设,对进行法制创新具有非常重要的意义

"有了立法权,就可以让特区经济社会改革配套推进,可以将改革创新的成果通过法规固定下来,遇到无法可依的情况,也可以率先立法,鼓励改革创新,保障改革创新"。①"特区立法权(即特别立法权——作者注)的宝贵之处,在于其通过法律层面的创新,确立的新制度、新体制和新机制。这比任何单纯的政策优势,要更'技高一筹'"②。特别立法权是深圳经济特区的一个重要制度优势和政策资源。

3.将改革创新纳入立法轨道

以法律的形式将改革的机构、主体、改革创新机制做出制度性安排,是改革法制化,从法律的高度对改革创新提供最强有力的保障和支持。这是把改革或制度创新与法制建设有机结合起来的一个有效途径。

---

① 《用立法推动改革创新》,《深圳法制报》,2005 年 8 月 21 日。
② 《立法 15 载　创新 15 年》,《深圳商报》,2007 年 7 月 24 日。

三、加快法制建设，推进和保障天津滨海新区综合配套改革的先行先试

前面分别从理论与实证的角度对综合配套改革先行先试与法制建设之间的互动关系进行了较为系统的分析。在此基础上，本节主要结合天津滨海新区的实际，就加强法制建设，推动和保障综合配套改革先行先试提出相应的政策建议。首先，对天津滨海新区综合配套改革的制度环境进行分析。然后，针对天津滨海新区综合配套改革先行先试所面临的突出法律问题提出有关具体的立法建议。最后，就建立完善与天津滨海新区综合配套改革先行先试相适应的立法机制进行较为深入的探讨。

（一）天津滨海新区的综合配套改革及其所面临的制度环境分析

推进天津滨海新区开发开放，是党中央、国务院从我国经济发展全局出发所做出的重要战略部署。2006 年 5 月 26 日，《国务院关于推进天津滨海新区开发开放有关问题的意见》对滨海新区的功能定位是：依托京津冀、服务环渤海、辐射"三北"、面向东北亚，努力建设成为我国北方对外开放的门户、高水平的现代制造业和研发转化基地、北方国际航运中心和国际物流中心，逐步成为经济繁荣、社会和谐、环境优美的宜居生态型新城区。实现这一功能定位，需要多方面的努力和政策支持，其中，综合配套改革试验起着重要而关键的作用。①

1.天津滨海新区综合配套改革的特点

天津滨海新区综合配套和上海浦东新区、成渝地区、武汉城市圈和长株潭城市群的综合配套改革一样，都是国家在新时期为落实科学发展观、构建和谐社会进行改革攻坚的重要战略举措和工作部署。但由于它们所处的发展阶段和区域的不同，其综合配套改革的内容和重点也有所区别，参见表 3。

---

① 《国务院关于推进天津滨海新区开发开放有关问题的意见》，(国发〔2006〕20 号)，2006 年 5 月 26 日。

表3 四个地区综合配套改革的重点内容

地点	获批时间	改革重点
上海浦东新区	2005 年 6 月	转变政府职能,完善社会主义市场体系建设,转换经济运行方式
天津滨海新区	2006 年 5 月	推进社会主义市场经济体系建设,区域协调总体发展战略,探索内生型区域发展新模式
成都、重庆综改试验区	2007 年 6 月	统筹城乡发展,加速推进城乡一体化进程
武汉城市圈和长株潭城市群	2007 年 12 月	构建资源节约型和环境友好型社会

由表3可以看出,目前国家批准的四个综合配套改革试验区大致可分为两种类型,一类是由国家发展改革委员会报经国务院批准的综合配套改革试验区,其主要承担一些重大领域的综合配套改革任务,如成渝的全国统筹城乡综合配套改革,武汉城市圈和长株潭城市群的两型社会综合配套改革;另一类是由国务院直接批准的国家综合配套改革试验区,这包括上海浦东新区和天津滨海新区。其改革实验的内容涉及推进和完善社会主义市场经济体系建设的全部领域。其中,天津滨海新区综合配套改革还承担着探索制度内生型区域发展新模式的任务。

由于天津滨海新区综合配套改革具有上述特点,党的十七大报告中,明确要求天津滨海新区要与经济特区和上海浦东新区一样更好地发挥"在改革开放和自主创新中的重要作用"。①

2.天津滨海新区综合配套改革面临的制度环境分析

改革的实质是制度创新,先行先试是我国改革的重要特征。在这一点上,天津滨海新区的综合配套改革与当年设立经济特区的改革,性质是相同的。从某种意义上说,今天的综合配套改革是当年经济特区改革试验的继续和延伸。区别在于,两者所处的制度环境以及改革的具体内容、改革的方式、改革的深度和广度都发生了变化。

首先,和以往国家在经济特区政策上的单向输送不同,国家并未给予

---

① 胡锦涛,《高举中国特色社会主义伟大旗帜 为夺取全面建设小康社会新胜利而奋斗——在中国共产党第十七次全国代表大会上的报告》,人民出版社,2007 年 10 月版,第 25 页。

"综合配套改革试验区"特殊的区域性优惠政策,只赋予了"综合配套改革试验区"一个先行先试权。通过这种先行先试的改革,探索制度内生型的区域发展新模式。

其次,经济特区创立时,我国社会主义市场经济体制改革尚处于起步阶段,相关的社会主义市场经济运行制度还未建立起来,为社会主义市场经济运行提供保障的法律制度几乎一片空白。经济特区的改革先由优惠政策启动,后由国家赋予经济特区"立法权",经济特区借此通过创设相应的法律法规将优惠政策法制化,将改革成果制度化,并进一步通过立法和改革创新指导与推进改革的深入进行。而在提出和进行综合配套改革试验的今天,我国的社会主义市场经济体制已初步建立,各方面的运行机制和管理体制有了一个基本框架,相应的法律体系也基本成型。在这样的背景下,综合配套改革试验的制度创新不同于当年经济特区的制度创新,它往往不仅需要对有关法律"空白"进行填补,更多的是对现有法律规定进行调整、修改、补充和完善,甚至有可能突破现行法律的边界。因此,它既需要国家层面修改完善现行相关法律规范以适应改革开放的新形势,又需要国家赋予综合配套改革实验区相应的"立法权",来保障和推动试验区的制度创新,突破某些既有规则(包括法律和政策)的束缚而"先行先试",否则,制度创新的"试验"就会因无"法"可依而裹足不前。

最后,经过近 30 年的努力,我国经济体制改革在理论和实践上都取得了重大进展,但制约经济社会发展的一些深层次矛盾和体制性障碍仍然存在,改革仍处在攻坚阶段。当前我们面临的主要是一些触及面宽、涉及利益层次深的改革,改革的复杂性、艰巨性、风险性大大增强。而且,不仅经济领域内部各项改革的推进需要其他改革相配套,经济体制改革也对政治、文化、社会等领域的改革提出了新的要求,改革的配套性、综合性明显增强。同时,随着我国加入世贸组织,上述综合性、配套性的改革不能仅考虑特殊区域个体的适用效果,还要考虑区域协调、示范全国的效应,要考虑到与 WTO 规则接轨,形成与国际通行法相衔接的经济运行体制和制度环境。新时期改革内涵和外延的这些变化,既对综合配套改革试验提出了更高的目标,也使通过综合配套改革试验进行制度创新的难度更大,以"试错权"为核心的综合配套改革先行先试对法律保障的要求更为强烈。

所有这些,决定了在新时期天津滨海新区综合配套改革离不开加强法制建设。高度重视法制建设,为改革创新搭建好法律制度平台,是成功推进天津滨海新区综合配套改革先行先试的必备条件和基础。

(二)天津滨海新区综合配套改革先行先试所涉及的法律问题及相关建议

如上所述,天津滨海新区综合配套改革是在社会主义市场经济体制已初步建立,相应的法律体系也基本建成的制度环境中进行的,因此其所面临的法律问题也更加复杂。

1.天津滨海新区综合配套改革先行先试所涉及的法律问题

从天津滨海新区综合配套改革先行先试的具体内容看,所涉及的法律问题可概括为以下三种类型:

第一类,改革试验的内容在我国现有的法律规范中尚属空白,没有相应的法律规范可以遵守。比如,发展产业投资基金的改革试验。尽管经国务院批准,天津已成立了渤海产业投资基金,但产业投资的运营和管理还未有一部专门的法律规范文件作为法律依据。

第二类,改革试验的内容在我国现有的法律规范中虽有规定,但并不完善,尚不能起到推动和保障滨海新区综合配套改革先行先试措施实施的作用,需要在改革中加以不断地修改、补充和完善。例如,为了推动天津滨海新区进一步扩大开放,国务院批准在天津港东疆港区设立保税港区,并要求天津市借鉴国际通行做法,重点发展国际中转、国际配送、国际采购、国际转口贸易和出口加工等业务,并积极探索海关特殊监管区域管理制度的创新。在这方面,我国现虽然已有相关的法律规范文件可供遵循,但其中有些规范离国际通行规则还有一定的差距。

第三类,改革试验的内容与我国现行的法律规范在一定程度上存在冲突。例如,开展金融企业综合经营试点是天津滨海新区综合配套改革实验的一个重要内容,但金融企业的混业经营目前还是我国金融法律法规里限制性经营的范围。再如,作为天津滨海新区综合配套改革实验内容的土地管理改革中的试行农村集体建设用地流转改革,在我国现行土地法律法规里也是受到严格限制的。

2.对天津滨海新区综合配套改革先行先试涉及的法律问题的立法建议

天津滨海新区综合配套改革先行先试所涉及的上述法律问题决定了改革实验要依法进行,必须做好相关的立法工作。要在改革实践过程中结合先行先试的需要,对现行法律法规没有规定的予以补充规定,对于现行法律规范不尽完善的予以完善,对于与先行先试改革相冲突的规范予以适当的变通。

在这里,仅就《国务院关于推进天津滨海新区开发开放有关问题的意见》中明确提出的天津滨海新区综合配套改革近期工作重点(鼓励天津滨海新区进行金融改革和创新,支持天津滨海新区进行土地管理改革,推动天津滨海新区进一步扩大开放,设立天津东疆保税港区)中的产业投资基金、农村集体建设用地流转、自由贸易港区建设改革试验涉及的法律问题,提出相应的初步建议。

(1)产业投资基金试点及立法建议

产业投资基金是对非上市企业进行股权投资和提供经营管理服务的利益共享、风险共担的集合投资制度,即通过向多数投资者发行基金份额设立基金公司,由基金公司自任基金管理人或另行委托基金管理人管理基金资产,委托基金托管人托管基金资产,从事产业投资、企业重组投资等实业投资。

产业投资基金试点是天津滨海新区进行金融改革和创新的重要内容之一。2007年1月,经国家发展改革委员会特批,首期60.8亿元的渤海产业投资基金正式挂牌并开始运作。当前,我国产业投资基金所面临的法律问题主要是无法可依,到目前为止,我国尚没有统一、规范的产业投资基金法律体系,产业投资基金在现行的法律政策里没有明确的法条规定。目前,在中国大陆直接以基金注册的产业投资基金都是基于特别批准,获得政府的许可而设立,其中,中外产业基金共有两支,它们是中瑞合作基金、中国—比利时直接股权投资基金。渤海产业投资基金是第一支中资产业基金。

在这种情况下,为了保证渤海产业基金的试点和运作依法而行,建议天津市地方立法机关制定地方性《产业投资基金管理暂行办法》,对基金发行、募集、设立和运作进行规范,并充分赋予对基金运作全过程进行严格监督的法律权威,通过总结渤海产业投资基金试点的经验,为产业投资基金的正式立法提供实践依据。具体法律建议如下:

在产业投资基金募集方式上,应以公募为主。在国外,创业投资基金无论是对法人还是对公众,均以私募为主。以私募方式设立基金,建立在投资者和基金经理之间基于相互了解和信任而达成的委托—代理关系之上,基金运作环境较为宽松,较少受制于国家主管机关的监管。而我国目前投资者不够成熟,采取私募方式不利于基金的规范化运作和确保投资者利益,因此,应以公募方式为主设立基金。公募方式设立基金,有利于形成规模较大的基金筹资途径,从而形成规范的公司型产业投资基金,并有利于基金的上市。

在组织形式上,应以公司型基金为佳。相对于证券投资基金所投资的上市证券而言,产业基金所投资的未上市证券的透明度要差,因此,投资者参与重大决策和强化对基金管理的监督十分必要。另外产业投资基金适应产业投资的需要,法人等机构投资者要占较大比重,投资者参与基金决策的愿望要强于证券基金。为了保护投资者利益,适应自身运用特点,产业投资基金按公司型设立为佳。产业投资基金应按《公司法》设立,同时,由于在操作上比较复杂,应对《公司法》所难以规范的内容做更详细的规定。

产品投资基金的发起人应选择经营股权的各类投资公司,由于产业投资基金主要从事实业投资,收益主要来自投资的长期分红,所以,产业投资基金必须由同时具备实业投资经验和资本经营经验的金融投资机构对其重大决策承担责任。因此,应选择经营股权的各类投资公司而不是经营实物商品的各类工商企业作为产业投资基金的发起人。在现阶段,可选择证券公司参与产业投资基金的发起。

在产业投资基金形式上,可发展中外合资产业投资基金。我国国内投资机构比较熟悉国内的投资环境,但缺少投资经验,而国外的投资机构虽然不大熟悉中国的投资环境,但投资理念比较成熟,并可以从全球发展的角度对整个行业进行前瞻性的分析。因此,发展中外合资产业投资基金有利于优势互补,引进国外资金与先进的投资技术,积极稳妥地推进资本市场的国际化战略。

政府在产业投资基金的发展中应发挥导向作用。产业投资基金作为一种商业性的投融资主体,其市场化运作原则与发挥产业投资基金的政府导向作用并不矛盾。政府不宜干预基金的运作,但可以根据产业政策和区域发展政策,通过对基金的设立审批程序和基金的基本投资限制来发挥必要的导向作用。另外还可以对设立的向国家鼓励发展的产业定向投资的基金在税收上给予一定的优惠政策。因此,产业投资基金根据国家的产业政策作出符合自身发展的投资战略,增加了国家产业政策的可操作性。

合格投资者的资格认定问题。它包括:国有及国有控股企业商业银行、保险公司、证券公司以及其他金融机构,发改委规定的其他特定机构投资者,其投资产业基金需要政府批准,包括国有控股的企业、各类金融机构、以国家财政拨款为主要资金来源的企事业单位。因为它们在一定程度上都代表了社会公众利益,而对于民营或外资的投资者,只要达到一定的投资门槛,政府的监管介入要少。

基金管理人的界定问题。在成熟市场经济条件下,只有业绩卓越的管理人才能募集到大规模资金,监管部门只需要采用备案制就可以了。但目前中国国情不同,特别是国有性质的基金管理人,即使它们没有很好的投资业绩,也往往可以通过各种关系募集资金,因此还是要设置一定的资格门槛。

(2)自由贸易港试点及立法建议

《国务院关于推进天津滨海新区开发开放有关问题的意见》明确提出为"推进天津滨海新区进一步扩大开放,设立天津东疆保税港区",并要求"借鉴国际通行做法,在天津港东疆港区设立保税港区,重点发展国际中转、国际配送、国际采购、国际转口贸易和出口加工等业务,积极探索海关

特殊监管区域管理制度的创新".① 同时,准许天津滨海新区可在"外汇管理政策、离岸金融业务等方面进行改革试验".②

　　建设天津东疆保税港区是滨海新区深化涉外经济体制改革试验的重要内容,也是我国进一步融入经济全球化进程的新尝试。根据《国务院关于推进天津滨海新区开发开放有关问题的意见》对天津东疆保税区建设提出的具体要求,它与我国已有的保税区有所不同,其建设方向是自由贸易港。所谓的自由贸易港是"货物进出无须通过国家海关的区域"③,"是界限隔离明确、紧靠某港口或机场、受海关涉外法权保护的区域或单独的地块。在这些地方,货物可以储存、加工、制造或销售,无任何限制",④"是一个隔离的、封闭的、被管辖的作为公共设施而运作的区域。在进口港(即报关海港)及其邻近地区,配有装卸、处理、存贮、使用、制造、商品展示等设施以及拥有海、陆、空的转运能力。"⑤其突出特点是"境内关外",区内可以进行仓储、贸易、加工等业务,在关税、配额和许可证等方面有优惠规定,货物的储存期限不受限制等。作为这种"境内关外"区域的自由贸易港,充分体现"四个自由",即:①投资自由。投资者可以不受行业限制,自由投资、自主经营。②货物、人员进出自由。国外货物进入该区域免办海关手续,船员可以自由登岸,商品检验、动植物检疫、卫生检查等手续从简。③金融自由。各国货币自由兑换,资金进出、转移自由,资金经营自由。④贸易自由。没有贸易管制,凡符合国际惯例的贸易行为均畅通无阻,没有国界限制,不存在关税和非关税壁垒。⑥而我国现有立法中关于保税区的界定大多强调保税区是海关监管的特定区域,即"境内关

　　① 《国务院关于推进天津滨海新区开发开放有关问题的意见》(国发〔2006〕20 号),2006年 5 月 26 日。
　　② 同上。
　　③ 1984 年联合国贸易会议报告.转引自李立主编.世界自由贸易区研究.改革出版社,1996:2
　　④ 智利自由贸易区法.引自李立主编.世界自由贸易区研究.改革出版社,1996:276~277
　　⑤ 美国对外贸易委员会通用条例.参见李立主编.世界自由贸易区研究.改革出版社,1996:179
　　⑥ 陈漓京,张鸿儒,杨川.中国的保税区:发展与改革.国际经济合作,1999(2)

内"区域。

目前,为了加快天津东疆保税港区的建设,天津市以人民政府令的形式发布了《天津东疆保税港区管理规定》(天津市人民政府令第 123 号),确定"天津东疆保税港区是经国家批准设立、借鉴国际通行规则建立的具有口岸、物流加工等功能的海关特殊监管区域,实行特殊的监管、税收、外汇、贸易、投资和航运政策"。"保税港区主要开展国际中转、国际配送、国际采购、国际转口贸易、出口加工和港口运输装卸等业务,以及与之配套的金融、保险、代理、理赔、检测、进出口商品展示等服务业务",并对天津东疆保税港区的行政管理体制、口岸监管体制、开发经营体制、口岸监管诚信体系建设和区域发展促进与保障等作出了相应的规定。① 应该说,该规定是在系统概括总结我国现有的保税区立法,充分吸收兄弟省市有关立法,结合我国具体情况,针对天津东疆保税港区建设实际而制定一部规章,它对天津东疆保税港区的建设已经并将继续起到重要的推动保障作用。

从总的方面看,以自由贸易港为目标的天津东疆保税港区的建设是在我国现有保税区的基础上发展而来的。在我国各保税区设立之后,相关的法律保障制度也逐步制定出来。在中央层面,目前与保税区相关的比较重要的立法有:1990 年 9 月 8 日由国务院批准,1990 年 9 月 9 日海关总署发布的《中华人民共和国海关对进出上海外高桥保税区货物、运输工具和个人携带物品的管理办法》(已失效);1997 年 8 月 1 日由海关总署发布的《保税区海关监管办法》,由国家外汇管理局 1995 年 12 月 18 日发布的《保税区外汇管理办法》(为适应保税区外汇管理新形式,国家外汇管理局于 2002 年 7 月 25 日对该办法进行了修订);此外,外经贸部、财政部、国家税务总局等部委在其制定的文件中也规定了一些与保税区相关的规则。在地方一级立法中,上海市制定了《上海外高桥保税区条例》和《上海市外高桥保税管理办法》,深圳市制定了《深圳经济特区福田保税区条例》和《深圳经济特区福田保税区管理规定》,天津市制定了《天津港保

---

① 参见《天津东疆保税港区管理规定》(天津市人民政府令第 123 号),2007 年 9 月 30 日。

税区管理条例》,海南省制定了《海南省海口保税区管理办法》,厦门市制定了《厦门象屿保税条例》,广东省制定了《广东省保税区管理条例》,山东省制定了《山东省青岛保税区管理条例》,珠海市制定了《珠海市珠海保税区条例》,宁波市制定了《宁波保税区管理条例》,大连市制定了《大连保税区管理条例》和《大连保税区管理办法》,福州市制定了《福州保税区条例》,等等。此外,各个保税区所在地地方还制定了一些相关的制度,如天津保税区的《天津港保税区投资企业审批和等级规定》、《天津港保税区土地管理规定》、《天津港保税区劳动管理规定》、《天津港保税区保税科技产业发展中心优惠政策》,大连保税区的《大连保税区企业登记审批管理办法》,宁波保税区的《宁波保税区管委会关于鼓励电子信息产业投资的补充规定》、《中华人民共和国杭州海关对进出口宁波保税区货物、物品和运输工具的监管实施细则》,厦门象屿保税区的《中华人民共和国厦门海关对进出厦门象屿保税区的货物、物品和运输工具的监管和征免税实施细则》,等等。[1]

这些中央及地方立法对保税区的定位和功能,一般法律原则、管理体制、投资和企业法律制度、房地产法律制度、贸易法律制度、金融法律制度、税收法律制度、监管法律制度等都做了相应的规定,这些规定对保障保税区的正常运转发挥了重要作用,但和建设自由贸易港的要求相比,这些制度还有许多不相适应的地方。首先,目前关于保税区的立法,中央层面的立法很少,仅有《保税区海关监管办法》和《保税区外汇管理办法》等规章。各保税区的设立也不是在统一的中央立法的前提下予以设立,而是根据国务院的相关批复设立的。其次,如前所述,我国现有立法中关于保税区的界定大多强调保税区是"境内关内"区域,这和国外的自由贸易区(港)"境内关外"的界定大有不同。由此,带来了在管理体制、税收法律制度和监管法律制度等上的不同。最后,在功能的设计上,主要涉及转口贸易、出口加工和保税仓储(应该说,这也是自由贸易港的基本功能),而

---

① 成思危主编. 从保税区到自由贸易区:中国保税区的改革与发展. 经济科学出版社, 2003:478

对商品展示、运输、金融和信息服务等现代贸易涉及很少。

面对这样的情况,为进一步推动和保障以自由贸易港为目标的天津东疆保税港区的建设和顺利运行,建议天津市地方立法机关随着在天津东疆保税港区建设与有关外汇管理制度改革试点和离岸金融试点等的展开,不断总结实践经验,充分吸收国外自由贸易港立法的成功经验,在已出台的《天津东疆保税港区管理规定》的基础上,制定《天津东疆保税港区管理条例》,使其有更高的法律效力,而且还可以进一步制定相关实施细则,使之不断充实、完善,更加可以实施。同时,应积极推动和争取中央层面的立法,因为自由贸易港的建设涉及海关、检疫、边检、税收、金融和外汇制度等诸方面内容,它们分别由国家主管部门进行垂直管理,因此仅靠地方立法是不够的,只有形成中央层面的立法,才能有效统一各方的管理行为,最终形成有关自由贸易港的法律、法规、规章等协调配合的法律体系。根据北京大学法学院教授刘剑文等人的研究,在中央层面有关自由贸易区(港)的立法中,应明确其"境内关外"及关税、配额和进出口许可证方面的特征。相应地规定其功能,并对其管理体制、设立和撤销制度、投资和企业制度、贸易制度、金融制度、税收制度、监管制度、诉讼和司法审查制度以及法律责任等做出具体的规定。[1]

(3)农村集体建设用地流转试验及立法建议

土地管理改革是滨海新区综合配套改革试验的重要内容之一。按照《国务院关于推进天津滨海新区开发开放有关问题的意见》要求,滨海新区土地管理改革主要是"在有利于土地节约利用和提高土地利用效率的前提下,优化土地利用结构,创新土地管理方式,加大土地管理力度。开展农村集体建设用地流转及土地收益分配,增强政府对土地供应调控能力等方面的改革试验"。[2] 在这里,主要就滨海新区开展农村建设用地流转试验的有关法律问题做初步分析。

---

[1]　刘剑文等.中国自由贸易区建设的法律保障制度.载于成思危主编.从保税区到自由贸易区:中国保税区的改革与发展.经济科学出版社,2003

[2]　《国务院关于推进天津滨海新区开发开放有关问题的意见》(国发〔2006〕20号),2006年5月26日.

农村建设用地流转主要是指将农村宅基地和乡镇企业用地作为农民的生产要素和重要资产进入市场进行流动。实行农村建设用地流转的意义在于：①运用市场机制将农村建设用地减少与城镇建设用地增加挂钩，在不减少耕地的情况下，提高土地利用的整体效益；②通过农村宅基地和乡镇企业用地流转，推进土地依据价格市场化和土地交易市场建设，建立城乡统一的完善的土地市场，形成合理的土地收益分配机制；③通过规范的农村集体建设用地流转，增强政府对土地供应的调控能力。目前，滨海新区有较多的土地资源，但在管理体制、利用效率和布局方面，离新区的功能定位还有差距。进行农村集体建设用地流转试验对实现土地节约利用和提高土地利用效率，推进滨海新区的开发开放具有重要的作用。

近些年来，我国南方一些地区相继开展了农村建设用地流转试点。

1996 年，苏州市政府结合乡镇企业的改制，出台了《苏州市农村集体存量建设用地使用权流转管理暂行办法》。乡镇企业依此，通过转让、出租、作价入股改制等，进行了集体土地建设用地使用人的转换，这也形成了乡镇企业改制推动农村集体土地建设用地流转的"苏州模式"。

1999 年，国土资源部批准安徽省芜湖市开展农村集体所有建设用地使用权流转试点。芜湖市的试点方案及《芜湖市农民集体所有建设用地使用权流转管理办法》经国土资源部批准后，逐步推广试行。首先明晰集体土地产权，承认土地承包的现状，确定土地所有权，然后由乡镇的土地发展中心同农村集体和承包者签订有偿流动合同，乡镇政府将流转来的建设用地进行前期开发，再将建设用地转让、出让或者租赁给用地者，这也形成了安徽省芜湖市的乡镇政府推动农村集体土地建设用地流转的"芜湖模式"。

2001 年 10 月，国土资源部和国务院法制办批准广东顺德市为农村集体建设用地流转改革试点。2003 年广东省政府下发了《关于试行农村集体建设用地使用权流转的通知》，之后，在 2005 年 6 月又发布了《广东省集体建设用地使用权管理办法》。在随后的两年时间里，广东省 21 个地市中有 12 个市开展了集体建设用地的流转试点工作。广东省参照国有建设用地市场，制定了集体建设用地流转管理办法，具体操作与国有建设用地管理的出让、转让、租赁等相似,只是主体发生了改变。这就构成了"广东模式"。①

在总结各地试点经验和教训的基础上,2004 年以来,国务院和国土资源部先后发文,对农村集体建设用地流转行为进行规范。

2004 年 10 月 28 日下发的《国务院关于深化改革严格土地管理的决定》,重点强调征地补偿安置,指出"在符合规划的前提下,村庄、集镇、建制镇中的农民集体所有建设用地使用权可以依法流转"。

2005 年 10 月,国土资源部《关于规范城镇建设用地增加与农村建设用地减少挂钩试点工作的意见》指出,城镇建设用地增加与农村建设用地的减少是"依据土地利用总体规划,将若干拟复垦为耕地的农村建设用地地块和拟用于乡镇建设的地块共同组成建新拆旧项目区,通过建新拆旧和土地复垦,最终实现项目区内建设用地总量不增加,耕地面积不减少,质量不降低,用地布局更合理的土地整理工作"。

2007 年 12 月 10 日,国务院办公厅下发的《关于严格执行有关农村集体用地法律和政策的通知》明确指出,要严格遵守国家土地用途管理制度,任何涉及土地管理制度的试验和探索都不能违反土地用途管理制度,地方各级人民政府要重点加强土地用途管理制度,严格控制农村集体的建设用地使用权流转范围,农村集体所有的土地使用权不得出让、转让或出租用于非农业建设。城乡建设用地增减挂钩的试点,必须严格控制在国家批准的试点范围内。

由以上所述,我们可以看到:①自 1996 年以来,农村集体建设用的流转已在我国一些地区进行了试点,且已产生了相应的经验和教训;②国务院和国土资源部对农村集体建设用地流转试点的要求越来越严格,不仅试点方案要经国家批准,而且要求试点必须"依法进行";③在没有一部全国性有关农村集体建设用地流转的法律或行政法规的情况下,各农村集体建设用地流转试点的省市都结合当地的实际制定了相关的地方法规来规范流转行为。

---

① 张兴国.农村集体建设用地流转土地比较.中国土地,2006(9)

因此,为保证滨海新区农村集体建设用地流转试验依法而行,建议天津市有关部门应尽快确定进行农村集体建设用地流转试验的范围和方案,报国土资源部及国务院批准。同时,应尽早启动由我市人大或授权市政府制定一部指导滨海新区农村集体建设用地实验的地方规章,即在农村集体建设用地流转试验推进中,立法要先行,这样才能使该项改革在试验中有法律依据,在管理上有法律依据,在司法实践中有法律依据。

(三)建立与天津滨海新区综合配套改革先行先试相适应的立法机制

依法进行改革试验是天津滨海新区综合配套改革先行先试得以顺利实施的重要保障。要解决天津滨海新区综合配套改革试验面临的法律问题,使改革先行先试依法而行,需要建立完善的与其相适应的立法机制,既要充分利用《中华人民共和国立法法》赋予省、市立法机构的地方立法权,又要积极争取全国人民代表大会给予天津市立法机关与进行综合配套改革试验相适应的特别立法权。

《中华人民共和国立法法》第六十三条规定,"省、自治区、直辖市的人民代表大会及其常务委员会根据本行政区域的具体情况和实际需要,在不与宪法、法律、行政法规相抵触的前提下,可以制定地方性法规"。"国家尚未制定法律或行政法规的省、自治区、直辖市和较大的市根据地方的具体情况和实际需要,可以先制定地方性法规"。① 按照上述规定,天津市享有地方立法权。因此,对前面所述天津滨海新区综合配套改革试验所面临的第一类和第二类法律问题,可以由天津市立法机关根据天津滨海新区实施综合配套改革试验的具体情况和实际需要,充分利用所享有的地方立法权,通过制定天津的地方性法规予以解决,使相关改革试验有法可依,保障其得以顺利实施。应该说,在这方面,天津市是有成功经验的。

如在天津的改革开放过程中,天津市人大及其常委会曾利用其享有的地方立法权,先后制定了《天津经济技术开发区管理条例》、《天津港保税区管理条例》和《天津滨海新区条例》等地方性法规。这些法规对推行

---

① 《中华人民共和国立法法》,第六十三条。

天津市经济技术开发区、天津港保税区的健康和快捷的发展,特别是对天津滨海新区的建立和基本建成起到了不可忽视的重要保障作用。2007年 11 月 1 日施行的《天津东疆保税港区管理规定》是在天津滨海新区上升到国家发展战略层面,被批准为全国综合配套改革试验区进行改革试验之后,第一部以天津市人民政府令形式颁布的地方性规章,为指导和规范天津东疆保税港区的发展起到了很大的推动和保障作用,但是要保障滨海新区的改革任务成功,天津的立法任务还很重,天津立法机关还需在总结以往相关成功经验的基础上,增强立法能力(包括人、财、物和立法政府支持等),充分利用所享有的地方立法权,及时根据滨海新区改革试验的具体情况和实际需要为其提供相应的法律供给和保障。

　　提供立法供给的途径可以分为两个:一是加大市人大和市政府的立法力度,对一些涉及全市各行各业或重要的管理部门的改革事项,要尽快制定天津市地方法规,保障改革的顺利进行;二是对一些目前只需在滨海新区辖区内试验,暂不适宜向全市推行的改革项目,可以由市人大授权市政府的滨海新区管理部门制定相关的规范文件,并在滨海新区先行先试,并报天津市人民代表大会常务委员会备案。

　　这样的模式一方面能解决立法的需求和立法供给能力不足的矛盾,另一方面也符合综合配套改革先试先行,以点带面的要求。目前在综合配套的改革实践中,上海市浦东新区的改革立法就采用这样的方式。上海市 2007 年 4 月 26 日第十二届人民代表大会常委会第三十五次会议通过的《上海市人大常委会关于促进和保障浦东新区综合配套改革试点工作的决定》中指出,"在坚持国家法制统一原则和本市地方性法规基本原则的前提下,市人民政府和浦东新区人民政府可以就浦东新区综合配套改革制定相关文件在浦东新区先行先试,并报市人民代表大会常务委员会备案,浦东新区人民代表大会及其常务委员会可以就推行浦东新区综合配套改革试点工作作出相关决议、决定,并报市人民代表大会常务委员会备案","市人民代表大会常务委员会根据实际情况,定时制定相关地方性法规,进一步支持和保障浦东新区进行综合配套改革试点"。上述决定中虽然没有用"授权立法"的词句,但决定的内容已经明确了上海市人大常委会对上海市人民政府和浦东新区人民政府作出授权,可以就浦东新区综合配套改革制度相关文件在浦东新区先行先试。这也是浦东发展史上的一个标志性创举,对浦东新区政府实施改革起到很大的推动和保障作用,上海市的这一立法实践值得天津市借鉴。目前,天津滨海新区管委会与上海浦东政府的区别在于,它不是一级政府的行政机关,所以在承担立法职责上会受到限制。据我们了解,天津市政府正在进行的政府行政管理体制改革中,已开始研讨滨海新区的行政管理体制的设置问题,我们认为,一旦滨海新区被设立为一级政府的行政机关,那我们就可以借鉴上海市的立法实践经验,在市人大对《天津经济技术开发区管理条例》、《天津港保税区管理条例》、《天津滨海新区条例》的修改时,不仅注重修改和制定相关的规定,使其更能适应和推动综合配套改革;同时,也应该在《天津滨海新区条例》中赋予滨海新区的行政管理机关制定与滨海新区综合配套改革先行先试相关的规章的职能。

然而,我们也要看到,由于地方立法权的性质限定了其在制定地方性法规中必须与国家宪法及基本法律以及上位法保持绝对一致,不能变通,否则其制定出的地方性法规是无效的。因此,解决前面所述天津滨海新区综合配套改革试验所面临的第三类法律问题,靠一般地方性立法是解决不了的,必须要通过特别授权立法程序解决。

所谓特别授权立法,是指有权立法的机关将自己的立法权限授予其他机关行使。根据《中华人民共和国立法法》的有关规定,我国的授权立法的主体是全国人民代表大会及其常务委员会。全国人民代表大会及其常委会可以授权国务院对尚未制定法律的事项,根据授权,可以先行制定填补空白的行政法规。同时全国人民代表大会可以授权经济特区所在的省、市人民代表大会及其常务委员会根据授权决定制定法规。"经济特区法规根据授权对法律、行政法规、地方性法规变通规定的,在本经济特区适用经济特区法规规定"。[①] 由此可见,特别授权立法享有在与国家宪法和法律的立法精神及基本原则一致的前提下,对上位法中的具体法律

---

① 《中华人民共和国立法法》,第八十一条。

规定进行适当变通的权利。

因此,为了解决天津滨海新区综合配套改革试验所面临的第三类法律冲突问题,保障其改革试验的实施依法进行,建议天津市要积极争取全国人民代表大会给予天津立法机关与进行综合配套改革试验内容相适应的特别立法权。

任何体制改革都是在现行体制之外寻求新的更适合经济、社会发展的政治体制或经济体制,因此,改革的具体措施势必存在与个别现行法律规则的冲突。天津滨海新区综合配套改革试验区,承担着"先行先试"的使命。这种局部试验区的具体试验行为,与现行体制、规则发生冲突在所难免。而不突破现有的体制或规则又不可能找到带有突破性的机制或方法。因此,我们认为,针对天津滨海新区综合配套改革试验所面临的第三类法律冲突问题,必须在坚持四项基本原则、坚持社会主义法制原则的前提下,允许试验区进行突破。但这种突破从法律角度而言,应是对个别的、非宪法性的具体部门法的突破。但是,这种突破不是允许某种具体的经济行为对法律规则的直接突破,而是在不否定普适性法律的基础上,首先进行法律的突破。为此,除上述特别立法授权方式外,作为国家立法机关的全国人民代表大会应当充分考虑到我国改革开放过程中这种区域性实验的改革方式,在立法法中明确赋予国家级各类试验区或其所在省市以有限立法权;或者由全国人民代表大会作为试验区的批准机关,在其批准决定中直接赋予相关地区以有限立法权,从而使试验区的改革措施在法治原则下有所突破。

课题组负责人:李竹兰(天津理工大学)

课题组成员:矫捷(天津市政府法制办)、陈爽(天津理工大学)、金奇南(天津市高级人民法院研究室)、朱静(天津市人民检察院研究室)、孙学亮(天津商学院)、唐忠辉(天津理工大学)

课题报告完成时间:2007 年 12 月

参考文献

国务院.关于推进天津滨海新区开发开放有关问题的意见(国发〔2006〕20号)[Z]

国家发展和改革委员会.关于批准重庆市和成都市设立全国统筹城乡综合配套改革试验区的通知(发改体经〔2007〕1248号)[Z]

国家发展和改革委员会.关于批准武汉城市圈和长株潭城市群为全国资源节约型和环境友好型社会建设综合配套改革实验区的通知(发改经体〔2007〕3428号)[Z]

李竹兰.论国家综合配套改革试验区的立法保障[J].天津师范大学学报(社会科学版),2007(3)

李竹兰.授权立法·综合配套改革试验法律保障的要求[J].开放导报,2007年(2)

陈文玲.津沪深综合配套改革的背景与障碍[J].开放导报,2007(2)

魏后凯.综合配套改革五题[J].开放导报,2007(2)

王立国.从发展的阶段性看天津市综合配套改革的着力点[J].开放导报,2007(2)

李春样.中部地区建设国家综合配套改革试验区的战略意义[J].开放导报,2007(2)

施红星等.国家综合改革的系统设计[J].开放导报,2007(2)

郝寿义,高进田.试析国家综合配套改革试验区[J].开放导报.2004(2)

袁易明.综合配套改革:制度要求、改革重点与推进战略[J].开放导报,2006(5)

王家庭等.国家综合配套改革试验区运行与前瞻[J].改革,2006(9)

杰克,普拉诺等.政治学分析辞典[M].中国社会科学出版社,1986

丁煌.改革执行阻滞机制及其防治对策[M].人民出版社,2001

青木昌彦.比较制度分析[M].上海远东出版社,2001

杨瑞龙.论制度供给[J].经济研究,1993(8)

用立法推动改革创新[N].深圳法制报,2005-8-21

立法 15 载 创新 15 年[N].深圳商报,2007—7—24

李立主编.世界自由贸易区研究[M].改革出版社,1996

陈漓高等.中国的保税区 发展与改革[J].国际经济合作,1999(2)

成思危主编.从保税区到自由贸易区 中国保税区的改革与发展[J].经济科学出版社,2003

张兴国.农村集体建设用地流转三地比较[J].中国土地,2006(9)

苏力.法治及其本土资源[M].中国政法大学出版社,1996

郝铁川.当代中国与法制现代化[M].浙江人民出版社,1999

张千帆.宪政、法治与经济发展——政治与法律思想论丛[C].北京大学出版社,2004

马洛伊.法律和市场经济 法律经济学价值的重新诠释[M].法律出版社,2006

蒋立山.中国法制现代化建设的特征分析[J].中外法学,1995(4)

季卫生.面向 21 世纪的法与社会[J].中国社会科学,1996(3)

庞正等.迈向新世纪的法制现代化研究[J].法律科学,1997(2)

钱颖一.市场与法治[J].经济社会体制比较,2000(3)

卢朝霞.经济特区授权立法若干问题探讨[J].郑州大学学报哲社版,1997(2)

天津滨海新区综合配套改革司法保障研究

【摘要】 本文在对我国综合配套改革与法治建设各要素的内在联系进行全面分析的基础上,阐述了司法对综合配套改革保障的重要性,并以滨海新区为例,着重对其综合配套改革实践中,特别是滨海新区行政管理体制改革过程中所遇到的司法组织体系建设问题进行实证分析,在此基础上就如何加强滨海新区综合配套改革司法保障提出了相应的对策建议。

在国家推行综合配套改革初期,各个综合配套改革试验区都充分利用特别授权或地方立法权在制定改革总体方案或推进改革的过程中注意加强相应的法律制度建设。但综合配套改革先行先试的相关法律规定大多是地方性法规,而且都只在各试验区内适用,所以,随着各试验区进行的先行先试实践不断地深入和广泛开展,在我国的司法实践中必然会遇到对某些改革行为司法认定模糊、司法审判中法律纠纷解决标准不一的问题。因此,加强对综合配套改革司法保障的研究,完善适合综合配套改革深入发展的司法环境,成为当前法学理论研究和司法实践的当务之急。

一、我国综合配套改革试验区的演进过程及其对法治建设的需求

我国综合配套改革试验的一个基本特征是改革的先行先试性，改革的范围既包括由于探索性、风险性和由于要突破现行体制与政策框架，不宜全面推开，只能先行试验探索的先行改革内容；也包括一些不具有全国推广性，只适用于某些特定区域或行业的，但仍需要通过试点积累经验的改革内容。这种以"试错权"为核心的综合配套改革先行先试对相应的法治建设的要求更为强烈。高度重视法制建设，为改革创新提供好法律制度平台，是成功推进我国综合配套改革先行先试的必备条件和基础。

(一)我国综合配套改革试验区的产生与发展过程

2005 年 6 月，国务院在第 86 次常务会议上正式通过了上海浦东新区完善社会主义市场经济综合配套改革试点方案。会议要求，"浦东新区综合配套改革试点要着力转变政府职能，着力转变经济运行方式，着力转变二元经济与社会结构，要把改革和发展有机结合起来，把解决本地实际问题与攻克面卜的共性难题结合起来，把实现重点突破与整体创新结合起来，把经济体制改革与其他方面改革结合起来，率先建立起完善的社会主义市场经济体制，为推动全国改革起示范作用"。

2006 年 6 月，国务院发布国发[2006]20 号文件，即《国务院关于推进天津滨海新区开发开放有关问题的意见》，明确"批准天津滨海新区为全国综合配套改革实验区"。

2007 年 6 月，国家发改委下发了《国家发展改革委员会关于批准重庆市和成都市设立全国统筹城乡综合配套改革试验区的通知》(发改经体[2007]1248 号)，明确"国务院同意批准设立成都市全国统筹城乡综合配套改革试验区"。

2007 年 12 月，国家发改委下发了《国家发展改革委员会关于批准武汉城市圈和长株潭城市群为全国资源节约型和环境友好型社会建设综合配套改革试验区的通知》(发改经体[2007]3428 号)。《通知》指出，经报请国务院同意，批准长沙、株洲、湘潭(简称长株潭)城市群为全国资源节

约型和环境友好型社会建设综合配套改革试验区。

2009年5月6日,《国务院关于深圳综合配套改革总体方案》的批复,国函(2009)56号文件批准深圳进行综合配套改革试验并要求深圳的综合配套改革要做到四个先行先试,即对国家深化改革、扩大开放的重大举措先行先试;对符合国际惯例和通行规则,符合我国未来发展方向,需要试点探索的制度设计先行先试;对深圳经济社会发展有重要影响,对全国具有重大示范带动作用的体制创新先行先试;对国家加强内地与香港合作的重要事项先行先试。

2010年4月,国家发改委下发了《国家发展改革委关于设立沈阳经济区国家新型工业化综合配套改革试验区的通知》(发改经体[2010]660号)。《通知》指出,经报国务院同意,批准设立沈阳经济区国家新型工业综合配套改革试验区。

2010年12月,国家发改委下发了《关于设立山西省国家资源型经济转型综合配套改革试验区的通知》(发改经体[2010]2836号)。《通知》指出,经报请国务院同意,设立山西省国家资源型经济转型综合配套改革试验区。

(二)国家综合配套改革试验区的主要改革内容

根据国家的要求,被批准为国家综合配套改革试验区的上海浦东新区、天津滨海新区、四川省、重庆市、湖北省、湖南省、深圳市、辽宁省先后分别制定并不同程度地开始实施有关综合配套改革的试验方案。

上海浦东新区完善社会主义市场经济综合配套改革的试点方案提出十项改革任务:一是推动政府转型,建立公共服务型政府管理体制;二是要推动要素市场发展和金融创新,完善现代市场体系;三是探索混合所有制的实现形式,增强微观主体活力;四是大力培育和发展中介组织,提高经济运行的组织化程度;五是加快推进公共部门改革,促进经济济社会协调发展;六是加快科技体制改革,增强自主创新能力;七是探索建立人力资本优先积累机制,全面有效推进人力资源开发;八是加快破除城乡二元结构的制度障碍,推进城乡统筹发展;九是建立科学的调节机制,完善与经济社会发展水平相适应的收入分配与社会保障体系;十是扩大对外开放,形成适应国际通行做法的市场运行环境。通过上述改革,在"十一五"期间,基本形成比较完善的社会主义市场经济运行机制;基本形成充分激发自主创新活力的有效机制;基本形成有利于实现统筹协调发展与构建和谐社会的制度环境;基本形成与经济全球化趋势和开放经济相适应的经济运行规则体系;基本形成制度创新和扩大开放的示范引领优势。①

　　按照《国务院关于推进天津滨海新区开发开放有关问题的意见》中关于天津滨海新区开发开放的定位的要求,天津市制定了《天津滨海新区综合配套改革试验总体方案》,提出天津滨海新区综合试验主要在十个方面进行:一是深化企业改革,发展混合所有制经济,建立并完善社会主义市场经济的微观基础;二是深化科技体制,增强自主创新能力,建设高水平的研发转化基地;三是深化涉外经济体制改革,充分发挥对外开放门户作用,逐步把天津建成我国北方国际贸易中心;四是推进金融改革创新,创建与社会主义市场经济相适应的现代金融服务体系;五是改革土地管理制度,创新土地管理方式,增强政府对土地供应的调控能力;六是推进城乡规划管理体制改革,促进滨海新区与市区和谐发展,建设生态型新城区;七是深化农村体制改革,建设社会主义新农村,推进城乡一体化发展;八是推进社会领域改革,创新公共服务管理体制,构建覆盖城乡的基本公共服务体系;九是改革资源节约和环境保护等管理制度,发展循环经济,建设资源节约型和环境友好型社会;十是推进行政管理体制改革,转变政府职能,建立既集中统一领导又发挥各方优势,充满生机与活力的管理体制。通过改革,用 5 年至 10 年的时间,率先基本建立以自主能动的市场主体、统一开放的市场体系、精简有效的行政体制、科学有效的调控机制、公平的保障体系、完备规范的法制环境为主要特征的,完善的社会主义市场经济体制。为把滨海新区建设成为北方对外开放的门户、高水平的现代制造业和研发转化基地、北方国际航运中心和国际物流中心、宜居生态型新城区提供强大动力和体制保障,为全国改革与发展积累经验。②

---

　　① 《浦东综合配套改革试验总体方案》,2005 年。
　　② 《天津滨海新区综合配套改革试验总体方案》,2006 年 9 月。

　　成都市和重庆市按照国家建设全国统筹城市综合配套改革试验的要求,也分别制定了相应的改革方案,其改革的重点是,统筹城乡规划,建立城乡统一的行政管理体制,覆盖城乡的基础设施建设及其管理体制、城乡均等化的公共服务保障体制、城乡统一的户籍制度以及健全基层自治组织、统筹城乡产业发展等,力争在上述重点领域和关键环节上率先突破。通过改革探索,加快经济社会快速健康协调发展,努力为全国深化改革,实现科学发展与和谐发展做出应有的贡献。

　　成都市统筹城乡综合配套改革试验总体方案围绕解决"三农"问题,统筹城乡发展提出了九项改革任务:一是建立三次产业互动的发展机制;二是构建新型城乡形态;三是创新统筹城乡的管理体制;四是探索耕地保护和土地节约集约利用的新机制;五是探索农民向城镇转移的办法和途径;六是健全城乡金融服务体系;七是健全城乡一体的就业和社会保障体系;八是努力实现城乡基本公共服务均等化;九是建立促进城乡生态文明建设的体制机制。通过改革,力争到2012年,统筹城乡、科学发展的体制机制基本建立,"三个集中"取得显著成效,城乡差距逐步缩小,经济社会实现较快发展,转变经济发展方式取得明显进展。城乡义务教育等公共服务实现基本均衡。力争到2020年,统筹城乡、科学发展的体制机制基本完善,"三个集中"达到较高水平,城乡差距显著缩小,"三农"问题得到基本解决,经济社会实现跨越发展,基本实现经济发展方式的转变。城乡义务教育等公共服务实现均衡化发展,现代城市和现代农村和谐交融的新型城乡形态基本形成。①

　　重庆市统筹城乡综合配套改革试验总体方案重点围绕"推进城乡经济社会协调发展,推进城乡劳务经济健康发展,推进土地流转和集约利用"三条主线,提出了十六项重点改革任务:一是加快形成市域主体功能区布局;二是构建城乡统筹公共财政框架;三是建立城乡经济互动发展机制;四是构建统筹城乡行政管理体系;五是健全城乡就业创业培训机制;六是建立城乡社会保障体系;七是均衡城乡基本公共服务;八是深化户籍

---

① 《成都市统筹城乡综合配套改革试验总体方案》国函[2009]55号,2009年。

制度改革；九是加强农民工服务与管理；十是促进农村土地规模化集约化经营；十一是建立新型土地利用和耕地占补平衡制度；十二是统筹城乡生态建设和环境保护；十三是完善农村综合服务体系；十四是推进建立高效的"三农"投入机制；十五是着力改善市场经济环境；十六是探索内陆开放型经济发展模式。通过改革，到 2012 年，重点领域和关键环节改革取得重大进展，统筹城乡发展的制度框架基本形成，经济实力、人民生活和城乡统筹发展水平迈上新台阶。到 2020 年，各项改革全面深化，形成统筹城乡发展的制度体系，支撑经济发展质量提升、结构优化、人民生活水平稳步提高，统筹城乡发展水平在西部领先，长江上游地区经济中心、西部地区重要增长极的功能形成，在西部率先实现全面建设小康社会的目标，取得科学发展、社会和谐的明显成效。①

武汉城市圈资源节约型和环境友好型社会建设综合配套改革试验总体方案围绕"两型"社会建设，以创新资源节约、环境保护、科技创新、产业优化升级、统筹城乡发展、节约集约用地的体制机制为主要内容，提出了九项重点改革任务：一是创新资源节约的体制机制，建设节约社会；二是创新环境保护的体制机制，建设生态城市圈；三是创新科技引领和支撑"两型社会"建设的体制机制，增强自主创新能力，建设创新型城市圈；四是创新产业结构优化升级的体制机制，整合圈内产业资源，提升产业层次；五是创新统筹城乡发展的体制机制，促进生产要素在城乡间合理流动和公共服务向农村倾斜，不断改善民生，建设和谐城市圈；六是创新节约集约用地的体制机制，探索城乡集约发展新路子；七是创新促进"两型社会"建设的财税金融体制机制，提供财税金融服务和支撑；八是创新对内对外开放的体制机制，增强承接国内外资本技术和产业转移能力，打造促进"两型社会"建设的开放型平台；九是创新行政管理体制和运行机制，建设服务型平台。通过改革，创新体制机制，增强可持续发展能力，实现区域经济一体化，把武汉城市圈建设成为全国宜居的生态城市圈，重要的先进制造业基地、高新技术产业基地、优质农产品生产加工基地、现代服务

---

① 《重庆市统筹城乡综合配套改革试验总体方案》国办函[2009]47 号。

业中心和综合交通运输枢纽,成为与沿海三大城市群相呼应,与周边城市群相对接的充满活力的区域性经济中心,成为全国"两型社会建设的典型示范区"。[①]

长株潭城市群资源节约型和环境友好型社会建设综合配套改革试验总体方案围绕长株潭城市群"两型"社会建设,提出十项重点改革内容:一是创新资源节约体制机制;二是创新生态环境保护体制机制;三是创新产业结构优化升级的体制机制;四是创新科技和人才管理体制机制;五是创新土地管理体制机制;六是创新投融资体制机制;七是创新对外经济体制机制;八是创新财税体制机制;九是创新统筹城乡发展体制机制;十是创新行政管理体制机制。通过上述综合配套改革试验要率先形成有利于资源节约、环境友好的新机制,率先积累传统工业化成功转型的新经验,率先形成城市群发展的新模式,为把长株潭城市群建设成为全国"两型"社会建设的示范区、中部崛起的重要增长极、全省新型工业化、新型城市化和新农村建设的引领区、具有国际品质的现代化生态型城市群提供动力支持和体制保障。[②]

深圳市综合配套改革总体方案围绕着在新形势下继续发挥经济特区改革开放的引领作用,推动深圳率先实现科学发展,提出了六个方面的重点改革任务:一是深化行政管理体制改革,率先建成公共服务型政府;二是全面深化经济体制改革,率先建立完善的社会主义市场经济体制;三是积极推进社会领域改革,加快构建社会主义和谐社会;四是完善自主创新体制机制,加快建设国家创新型城市;五是以深港紧密合作为重点,全面创新对外开放和区域合作的体制机制,率先形成全方位、多层次、宽领域、高水平的开放型经济新格局;六是建立资源节约环境友好的体制机制,加快建设国家生态文明示范城市。通过全面推进综合配套改革,争当科学发展的示范区、改革开放的先行区、自主创新的先锋区、现代产业的集聚

---

① 《武汉城市圈资源节约型和环境友好型社会建设综合配套改革试验区总体方案》国函〔2008〕84 号,2008 年。

② 《长株潭城市群资源节约型和环境友好型社会建设综合配套改革试验总体方案》,2009 年。

区、粤港合作的先导区、法制建设的模范区,强化全国经济中心城市和国家创新型城市地位,加快建设国际化城市和中国特色社会主义示范市的目标地位,力争在全国率先形成科学发展的体制机制,为发展中国特色社会主义创造新鲜经验。①

沈阳经济区新型工业化综合配套改革方案围绕着走新型工业化道路,推动区域经济一体化,提出了八个方面的主要改革任务:一是创新区域发展体制机制,促进经济结构优化升级;二是创新企业发展机制,加快企业战略性重组;三是创新科技研发体制机制,增强自主创新能力;四是创新资源节约和环境保护体制机制,促进区域可持续发展;五是创新投融资体制机制,推进资本优化配置;六是创新城乡统筹发展体制机制,促进和谐社会建设;七是创新对外开放体制机制,提高国际化水平;八是创新行政管理体制机制,建设服务型政府。通过改革,着力消除制约经济社会发展的体制机制性障碍,加强科技创新,转变经济发展方式,促进区域经济社会和资源环境协调发展,率先形成新型工业化发展模式,带动东北等老工业基地全面振兴。②

山西省国家资源型经济转型综合配套改革方案围绕着秉持先行先试的精神,抓住与资源型经济转型密切相关的重点领域和关键环节,推进改革,率先突破。着力调整优化产业结构,推动工业化与信息化深度融合,提升发展的质量和产业竞争能力;着力推动技术创新,形成并完善有利于自主创新和运用最新科学技术的体制机制,促进经济增长向主要依靠科学技术进步、劳动者素质提高、管理创新转变;着力深化改革,完善宏观调控,充分发挥市场配置资源的基础性作用,建立健全资源要素价格形成机制和要素市场体系,推进产权多元化、竞争公平化和现代企业制度建设;着力推进资源节约型、环境友好型社会建设,树立绿色、低碳发展理念,加快构建资源节约、环境友好的体制机制;着力构建城乡统筹发展机制,促

---

① 《深圳市综合配套改革总体方案》深府[2009]27号,2009年2月。
② 《沈阳经济区新型工业化综合配套改革框架方案》,2009年。

进工业化、城镇化和农业现代化协调发展,加快社会主义新农村建设。[①]

(三)我国综合配套改革试验区对法治建设的要求

1.天津滨海新区在综合配套改革的《总体方案》中提出,综合配套改革试验内容超出国家有关规定的,由天津市人民政府依法定程序报请审批;法律、法规没有规定的,由天津市人大常委会制定法规或者由天津市人民政府制定规章,予以规范。

2.2007年,上海市人大常委会表决通过了《关于促进和保障浦东新区综合配套改革试点工作的决定》,以人大常委会文件的形式,支持浦东新区综合配套改革,其规定:市人民政府和浦东新区人民政府可以就浦东新区综合配套改革制定相关文件在浦东新区先行先试;市人大常委会根据实际情况,适时制定相关地方性法规;浦东可以自行探索施行新政,见效之后再由上海市人大确定为新的地方法规。上海市向浦东新区充分下放各种行政管理事权,为综合配套改革提供权力保障。凡是属于上海市权限范围、浦东自己可以定的事,原则上都下放给浦东,包括规划、土地管理、投资项目审批、自主创新、人口管理、定价权限、文化市场管理等七个方面。在依法治区方面,积极用好国家部门的规章政策,与国家部委合作,推动外汇、工商、科技创新等领域的先行先试。浦东新区政府及所属部门先后出台了70余件行政规范性文件,内容涉及企业管理、政府管理、财政体制、创业鼓励、公共服务等多个领域,保证政府决策科学化、民主化、法制化。

3.深圳总体方案提出综合配套改革的有关内容超出国家有关规定的,由深圳市人民政府依法定程序报请审批。法律、法规没有规定的,由深圳市人大常委会依照特区立法授权制定法规或者由深圳市人民政府制定规章,予以规范。深圳市"双权"并拥,既有"特区立法权",又具"较大市立法权"。2006年,深圳市人大常委会通过了《深圳经济特区改革创新促进条例》,这是一项促进改革的专门性法规,也是我国第一部有关改革方面的地方性法规,分别从工作职责、基本程序、公众参与、激励保障、监督

---

① 《山西省资源型经济转型综合配套改革试验框架方案》,2010年。

措施五个方面制定了详细规定,从地方层面基本解决了综合配套改革亟需的立法保障问题。深圳特区致力于打造法治城市,2006 年开始实施《深圳经济特区改革创新促进条例》,2008 年出台《深圳市法治政府建设指标体系》,2010 年 5 月 1 日起正式施行《深圳市行政服务管理规定》,2010 年 4 月起草《关于开展我市行政服务法治化的工作方案(草案)》。

4.重庆市一直坚持建设法治政府,2009 年 11 月 26 日,国务院法制办与重庆市政府签订《关于推进重庆市加快建设法治政府的合作协议》,合作协议期限是 3 年,旨在加快推进重庆市依法行政进程、实现在西部地区率先建设法治政府的目标,为重庆市统筹城乡改革和发展提供有力的法治保障。

5.长株潭加强法律法规和政策保障,根据湖南省人大常委会颁布的《关于保障和促进长株潭城市群资源节约型和环境友好型社会建设综合配套改革试验区工作的决定》,修订相关地方性法规。长沙市提出要健全法规政策体系,完善促进"两型"社会建设的地方性法规条例,支持和保障综合配套改革顺利推进,市政府出台推进"两型"社会建设综合配套改革的相关政策措施,明确部分改革措施的自主权。

6.根据国务院有关文件的要求,被批准为国家综合配套改革试验区的上海浦东新区、天津滨海新区、成都市和重庆市等九个综合配套改革试验区分别不同程度地开始实施各试验区的综合配套改革的实验方案,并取得了阶段性的进展。

7.上海、深圳、天津综合配套改革情况见表 1、表 2 和表 3。

表 1　上海浦东新区综合配套改革实践的重点及法律依据

改革重点	改革进展	法律政策依据
综合内容	浦东新区在政府行政管理体制、金融体制、科技体制、社会领域、涉外经济体制、城乡体制等方面进行的多项改革实践,取得了重要进展和突破	上海市人大《关于促进和保障浦东新区综合配套改革试点工作的决定》

续表

改革重点	改革进展	法律政策依据
金融改革	开展离岸金融业务试点,在洋山深水港区和外高桥保税区开展离岸金融结算业务;争取各类资产证券化试点,推动浦发银行信贷资产证券化;允许建立中外合资的综合类券商;在服务机制层面提出建立国家发改委、一行三会和上海市政府共同参加的金融创新协调工作机制	《上海市陆家嘴金融贸易中心区综合管理暂行规定》、《上海浦东外资金融机构经营人民币业务试点暂行管理办法》、《在华外资银行设立分支机构暂行办法》、《浦东新区支持金融机构发展的实施办法》、《浦东新区集聚金融人才实施办法》、《浦东新区促进股权投资企业和股权投资管理企业发展的实施办法》等
特殊开放功能区建设	扩大外高桥保税物流园区试点范围并发挥四大功能,建立洋山保税港区海关特殊监管区域的管理机制	《上海市外高桥保税区条例》、《洋山保税港区管理办法》、《上海浦东机场综合保税区管理办法》
土地改革	深化宅基地置换和复垦工作,实现农民居住向城镇集中;推进土地处置、社会保障和户籍联动	《上海市实施〈中华人民共和国土地管理法〉办法》、《上海市城市规划条例》、《上海市浦东新区土地管理暂行规定》、《浦东新区土地使用权出让招标、拍卖、挂牌实施办法》、《关于浦东新区国有土地使用权交易管理的若干意见》、《浦东新区土地使用权出让招标拍卖实施方案》
科技创新改革	实施"张江"战略,建设具有国际水平的研发转化基地;建立符合国际高技术创新模式的管理运作机制,形成国际研发机构和研发外包服务集聚地;允许境外知识产权带来机构试行开展业务;实行突破无形资产在企业中的占股比例限制	《上海市高新技术企业认定管理实施办法》、《上海市促进张江高科技园区发展的若干规定》、《关于推进上海张江国家自主创新示范区建设的若干意见》

表2　深圳综合配套改革实践的重点及法律依据

改革重点	改革进展	法律政策依据
转变政府职能改革	改革事业单位和公务员制度,创新事业单位内部管理制度和运行机制,开展事业单位法定机构改革试点,实施公务员职位分类管理,建立健全公务员职位说明书制度	《深圳市综合配套改革总体方案》

改革重点	改革进展	法律政策依据
金融改革	开展粤港澳货物贸易人民币结算试点，发展小额贷款公司和民营中小银行，创立创业板市场和场外交易市场、外币债券市场、期货交易、各类产权市场等	《深圳经济特区金融发展促进条例》《深圳经济特区中小企业发展促进条例》
土地改革	建立全方位的土地资产市场，加快包括工业楼宇在内的房地产流转；实行产业用地出让年期弹性化，探索产业用地租售并举的多元化出让方式；立法保护生态用地和基本农田，探索建立保护补偿机制	《深圳市原村民非商品住宅建设暂行办法》《深圳市人民政府关于贯彻落实国务院关于深化改革严格土地管理决定的通知》《深圳市工业区升级改造总体规划纲（2007－2020)》等
科技创新改革	深圳国家高新技术产业园区转型升级，建设一批国家高技术产业化示范工程，建立创新人才引进、培养、评价、任用等服务保障机制，建立知识产权交易中心，构建以市场导向、企业为主体、产学研结合的城市创新体系	《深圳经济特区高新技术产业园区条例》《深圳经济特区创业投资条例》《深圳市关于加快高新技术产业人才队伍建设和人才引进工作的若干规定》《深圳市关于鼓励软件产业发展的若干政策》《深圳经济特区科技创新促进条例》
特殊开放功能区建设	加快前海湾保税港区建设，发挥海关特殊监管区功能作用；整合口岸信息资源，推进电子口岸建设；海关、边检、检验检疫等口岸查验方式创新	《保税区海关监管办法》

表3 天津滨海新区综合配套改革实践的重点及法律依据

改革重点	改革进展	法律政策依据
行政体制改革	撤销原塘汉大行政区，建立滨海新区政府	《国务院关于推进天津滨海新区开发开放有关问题的意见》《天津滨海新区综合配套改革试验总体方案》《关于调整天津市部分行政区划的请示》

续表

改革重点	改革进展	法律政策依据
金融改革	支持国际保理公司进行业务创新和开展保险资金投资基础设施试点;滨海国际股权交易所试运营;房地产信托基金试点工作顺利推进;设立金融控股公司,控股参股银行、保险、证券等各类金融企业;在滨海新区经营的银行、农村合作金融机构的总行及外资银行分行实行结售汇综合头寸正负区间管理试点	《关于技术科技型中小企业上市融资加快发展办法》、《开展境内个人直接投资境外证券市场试点方案》、《天津滨海新区外汇改革试点方案》、《天津滨海新区综合配套改革试验金融创新专项方案》
特殊开放功能区建设	建立东疆保税港区,发展国际中转、国际配送、国际采购等五大业务,推进保税区等海关特殊监管区域功能整合、政策叠加	《天津港保税区条例》、《天津东疆保税港区管理规定》、《天津港口条例》、《天津市滨海新区关于加快北方国际航运中心建设的若干意见(试行)》
土地改革	开展城镇建设用地规模扩大和与农村建设用地减少挂钩试点;建立耕地保护基金,实施经济激励保护机制;建立征地补偿安置争议协调裁决制度;改革土地收益分配使用管理	《天津经济技术开发区土地管理规定》、《天津市以宅基地换房建设示范小城镇管理办法》、《国务院深化改革严格土地管理的决定》、《关于加强农村宅基地管理的意见》
生态城市建设	重点推进新型产业发展、基础设施及生态住宅建设三方面工作,基础设施、招商引资、产业园区、环境治理稳步推进,生态产业园首家企业开工建设	《中新天津生态城管理规定》

全国综合配套改革实践向我们揭示出一个带有普遍性的改革经验,即各综合配套改革的顺利进行,需要法律制度的保障。随着中国法律制度建设的发展,全国各试验区在综合配套改革先行先试的进程中,都特别注意充分利用地方立法权制定出与本地区改革实施相配套的地方性法规,以此来推动改革向纵深发展,使改革措施的实施基本做到了有法可依,实现了综合配套改革区域法治的第一步。

二、综合配套改革与法治建设——以综合配套改革与法治建设中的司法环节的关系为重点

随着综合配套改革的不断深入,改革对法治保障的需求也必然地从对立法的需求上升为对司法的需求。根据综合配套改革实践的需要,针对综合配套改革的法律研究也应从立法保障研究的层面深化到对综合配套改革与法治建设其他环节互动关系的研究,特别是要加强如何将综合配套改革的法律制度,通过法律实施的环节得以巩固和完善的理论研究和实践探索。

(一)"法制"与"法治"的关系

1."法制"与"法治"的概念

"法制"是指法律和制度的总称,更多强调其静态意义。"法治"是指依法治国,即以法的精神来治理国家,更多强调其动态意义。有人认为只要建立了相应的法律制度就等于实现了"法治",其实不然。虽然"法治"离不开法律制度的支撑,但"法治"并不是法律制度的代称或别称。"法治"构成,除了需要相应的法律制度支撑外,还要有其他配套的环节与其协调运行。

在亚里士多德看来,法治应包括两重含义:已成立的法律获得普遍的服从,而大家所服从的法律又应该是良好的法律。现代意义的"法治"是指在某一社会中,任何人都必须遵守法律。即,法律是社会最高的规则,没有任何人或组织机构可以凌驾于法律之上。"法治"是以民主政治为前提和目标,以严格的依法办事为理性原则,表现为良好的法律秩序,并包含着内在价值规定的法律精神的一种治国方略。

法治体系包括六个环节:一是全社会有比较完善的法律体系;二是执政党要依法执政;三是各级人民政府要依法行政;四是建立独立、公正、廉洁、高效、权威的司法制度;五是全社会普遍守法;六是实现对法律的有效监督。

2."法制"与"法治"的区别和联系

"法制"和"法治"是既有区别又有联系的两个概念。二者的主要区别

在于:

(1)"法制"是法律制度的简称,属于制度的范畴。"法制"相对于政治制度、经济制度。而"法治"是法律统治的简称,是一种治国原则和方法,是相对于"人治"而言的,"法治"是对"法制"的完善和实现。

(2)"法制"的产生和发展与所有国家直接相联系,在任何国家都存在"法制",而"法治"的产生和发展却不与所有国家直接相联系,只在民主制国家才存在"法治"。

(3)"法制"的基本要求是各项工作都要法律化、制度化,并做到有法可依、有法必依、执法必严、违法必究;而"法治"的基本要求是严格依法办事,法律在各种社会调整措施中具有至上性、权威性和强制性,不是当权者的任性。

(4)实行"法制"的主要标志,是一个国家从立法、执法、司法、守法到法律监督等方面,都有比较完备的法律和制度。而实行"法治"的主要标志,是一个国家的任何机关、团体和个人,包括国家最高领导人在内,都严格遵守法律和依法办事。

二者的联系在于:"法制"是"法治"的基础和前提条件,要实行"法治",必须具有完备的"法制"。"法治"是"法制"的立足点和归宿,"法制"的发展前途必然是最终实现"法治"。

(二)中国特色社会主义法治体系各环节的内在关系

中国特色社会主义法治要求立法、执法、司法、守法、法律监督是有机协调的一体;要求法治原则、法治制度、法治组织、法治观念和法治过程一体共振;要求法治建设不仅要实现自身各要素的内在统一,而且它的整体进程要与社会政治、经济、文化等方面高度协调。

中国特色社会主义法治体系的各环节是紧密联系的有机体,它们之间存在着如图1所示的逻辑关系。

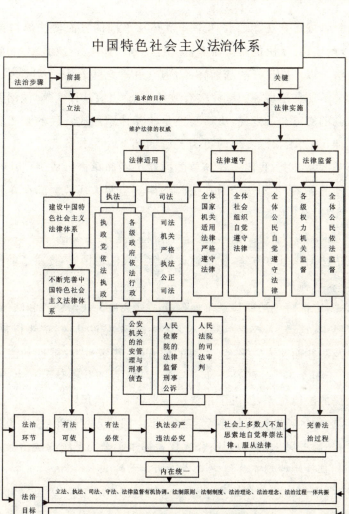

图 1　中国特色社会主义法治体系的各环节联系示意图

如上图所示,中国特色社会主义法治体系可以分为立法和法律实施两大步骤。我们可以将中国特色社会主义法治体系各环节的内在逻辑关系简单地概括为立法与法律实施两大步骤的逻辑关系,立法是法治体系建设的第一步,立法是要建设一个全社会完善的法律体系,完善的法律体系是中国特色社会主义法治体系实现的前提,也是法治建设的逻辑起点。

执法、司法、守法和法律监督四个环节是从不同的方面使法律得到普遍的、充分的实施,解决的是有法必依、执法必严、违法必究的法律实施的问题。立法可以形成良好的法律体系,但它并不意味着法治的实现。法治实现的关键还在于良好的法律被有效地实施,没有法律实施,法治就无法成为社会的实际。所以说,法律实施是法律体系形成之后的必然要求与自然延伸,是法治得以实现的更为关键的环节。在分析我国法治建设的各个环节的基础上,我们把各环节的内在关系简单概括成为立法与法律实施之间的关系,我国法治的立法与法律实施两大环节之间存在着下面两个方面的辩证关系。

一方面,我国通过立法,建立了中国特色社会主义法律体系,对于全面落实依法治国基本方略,加快建设社会主义法治国家,提供了前提和基础,具体表现为:

其一,中国特色法律体系全面确立了社会主义法治精神和法治理念,肯定了民主、自由、人权、公平、正义、依法治国、依法执政、依法行政、公正司法以及法律面前人人平等、法律的公开性、稳定性、权威性和法不溯及既往、法无明文不为罪等社会主义法治原则,为培育社会主义法治文化、提高全民的法律意识,提供了重要法律平台和法治保障。

其二,中国特色法律体系全面规定了中国的人权法律制度,为尊重和保障人权、服务民生、维护公民合法权益提供了全面系统的法治保障。我国宪法和其他法律都充分规定了公民的基本权利。

其三,中国特色法律体系全面规定了坚持党的领导、人民当家作主和依法治国有机统一的法律制度,从法律和制度上充分肯定了中国共产党的领导地位,保证了党的基本路线和基本方针的贯彻实施,保证了党始终发挥总揽全局、协调各方的领导核心作用,保证了中国共产党坚持民主执政、科学执政和依法执政,领导立法,保证执法,切实在宪法和法律范围内活动。

其四,中国特色法律体系在全面规定了中国特色社会主义的立法制度,不断推进立法工作,从实际和国情出发制定大量法律法规,为国家生活的各个方面提供法律依据和法治保障的同时,也不断完善立法体制,健全立法程序,规范立法活动,推进民主立法和科学立法,努力提高立法质量,建立法律体系,保证立法工作顺利进行。

其五,中国特色法律体系全面规定了中国特色社会主义的行政法律制度,为政府依法行政提供了系统化的法律,有利于规范和调整政府与市场、政府与企业、政府与社会的关系,确保政府依法履行职能,有利于监督和保证政府依法行使权力,防止权力的滥用、误用和错用,从源头上预防和治理腐败,有利于深化行政体制改革,推动政府职能转变,全面加强法治政府建设。

其六,中国特色法律体系全面规定了中国特色社会主义的司法制度,保障人民法院依法独立行使审判权、人民检察院依法独立行使检察权,积极推进司法体制机制改革,充分发挥司法制度和司法机关在保障人权、维护稳定、惩治腐败、建设法治、保障安全、实现社会公平正义等方面的作用,努力实现司法公正。

另一方面,法律实施是法治实现的关键环节,它是将中国特色法律体系中的法律制定从纸面的规定转化为社会现实的桥梁,具体表现为:

其一,法律实施可以实现法律体系追寻的目标。法律体系追寻的目标是通过法律实施使法律从制度性的纸面规定变为社会的现实。法治的前提是完备的良好的法律制度,法治的关键还在于良好的法律被充分地实施。法律实施是法律体系形成之后的必然追寻的目标。

其二,法律实施是法律权威与尊严的外化。法治是以法律至上作为标志的,法治要求法律必须具有至上的权威性。法律一旦制定就应当被遵守与服从,只有在法律实施中,执法和司法机关做到有法必依、执法必严、违法必究才能确保法律的权威与尊严,法治才能成为现实。法律实施是法律权威与尊严的外化,是法律具体的体现。

其三,法律实施重点突出法律适用,而司法是最有效的法律适用。法律实施包含着法律的适用与法律遵守。法律适用是特定国家机关将既有的法律制度运用于具体案件处理的过程中,是对特定主体和特定事项适用法律的过程。法律适用是国家特定机关依照法定职权和法律程序,将法律规定现实化的具体过程。在国家特定机关的法律适用行为中,由专门的司法机构所从事的司法的法律适用行为具有最重要的地位。司法对法律的适用是最为有效、最为重要的法律实施的环节。

其四,法律实施普遍提升全社会守法水平。法律实施除了包括法律适用之外,还包括法律遵守。一个社会的守法状况是全体公民、社会组织法律意识的反映,也是其是否依法办事、服从法律的具体行为,它是法律得到实施的最坚实、最广泛的社会基础。

(三)司法在法治中的重要作用

在中国特色社会主义法律体系形成后,我们应将中国的法治重心转移到法律实施的关键环节上来。全面落实依法治国基本方略,关键在于加强法律实施。中国的法治化进程,已将司法的法治化提到了重要的议程,司法法治化应被视为中国法治的关键,原因如下:

其一,公正的司法才能充分维护法律的尊严。社会成员通过具体案件公正的司法裁判,增强了对法治的信心和对法律的信仰,促成全社会知法、守法、崇法的良好的法律文化氛围,形成社会主义法治赖以建立的基础。

其二,公正司法是形成法律秩序的根本条件。司法机关能够公正地解决各种纠纷,保障诉讼主体的各种合法权益,促使人们将冲突纠纷通过合法的诉讼途径来解决,诉讼主体的权利意识和诉讼观念会进一步加强,使人们真正能掌握法律并运用法律保护权利和解决纠纷。

其三,公正司法可以实现对政府权力的监督和制衡,从而使公民的权利得到充分的保障。司法机关有权对行政机关的具体行政行为和对抽象的行政行为予以监督,通过对行政纠纷做出公正裁判可以促进行政机关依法行政,督促执法机关做到执法必严。

其四,公正司法本身是对民众遵从法律的法治观念的教化,也是对经济活动当事人自觉守法的规制。公正司法,才能使法律得到尊重和自觉遵守,才能增强公民和组织自觉守法的观念。

其五,公正司法可以起到完善法律的作用。大陆法系的国家司法机关在对法律的适用过程中,虽然没有法官造法权,但在法无明文规定的情况下有适当的裁量权,司法机关可以对司法适用中发现的法律存在的不足,用司法解释的方式予以弥补,从而完善法律效果。

综合前面的分析,立法和法律实施是实现中国特色社会主义法治的两大重要环节。而法律实施的关键环节是司法,从这个角度分析,我们可以认为立法与司法是实现中国特色社会主义法治的两大重要环节。

(四)综合配套改革与法治建设的关系

1.综合配套改革与立法的关系

我国综合配套改革是以完善社会主义市场经济体制为主的,一系列独立又相互关联的经济制度、社会制度、文化制度乃至政治制度的改革和创新的过程,其改革绩效的高低既取决于适应生产力发展需要的各种具体制度的安排,更取决于保障各种具体制度实施和运行的相关法律制度的匹配度,这就是法治对综合配套改革的立法保障作用。加强立法以后,完备法律体系是全面落实依法治国的基本方略,是促进改革发展的首要环节。综合配套改革的实践也充分证明了这一点。各个试验区实施的先行先试的改革措施,无一例外地都有相关的法律规范起推动和保障的作用,各个试验区都充分利用和发挥了地方法规和规章的立法权和全国人大授予的特别立法权,配合各试验区重大改革措施制定相应的地方法规或规章,以此推动和保护改革措施在试验区内先行先试,使改革尽量做到有法可依。改革开放的实践推动了我国法制体系的建设,我们已建立起来的法制体系也正在保障着改革开放向纵向和横向有序地推进,这就是法治与综合配套改革在立法方面的辩证关系。

2.综合配套改革与司法的关系

综合配套改革与司法之间存在着互动的辩证关系,即综合配套改革向纵深发展迫切需要公正的司法制度为其提供保障,而司法在保障综合配套改革的进程中必将得到自我体制的完善,具体体现在以下两个方面:

一方面,综合配套改革先行先试的制度创新,是深刻的制度变革,它必将促进司法制度改革,推动司法公正进程。第一,改革的制度创新使司法面临新环境。改革创新必将启动新的发展模式、出台新的试验政策、催生新的利益群体、产生新的权利诉求,最终形成新的纠纷发展态势。第二,改革试验中有些措施是对现行政策的突破,这又使司法迎来正确评价改革试验措施法律效果的新挑战。第三,在改革带来的社会转型中,司法承担化解社会矛盾的新任务。改革过程中,新体制建立之初又会产生一些新的矛盾,上升为法律纠纷,这就使司法化解社会矛盾的任务将更加繁重。第四,改革试验要求司法人员增强法治的观念和司法水平。司法人员司法实践中既要保障改革的顺利进行,又要保证改革试验在基本法律框架范围内进行,还要在司法的法律适用实践中不断总结试验成熟的政策措施,将其上升为国家法律或地方法规,使政策法律化。

另一方面,司法制度建设与完善可加快促进公正司法的实现,符合综合配套改革的要求,从而又为综合配套改革的深入发展起着至关重要的法治保障作用,具体表现为:第一,司法通过履行最基本的纠纷解决职能,化解改革过程中产生的经济纠纷,规范经济活动,提高经济效益,为改革发展营造稳定和谐的经济秩序和社会环境;第二,司法通过履行调节秩序职能,为改革发展理顺健康有序的社会秩序,担负着化解社会矛盾、保障人民权益、维护社会稳定、促进社会和谐的重要职能;第三,司法通过履行权利救济职能,可以为改革中的不同利益群体提供救济,特别是综合配套试验区的司法机关在为改革中的不同利益群体提高救济的同时贯穿了对综合配套试验改革提供优质高效的司法保障;第四,司法通过履行监督制约职能,规范改革进程中政府权力的运行,对假借改革而行非法之实的政府或个人的违法行为严格监督和制裁,确保改革试验在法治轨道上运行;第五,司法通过履行更深层次的教育引导职能,为参与改革试验的市场主体提供良好的行为导向与规则指引,增强公民的自觉守法的观念;第六,司法通过审判实践可以起到完善法律的作用,将成熟的政策、措施,通过司法解释等反馈途径推动政策法律化。

综上所述,在中国特色社会主义法律体系已基本形成的情况下,加强综合配套改革的法治保障的关键是法治的重心应转移至加强司法建设,提升公正司法对综合配套改革的保障作用。

三、滨海新区的法治建设现状及其存在问题的分析——以滨海新区立法和司法现状分析为重点

(一)滨海新区的立法现状及存在的问题

1.滨海新区的立法现状

我们将分三阶段描述滨海新区法律制度建设情况。

第一阶段:滨海新区综合配套改革试验区设立前的法律制度建设情况(1984年12月～2006年5月)。

1984年12月国家级天津经济技术开发区创立,1991年5月国家批准天津港保税区,1991年3月国务院批准新技术产业园区为国家级高新技术产业开发区,随着这些开发区、保税区、高新区等经济功能区相继成立,为促进其发展建设,天津市人大常委会进行了同步立法,这些地方性法规为天津市经济改革功能区的发展建设起到了重要的法律支持与保障作用(见表4)。

表4　天津市人大常委会制定的主要地方性法规

规定问题	文件名称	发布机关	法律性质	发布时间
管理体制	天津经济技术开发区管理条例 后修订为天津经济技术开发区条例	天津市人大常委会	地方性法规	1985年7月 2003年1月
	天津港保税区管理条例 后修订为天津港保税区条例	天津市人大常委会	地方性法规	1993年10月 2003年12月
	天津新技术产业园区管理条例	天津市人大常委会	地方性法规	1995年5月
	天津滨海新区条例	天津市人大常委会	地方性法规	2002年10月
企业登记 外商投资	天津经济技术开发区企业登记管理规定	天津市人大常委会	地方性法规	1985年7月
	天津港保税区外商投资企业审批和登记规定	天津市人大常委会	地方性法规	1993年10月

续表

规定问题	文件名称	发布机关	法律性质	发布时间
土地管理	天津经济技术开发区土地管理规定	天津市人大常委会	地方性法规	1985 年 7 月
	天津港保税区土地管理规定（失效）	天津市人大常委会	地方性法规	1993 年 10 月
劳动管理	天津经济技术开发区劳动管理规定	天津市人大常委会	地方性法规	1985 年 7 月
	天津港保税区劳动管理规定	天津市人大常委会	地方性法规	1993 年 10 月
规划建设	天津港保税区规划建设管理规定	天津市人大常委会	地方性法规	1993 年 10 月

第二阶段：滨海新区综合配套改革试验区设立后的法律制度建设情况（2006 年 6 月～2009 年 12 月）。

2006 年 6 月，国务院发布《国务院推进天津滨海新区开发开放有关问题的意见》，正式宣布天津滨海新区成为全国综合配套改革试验区。天津市人大针对天津港本身发展建设，进而加快北方国际航运中心的建设，2007 年 12 月制定了《天津港口条例》，为天津港的发展提供了法律支持。

2005 年 12 月 16 日，《天津市人民政府关于建立东疆保税港区的请示》正式上报国务院。2006 年 5 月 26 日，在国务院下发的《国务院关于推进天津滨海新区开发开放有关问题的意见》中明确指出：推动天津滨海新区进一步扩大开放，设立天津东疆保税港区。2006 年 8 月 31 日，国务院关于设立天津东疆保税港区的批复正式下发。《天津东疆保税港区管理规定》于 2007 年 9 月经天津市人民政府常委会议审议通过，东疆保税港区以此为依据，全面开展了区域开发与建设，对区域经济的发展起到了积极的促进和指引作用。

2007 年 11 月 18 日，国务院总理温家宝和新加坡总理李显龙共同签署《中华人民共和国政府与新加坡共和国政府关于在中华人民共和国建设一个生态城的框架协议》。国家建设部与新加坡国家发展部签订了《中华人民共和国政府与新加坡共和国政府关于在中华人民共和国建设一个生态城的框架协议的补充协议》。协议的签订标志着中国—新加坡天津生态城的诞生。2008 年 9 月,天津市政府常委会议通过了《中新天津生态城管理规定》,涉及生态城自身建设管理与产业发展等具体内容,生态城依据此规定,全面开展了区域开发与建设,为生态城的建设起到了保障作用(见表 5)。

表 5　天津市人大常委会及天津市政府制定的主要地方性法规及政府规章

规定问题	文件名称	发布机关	法律性质	发布时间
港口管理	天津港口条例	天津市人大常委会	地方性法规	2007 年 12 月
保税港区管理	天津东疆保税港区管理规定	天津市政府	政府规章	2007 年 9 月
生态城管理	中新天津生态城管理规定	天津市政府	政府规章	2008 年 9 月

第三阶段:滨海新区政府成立后的法律制度建设情况(2010 年 1 月至今)。

伴随滨海新区综合配套改革试验的逐步推进,管委会模式下的行政体制与现实发展之间产生了诸多矛盾和问题,表现在:滨海新区内部行政效率低,规划缺乏统一协调;功能区和行政区相对独立,各自为政,在一定程度上存在重复建设和无序竞争;资源不能得到合理有效配置,土地、资金、人才流动不畅,行政体制改革滞后带来的问题,阻碍了滨海新区的发展。2009 年 10 月 21 日,经国务院批复,天津市撤销塘沽区、汉沽区、大港区三个行政区,设立天津市滨海新区。2010 年 1 月 10 日,依法选举产生了滨海新区人民政府,此次改革是顺应滨海新区成为国家级综合配套改革试验区的一次体制进化。滨海新区人民政府成立后,主要是通过颁布规范性文件来统筹和规范区域经济和社会发展,涉及了推进中小企业上市融资、高新技术企业培育、科学技术奖励、航运中心建设、保障性住房建设等诸多领域(见表 6)。

表 6　滨海新区政府制定的主要规范性文件

规定问题	文件名称	发布机关	法律性质	发布时间
企业上市融资	关于技术科技型中小企业上市融资加快发展办法	滨海新区政府	规范性文件	2010 年 3 月
科学技术奖励	天津市滨海新区科学技术奖励办法	滨海新区政府	规范性文件	2010 年 4 月
高新技术企业培育	天津市滨海新区高新技术企业培育资金管理办法(试行)	滨海新区政府	规范性文件	2010 年 5 月
航运中心建设	天津市滨海新区关于加快北方国际航运中心建设的若干意见(试行)	滨海新区政府	规范性文件	2010 年 4 月
保障性住房建设	天津市滨海新区保障性住房建设与管理暂行规定	滨海新区政府	规范性文件	2010 年 9 月
促进街道发展	滨海新区关于促进街道发展的意见	滨海新区政府	规范性文件	2010 年 6 月
节能	滨海新区节能工作实施方案	滨海新区政府	规范性文件	2010 年 7 月

　　2.滨海新区法律制度建设现状的问题分析

　　滨海新区开发开放的 20 多年来,法治建设无时不刻地发挥着推动作用,天津市人大除了制定了《滨海新区条例》外,在开发区、保税区、技术园区等各经济功能区,都制定了相关的地方法规或规章,以此推动各功能区的改革进程。到目前,滨海新区法律体系的基本框架已初步建立,形成了以国家宪法、法律、法规为主体,以天津市人大及常委会或天津市政府制定的近 20 部,在滨海新区范围内实施的地方性法规及规章为辅助,以滨海新区政府发布的规范性文件为补充的法律政策框架体系。但滨海新区在区域法律体系建设中面临如下四个方面的新问题:

　　第一方面,《天津滨海新区条例》有些内容过时。2000 年 1 月滨海新区工委和管委会成立。2002 年 10 月,天津市人大常委会制定了《天津滨海新区条例》。但随着滨海新区纳入国家发展战略,国务院作出了一系列相关的部署,面临新区的新的情况,条例不能起到促进和保障滨海新区综合配套改革及滨海新区行政区域管理的作用了。

第二方面,同时生效的法规和政策有些存在冲突。原"塘、汉、大"的管辖区域曾各自颁布和在本行政区域内执行的法律规范都各自成体系,三区合并后,上述规范有的规定存在着冲突,这些冲突为滨海新区的资源整合带来障碍。

第三方面,目前指导滨海新区综合配套改革先行先试的依据大多都是政策性文件。国家工商总局、海关总署、国家外汇管理局等部门对滨海新区提出的试点政策给予的相关批复、政策支持及指导性意见是原则性的政策指导,在操作层面上既缺乏规范性也缺乏具体的实施细则。指导新区综合配套改革先行先试的依据大多属于政策性文件及领导讲话精神,缺乏法律依据。

第四方面,现行的法律规范偏重经济发展,社会管理方面规范与其不匹配。开发区、保税区、高新区等经济功能区原有的地方性法规及政府规章,比较多的条款是规范经济发展和管理的,而对社会管理等职能的规范较弱,条例的相关内容已不能适应现有发展的需要。

(二)滨海新区现行司法现状及其存在问题的分析

1. 滨海新区现行司法现状

随着滨海新区行政体制的改革,滨海新区司法建设中的司法组织建设也相应发生了变化,带来对司法工作的重大影响。我们认为司法的制度建设,首要解决的问题就是要建立行之有效的与改革需要相匹配的司法组织,这是加强司法建设的前提和关键。没有良好的司法组织体制,司法建设就无承载的主体,对综合配套改革提供司法保障就无法落实。

2. 滨海新区现行的人民法院组织体制现状及存在问题的分析

(1)滨海新区现行的人民法院组织体制现状

伴随滨海新区行政体制改革的进行,司法审判系统改革也在同期进行,天津市人大于2010年5月28日撤销开发区法院,2009年11月18日撤销塘沽、汉沽、大港法院后,设立了天津市滨海新区基层人民法院;原塘沽、汉沽、大港和开发区等四个基层法院分别改组成四个审判区(又称为四个审判管理委员会),作为滨海新区法院的派出机构,基本保留了原来的基层人民法院的架构,有相应的立案、刑事、民事、行政等审判业务庭。

目前,在滨海新区产生了"一级法院、两层审判业务庭"的组织架构体系。

(2)滨海新区现行人民法院组织体制存在的问题

在上述组织架构下,导致滨海新区法院的级别、审判职能运转出现了诸方面问题,影响了审判职能的发挥。具体表现为:

滨海新区法院级别不清:滨海新区法院无二审审判职能,院本部下设的审判区管委会和派出机构行使的实际是基层法院的一审审判权,形成了一个基层法院下辖四个"基层法院"的"二元架构",滨海新区法院既非中级法院,也非基层法院,而是介于两者之间的无法律依据的特殊组织形式。

法院系统审判职责不清:审判区本不是一级审判组织,却有相应的立案、刑事、民事、行政等审判业务庭,行使基层法院一审职能。其审理的案件,当事人上诉的,由天津市第二中级人民法院管辖。滨海新区法院本部对审判区工作领导权不能充分实施,院内行政与审判各种关系难以理顺。

法院系统审判资源不能充分利用,审批职能运转不畅:滨海新区法院共有 36 名审判委员会成员,分散在院本部和四个审判区,不便于集中研究重大疑难案件和司法审判中遇到的与综合配套改革相关的新案件。审判区管委会主任的职权难以定位,其代行基层法院院长的职权审判案件的做法,目前也无法律依据。

新区法院同辖区的公安、检察机关体制不配套:新区法院有 1 个本部和 4 个审判区,总计 5 个机构,而公安、检察院分别为 12 个和 4 个,同辖区公安机关、检察机关的体制不相配套,在司法的法律适用活动中相互衔接易出现问题。

滨海新区现行司法审判体制无二审权审判职能,案件终审于天津市第二中级人民法院,而天津市第二中级人民法院又同时管辖其他基层人民法院的二审审判,所以在对其他区县基层法院上诉案件同时行使二审审判权时,如果遇到案情相同或相近的案件,二审判决如果坚持同案同判,不能体现新区先行先试的特殊性,如果做到同案不同判,则引发当事人对法律权威性的质疑。

3.滨海新区现行检察组织体制现状及存在问题

(1)滨海新区现行检察组织体制现状

滨海新区行政体制改革后,原区域内的四个基层检察院整合成立了滨海新区人民检察院,并设立滨海新区人民检察院三个派出机构:滨海新区塘沽人民检察院、滨海新区汉沽人民检察院、滨海新区大港人民检察院。滨海新区检察院及其派出院作为整体,属于天津市检察院体系中的基层检察院。

(2)滨海新区现行检察组织体制现状存在的问题

①检察院的监察监督职能管辖不充分:新区面积2270平方公里,相当于市内六区总和十倍,经济总量超过全市一半,产业规模巨大。区域内将有相当部分案件,如海关侦查案件、涉外等三类案件,超出新区检察院管辖权限,无法实现新区检察院对辖区内行使充分的管辖权,不利于实现"新区的事新区办"的改革目标。

②检察执法程序不顺畅:新区检察院级别为基层检察院,领导三个行使县级检察院职能的派出院,但对于"自侦案件批捕"、"复议复核案件"、"上诉案件"没有管辖权,都共同受天津市检察院二分院管辖,使得新区检察院无法实现对三个派出院业务上的真正领导。

③与行政执法权级别不相称,检察司法效能不佳:国务院赋予了滨海新区改革试验更大的自主发展权、改革权、创新权。国家工商总局等机关、天津市国土规划部门已将部分权力下放给新区的委、局。新区检察院虽然高配干部,搭建了与分院相同的组织架构,但有碍于级别的限制,无法行使与行政执法权同步的检察监督权。

四、加强滨海新区综合配套改革司法保障的建议

(一)关于完善滨海新区立法的建议

加强法律修编工作,完善统一的区域法律体系,为加强天津滨海新区综合配套改革司法保障提供有法可依的前提。

1.尽快修订《天津滨海新区条例》

《天津滨海新区条例》是我国第一部专门为经济改革新区制定的地方

性法规,于 2002 年 12 月 1 日起实施。《条例》的出台,为保障当时滨海新区快速、稳定、健康发展提供了法律保证,《条例》以法规的形式明确了新区的定性、定位,明确了按照市场经济的机制推动区域经济,明确了新区管委会的地位、作用和职责范围,使新区管委会更好地发挥规划、协调和服务的作用。但随着时间的推移,改革的发展,滨海新区作为国家综合配套改革试验区纳入了国家发展战略,国务院对滨海新区作出了一系列新的部署,《条例》制定的背景发生了诸多变化,特别是在滨海新区行政管理体制改革后,滨海新区作为一级地方政府,替代了原来相互平级、各自为政的塘沽、汉沽、大港三个行政区。在现有的行政体制下,《天津滨海新区条例》的一些内容显然不适应新区发展的需要了,建议尽快修订《天津滨海新区条例》,使其成为新区法律体系的"母法"。在《天津滨海新区条例》修订中建议注意以下几个方面的问题:

(1)在《条例》修订中,充分贯彻国务院对天津滨海新区的一系列部署,充分体现天津滨海新区是国家综合配套改革试验区的区域性质。修改后的新区条例,应成为滨海新区完成综合配套改革任务的法律依据。

(2)在《条例》修订中还要充分考虑综合配套改革先行先试的特点,形成"新区事新区办"的运行机制,不断突破创新,转变经济发展方式,调整经济结构,保障民生,统筹协调,为新区未来发展提供法律依据,为创新提供法律保障,为滨海新区进一步加快开发开放预留发展空间。

(3)在《条例》修订中要为保护和推动改革,专门设有改革的免责条款,用立法的形式保护改革的积极性和创造性。

2.继续加强新区的立法工作,适时将改革的政策法律化

改革试验的思路是先行先试、以点带面,方式是行政主导、政策先行,特征是有破有立、破中求立,滨海新区在改革的实践中积累了丰富的成功经验,建议天津市人大及市政府、滨海新区人大及政府及时将试验成熟的政策措施、政府文件精神上升为地方法规、规章、规范性文件,确保改革试验在基本法律框架内进行。同时滨海新区政府对于急需解决的,适应新的经济发展需要的低碳经济、生态环保、金融创新、劳资关系、街道改革、社会保障、社会管理等方面,加快制定规范性文件,弥补因法律法规制定

缓慢造成的法律缺位情况,实现滨海新区依法管理。

3.充分利用滨海新区的现有法律资源,通过对本区域现行的地方性法规和规章进行梳理、修订的工作,形成新区的区域法律体系

滨海新区人大及政府应对新区现行的条例、规章、规范性文件进行全面梳理,组织专门的班子,对原塘沽、汉沽、大港三个行政区和五个国家级经济功能区,以及若干区内功能区现行的规范性文件作逐条的梳理和修订工作,使现行的条例、规章、规范性文件有机地构建成支持新区综合配套改革的区域法律体系。

4.新区要适时争取市人大和市政府的地方立法权的特别授权

新区行政体制改革后,解决了改革之前滨海新区管委会的非政府性质问题,日后就可以借鉴上海浦东新区政府的经验,争取市人大和市政府对新区人大和政府进行地方立法权的特别授权。新区有了特别授权立法权,将会大大加快新区的立法和法律修订的进程。如果新区暂时不能获得特别立法权,也可以采取由新区人大和政府与市人大和市政府共同组织专门的人员,集中、专项地进行针对滨海新区的立法和修订法律的工作方式。

(二)关于加强滨海新区司法建设的建议

1.建立与新区综合配套改革试验联动的司法工作机制,加强司法对综合配套改革的保障

(1)建立新区综合配套改革与新区法院和检察院之间的工作联系制度、双向交流制度、调查研究制度、司法反馈制度、紧急情况处理协调制度,通过这些工作机制,使司法机关能充分了解综合配套改革的进程,提高司法组织成员的改革开放的思想意识,为司法保障综合配套改革顺利进行提供思想准备和机制保障。

(2)借鉴上海、深圳等地司法为综合配套改革试验提供保障的实践经验,在滨海新区法院和检察院系统建立司法服务大局的创新机制。例如,完善基层法院知识产权民事、行政、刑事"三合一"审判模式和跨区域管辖制度;在金融集聚的地区设立金融审判庭,探索建立金融案件集中管辖、集约审理的审判管理新机制;建立自主创新试验区涉诉案件的专项管理

制度,为涉诉案件审理开辟快捷通道;监督和支持行政执法机关依法行使职权;采取有效执行措施,加强知识产权生效裁判的执行力度;采取多项措施为新区综合配套改革营造良好的司法环境。

2.加强司法组织体制改革创新,尽快解决滨海新区的人民法院和人民检察院组织建设目前存在的问题

(1)建议改组滨海新区现存的法院组织体系,成立滨海新区中级人民法院,同时设立受滨海新区中级人民法院管辖的塘沽、大港、汉沽、开发区四个基层人民法院

设立滨海新区中级人民法院,并设置四个基层法院的必要性。

第一,随着滨海新区发展规模的扩大,尤其被列为国家级综合配套改革试验区后,地域面积占全市的 1/5,经济总量已超过全市的一半,常住人口增多,近年来已经超过 300 万人,人口增幅占全天津市的一半以上,区域特点具有市内其他行政区域无可比拟的特殊性。因此,从其地域管辖的广泛性和行政区域规划的匹配性来看,应当设立中级人民法院,使滨海新区司法体系具备较高的审级,提升区域法治审判环境。

第二,滨海新区是综合配套改革试验区,承担着先行先试的改革任务,区内实行一些特殊的政策,如对土地流转管理、产业结构调整升级、金融领域对外开放与金融服务体系的完善、自主创新等方面,允许先行先试、大胆创新。这些领域涉及的许多问题在国内都属于空白,没有司法案例可借鉴,容易产生一些纠纷。因此,在当前国内立法对这些热点问题的规范尚不完备的情况下,司法领域的研究和解释显得异常重要,许多争议正是通过司法的裁判结果确立起相关的规则,形成导向。而且司法解释还可以营造良好的投资环境,如天津市高级人民法院关于融资租赁相关的审判纪要,为滨海新区营造融资租赁中心,创新融资租赁起到重要的法律保障作用。目前滨海新区法院还是基层法院级别,四个审判区也比较分散,其视野还受地区的局限,难以深入、系统、全局性地对综合配套改革中遇到的新的案件进行分析和研究。所以,区内需要中级法院实施统一的司法协调,结合新区特点和发展需求,制定司法应对措施,使法院系统的司法意识、司法研究、司法资源得到更好的整合与调配,可以对改革发

展引发的法律问题提供更加贴切的司法服务,从而保障这些改革重点领域的顺畅发展。

第三,从司法服务的针对性看,目前因滨海新区法院不具备二审权,审判区的上诉案件仍由天津市第二中级人民法院管辖,同时二中院还管辖部分市区和郊县的区域,这些区域是传统的行政区域,与以经济发展功能区域为主的滨海新区的司法需求不同,天津市第二中级人民法院难免在司法实践中忽略滨海新区先行先试的特殊性,所以应在滨海新区辖区内设立中级人民法院,由其统一掌握辖区内法院的执法尺度,这种组织机制更符合改革发展的需要。

第四,从便利当事人诉讼看,近年来新区发展较快,总体案件量增多,一些诉讼标的较大案件的当事人和上诉案件的当事人参加诉讼都需要到二中院一审和高院二审,路途往来十分不便。设立滨海新区中院,使所有小标的案件的两审和大多数大标的案件的一审都能在区内完成,更加方便当事人诉讼,也可以加强司法审判,起到对新区法人及公民的教化和引导作用。

综上,无论从滨海新区加强司法审判统一性方面,还是从适应滨海新区独特的改革发展特点方面,以及方便公民、法人诉讼诸方面考虑,都需要设立滨海新区中级法院并设置与之配套的四个基层法院,以完善、优化滨海新区整体的司法组织体制。

东莞市和中山市法院组织建设的创新实践已为滨海新区在本区内设立两级法院和一个行政区内设立四个基层法院提供了借鉴。

滨海新区可借鉴东莞和中山法院的实践做法。东莞市是不设区县的地级市,与滨海新区行政级别相同,为了缓解案件多管理难度大,优化上下级法院职权配置,增强司法能力,促进经济发展,进行了司法体制改革。东莞市人民法院根据最高人民法院《关于同意在东莞市、中山市撤销、设立基层人民法院的批复》(法〔2007〕187 号)和省编办《关于东莞市基层人民法院、基层检察院机构编制问题的函》(粤机编办〔2007〕372 号)文件精神,从 2009 年 1 月 1 日起,撤销原法院,设立东莞市第一、第二、第三人民法院。新设立的三个基层法院有效缓解了管理难度大的问题,在市内同时设立三个基层法院没有可借鉴路径,此方面的改革走在了全国的前列,是对司法组织建设、司法体制改革的创新。

中山市率先在不设区县的地级市设一个中级法院,管辖两个基层法院。中山市是广东省一个地级市,下设 24 个镇,是全国仅有的 4 个不设县区的地级市之一。中山市原来实行的是"一管一"的法院设置格局,即设一个中级法院和一个基层法院。在管辖范围、案件类型上存在高度一致性和重叠性,案多人少矛盾也日益突出。这种管理体制,既不利于分流案件,缓解审判压力,也不利于法院管理,严重制约基层人民法院审判职能作用的全面发挥。为适应中山市经济社会发展和人民群众日益增长的司法需求,在中山市委、市政府的重视支持和省法院的积极协调下,2007 年 10 月,最高人民法院批准同意撤销原中山市人民法院,分别成立中山市第一人民法院和中山市第二人民法院。中山市第一人民法院管辖 15 个镇区,中山市第二人民法院管辖 9 个镇,建制为副处级,均行使县一级人民法院职权,并接受中山市中级人民法院的监督和指导。此举措是司法体制改革和法院基础建设的重大成果,从整体上优化了基层法院设置格局,对于优化上下级法院之间的职权配置,促进法院工作科学发展,增强法院司法能力和提高服务水平具有重要意义。

目前上述两个地区法院的运行体系顺畅、职能明确,实际运转效果很好,这正是在坚持组织法基本原则的前提下,适应发展形势开创的成功先例,对滨海新区基层法院的设置具有现实的参考和借鉴意义。

设立滨海新区中级人民法院及受其管辖的四个基层法院的方案及法律依据。

建议方案:将现有滨海新区法院级别建制改为滨海中级人民法院,建立塘沽、汉沽、大港、开发区四个基层法院,中院院长由滨海新区人大选举产生,中院其他审判人员和基层法院院长、审判人员,由中院院长提请新区人大常委会任免。

这个方案的实施可以解决以下几个问题:

第一,关于在滨海新区设立中级人民法院的法律依据。

《中华人民共和国人民法院组织法》第二十二条关于中级人民法院的

设置规定,中级人民法院包括:"(一)在省、自治区内按地区设立的中级人民法院;(二)在直辖市内设立的中级人民法院;(三)省、自治区辖市的中级人民法院;(四)自治州中级人民法院。"

在滨海新区区域内设立中级人民法院应属于在直辖市内设立的中级人民法院,这一建制符合人民法院组织法的基本原则和精神。

第二,关于在滨海新区内同时设立四个基层法院的可行性。

《中华人民共和国人民法院组织法》第十八条关于基层人民法院的设置规定,包括:(一)县人民法院和市人民法院;(二)自治县人民法院;(三)市辖区人民法院。虽然人民法院组织法关于在一个市辖区内同时设立若干个基层人民法院没有相关规定,但是目前我国法院组织建设的实践中已有了广东省的东莞市、中山市的地级市,同时设立多个基层人民法院的创新范例,滨海新区因其司法管辖面积大、案件多、案件类型新等,在滨海新区行政体制改革后,司法组织建制更需要在一个行政区内设立多个基层法院。特别是滨海新区现在的基层法院对原四个基层法院的组合,这使得滨海新区成立四个基层法院具有完备的组织基础。滨海新区应充分利用综合配套改革的先行先试权,在法院组织建设上,创新建立适合滨海新区综合配套改革发展的司法组织体系,解决目前新区司法组织建设带来的司法审判问题。

第三,关于滨海新区中级人民法院院长及基层人民法院院长选举及任命的问题。

《中华人民共和国人民法院组织法》第三十四条关于法院院长选举产生原则为:地方各级人民法院院长由地方各级人民代表大会选举,副院长、庭长、副庭长和审判员由地方各级人民代表大会常务委员会任免。在省、自治区内按地区设立的和在直辖市内设立的中级人民法院院长、副院长、庭长、副庭长和审判员,由省、自治区、直辖市的人民代表大会常务委员会任免。

根据我国人民法院组织法的规定和我国的司法实践,中级人民法院的院长应由省市一级人大选举产生,基层人民法院的院长由行政区人大选举产生。我们之所以建议滨海新区中级人民法院的院长由滨海新区人大选举产生,是因为这个建议不违反组织法的立法精神,同时又有可行性。我们认为滨海新区中院院长由新区人大选举产生是创新实践,因为滨海新区中院只管辖滨海新区的四个基层人民法院,不涉及新区以外的其他行政区的司法管辖,因此法院院长的任命权不涉及其他行政区的人大代表大会的选举权,在这种情况下,由滨海新区人大选举任命中院院长更有利于中级人民法院为滨海新区改革服务。如果目前不采纳由新区人大产生,滨海新区中级人民法院的院长按人民法院组织法的规定由市人大选举产生,也更符合司法独立的原则。但是我们认为在滨海新区设立中级人民法院和四个基层人民法院的模式下,如果中级人民法院的院长由滨海新区人大选举,那就更有利于中级人民法院统筹负责代表四个基层法院向新区人大负责并报告工作。如果只有四个基层人民法院院长由新区选举产生,那么新区就要建立四个基层人民法院向新区人大联合负责及报告制度。

(2)改组滨海新区现行司法检察体制,使其承担起为新区改革发展提供司法保障的重任

建议方案:成立天津市人民检察院滨海分院,专属管辖滨海新区行政区的检察和法律监督工作。成立滨海新区塘沽、汉沽、大港、开发区四个基层检察院,确定为天津市市辖区检察院级别,受滨海分院直接领导。

此方案实施涉及以下几个问题:

第一,关于成立天津市人民检察院滨海分院的法律依据。

《中华人民共和国人民检察院组织法》第二条规定,"地方各级人民检察院分为:(一)省、自治区、直辖市人民检察院;(二)省、自治区、直辖市人民检察院分院,自治州和省辖市人民检察院",及第二十二条规定,"省、自治区、直辖市人民检察院检察长和人民检察院分院检察长由省、自治区、直辖市人民代表大会选举和罢免"。依据组织法规定,依法成立天津市人民检察院滨海分院,分院检察长由天津市人大任命,是符合组织法原则,没有法律障碍的。

第二,成立滨海新区塘沽、汉沽、大港、开发区四个基层检察院的可行性。

此模式是借鉴东莞、中山的法院、检察院设置的改革创新实践,东莞市在设立三个基层人民法院同时,设立了与之对应的三个基层检察院,对人民检察院分院负责并报告工作。如果滨海新区成立了四个基层法院,必须设立与之匹配的四个基层检察院。

随着滨海新区综合配套改革深入进行,强烈需求人民法院和人民检察院提供司法保障。因为滨海新区行政体制改革后,新区的司法体制存在一些未捋顺的问题,这些问题的存在严重影响了新区的司法审判工作,不利于充分发挥新区司法对综合配套改革的司法保障作用,所以完善新区司法体制的组织建设,改组新区的人民法院及人民检察院的组织体系,是当前新区司体制改革的第一步骤,如果没有一个有效的司法组织体系,就不利于司法机关为新区综合配套改革提供服务与保障。所以,我们必须充分认识滨海新区人民法院及人民检察院的组织体制建设的重要性和迫切性,尽快搞好滨海新区司法审判机关及检察机关组织体制的改组。我们应充分认识到,新区司法体制的改革既是完善新区司法建设的当务之急,也是为综合配套改革提供保障的前提,同时也是滨海新区综合配套改革深入进行的新举措。它的顺利进行,将使滨海新区胜利完成国务院批复的综合配套改革的重要任务之一,即在营造良好的市场经济与社会管理的法治环境方面起到排头兵的示范作用。

课题组负责人:李竹兰(天津理工大学)

课题组成员:田浩为(天津市高级人民法院)、陈爽(天津理工大学)、孙学亮(天津商业大学法学系)、唐忠辉(中国政法大学)、陈玺名(天津理工大学)、安好(长丰律师事务所)

课题报告完成时间:2010 年 3 月

参考文献

张换兆,郝寿义.综合配套改革与制度内生增长极模型[J].重庆大学学报(社会科学版),2008(5)

郝寿义.国家综合配套改革试验的意义、政策设计和动力机制[J].城

市,2008(6)

郝寿义,张换兆,赵军.国家综合改革试验区的理论模型[J].天津师范大学学报,2006(4)

郝寿义,高进田.试析国家综合配套改革试验区[J].开放导报,2006(2)

李家祥,戴超.综合配套改革各试验区研究热点述评[J].开放导报,2008(6)

袁易明.综合配套改革:制度需求、改革重点与推进战略[J].开放导报,2006(5)

王家庭.国家综合配套改革试验区设立的理论基础与准入条件[J].中国国情国力,2007(9)

王家庭.国家综合配套改革试验区制度创新的空间扩散机理分析[J].南京社会科学,2007(7)

王淑莉.浅析国家综合配套改革试验区的政府管理职能定位[J].天津师范大学学报(社会科学版),2006(5)

王振坡,王丽艳.国家综合配套改革试验区政府管理体制改革创新探讨[J].城市,2006(4)

魏后凯.综合配套改革五题[J].开放导报,2007(2)

袁易明.综合配套改革:制度需求、改革重点与推进战略[J].开放导报,2006(5)

第一届沪津深三城论坛综述.综合配套改革试点的战略背景、制度安排与政策设计[J].中国经济导刊,2006(10)

陈文玲.津沪深综合配套改革的背景与障碍[J].开放导报,2007(2)

李罗力.对我国综合配套改革试验区的若干思考[J].开放导报,2006(5)

王家庭.国家综合配套改革试验区运行与前瞻[J].改革,2006(9)

郝寿义.天津滨海新区与国家综合配套改革试验区[J].城市,2006(3)

陈文玲.津沪深综合配套改革的背景与障碍——兼论三地的自由港

建设[J].开放导报,2007(2)

　　杨建文,胡晓鹏.综合配套改革:基于沪津深的比较研究[J].上海经济研究,2007(3)

　　廖元和.重庆市统筹城乡综合配套改革的背景与战略思路[J].开放导报,2007(4)

　　张克俊,何飞.关于建设统筹城乡综合配套改革实验区的思考[J].成都行政学院学报,2007(4)

　　彭青松.综合配套改革试验区的宪法评价——以武汉城市圈综合配套改革试验区为视角[J].决策与信息,2009(1)

　　苏力.法治及其本土资源[M].中国政法大学出版社,1996

　　郝铁川.当代中国与法制现代化[M].浙江人民出版社,1999

　　张千帆等.宪政、法治与经济发展——政治与法律思想论丛[C].北京大学出版社,2004

　　马洛伊[美].法律和市场经济:法律经济学价值的重新诠释[M].朱素梅译.法律出版社,2006

　　蒋立山.中国法制现代化建设的特征分析[J].中外法学,1995(4)

　　季卫东.面向二十一世纪的法与社会[J].中国社会科学,1996(3)

　　庞正等.迈向新世纪的法制现代化研究[J].法律科学,1997(2)

　　钱颖一.市场与法治[J].经济社会体制比较,2000(3)

　　金祥荣.多种制度变迁方式并存与渐进转换的改革道路[J].浙江大学学报(人文社会科学版),2000(4)

　　蒋惠岭.我国实现独立审判的条件和出路[J].人民司法,1998(3)

　　谢晖.价值重建与规范选择[M].山东人民出版社,1998

　　王利明.司法改革研究[M].法律出版社,2000

滨海新区金融改革

关于设立和发展渤海产业基金的研究报告

【摘要】 本文系统地阐述了产业投资基金的含义、分类、特征和功能,分析了国外私募股权和国内产业基金的发展现状、运作模式、法律规范,从组织形式、募集方式、管理模式、交易方式、治理结构、投资方向、投资策略、运作流程、风险控制、利益协调等方面,对渤海产业基金试点进行了系统、完整的方案设计,具体提出了渤海基金试点运作以及进一步推进我市产业投资基金行业发展的对策思路和建议。

产业投资基金的出现,是应我国改革发展实践的需要,在充分借鉴国外经验的基础上,产生的一个新生事物、一种全新的探索。经国务院同意,国家发改委批准,在天津设立渤海产业投资基金并进行运作试点,这是深化我国投融资体制改革的一项重要举措,也是对天津加快发展、滨海新区开发开放的亲切关怀和大力支持。

一、产业投资基金的含义、特征和功能

准确把握产业投资基金(以下简称产业基金)的内涵、特征、分类和功能,从而深化对产业基金的认识,对于我们设立和发展产业基金、充分发挥其独特的作用、避免可能出现的问题和偏差,具有十重要的意义。

(一)产业基金的含义

产业基金是我国投融资体制创新的产物。关于产业基金的含义,有着不同的观点,主要是广义和狭义的分别,在这里不必去做更多的探讨。对产业基金含义的理解,我们倾向于应把握其基本特征,而不宜做过于狭窄的界定,否则可能会限制产业基金的投资范围,影响产业基金的健康发展。

综合国内学术界的主流观点,可以认为:产业基金是指一种主要对未上市企业进行股权投资和参与经营管理的"专家管理、组合投资、利益共享、风险共担"的集合投资方式,即通过向投资者发行基金份额设立基金,由基金管理人管理基金资产,委托基金托管人托管基金资产,积极参与被投资企业的经营管理,从被投资企业资本增值后的股权转让中获得收益,按照投资者出资份额共享投资收益和共担投资风险。由此可见,产业基金在学术规范上主要包含两层含义:(1)产业基金是投资基金的一个分支,具有"专家管理、组合投资、利益共享、风险共担"的性质。(2)产业基金是一个与证券投资基金(以下简称证券基金)相对应的概念,相比较而言,产业基金更加专注于实业投资。

由于缺乏相关法规,产业基金目前还没有确切的法律界定。据悉,正处于国家有关部门会签阶段的我国《产业投资基金试点管理办法(征求意见稿)》提出:"产业投资基金,是指对企业进行直接股权投资,由基金管理人管理和基金托管人托管基金资产的集合投资方式,投资者按照其出资份额分享投资收益,承担投资风险。"但是,"直接股权投资"并非严格的法律概念。第一,证券基金投资于股票的行为在法律上也属于"直接股权投资"。第二,被投资的目标企业 IPO 以后,产业基金就可持有上市公司的股票,并且可能通过证券交易行为进行相关证券投资。第三,产业基金可能根据投资需要,收购上市公司的股权。第四,产业基金也可能进行债权投资,并通过债务重组的方式取得债务人的股权。第五,产业基金可能投资于上市公司的可转换债券,最终形成股权投资。因此,有关产业基金的法律界定应当侧重于"由基金管理人管理、基金托管人托管资产以及集合投资"等实质性特征,而涉及具体的投资策略和投资方向等问题,可由产业基金自主决定。

(二)产业基金的分类

我国的产业基金体系由三个板块组成:一是中国境内金融机构、非金融机构以及中资控股的境外机构(以下统称中资机构)作为发起人,在中国境内注册、募集资金和从事投资运作的中资产业基金。虽然有些地方已经成立了一些具有产业基金性质的投资机构,但是经国务院同意设立的只有渤海产业基金一只。二是中资机构单独或者与境外机构共同发起设立,在中国境外注册、募集资金,主要投资于中国境内产业项目的境外中国产业基金,目前比较活跃的有精瑞基金、上海发展(沪光)基金、扬子特别状况基金等。三是由中资机构和境外机构共同发起设立,在中国境内注册、募集资金和从事投资运作的中外合资产业基金。目前经国家有关部门批准运作的仅有两只,分别是中瑞合作基金和中国—比利时直接股权投资基金。

根据不同的标准,产业基金可以被划分成不同种类。按照组织形态的差异,可以分为契约型产业基金和公司型产业基金;按照赎回方式和交易方式的不同,可分为开放型产业基金和封闭型产业基金;按照投资地域范围的大小,可分为全国性产业基金和地区性产业基金;按照投资运作特点的差异,可分为创业投资基金、企业重组投资基金、基础设施投资基金、房地产投资基金等。此外,还可以按照投资产业、投资目标、组织结构等分成不同的类型。

(三)产业基金的特征

1.专家理财,科学决策

产业基金是一种间接投资工具,募集成立后必须委托基金管理公司进行投资运作。基金管理公司具有专业的理财专家、市场分析人员和投资项目甄别机制,能够帮助被投资企业完善治理结构、改善经营管理、提升内在价值,在理财的专业性和决策的科学性方面具有个人投资者无法比拟的优势。对于产业基金的个人投资者而言,不需要掌握高超的投资知识和纯熟的专业技能,也不必在基金管理方面投入过多的时间和精力,便可以取得专业投资所带来的资本增值效果。

2.组合投资,分散风险

产业基金通过资金募集,将众多分散的资金汇集成较大规模的资金,然后按照事先约定的投资方式、投资比例投资于不同的产业项目组合。在分散投资风险的同时,也在一定程度上保证了稳定的投资收益。为了分散投资风险,法律法规一般对产业基金投资的分散性作出强制性规定,投资者也可以通过基金合同或基金章程对产业基金投资的分散性作出具体约定,或者根据个人偏好投资于具有不同特点的产业基金。

3.权力制衡,财产独立

为了保证资产安全,产业基金分别委托基金管理人进行投资运作和基金托管人进行资产保管,从而使基金管理人和基金托管人之间形成权力制衡关系。产业基金的财产独立性主要表现在:基金财产独立于基金管理人和基金托管人的自有财产,当基金管理人和基金托管人进行清算时,基金财产不属于清算财产;除法律另外有规定外,一般不得对基金财产进行强制执行;基金管理人管理运用、处分基金资产所产生的债权不得与其自有财产所产生的债务相抵消;基金托管人对不同基金所产生的债权债务,不得互相抵消等。

(四)产业基金的功能

1.拓宽投融资渠道,完善金融市场体系

由于资金供给者的风险偏好程度和资金需求者的成本敏感程度存在差异,一个完善的金融市场体系应该拥有多元化的投融资渠道。改革开放以来,随着我国经济的快速发展,企业的融资需求和居民的投资需求都在扩大。然而,我国金融市场体系存在的重大缺陷是,银行体系的间接融资方式占据主导地位,投融资渠道过于单一和投融资风险过于集中。一方面,由于适合投资理财的工具和渠道相对缺乏,居民不得不把资金存入银行;另一方面,由于资本市场不发达,企业不得不依靠银行体系提供间接融资。这不但加重了企业的债务负担,降低了居民资产的使用效率,也使银行体系承受了巨大压力。作为一种风险较高、成本较大的直接融资方式,产业基金能够为那些愿意承担较高风险的资金供给者和融资困难的资金需求者提供合适的投融资渠道,成为社会资本进入产业投资领域的桥梁,因而可以优化资本市场结构,弥补现行金融市场体系的重大缺陷。

2.提高投资效益,优化产业结构

作为一种集合投资制度,产业投资基金在充分保护投资者利益的前提下,必须将投资效益放在首位,因为投资效益是影响基金资产净值和基金投资者受益凭证价值的主要因素。从"集资—投资—退出"的运作全过程来看,产业基金通过对投资项目的严格筛选,积极参与被投资企业的经营管理,以有限的投资增量激活被投资企业的现有资产存量,使资产存量增值、自身权益资本升值,能够有效地促进被投资企业产品结构及行业结构的调整升级。目前,制约我国经济快速健康发展的"瓶颈"环节——能源、交通等基础设施建设和重要原材料等基础产业急需加快发展,仅靠国家财政和银行贷款难以满足其庞大的资金需求。而这些行业通常都具有长期稳定的投资回报率,可以成为产业基金介入的重要领域。产业基金对投资效益的不懈追求,将对优化产业结构起到重要的推动作用。

3.提升自主创新能力,促进高新技术产业发展

融资困难是制约高新技术产业发展的重要障碍。与商业银行相比,产业投资基金更加青睐高新技术产业的高增长潜力,愿意以获取一定时期的企业股权为条件,为处于创建期、成长期和扩张期的高新技术企业提供必要的资金支持,帮助企业研发生产市场前景好的高新技术产品,从而提高自主创新能力,促进高新技术产业的发展。

4.改善企业经营管理,增强对优质项目的投资能力

产业基金必须委托专业的基金管理公司来从事投资项目的调研预选、评估决策、投后管理和变现退出,而基金管理公司一般对目标企业的经营团队和治理结构等方面有明确要求,只有符合条件的目标企业才会纳入调查评估范围。在申请投资之时,目标企业只有改善法人治理结构,才能获得基金管理公司的青睐;在获得投资之后,目标企业有义务接受作为战略投资者的基金管理公司的经营监督,使其法人治理结构更加优化。产业基金以股权方式投资企业,在使被投资企业获得资本的同时,降低了负债比例,优化了资产结构,对企业再融资起到积极的促进作用。目前,

我国的一些中外合资经营项目中,外方投资者进行增资时,中方投资者往往因为资金缺乏,丧失同步增资的机会,产业基金的出现也为这一问题的解决提供了途径。产业基金还可以帮助中小企业解决融资渠道不畅的问题,促使其完善法人治理结构、增强风险控制能力,规范运作,健康发展。

综上所述,我们可以清楚地了解到:产业基金是金融市场发展到较高层次的产物,具有许多独特的优势,适合许多不同类型投资者的需要,因此具有广阔的市场前景和发展潜力。同时,我们也应看到,产业基金虽然可以通过组合投资分散风险,但是不能完全消除风险;与个人投资相比,产业基金投资的灵活性要低很多;尽管专业的投资经理人具有丰富的投资知识和经验,但不能排除因经营管理不善或投资失误的发生,以及道德风险的存在而遭致损失;产业基金更适合中长期投资,对于追求短期利润的短线投资者来说并不是最佳选择。

二、境内外产业基金的发展概况

投资基金起源于 19 世纪的英国,1868 年 11 月成立的"海外和殖民地信托"(the Foreign and Colonial Government Trust)是世界公认的设立最早的投资基金机构。经历了近 140 年的漫长发展,才有了今天具现代意义的投资基金。在西方许多发达国家,没有对投资基金进行证券投资基金和产业投资基金的严格划分,许多投资基金在投资非上市企业股权的同时,也投资于股票、证券、期货等各种金融工具。

(一)境外投资基金的发展概况

1.发展现状

美国是世界上投资基金最发达、最活跃的国家。我们以美国为例来阐述境外投资基金的发展情况。1924 年 1 月,美国历史上第一只投资基金——马萨诸塞投资信托基金在波士顿诞生。经过数十年的曲折发展历程,投资基金在美国已经形成了庞大的市场规模。据统计,2002 年度,美国开放式基金的数量已经达到 8256 只,净资产总值 6.39 万亿美元,股东数目 2.5 亿人;封闭式基金的数量达到 562 只,总资产达到 1564 亿美元;美国交易所交易基金数量达到 113 只,资产达到 1021 亿美元(见表 1)。

表1　1996～2002 年美国投资基金发展情况

年份	开放式基金			封闭式基金		交易所交易基金	
	基金数量（只）	净资产总值（万亿美元）	股东数目（亿人）	基金数量（只）	既存资产（亿美元）	基金数量（只）	净资产总值（亿美元）
1996	6248	3.53	1.50	475	1445	19	24
1997	6684	4.47	1.70	482	1489	19	67
1998	7314	5.53	1.94	490	1530	29	156
1999	7791	6.85	2.26	503	1428	30	339
2000	8155	6.96	2.45	483	1369	80	656
2001	8307	6.97	2.49	528	1397	102	830
2002	8256	6.39	2.50	562	1564	113	1021

资料来源：中国人民大学信托与基金研究所，《中国基金业发展报告（1991～2003）》，中国经济出版社，2004 年 6 月。

在美国金融市场上，与我国所称的产业投资基金最接近的概念是广义的私募股权基金（Private Equity Fund），主要涵盖企业首次公开发行前各阶段的权益性投资。近年来，美国私募股权基金发展很快，目前达到约 7000 亿美元的规模。私募股权基金越来越多地投向高科技领域的创业企业，带动了高新技术产业的飞速发展。例如，微软（Microsoft）、英特尔（Intel）、戴尔（Dell）等著名公司在早期发展阶段都获得过私募股权基金的支持。此外，私募股权基金还为某些上市企业的杠杆收购活动提供过巨额资金支持。例如，20 世纪 80 年代纳比斯克公司（RJR Nabisco）高达 300 亿美元的管理层收购活动（MBO）就是在私募股权基金的支持下完成的。

美国的私募股权基金被认为是资本市场中成本较高、风险较大的筹资渠道之一，因此愿意接受私募股权基金投资的企业通常是那些难以从其他渠道实现筹资的企业。按照美国经济学家斯蒂芬·普劳兹（Stephen D. Prowse）的观点，这些企业大致可以分为六类：一是早期创业企业（Early－stage New Ventures），二是后期创业企业（Later－stage New Ventures），三是成熟期非上市企业（Middle－market Private Firms），四是濒临破产的上市和非上市企业（Public and Private Firms in Financial

Distress),五是寻求收购融资的上市企业(Public Firms Seeking Buyout Financing),六是其他上市企业(Other Public Firms)。这些企业的主要特征参见表2。

表2 美国私募股权市场主要发行人的特征

特征	早期创业企业	后期创业企业	成熟期非上市企业
企业规模	营业收入少于1500万美元	营业收入介于1500万～5000万美元	稳定现金流介于2500万～5亿美元
财务特点	高增长潜力	高增长潜力	增长前景各异
融资原因	启动业务	①扩大业务②回购早期投资者的股权	①筹资改变股权或资本结构;②通过兼并收购扩大规模
私募股权融资来源	天使投资早期风险投资	后期风险投资	后期风险投资非风险投资
其他融资渠道	拥有抵押物的成熟企业可有限获得银行贷款	流动资金可由银行贷款提供	可获得银行贷款,成熟大企业可获得私募债权融资

资料来源:Prowse, Stephen D. (1998). The Economics of the Private Equity Market. Economic Review (Third Quarter),21—34

续表2 美国私募股权市场主要发行人的特征

特征	濒临破产的上市和非上市企业	寻求收购融资的上市企业	其他上市企业
企业规模	任何规模	任何规模	任何规模
财务特点	可能过度负债,或出现经营问题	业绩逊于同行拥有大量自由现金流	取决于寻求私募股权融资的原因
融资原因	重振业务	筹资更换管理层或改变管理层激励计划	①确保私密性②出售少量股权③追求便利④所在行业暂时不受公募股权市场的追捧
私募股权融资来源	重振资本	杠杆收购基金和夹层资本	非风险投资
其他融资渠道	很难获得其他融资	一般可获得各种公募和私募市场融资	一般可获得各种公募和私募市场融资

资料来源:同上。

投资基金以其极大的优越性受到全球各国投资者的欢迎,在其诞生后的几十年里,迅速扩散到世界各地。其中,既包括西方发达国家,也包括很多发展中国家和地区。比如,德国、日本、印度、韩国、马来西亚、印尼、新加坡、中国香港、中国台湾、智利、巴西等国家和地区都先后建立了为数众多、形式多样的投资基金。可以说,投资基金已经从经济发达国家的国内发展阶段,跨入了全球化发展阶段,并且随着经济全球化趋势的不断加深,成为国际资本流动的重要形式和载体(参见表3)。

表3 1997~2002年全球开放式基金发展情况

年份	基金数量(只)		基金资产(万亿美元)	
	非美国国家	全球总计	非美国国家	全球总计
1997	33050	39734	2.82	7.29
1998	43620	50934	3.82	9.34
1999	44976	52767	4.55	11.39
2000	43528	51683	4.91	11.87
2001	44802	53109	4.68	11.65
2002	44870	53126	4.83	11.22

资料来源:中国人民大学信托与基金研究所,《中国基金业发展报告(1991~2003)》,中国经济出版社,2004年6月。

2.运作模式

美国的私募股权基金有信托制、公司制和合伙制三种组织形式。在美国资本市场发展初期很长一段时间里,大多采取了合伙制的形式。在各项法律法规不完善、外部监管体制不健全、证券和资产管理机构还不成熟的情况下,合伙制有许多优点:第一,由于合伙人承担无限责任,违法违规成本较高,自我约束和风险防范意识比较强,一般都能遵纪守法、规范经营;第二,有利于赢得客户信任,有益于品牌的创立和信誉的提升;第三,由于出色的业务骨干具有被吸收为合伙人的机会,可以激励员工进取和对公司忠诚,有利于培育投资管理专家团队,增强核心竞争力。

后来,美国的私募股权基金出现了一种经过改进的合伙制——有限合伙制,并成为应用最广泛的组织形式。合伙人,分为一般合伙人(General partner)和有限合伙人(Limited partner)。一般合伙人须承担无限法律责任,有限合伙人承担以投资额为限的法律责任。一般合伙人是私募股权基金的实际管理者,通常为资深的投资专家,具有金融、管理和技术等方面的专业技能,只需向企业注入少量资金,担负着管理投资基金项目和将投资变现的任务。有限合伙人是私募股权基金的主要资金提供者,通常为有一定资金实力的机构投资者,监督基金的运作,不介入企业的日常经营管理,对合伙债务依出资比例负有限责任。据统计,到1980年,按有限合伙形式运作的私募股权投资已占私募股权市场资金总量的40%。1988年以来,该比例一直保持在80%以上。参见图1。

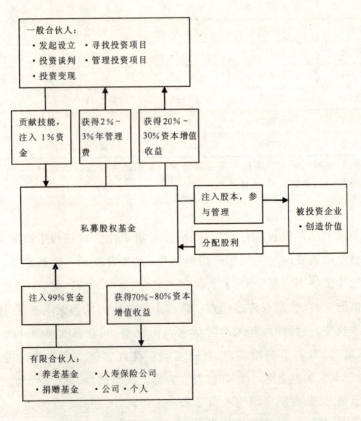

图1 有限合伙制私募股权基金运作模式

(二)境内产业基金的发展概况

长期以来,我国产业基金相关法规迟迟没有出台,理论界对于产业基金的含义、分类、发展方向等还存在争议。但是,陆续涌现的创业投资基金、企业重组基金、管理层收购基金和地方概念基金等集合投资方式一直活跃在我国资本市场上,发挥了类似产业基金的功能和作用,为我国产业基金的立法和理论研究奠定了一定的实践基础。

1.我国产业基金的发展方兴未艾

20 世纪 80 年代末、90 年代初期,我国的投资基金经历了第一轮发展热潮。大部分的基金和基金类证券投资集中流向房地产、法人股和实业项目等领域,从某种意义上说,这可以看作我国最早的产业基金。起初,由于没有投资基金立法和统一的监管机关,各地自行发展,投资基金的设立和运作很不规范。1992 年底,国务院决定由中国人民银行负责投资基金审批。1992 年 11 月 3 日,经中国人民银行批准设立了国内第一家公司型、封闭式投资基金——淄博乡镇企业投资基金。到 1997 年底,共批准设立了 70 多支投资基金。但由于资本市场体系发育不全、投融资体制存在诸多障碍、缺乏相应的法律规范等原因,当时的投资基金具有很多先天不足。随着国内外形势发生变化、经济增长波动下滑,这些基金和基金类证券的资产质量日益恶化,导致整个行业迅速衰落。

1997 年 11 月 14 日,经国务院批准,国务院证券委员会发布了《证券投资基金管理办法》,规定了证券投资基金的法律结构和运作要求,并决定投资基金监管权由中国证监会行使。1999 年 3 月,国务院办公厅转发中国证监会《原有投资基金清理规范方案的通知》,对《管理办法》发布以前成立的投资基金、受益凭证进行清理。截至 2002 年 9 月,有 76 支基金和受益凭证被规范为封闭式证券投资基金。

这期间,我国还对设立中外合资产业投资基金进行了探索和尝试。1997 年 12 月 11 日,中国人民银行批准设立第一只公司型中外合资产业投资基金——中瑞合作基金,注册于北京市,于 1998 年 1 月 16 日经国家工商总局批准取得中外合资企业法人营业执照。中瑞合作基金总规模为9375 万瑞士法郎,首期注册资本 3125 万瑞士法郎,其中国家开发银行出资 20%,瑞士联邦对外经济部出资 80%。中瑞合作基金为永久性基金,全部投资收益将用于转增基金资本。中瑞合作基金的管理人为中瑞创业投资基金管理有限公司,托管银行为中国建设银行。

近年来,随着我国财税、金融和投资体制改革的不断深化,社会主义市场经济体制的逐步建立和完善,国民经济的持续快速协调健康发展,产业投资基金迎来了新一轮的发展机遇。

2004 年 4 月,国家发改委批准筹建第二只公司型中外合资产业投资基金——中国—比利时直接股权投资基金(简称中比基金)。中比基金为封闭式基金,2004 年 11 月 18 日注册成立于北京市,总规模为 1 亿欧元,存续期 12 年。发起人为比利时电信、国企及参与部、富通集团,我国财政部、海通证券公司,其他持有人包括国家开发银行、国家开发投资公司、中国印钞造币总公司、全国社保基金理事会、广东喜之郎集团。中比基金的管理人为海富产业投资基金管理有限公司,托管银行为上海浦东发展银行。

2005 年 11 月,国家发改委批准筹建第一只中资产业投资基金——渤海产业投资基金(以下简称渤海基金)。渤海基金将注册于天津市,总规模为 200 亿元人民币,计划首期募集 50 亿元人民币,存续期为 15 年。

除了上述经国家有关部门批准设立的全国性产业投资基金,部分地方政府和金融机构也在积极筹划设立区域性或行业性的产业投资基金。

2004 年 12 月 21 日,四川省国资委批复同意组建国内第一只专业从事国有企业重组的准产业投资基金——四川富润企业重组投资有限公司(以下简称富润公司)。富润公司的注册资本达到 1 亿元人民币,注册地为成都市,经营范围包括直接投资、企业并购重组、项目投资管理、企业财务顾问、行业并购规划及设计、企业发展战略规划、受托资产管理和咨询等,发起人为四川省国有资产投资管理有限公司(占 35.67%)、四川省地方铁路局(占 28%)、四川省投资集团有限公司(占 16.33%)、四川公路桥梁建设集团有限公司(占 10%)、宜宾五粮液股份有限公司(占 10%)。

在山西省发展和改革委员会的大力支持下,深圳中科招商创业投资管理有限公司将发起设立和受托管理规模为 100 亿元人民币的"能源产业基地建设投资基金",主要投资方向为山西能源基地建设所需的煤炭集约化生产经营、煤化工、煤的深层加工与转化、煤电一体化、煤层气开发利用、煤炭物流产业等领域。目前山西省已经完成了可行性研究、项目准备、报批准备和股东意向接触,正在向国务院申请产业投资基金试点。

福建省发展和改革委员会正在牵头筹备设立"海峡西岸产业投资基金",主要投资方向为能源行业、基础建设和交通工业、稀有矿产等资源开发行业,主要发起人为福建省大型企业,同时吸收部分台资、侨资和民营资本的加入,计划募集基金规模为 50 亿元至 100 亿元,首期募集资金暂定为 30 亿元。

中国平安保险公司等保险机构正在向国务院申请成立保险产业投资基金,主要投资于基础设施建设领域。

总体来看,设立和发展产业投资基金,已经成为各级政府、金融机构和专家学者普遍关注的焦点,在不久的将来可能形成蓬勃发展的势头。

2. 境外投资基金在华活动日趋活跃

经过上百年的发展,以欧美发达国家为主的境外投资基金已经形成了庞大的市场规模。随着我国改革开放不断深入,现代化建设取得显著成就,宏观经济长期保持快速增长,美国、欧洲、澳大利亚、新加坡、中国香港等国家和地区的投资机构及其掌控的投资基金,纷纷来到中国寻求投资机会。

(1)境外投资基金在华投资领域逐渐扩大。除了长期受到青睐的互联网、电信、媒体、软件等高新技术产业,房地产、医药、银行、保险、基础设施建设等传统产业也开始引起境外投资基金的关注。例如,2004 年美罗控股公司、花旗亚洲企业投资公司、渣打银行、捷成洋行等国际知名投资机构与国内瑞安集团共同组建了瑞安地产投资基金,专门投资于国内的房地产项目。有些境外投资基金还参与了国有企业的并购重组。例如,2005 年华平公司参与重组哈尔滨医药集团,淡马锡出资 31 亿美元入股中国银行,凯雷花费 4 亿美元购买太平洋人寿的股份。

(2)境外投资基金在华投资力度不断加大。据业内人士粗略估计,2005 年境外投资基金在华投资规模达到 300 亿美元左右,占其亚洲地区集资总额的 65%；新增可投资总额创出历史新高，是 2004 年的数倍。另据估计，2005 年境外创业投资机构在华投资额高达 40 亿美元。

境外投资基金大多具有较高的投资水准、成熟的管理经验和良好的品牌效应，对国内资金和目标企业形成强大的吸引力，将使高端客户资源的争夺更加激烈。这必然加剧我国产业投资基金行业的竞争，但同时也带来了学习交流的机会和合资合作的契机。

3. 运作模式

在《公司法》修改之前，产业投资基金受到对外投资比例的限制，只能采取一些间接形式来进行投资运作，主要有下列两种比较典型的运作模式：

(1)中科招商模式——投资公司转化型

2000 年 11 月，中国科学院和招商局集团等著名机构发起设立创业投资基金管理公司——中科招商创业投资管理有限公司(以下简称中科招商管理公司)。自 2001 年 5 月起，中科招商管理公司联合其他企业集团和机构相继发起设立了创业投资一期基金(即中科招商创业投资公司)、创业投资二期基金(即中科中远创业投资公司)、新材料产业投资基金等多只产业投资基金，这些基金均委托中科招商管理公司开展直接投资，从而形成了著名的中科招商模式——首先成立基金管理公司，然后由基金管理公司再发起设立和受托管理各只以投资公司形式存在的产业投资基金。

(2)中比基金模式——官办民营型

如前所述，中比基金是一只由中国财政部、比利时电信、国企及参与部、中国海通证券、比利时富通集团等政府机构和企业集团共同发起设立的中外合资产业投资基金。中比基金是公司型基金，委托中国海通证券和比利时富通集团成立的中外合资企业——海富产业投资基金管理有限公司(简称海富公司)担任基金管理人。中比基金的发起设立获得了中比两国政府的大力支持，但委托民营的中外合资企业来担任基金管理人，具有鲜明的"官办民营"性质。

三、渤海产业投资基金试点的运作方案

在国家尚未出台产业投资基金管理办法的前提下,经国务院同意,国家发改委批准,设立渤海基金和进行运作试点,这是审时度势、积极探索、适时推进投资融体制改革的一个重要举措,也充分体现了对加快天津发展、对推进滨海新区开发开放的高度重视。

为了充分用好产业基金试点政策,我们既要汲取市场经济发达国家投资基金业一百多年来的经验和教训,又要考虑我国的基本国情、环渤海地区的产业结构和滨海新区开发开放的实际需要,科学设计试点运作方案,为产业投资基金在我国的健康发展探索可行之路。

(一)组织形式

从国际经验来看,境外产业投资基金通常以公司制或有限合伙制形式设立,尤其是有限合伙制基金以其灵活的组织结构、有效的激励机制和有利的避税形式而受到投资者的青睐。但在试点初期按公司制或有限合伙制形式设立渤海基金,既存在一定的法律障碍,也面临尚未成熟的市场环境。例如,最新修订的《公司法》虽然删除了对外投资额占公司净资产比例的限制,但继续实行的实收资本制度难以适应产业投资基金进行阶段性投资管理的需要;现行的《合伙企业法》规定,合伙企业的所有合伙人必须对合伙企业承担无限责任,而没有一般合伙人和有限合伙人之分;我国市场经济秩序尚不完善,普通投资者对一般合伙人的职业道德和经营能力缺乏足够信心。因此,渤海基金试点初期以契约型基金形式设立较为稳妥。

(二)募集方式

从国际经验来看,境外产业投资基金主要采取私募发行方式,私募对象通常为富有的个人、家庭和机构投资者。由于我国富裕家庭和个人投资群体尚未形成,因此产业投资基金应采用公募和私募发行并存的两种募集方式,其中私募对象主要为商业银行、社保基金等机构投资者和上市公司,公募对象主要为自然人。按照我国最新修订的《证券法》,累计向超过 200 人的特定对象发行证券属于公募发行,必须向中国证监会或者国

务院授权的部门申请发行核准。

为了加快设立步伐和出于稳妥考虑,渤海基金的首期资金募集(50亿元人民币)以私募发行方式为宜,募集对象主要为具有丰富投资管理和资本运作经验的国有控股工业企业和金融机构。

为了发挥试点优势,探索改革经验,渤海基金的募集发行可以实行承诺制,即投资者在基金募集阶段签署基金份额承诺书,在基金项目投资实施阶段,投资者再根据所承诺认购基金份额的比例落实承诺、分批到位,但首期出资额不得低于承诺总额的一定比例(如10%或20%)。对渤海基金投资者来说,承诺制使其可以根据基金的管理状况,决定是否跟进后续的资金投入,从而加强对基金管理人的审查监督;对渤海基金管理人来说,承诺制使其可以减轻资金增值压力,提高项目选择的灵活度。

为了适应我国投融资体制改革的需要,引导民间资金投向滨海新区开发开放和环渤海地区经济发展所急需的基础设施建设、高新技术产业等领域,当渤海基金运作一定时期(如2~3年)、实现良好业绩之后,后续资金募集(150亿元人民币)应探索普通投资者参与认购的公募发行方式。为了提高普通投资者的风险承受能力,有关部门可以采取下列保护措施:(1)设定个人最低认购金额(如5万元);(2)提高产业基金的透明度,增加信息披露内容;(3)提高产业基金的流动性,适当时机在证券交易所和(或)银行间债券市场挂牌上市;(4)降低产业基金的风险性,在科学论证、充分准备的基础上推出"投资收益保险"等金融创新工具。

(三)管理模式

产业投资基金主要有自我管理和委托管理两种管理模式。一般来说,公司型基金大多采用自我管理的模式,而契约型基金必须采用委托管理的模式。按照管理责任的不同承担对象,自我管理又可以分为聘请职业经理人和股东自行管理两种方式。

委托管理一般由基金的持有人与受委托的基金管理公司签订一个内容广泛的基金管理委托协议书。比较典型的委托管理关系是:基金持有人只保留对基金管理公司的选择权和对投资收益的所有权,而把基金业务运营、投资策略等方面的决策权和经营权完全交给基金管理公司。在我国现行条件下,产业投资基金要顺利地实行委托管理,必须符合两个关键条件:一是基金达到一定规模。因为只有一定规模的基金才能支付得起高昂的基金管理费用。二是基金持有人达成基本共识。在实际操作中,作为基金持有人的许多投资机构往往不习惯于委托专业机构进行投资管理或资产管理,而倾向于对基金的投资方向和运营程序施加影响。这种现象,一方面可以归结于我国投资体制的不完善和投资理念的落后,另一方面也反映出我国具有较高水平的基金管理公司比较稀缺。

从长期来看,随着优秀基金管理人的增加,以及基金持有人投资理念的更新,越来越多的产业投资基金将委托专业的基金管理公司进行投资管理,这是产业投资基金管理市场发展的必然趋势。

鉴于我国目前缺乏高水平的基金管理公司,渤海基金的持有人应该在有关方面的帮助下新建渤海产业投资基金管理公司(以下简称渤海基金公司)和专业管理团队,然后把渤海基金的全部资产委托给渤海基金公司进行投资管理。

(四)交易方式

根据交易方式的不同,产业投资基金可以分为封闭式基金和开放式基金两种。封闭式基金与开放型基金的显著区别在于基金投资者所持的份额是否可以赎回,或者说基金的资本规模是否可以变动。封闭式基金的份额不能被赎回,因而资本总额是固定不变的,而开放型基金的份额是可以赎回的,因而资本总额是可变的。

由于开放型基金和封闭式基金在发行数量、定价基础和买卖途径等方面存在本质区别(见表4),其投资绩效呈现显著差异。首先,开放型基金需要预留部分资金以备投资者赎回,而这种备用金是要计付利息或投资回报的,所以运作成本相对较高;其次,开放型基金需要每日计算基金的净资产以备投资者赎回所持份额,故其交易手续费相对较高;最后,开放型基金要以赎回当日的净资产作为计算赎回价格的依据,故投资者实际拿到赎回金的时间相对较长。

表 4 开放型基金与封闭式基金比较

	开放型	封闭式
项目	不固定	固定
定价基础	净资产	市场供求
买卖途径	可随时直接向基金管理公司购买,但手续费较高	类似股票交易,可在证券市场作转手买卖,费用较低
赎回	可以赎回	不能赎回
准备金	必须提取一定比例的准备金以作基金赎回准备	不需提取准备金
资金运用成本	较高	较低
投资方式	不能全部进行长期投资	可全部进行长期投资
适应市场条件	发达的金融市场	不发达的金融市场

资料来源:刘昕,《基金之翼:产业投资基金运作理论与实务》。

与开放型基金相比,封闭式基金具有独特的优势。首先,募集成立后资本总额固定,没有被赎回的压力,可以充分利用投资者的资金来实施既定的投资策略,以追求投资收益的最大化;其次,封闭式基金可在证券市场上类似股票进行公开交易,不仅降低了交易费用,而且提高了基金份额的流动性。

渤海基金在试点初期不宜采用开放型基金,因为产业投资多为长期投资,资金沉淀的时间较长,如果遭遇集中赎回的情况,将由于流动资金不足而丧失投资机会,甚至由于资产无法及时变现而令基金公司倒闭。因此渤海基金在试点初期宜用封闭式基金,以充分发挥其稳定筹资和长期投资的功能。

(五)治理结构

产业投资基金的治理结构主要包括内部治理和外部治理两个方面。内部治理也被称为控制取向型治理,是指通过基金股东大会或持有人大会、基金董事会(独立董事)、基金管理人之间的纵向监督以约束基金管理人的道德风险,其要点包括:(1)发挥基金发起人、基金大股东在治理结构中的作用;(2)发挥独立董事在治理结构中的作用;(3)引入投资者诉讼制度。

外部治理也被称为市场导向型治理,是指通过市场机制来约束基金管理人的行为,其要点包括:(1)在基金交易市场上,投资者可以通过赎回基金份额来表达对基金管理人的不满;(2)在基金控制权市场上,竞争对手可以通过兼并收购的方式来转移基金的管理权;(3)在基金经理人市场上,基金经理人通过进入、退出行为来表达对基金管理人的评价。

契约型基金需要由基金持有人(或称投资者)、基金管理人和基金托管人三方共同订立一个信托投资契约。基金管理人按照契约规定运用信托财产进行投资,基金托管人按照契约规定保管信托资产,基金持有人则按照契约规定享受投资收益。由此可见,渤海基金持有人与基金管理人和基金托管人之间的关系主要为信托关系,具有剩余控制权与剩余索取权不对称的特征——基金管理人拥有基金财产的剩余控制权,而不享有基金剩余收入的索取权;持有人承担基金运作过程中的所有风险,而不拥有基金财产及其剩余收入的控制权。

为了避免基金管理人侵害基金投资者利益、确保基金管理人在追求自身效用最大化的同时符合基金投资者利益最大化的要求,有效的基金治理结构需要对基金管理人的行为进行必要的激励和约束,使基金能够在一定的成本下为投资者获取较高的回报。

作为契约型基金,渤海基金应强化基金持有人在选择基金管理人中的作用,改善基金管理公司的董事会结构,强化基金托管人的监督职能。为了切实保障投资者利益,渤海基金可以考虑设立由全体基金持有人组成的基金持有人大会,并设立常设机构,决定基金管理人的选择、退任、改任、基金结构变更、基金续期、特别重大的投资决策等事项;同时成立由基金持有人和有关专家参加的投资决策委员会,批准涉及利益冲突的投资项目、界定投资项目交易费用、评估投资项目的公允价值等。见图2。

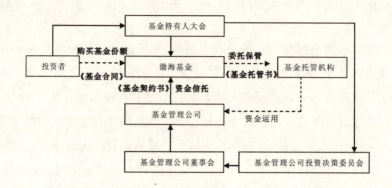

图2　渤海基金的治理结构(虚线箭头表示资金流向,实线箭头表示权利方向)

(六)投资方向

按照有关规定,凡是符合国家鼓励发展并具有较高回报的产业,都可以运用产业投资基金这种形式进行投融资运作,即除了促进科技进步,培育新的经济增长点外,还必须对现有基础产业和支柱产业,如交通运输、通信、能源和机械、电子、石油化工、汽车和建筑业中已经发育成熟,但暂时还不能上市的成长性企业,以及需要再次创业的未上市老企业,给予有效的投融资支持与服务,并促进其改组、改制、改造与加强管理。因此,渤海基金的投资方向应体现"两个面向"、"三个促进"的目的,即面向主导和优势产业、面向高新技术产业,促进滨海新区开发建设、促进产业结构调整、促进投融资体制改革。

1.投资阶段

如果把企业生命周期分为五个阶段:种子期、创建期、扩张期、成熟期、衰退期,那么风险投资机构、产业投资基金和商业银行将按照其风险承受能力分别投资于不同阶段的企业(如图3所示)。一般来说,风险投资机构将重点投资于种子期和创建期企业,产业投资基金将重点投资于创建期和扩张期企业,商业银行将重点投资于扩张期和成熟期企业。

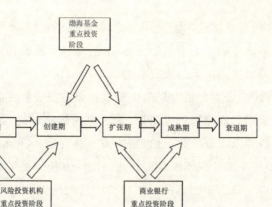

图 3 重点投资阶段与企业生命周期

我国经济已经进入平稳发展阶段,GDP 增长速度从 1991～1995 年的年平均增长 12％下降到 2001～2005 年的 9％左右,在产业投资领域的突出反映就是有价值的投资机会越来越难找。这主要有两方面原因:一是我国经济发展速度趋于平稳,造成市场竞争加剧,产品生命周期缩短,有投资价值企业的总体数量下降;二是企业融资渠道拓宽,产业投资基金在选择有投资价值的企业时面临海内外资本市场的强大竞争。因此,渤海基金在选择投资阶段时应该"两条腿走路"——既投资扩张期企业,也投资创建期后端企业(指已开始商业化生产并有一两年盈利记录的企业),可以考虑按 80：20 的比例投资于扩张期和创建期后端企业。

2.投资行业

为了促进滨海新区开发建设、促进产业结构调整、促进投融资体制改革,渤海基金的投资应相对集中于下列行业:

(1)有稳定现金流的基础设施建设和运营。"十一五"期间,天津市特别是滨海新区将以大交通体系为重点,加快基础设施和公共设施建设。通过参与投资重大基础设施建设和运营项目,渤海基金可以获得稳定的现金流,为基金持有人提供良好的投资回报。

(2)有自主知识产权和广阔市场前景的先进制造业。滨海新区的功能定位之一就是要努力建设成为高水平的现代制造和研发转化基地,"十一五"期间将重点发展六大主导产业,扩大规模,提高水平,增强国际竞争力。通过向优秀的未上市制造业企业提供融资,协助其实现境内外上市,渤海基金可以实现巨大的投资收益。

(3)有跨国公司合资背景的中方股权跟进投资。目前,大多数跨国公司在华投资项目陆续进入收获期,为了巩固战略布局、提高运营效率,跨国公司纷纷要求增资扩股。然而,中方伙伴往往由于无法实现同比例增资,只能坐视中方股权不断降低。通过向中方伙伴提供增资所需的资金,渤海基金可以分享跨国公司在华投资项目的巨大收益,为基金持有人带来良好的投资回报。

3. 投资地域

渤海基金应该重点支持滨海新区和天津产业发展,但是为了扩大项目选择范围和提高投资收益,渤海基金可以考虑按 5:3:2 的比例投资于天津(以滨海新区为主)、环渤海地区和全国其他地区的企业。

(七)投资策略

1. 投资方式

渤海基金管理公司的股权投资应以增资为主,包括购买普通股、优先股、可转换优先股、可转换债券等;非股权投资应按照有关规定购买政府债券、金融债券和其他固定收益债券等。

2. 投资金额

为了分散投资风险,渤海基金管理公司对单个企业的投资和担保金额不得超过基金资产总值的 10%。

3. 股权比例

为了发挥自身优势,渤海基金管理公司不谋求在被投资企业中的控股地位,占股比例应控制在 10%~49%之间。

4. 投资周期

鉴于渤海基金的存续期只有 15 年,为了提高资金使用效率,渤海基金管理公司对单一企业的投资期限以 3~7 年为宜。

5. 目标企业

渤海基金管理公司应从下列几个方面来选择目标企业:

（1）管理团队：具有丰富从业经验，恪守职业道德。

（2）发展前景：属于国家鼓励和允许发展的行业，具有较高的市场成长性。

（3）竞争优势：拥有领先或成熟的生产技术，具有较高的市场份额和良好的盈利能力。

（4）上市前景：在投资周期内具有发行上市或股权转售的潜力。

（5）财务状况：根据不同的投资行业，制定相应的财务指标。

（八）投资运作

渤海基金管理公司的投资运作可以分为四个阶段，即调研预选、评估决策、项目管理、项目退出（如图 4 所示）。

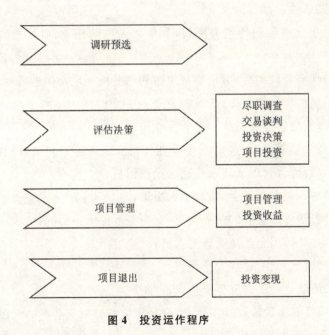

图 4　投资运作程序

在调研预选阶段，渤海基金管理公司将按照既定的投资方向和目标企业的相关标准，对所有投资项目建议书进行一轮或两轮筛选。通过筛选的投资项目将正式立项，并进入评估决策阶段。

在评估决策阶段,渤海基金管理公司对被投资企业进行的尽职调查应该侧重了解下列内容:

(1)行业状况;

(2)公司背景;

(3)经营团队;

(4)核心竞争力;

(5)企业经营状况和财务状况;

(6)募集资金使用计划;

(7)上市的可能性及相关法律问题。

在与被投资企业进行交易谈判过程中,渤海基金管理公司应该重点关注下列条件:

(1)重大事项的特别表决权,如重要人事的任免、对外投资、对外担保等;

(2)现金分红的要求,希望每年盈利部分按一定比例进行现金分红;

(3)退出机制的安排,若被投资企业一定时间内不能上市,则应承诺协助渤海基金管理公司从被投资企业退出。

在项目管理阶段,渤海基金管理公司应该通过下列渠道积极参与被投资企业的经营管理和获取长远的投资回报:

(1)加入企业董事会,参与重大决策;

(2)密切监督企业的财务状况,充当企业的财务顾问;

(3)参与聘用企业高级管理人员;

(4)监督企业的日常生产经营;

(5)帮助企业引进资金及合作伙伴。

在项目退出阶段,渤海基金管理公司应与被投资企业的大股东合作,根据需要选择下列退出渠道:

(1)在境内外上市后转让基金所持股份;

(2)通过代办系统、产权市场等转让基金所持股份;

(3)大股东回购基金所持股份;

(4)管理层收购基金所持股份。

(九)风险管理

作为综合性的产业投资基金,渤海基金管理公司在投资运作过程中所面临的风险主要有技术风险、市场风险、管理风险、政策风险等,应采取下列手段把风险控制在合理范围内:

(1)技术风险:选准产业投资方向,拥有国际领先的知识产权,采取审慎的技术可行性论证;

(2)市场风险:采取组合投资、联合投资、分阶段投资、限额投资等策略;

(3)管理风险:在基金投资者、管理人和托管人之间实行分权制约,建立有效的激励机制,加强对被投资企业的管理监督;

(4)政策风险:通过参与基础设施建设,产业结构调整和自主科技创新来获取有关部门的鼎力支持,通过完善多元产权结构来避免有关部门的随意干预,通过健全规章制度来减少违反政策的可能性。

(十)利益协调

与直接投资方式相比,投资者通过认购渤海基金份额和委托渤海基金管理公司来间接投资于相关企业的股权,将面临两个层面的利益冲突。

首先,渤海基金与渤海基金管理公司之间可能存在利益冲突。这是因为,渤海基金的投资者固然以支付管理费用为代价,把繁琐的项目筛选、谈判、管理和清算等过程委托给渤海基金管理公司,但两者的目标不尽一致:渤海基金及其投资者追求基金价值的最大化,而渤海基金管理公司则追求企业利润(主要来源于基金管理费用)的最大化。渤海基金管理公司追求自身利益的最大化,可能对渤海基金投资者的利益带来影响,主要表现包括:对被投资企业监管不力或引导不足、索取过高的基金管理费用、追求不必要的投资风险,以及把最有利的投资机会留给自身。

其次,渤海基金管理公司与被投资企业之间可能存在利益冲突。作为一个外部投资者,渤海基金管理公司在为被投资企业提供股权性融资时将不可避免地遇到两种问题——逆向选择和道德风险问题。逆向选择问题主要出现于项目筛选过程,一般来说,被投资企业的所有者和经营者要比渤海基金管理公司的基金经理更了解企业经营状况,因而在争取融资过程中往往片面强调甚至有意夸大有利因素，而对不利因素则有所忽略甚至有意隐瞒，基金经理如果不进行仔细甄别，就可能出现"劣胜优汰"的项目筛选结果；道德风险问题主要出现于项目运作过程，由于信息不对称等原因，被投资企业的经营者有可能偏离职业道德，以牺牲渤海基金管理公司的利益为代价来追求自身利益的最大化，例如以投入资金为赌注来从事蕴涵过高风险的经营项目。

1. 渤海基金与渤海基金管理公司的利益协调

为了协调与渤海基金管理公司之间的利益冲突，渤海基金必须建立两种机制：一是对良好业绩进行必要奖励的激励机制，例如允许渤海基金管理公司参与分享投资利润；二是对经营活动实行直接控制的约束机制，例如对渤海基金的投资方向、单一企业的最高投资金额进行限制。

（1）业绩奖励。首先，渤海基金管理公司应该持有一定比例的渤海基金份额，该份额可被用于偿付渤海基金运作过程中发生的亏损，以实现基金持有人与基金管理人的利益捆绑和激励相容。其次，在渤海基金的存续期内，渤海基金管理公司可以按照实际运作基金总额的一定比例（如1%～3%）提取管理费用，然后按照基金投资所获超基准利润的累进比例（如10%～20%）分享业绩奖励。在试点期间，渤海基金可以按照高于银行贷款基准利率的若干百分点来确定基金投资应达到的基准利润率，只有当渤海基金运作过程中的实际利润率超过基准利润率，渤海基金管理公司才能分享业绩奖励。其中实际利润率的计算依据是，不仅当年投资的盈亏金额必须相抵，而且以前年度的投资净亏损也必须弥补。

（2）经营约束。渤海基金对单一企业的投资金额和担保金额不得超过基金资产总值的一定比例（如10%）；渤海基金不得投资于承担无限责任的企业，不得从事吸收或变相吸收存款、发放贷款、资金拆借等与产业投资无关的活动；投资决策权限应在渤海基金的基金持有人大会与渤海基金管理公司之间进行合理分配；对关联方（指渤海基金持有人及其控股企业、渤海基金管理公司的发起人及其控股企业）的投资决策应实行关联方回避制度。

渤海基金一般不得对我国公开上市公司或外国企业证券进行投资

（但渤海基金控股或参股企业首次公开上市的处于禁售期内的股份除外），也不得投资于金融衍生工具、其他投资基金，或者明显偏离既定投资方向的非公开上市企业股权；渤海基金不得超范围使用银行贷款，被投资企业资产处置收入的全部和投资收益的大部分（如80%）必须以现金形式分配给渤海基金的投资者；渤海基金的投资项目交易费用应从基金管理费用中扣抵；渤海基金不得与渤海基金管理公司今后管理的其他产业基金进行联合投资；渤海基金管理公司应成立由基金持有人和有关专家参加的投资决策咨询、投资价值评估等专门委员会，批准涉及利益冲突的投资项目、界定投资项目交易费用、评估投资项目的公允价值等。

2. 渤海基金管理公司与被投资企业的利益协调

为了协调与被投资企业之间的利益冲突，渤海基金管理公司必须建立两种机制：一是与经营业绩相关的激励机制，例如要求被投资企业的高级管理人员持有一定比例的企业股权、对外部投资者做出特殊股权安排、与高级管理人员签订与经营业绩挂钩的聘用合同。二是与经营活动相关的约束机制，例如选派董事会成员、分配表决权、控制投资进度。

（1）高级管理人员的持股比例。根据被投资企业的融资需求和升值潜力，渤海基金管理公司应要求其高级管理人员持有一定比例的企业股权，以便限制高级管理人员从事损害外部投资者利益和不利于企业长远发展的短期经营行为。当经营业绩达到约定条件时，渤海基金管理公司可以允许被投资企业的高级管理人员增加其持股比例。

（2）外部投资者的特殊股权安排。为了提高被投资企业的盈利水平和降低高级管理人员的道德风险，渤海基金管理公司应以优先股、可转换优先股和可转换债券等非普通股方式为主对未上市公司进行投资。这是因为，被投资企业的高级管理人员通常持有普通股或普通股的期权，而优先股、可转换优先股和可转换债券等股权或准股权的利润（或清算收益）分配顺序优先于普通股。如果被投资企业的盈利水平不够高，则渤海基金管理公司等外部投资者将优先参与经营利润的分配，而高级管理人员等普通股东可能一无所获。

（3）高级管理人员聘用合同。在与被投资企业签订的投资协议中，渤海基金管理公司应该规定,如果在一定期限内无法达到既定的经营业绩,则被投资企业可以撤换高级管理人员,并按约定价格收回其所持股权。通过对不良业绩进行惩罚,渤海基金管理公司可以有效防止被投资企业的高级管理人员从事过高风险的经营项目。

(4)选派董事会成员。渤海基金管理公司选派的董事应在被投资企业的董事会中发挥积极的监督职能。支持这种监督职能的主要资源包括:向被投资企业派遣的高级管理人员(如财务负责人)、在尽职调查过程中获得的企业经营信息、在监督类似的被投资企业过程中获得的专业知识。

(5)分配表决权。为了加强对被投资企业的直接控制,渤海基金管理公司在有关投资协议中可以引入分类(股权)表决机制,或者允许可转换优先股、可转换债券在某些重大事项上拥有表决权。

(6)控制投资进度。渤海基金管理公司应该对被投资企业的融资需求进行科学评估,然而分阶段予以满足。未经渤海基金管理公司允许,被投资企业不得从其他渠道获取新增融资。

(7)其他控制措施。在与被投资企业签订的有关协议中,渤海基金管理公司应有权根据需要检查经营设施和财务账簿、及时获得财务报表和经营成果。未经渤海基金管理公司允许,被投资企业不得出售主要资产、签订重大合同或兼并其他企业。

四、推进产业投资基金发展的对策思路和建议

与欧美国家上百年的发展历史相比,产业投资基金行业在我国的发展过程还相当短暂,对于我市来说更是一个新的探索。无论是在理论研究方面,还是在实践操作层面,都面临着许多全新的课题,有很多深层次的矛盾和问题亟须破解。我市产业基金的设立和运作,应本着"立足当前、放眼未来、兼容并蓄、开拓创新"的原则,充分借鉴国内外已有的经验,从基本国情和具体市情出发,着眼于服务滨海新区开发开放、服务天津更快更好发展,服务环渤海区域经济振兴,积极探索,大胆尝试,向专业化、规范化、现代化、国际化方向发展。为此,我们提出渤海基金试点运作以

及进一步推进我市产业投资基金行业发展的对策思路和建议。

(一)加强产业基金服务滨海新区开发开放的投资引导和政策扶持

渤海基金的产生源于滨新海新区的发展上升为国家战略,源于滨海新区成为国家综合改革配套试验区,围绕滨海新区的定位目标,支持滨海新区开发开放是设立渤海基金的出发点和重要依据。天津的发展与滨海新区是紧密联系、不可分割的,中央给滨海新区定位也体现了天津在全国发展布局中战略地位的提升,支持天津实现跨越发展也是应有之义。滨海新区的优势项目应成为渤海产业基金投资的首选方向,我市的好项目也应成为投资重点,同时还要面向环渤海区域乃至更广大的地区进行投资,在贯彻国家战略意图、促进区域经济发展中,提高经营管理水平、获得投资收益、不断发展壮大。

1.积极引导和促进产业基金投资滨海新区重点发展项目

根据《天津市国民经济和社会发展第十一个五年规划纲要》和正在报批中的《滨海新区2006年~2010年国民经济和社会发展规划纲要》的要求,滨海新区将以提升壮大先进制造业和现代物流业为重点,构筑高层次的产业结构,加快经济增长方式的转变,提升整体发展水平。主要包括:做大做强现有优势产业,积极发展新的优势产业、大力发展高新技术产业,提高自主创新能力,延伸产业链条,培育和形成若干产业集群,建设国家一流的电子信息产业基地、国家级石油化工基地和重要的海洋化工基地、汽车和装备制造业基地、石油钢管和优质钢材深加工基地、生物医药产业基地、新型能源和新材料基地等。其中,许多处在前期准备和具体实施中的大项目,如百万吨乙烯炼化一体化项目、传统氯碱工业改造项目、汽车扩能项目、海水淡化设备制造项目、生物新药项目等,有着良好的市场前景,都可以成为产业基金认真考虑和选择合作的目标。此外,在海港、空港、信息港、铁路、公路、管道等基础设施建设方面,在水、电、气、热等能源供应方面,在治理污染、保护环境、生态建设以及生产和生活服务等方面,产业基金投资的空间非常广阔。

产业基金的生命线在于项目源。在一定时期内,能不能掌握充足的可供选择的好项目,对于投资规模庞大的渤海产业基金来说,是关乎生存发展至关重要的因素。为此,政府部门既要引导产业基金投向滨海新区重点发展领域,又要主动为产业基金提供优质的项目资源。

(1)切实加强对产业基金投资方向的指导。市发改委、市科委应精心挑选产业项目,编制符合国家产业政策和我市产业结构调整方向的《天津市产业投资项目指导目录》,并做到定期发布、适时更新,引导产业投资基金把更多的资金投向滨海新区开发开放所急需的重点项目。

(2)促进产业基金与优质项目资源的对接。政府有关部门要加强统筹规划,综合协调,充分利用现代信息手段,建立和完善相关信息平台,及时公布需要融资项目的信息和产业投资基金的基本情况、发展动态。根据滨海新区不同时期的建设重点和企业的实际需要,积极组织和举办各类项目与产业基金的对接活动。

2.为产业基金服务滨海新区发展提供政策支持和优质服务

搞好渤海产业基金试点运作,对滨海新区建设、对天津发展、对我国金融体制和投资体制改革,具有十分重要的意义。渤海基金的设立和发展应始终坚持以市场为导向、企业化运作的原则,注重吸收国外先进的经营理念、运营模式和现代投资方法,但在实施过程中,特别是在起步阶段,由于面临的问题和困难比较多,迫切需要各级政府部门和各有关方面给予大力支持,创造必要的发展条件和良好环境。

(1)尽快制定并实施一系列鼓励产业投资基金发展的扶持政策,加大扶持力度,尤其要抓紧落实已颁布的《天津市产业投资公司管理暂行办法》有关企业所得税、个人所得税地方留成部分、营业税减免等优惠政策。

(2)设立有一定规模、非营利性的天津市重点产业投资专项扶持基金,制定投资规划和投资策略,与商业化运作的产业投资基金管理公司匹配投资,但不参加管理。同时,也可以一定比例用于补贴产业投资基金管理公司对基础设施建设项目、重点发展产业项目和科技成果产业化项目的投资损失,间接扶持产业投资基金行业的发展。

(3)加强对产权交易市场的引导和管理,健全和完善各种服务功能,进一步规范产权交易行为,促进产权畅通流转,使之真正成为产业投资项目融资和退出的重要渠道。

（4）在依法对基金活动参与者的行为实施监督和管理的同时,进一步减少审批环节,切实提高办事效率和服务水平。同时,主动为产业投资基金活动参与者提供必要的服务。例如,为产业基金管理公司对拟投资企业的尽职调查提供支持和帮助等。

（二）建立健全有利于产业基金健康发展的法律保障措施

目前,我国现有的法律法规还不能适应产业基金发展的需要,相关政策制度有待进一步完善。已有的产业投资基金(包括渤海基金)都是基于特别批准而设立的。今后,在渤海基金试点运作以及更多产业基金设立发展过程中,需要积极探索、建立健全相关法律保障措施,解决好产业基金在设立、发展、监管等方面存在的问题。

1.契约式产业基金存在的立法空白

公司法修订以后,以公司形式组建的产业基金在合法性上不存在问题。但是,由于相关制度还不配套,以投资人之间的契约为基础的契约式基金的设立,还涉及一系列法律问题需要解决。首先,除非特别批准,发起人以契约为基础募集资金的合法性存在问题。其次,在契约式基金中,投资者的组织形式及决策机制、投资者与基金之间的关系、投资者与基金管理人之间的关系、投资者投资的退出机制等均没有明确的法律规范。其中投资者与基金之间的关系等问题可以通过投资契约予以解决,但基金与第三人之间的关系、投资者与基金财产之间的关系等,必须通过法律加以明确,否则可能导致不必要的争议或者损及投资者的利益。

2.产业基金以信托方式融资的法律限制

如果以信托作为产业基金的融资形式,则存在诸多限制。首先,信托融资必须通过金融机构实施,即必须首先设立经银监会批准的金融机构,方可进行信托融资(参见:《信托法》、《非法金融机构和非法金融业务活动取缔办法》)。如果这样,产业基金设立程序将非常复杂,难度也比较大。其次,目前的信托融资在契约份额上有 200 份的限制(参见:《信托投资公司资金信托管理暂行办法》),产业基金的融资规模将受到限制。最后,异地信托融资方面存在诸多限制(参见:《中国银行业监督管理委员会关于进一步规范集合资金信托业务有关问题的通知》),产业基金的融资范围将受到限制。

3.产业基金管理人激励约束机制的法律缺位

产业投资基金必须委托基金管理人管理基金财产来实现专家理财。由于投资者一般不对基金运作进行直接管理,基金管理人是否受到有效的激励和约束就成为产业投资基金能否取得成功的关键。然而目前基金管理人的法律定位尚不明确,对其监管制度也不健全。如将其确定为资金信托管理人,通过信托法律制度对其进行约束,则基金管理人的设立就需要获得银监会的批准,或者得到法律法规的特别授权(参见:《信托投资公司资金信托管理暂行办法》);如将其确定为一般的受托人,则不能直接适用信托相关制度约束基金管理人,而民事代理人义务与责任等方面的约束不够明确,难以有效保障投资者的利益。此外,我国尚未在基本民事制度的层面建立有限合伙制度,如采用有限合伙的形式激励和约束基金管理人也存在缺乏法律依据的问题。

4.产业基金管理人投资行为约束的立法空白

目前,我国没有规范产业基金投资行为的法律。关于产业基金未投资部分资金的使用、基金投资单个企业投资比例限制等都没有明确的法律依据。如果仅仅通过契约或者产业基金内部决策机制约束投资行为,则力度显然不足,难以有效保障投资者的利益。

5.产业基金投资的退出渠道问题

由于产业基金份额交易机制与交易市场尚未确立,投资基金获得的利益只能通过权益转让的方式实现,这样交易成本比较高。如不能有效解决投资者的利益实现问题,投资者的积极性将受到影响。

6.产业投资基金投资的国资管理问题

在基金投资者以国有资产进行投资形成基金的情况下,基金自身以及基金投资所形成的股权等如何进行国资监管,对非国有基金投资者影响较大。如果基金与基金投资两个层面都严格适用国资监管模式,则可能限制基金投资决策的灵活性以及相关资产的流动性。目前对基金涉及国有资产的管理没有专门的规定,这会影响到非国有基金投资者对形势的判断。

7.与产业投资基金投资相关的税收问题

税收对基金的运营影响很大,其中基金投资涉及的契约式基金模式下的税收问题、基金管理人奖励的税收问题尤为重要,但我国目前没有专门针对产业投资基金的税收制度,可能影响基金以及基金管理人的财务预算。

产业基金的设立与发展需要以相应的法律制度为依托。上述问题的存在充分表明,我国的产业基金专门立法缺位,相关立法尚不健全,已经成为制约产业基金发展的重要障碍。特批只是解决了产业基金设立的合法性问题,在产业基金运作发展过程中迫切需要解决好融资机制、基金管理人的激励与约束、投资行为的限制、投资的退出等深层次问题。而这些,既需要国家在宏观层面上尽快制定相应的法律规范,也需要在产业基金设立发展的实践中探索和积累宝贵经验,为相关立法提供重要依据。

(三)探索建立产业基金发展过程中的风险防范体系

产业投资基金市场是一个具有较高风险的金融市场。当前,我国社会主义市场经济体制尚不完善,现代企业制度有待进一步规范,资本市场还存在一些结构性矛盾和深层次问题,这些不利因素无疑使产业投资基金的运作面临更大的风险。此外,产业投资基金的盈利和收益都是建立在一些合理假设的基础上,其退出渠道远不如证券投资基金那样快捷、便利,如果投资者对产业投资基金运作规律缺乏必要的了解,极易蒙受较大的损失。渤海基金在运作一段时间后,将启动二期募集计划,面向包括中小企业和自然人在内的公众投资者募集部分资金。因此,在渤海基金试点运作过程中必须认真研究和解决风险防范问题。

经过初步调研,我们认为,应借鉴成熟市场经济国家和地区的通行做法以及国内证券、期货市场取得的成功经验,结合产业投资基金的运作规律,从以下环节建立健全风险防范体系,切实保护投资者尤其是中小投资者的合法权益。

1.加强对投资者的宣传教育

提高投资者素质,增强投资者信心,不仅是促进产业投资基金发展的必要条件,也是建设规范化产业投资基金市场的一项基础性工作。开展和加强投资者教育的目的,就是要帮助投资者了解产业投资基金的特点和优势,熟悉有关的法律法规,树立防范风险的意识,形成正确的投资理念,增强自我保护能力,自觉维护社会公共利益。政府有关部门应编制教育纲要和计划,有组织、有步骤、有重点地做好工作,督促和指导基金发起人、管理人、托管人等机构开展投资者教育,形成基金投资者教育网络和长效机制。投资者教育活动应坚持非盈利性原则,政府要投入必要的人力、物力和财力,如考虑设立投资者教育基金,以确保投资者教育活动的顺利开展。要配合新政策和法规出台,普及产业投资基金基础知识,宣传基金市场法律法规,围绕新产品推出进行风险提示,提供政策法规咨询服务和接受投资者投诉。要借助社会各界的力量和渠道,采取灵活多样的方式,对不同类型投资者进行分类教育,如开办产业投资基金网站加强与投资者沟通,通过广播、电视、报纸、杂志等新闻媒体加强公众宣传等。对于机构投资者,还要增强其守法经营、规范运作的意识,营造公平合理、正常有序的投资环境。

2.严格产业基金行业监管

基金的规范化运作和相关机构的守法经营,直接关系到基金投资人的切身利益。政府依法对产业投资基金活动实施监督管理,是维护投资者权益的重要环节。建议明确或新设专门的产业投资基金监管部门,制定产业基金活动监督管理的规章规则,明确基金活动参与者的权利和义务,制定产业基金从业人员的资格标准和行为准则,并负责监督实施。按照规范化、制度化、专业化、国际化的要求,依法采取切实有效的措施,加强对基金管理人、托管人以及其他中介机构的监督与管理,对违法行为进行查处,并予以公告。对基金管理公司和基金托管银行等机构的信息披露作出规定,明确信息披露的内容、形式、时间和渠道,让投资者能够按照基金合同约定的时间和方式查阅或者复制公开披露的信息资料,及时了解和掌握产业基金的经营状况。制定严格的审计制度,对基金公布的年报、中报、季报进行必要的审计。鼓励基金管理人、托管人、份额发售机构成立同业协会,政府指导和监督协会的活动,加强行业自律,协调行业关系,提供行业服务,促进行业发展。倡导基金以公司制形式设立,健全基金治理结构,防范道德风险的发生。

3.建立投资者赔偿制度

实施服务机构虚假信息归责制度和投资者保护赔偿制度,为投资者提供法律救济支持,严厉打击损害投资者利益的行为,形成对基金管理人、托管人以及其他中介机构的强力约束,降低违法行为的发生,稳定和增强投资者信心。建议仿照我国《证券法》和《证券投资基金法》的相关内容,明确产业基金活动参与主体的法律责任,保证投资人在遭受不法侵害后得到优先赔偿。例如,基金管理人、基金托管人及其从业人员,在履行各自职责的过程中,违反法律法规或者基金合同的约定,给基金财产或基金份额持有人造成损害的,应当分别对各自的行为依法承担赔偿责任;因共同行为给基金财产或者基金份额持有人造成损害的,应当承担连带赔偿责任;对直接负责的主管人员和其他直接责任人给予警告、罚款、暂停或取消从业资格等处罚;构成犯罪的,依法追究刑事责任。对动用募集资金或挪用基金资产的,责令返还,违法所得给予没收或归入基金财产,给投资者造成损害的,依法承担赔偿责任。未经管理机关核准,擅自从事基金管理业务或者托管业务,给基金财产或者基金持有人造成损害的,依法承担赔偿责任。基金信息披露义务人不依法披露基金信息或者有虚假记载、误导性陈述、重大遗漏,给基金持有人造成损害的,依法承担赔偿责任。出具内容虚假的审计报告、法律意见书的会计师事务所、律师事务所,给持有人造成损害的,依法承担赔偿责任。投资咨询机构及其从业人员在办理业务过程中,利用媒体或其他方式提供、传播虚假和误导信息,或者买卖本咨询机构提供服务的基金份额,给投资者造成损失的,依法承担赔偿责任。

4.推进基金份额上市流通

实现产业投资基金上市交易,使其具有一定的流动性,是降低投资风险的关键环节。在经过认真的比较研究后,我们认为,尽管存在上市条件比较苛刻、上市难度和成本都比较高等不利因素,但还是应当积极争取产业投资基金在沪深证券交易所上市。主要理由如下:

(1)沪深证券交易所是目前国内规模最大的资本市场。市场内投资者的数量十分庞大,截至 2006 年 3 月底总开户数已经达到 7382 万多户;投资机构云集,其中包括众多有实力的证券基金、证券公司、保险公司、QFII 等;交易活跃,目前两市合计日均成交量在 600 亿元以上。可以说,这是目前国内最活跃的资本交易平台。选择在沪深证券交易所上市交易,不仅可以确保产业基金份额具有较高的流动性,还有利于产业投资基金的价值发现,形成公平合理的市场价格。

(2)沪深证券交易所不仅具有一流的硬件设施能够保证交易的通畅,而且具有比较完备的配套软件,如比较严密的监管体系、日趋完善的投资者教育体系等,可以强化产业投资基金的外部市场约束。目前沪深证券交易所都有大量的证券基金在交易,具备接纳产业投资基金上市交易的条件。尽管证券基金和产业基金类型不同、特点各异,适用法规和监管侧重也有所区别,但还是有许多相通的地方可以借鉴。

(3)沪深交易所在投资者心目中的影响力,也是其他资本市场无法企及的。作为新兴的金融投资工具,产业投资基金亟须获得投资者的熟悉和认同。在沪深证券交易所上市,可以利用其影响力加快产业投资基金在公众投资者中的普及。

此外,为保证投资者获取较为稳定的投资收益,应鼓励保险公司在科学论证、积极准备的基础上,积极探索和推出新型避险工具。例如,研究创设"投资收益保险",当投资者获得的收益低于某一水平时,由保险公司提供补偿,从而解除投资者的顾虑,激发和调动全社会投资产业基金的积极性。

(四)积极促进在我市形成全国性的产业基金市场

在渤海基金率先试点运作和规范发展的基础上,我市应发挥先行优势,努力形成全国性的产业基金市场。产业基金市场应是包含与产业基金相关的规则、资金、人才、技术、信息、服务等诸多要素的综合性市场。为此,需要认真做好完善相关市场规则、疏通资金供给渠道、组建基金经理人队伍、增加基金数量、培育市场主体、扩大要素供给、规范市场行为等方面的工作。我们认为,当前和今后一个时期的主要任务是打造"一个基地、三个中心",即打造与产业基金相关的人才培养培训基地、专业人才集聚中心、中介机构汇聚中心和信息集散中心。

1.努力打造专业人才培养培训基地

产业基金是一个专业化的投资平台。专业人才的能力和经验,是产业基金最为重要的运营资源。产业投资基金的成功运作除了要有大批高素质的职业投资经理人外,还要有大批专业化的会计师、律师、资产评估师、证券师、经纪人,以及熟悉基金发行和托管业务的专门人才。为此,当前我市应该把人才培养作为重点,着力抓好以下几项工作:

(1)鼓励南开大学、天津财经大学等院校开展相关专业的学历教育或培训课程,培养高层次人才。

(2)适时组建产业投资基金行业协会,从事专业资格认定和从业人员培训,与国内外同行开展人才交流。

(3)举办高质量的投资业务培训班,聘请有丰富实践经验的境内外投资专家进行操作实务讲座,并进行不同类型的案例分析,以提高从业人员的综合素质,同时还要针对不同对象举办不同类型的培训班,如高级管理人员培训班、投资经理培训班。

2.努力形成专业人才聚集和交流的中心

为解决专业人才短缺的"瓶颈"制约,尽快形成一定规模的专家队伍,并在今后的发展中构建产业基金人才聚集的高地,给行业的发展提供强大的智力支撑,从现在起应注重抓好以下工作:

(1)在产业投资基金内部建立有效的激励和约束机制。产业投资基金的业绩与投资经理的专业素质和进取心有很大的正相关性。投资经理需要花费巨大的时间成本和财务成本才能获得必要的专业素质,还要承担很高的职业风险,如果不能提供具有一定吸引力的薪酬,很难吸引或留住高水平的投资经理。我们应在现有法规制度框架内,积极探索和建立行之有效的激励机制和激励方法,如实行与业绩挂钩的高比例分红等,增加我市对高水平投资经理的吸引力。

(2)为投资经理的职业生涯发展提供帮助。与提供住房、医疗、户口、子女就学等短期优惠政策相比,投资经理们更加看中职业生涯的长远发展。针对这种情况,我们应采取更加灵活多样的人才引进方式,如与国外著名投资机构进行投资经理的短期互换活动,为投资经理的职业生涯设计提供咨询等。

(3)利用现有资源,实现与国外产业基金人才市场的对接。国内的产业基金经理人资源匮乏,在市场上高水平的产业基金经理人更是难觅踪影。因此,应积极利用我们现有人才市场和人才中介机构,如中国北方人才市场、中国北方人才港股份有限公司等,实现与国外专业人才市场和猎头公司的对接与合作,把我们所需要的高素质专业人才引入国内,形成我国产业基金专业人才市场。

(4)进一步加强制度建设,加快人事与人才管理方面的立法工作。产业基金专业人才的使用、流动、管理有一定的特殊性,如何加强对聘用合同的规范管理,维护好专业人才和用人单位的合法权益,还有许多的工作要做。要把完善我市人才工作的政策法规体系作为突破口,促进专业人才市场更加规范化、制度化、法制化发展。

(5)打通人才市场与劳动力市场的连接障碍。目前,一些与专业人才就业有关的手续,只能由劳动力市场代理,人才市场无权代理,其中包括办理外国人在津就业许可证、劳动合同鉴证、职业资格鉴证、社会保险代缴、解除劳动关系手续等。这给专业人才和用人单位带来诸多不便,需要认真研究解决办法。

(6)进一步完善产业基金人才的认定评价机制。凡属产业基金专业人才,应视同"特殊人才",列入需要引进的人才范围,按照《天津市引进国内外优秀人才来津工作实施办法》(津人〔2000〕19号)的有关规定执行。人事部门进一步简化引进程序,取消审批制,改为准入制或备案制。公安部门负责解决户籍方面存在的问题。

3.努力形成中介服务机构汇聚中心

产业投资基金的发展,离不开相关中介机构所提供的专业化服务。以律师事务所为例,从产业投资基金的策划、组建、运营、投资到最终清算的每个环节都涉及相当专业而又复杂的法律问题,必须有一批高水准的专业律师提供相关法律策划、法律说明、法律建议等专业化服务。因此,我市应从下列工作着手,大力引进和发展与产业投资基金密切相关的中介机构,如基金管理公司、基金托管银行、投资银行、会计师事务所、律师事务所、资产评估机构、投资咨询公司、专业研究机构、人才培训机构等。

(1)积极推动相关行业发展。政府有关部门应制定行业发展规划,加强行业建设,改善执业环境,创新体制机制,促进机构数量的增加。

(2)全面提升专业机构的竞争力。出台优惠政策,鼓励同行业机构联合重组,开展跨地区合作,促进机构做大做强。扩大市场开放,引进国内外高水平机构。

(3)鼓励相关机构拓展业务范围。结合产业基金的推出,研究出台扶持政策,促进专业机构开展与产业基金相关的业务。

(4)提高行业服务质量和公信力。加大违规成本,规范执业行为,严厉打击违规。成立行业组织,加强行业自律。

(5)遏制行业低价竞争。与产业基金相关的审计、资产评估等项目,要实行招标制度,促进合理行业竞争,形成公平市场价格。

(6)调动各方力量,营造良好环境。发挥媒体的作用,宣传体现时代精神和良好职业道德风尚的典型事例,为行业诚信建设创造良好的社会氛围。

4.努力形成相关信息集散中心

在产业投资基金市场上,信息的发布、咨询与交流贯穿于每项具体的活动之中。实际上,每个项目的投资运作过程就是一个信息采集、整理、加工和利用的过程。为了形成产业投资基金相关信息的集散中心,我市应重点做好以下几个方面工作:

(1)加强信息资源建设。政府有关部门要大力推行政务公开,公开发布相关的政策法规和监管信息;产业投资基金行业协会应及时沟通行业动态,提供咨询服务,搜集和发布投资项目信息等;产业投资基金、基金管理公司、基金托管人要做好公开信息披露和基金投资者公共关系工作;鼓励成立产业投资基金专业研究机构,开展产业投资基金的理论研究和实务策划,及时发布理论研究成果。

(2)加强信息渠道建设。政府有关部门应要求市场主体建立专业网站和相关资料数据库,提供产业投资基金相关信息的发布、收集、咨询和交流平台;有关政府部门和行业协会应经常组织行业信息交流活动,如定期召开产业投资基金年会,不定期举行与产业投资基金活动相关的各种专题会议,加强与国内外同行的交流与合作。

(3)加强信息质量建设。政府有关部门要制定相关政策法规,明确信息发布主体的责任,完善监督管理体系,加大对信息质量的检查管理力度,对虚假信息的制造和传播者依法进行严厉惩处;基金管理公司、基金托管机构等市场主体必须遵守有关法规或行业规范披露相关信息,确保所披露信息的真实性、准确性和完整性。

5.努力营造良好的金融发展环境

大力发展与北方经济中心定位相适应的现代金融服务体系,不仅是天津实现更大发展的迫切要求,也是产业基金市场发展的必要条件。为此,需要进一步增加市场主体数量,拓展主体功能,疏通资金筹集渠道;进一步加强立法和制度建设,完善监督管理体系;进一步深化金融体制改革,创新市场机制;进一步加强跨省市联合,整合周边各省市资源,搭建环渤海区域金融合作平台。针对不同市场主体的发展情况以及与产业基金的关系,需要采取相应的政策措施。

(1)充分发挥商业银行资金募集的主渠道作用。产业基金的发展离不开银行业的支持。这是因为:商业银行虽然不具有直接投资的功能,但可以利用自身网络优势,在产业基金的发行募集过程中,起到主渠道的作用。同时,商业银行在基金资产托管方面发挥着不可替代的作用。此外,商业银行将来有可能承担产业基金管理人的角色。2005年初,国家出台了《商业银行设立基金管理公司试点管理办法》,并批准工商银行进行试点工作。这为突破我国现有的"分业经营、分业监管"模式,加强基金市场与货币市场联接,加速产业基金发展,提供了有利条件。结合产业基金的推出,银行业可以从三个方面做出努力:一是加快与产业基金相关的人才引进和培养。二是成立产业基金销售策划团队、基金托管部门,增加基金销售和托管业务。三是争取国家政策,成立产业基金管理公司,发起设立产业基金。

(2)发挥保险公司资金支持的主力军作用。保险公司是产业基金资金募集的重要来源,保险市场的规模与发展,在很大程度上影响着产业基金市场的规模与发展。相比之下,我市保险业在资金筹集方面的功能还需要进一步加强。因此,我们一方面要努力扩大保险市场机构的数量和规模,另一方面要制定优惠政策,引导保险公司参与设立组建产业基金。

(3)充分发挥上市公司资本筹集和投资功能。在资本市场中,上市公司可以通过证券市场、债券市场募集到大量资金用于产业投资,可以成为产业基金强大的投资伙伴和潜在的资金提供者。我市可以制定相应的政策措施,支持和引导上市公司参与产业基金发行。

(4)充分发挥证券公司资金桥梁和投资退出作用。截至目前,我国的证券公司还不能为产业基金直接提供资金。但是,在企业上市过程中,有保荐资格的证券公司要对拟上市企业进行辅导,负责与政府部门的公关工作,在产业基金投资退出机制中起着不可忽视的作用。与此同时,证券公司与众多的上市公司保持着十分紧密的联系,对这些客户和公司的投资有较强的影响力,可以起到产业基金资金募集的桥梁作用。为此,应加强与证券公司的联系与合作,鼓励支持它们开展投行业务,更好地促进我市产业基金的健康发展。

　　课题组负责人:王恺(天津开发区管委会)、冯卫华(天津市委研究室)、宋岗新(天津市发改委)

　　课题组成员:王新(天津开发区管委会)、孙楑(天津市委研究室)、张瑞华(天津开发区管委会)、孙泉(天津泰达投资控股有限公司)、王友诚(天津泰达投资控股有限公司)、李海波(金诺律师事务所)、郭卫锋(金诺律师事务所)、牛同栩(金诺律师事务所)

　　课题报告完成时间:2006年5月

深化滨海新区综合配套改革 加快产业投资基金市场建设

【摘要】 本文介绍了滨海新区产业基金市场发展现状,分析了在法律保障、政策支持、投资运作等方面存在的问题,阐述了产业基金市场的内涵特征、功能定位和形成条件。在此基础上,为促进产业基金发展、提高投资者素质、保障市场规范运作、拓展基金发行交易和投资退出渠道,提出了营造发展环境、培育投资者、完善监管体系、建立 OTC 市场等一系列建设滨海新区全国性产业基金市场的对策建议。

产业投资基金市场,是产业投资基金(以下简称产业基金)发行和交易的场所。在滨海新区建设全国性产业基金市场,是完善我国金融市场体系、拓宽直接融资渠道、深化综合配套改革、进一步加快滨海新区开发开放的重大战略举措。开展滨海新区建设全国性产业基金市场的方案研究,对于揭示产业基金市场的内涵特征、功能定位和形成条件,明确滨海新区建设全国性产业基金市场的重大意义、现实条件、工作思路和重要举措,进而推动各项工作的顺利进行,都具有十分重要的理论意义和现实作用。

一、滨海新区产业基金市场发展现状

随着渤海产业投资基金试点运作的不断深入,与产业基金市场建设相关的一些工作已经陆续展开,并取得了良好成效。

(一)渤海产业投资基金正式运作

2006 年 12 月 30 日,总规模为 200 亿元、首期募集金额为 60.8 亿元的渤海产业投资基金(以下简称渤海基金)正式成立,与此同时渤海产业投资基金管理公司(以下简称渤海基金管理公司)揭牌仪式在天津举行。渤海基金的首期出资人为全国社会保障基金理事会、国家开发银行、国家邮政储汇局、天津市津能投资公司、中银集团投资有限公司、中国人寿保险(集团)公司、中国人寿保险股份有限公司和渤海基金管理公司。其中,全国社保基金等前 5 家出资人各出资 10 亿元,人寿集团和人寿股份共出资 10 亿元,渤海基金管理公司出资 8000 万元。依照国家发改委的批复,渤海基金为契约型基金,采取封闭方式运作,存续期为 15 年,首期资产委托渤海基金管理公司管理,委托交通银行托管。按照有关法律规定,由全体出资人代表组成的基金持有人大会,是渤海基金的最高权力机构,负责对渤海基金的重要事项做出决定,并负责委任和监管基金管理人、基金托管人和审计师。

作为基金管理人的渤海基金管理公司注册资本为 2 亿元,中银国际控股公司占 48%的股份,天津泰达投资控股有限公司占 22%,6 家基金持有人各占 5%(人寿集团和人寿股份合并计算)。2007 年 4 月初,渤海基金管理公司依法完成工商登记程序,并召开了第一次董事会议。中国银行行长、中银国际董事长李礼辉与曾任美国新桥投资集团董事总经理的欧巍分别出任渤海基金管理公司的董事长和总经理。

渤海基金管理公司设投资决策委员会,负责审议投资经理提交的投资建议书、投资报告和投资回收交易建议书,并对整个基金的投资、收购、出售、转让等事项作出决定。该委员会由 7 名委员组成,其中 3 名为渤海基金管理公司的高级管理人员,另外 4 名为外部专业人士,任期 3 年。任何对外投资方案,需经 2/3 或 2/3 以上的委员表决通过后,方可正式执行。

目前,渤海基金管理公司运营正常,正在积极地遴选投资项目。11月2日,渤海基金正式签约投资天津钢管集团股份有限公司,标志着我国产业基金发展已经进入了一个崭新阶段。

(二)中国企业国际融资洽谈会成功召开

2007年6月6日至8日,由天津市政府、全国工商联和美国企业成长协会共同主办的中国企业国际融资洽谈会(简称融洽会)在滨海国际会展中心举行。会议为期3天,参会人员多达5500人,分别来自五大洲的17个国家和国内31个省、自治区、直辖市及香港、台湾地区。参会机构1556家,其中基金类投资机构223家,管理的基金规模达4712亿美元;融资类工商企业952家,拥有总资产8387亿元人民币;中介机构381家,包括会计事务所、律师事务所、评估事务所、投资银行以及商业银行类金融机构、产权交易机构、商会、开发区等组织。

本次融洽会最突出的特色,就是引进了"资本对接"(Capital Connection)和"快速约会"(Speed Dating)两种融资洽谈方式。"资本对接",是指有投融资意向的企业及私募股权投资基金,在会议组织机构安排的环境中进行面对面的接触,为投融资双方提供了多元选择的机会,提高了投融资的机会和效率。"快速约会",是指会议组织机构在事先预约登记的基础上,安排资本供求双方在封闭环境中进行约45分钟的面谈。这种高效的洽谈会机制,能有效节约投融资双方的信息成本和时间成本,从而实现国内外投资者和中国企业高效率、低成本的会面。据融洽会组委会统计,在本次融洽会上,通过"资本对接"方式进行深度接触的机构有7400余家次,通过"快速约会"方式确定初步合作意向的机构有1045家次。

(三)其他产业投资基金积极筹备

2006年12月28日,天津领锐资产管理股份公司(简称领锐公司)在天津新技术产业园区成立,注册资本为8.5亿元。领锐公司将首先发起一只工业地产概念的基金,投资目标锁定为天津地区的工业厂房资产,主要收购符合证券化条件的工业地产,组成一定规模的资产池,经有关部门批准后,公开发行国内第一只房地产投资信托基金,即领锐REITs。为克服目前国内发行 REITs 所遇到的各种障碍,领锐公司考虑首先成立其替代产品——资产支持受益凭证(ABS),从工业地产开始做起,然后以债权的形式进入股票市场发行、流通,到一定程度后把债权转为股权,即进入 REITs 市场。

2007 年 6 月 22 日,天津滨海船舶产业投资基金管理公司在天津港保税区成立,注册资本为 2 亿元,主要股东为中通远洋物流集团有限公司及其附属企业。目前,天津滨海船舶产业基金的争取设立工作正在积极推进。此外,还有许多企业来津调研,研讨在天津滨海新区设立产业基金的可能性,前期调研筹建工作全面展开。

(四)天津股权投资基金协会成立

2007 年 9 月 16 日,我国首个私募股权投资基金协会——天津股权投资基金协会成立。该协会是中国股权投资基金业的自律组织,主要职能包括:制定自律规则,监督检查会员行为,制止行业不当竞争,维护会员的合法权益,开展投资者教育,组织从业人员培训,就基金发展中的重要问题进行研究、交流,组织基金业的国际交流等。中国宽带产业基金董事长田溯宁任会长,鼎晖投资董事长吴尚志任轮值主席,全国工商联并购公会会长王巍任监事会主席。

(五)滨海新区创业风险投资引导基金设立

2007 年 12 月 7 日,滨海新区管委会与国家开发银行签署协议,共同出资 20 亿元设立滨海新区创业风险投资引导基金。据了解,滨海新区创业风险投资引导基金,是目前国内规模最大的政府创业风险投资引导基金,采取"母基金"方式运作,实行公司制管理,将围绕电子信息、生物医药、新材料新能源等优势产业,重点引进国内外投资业绩突出、基金募集能力力强、管理经验成熟、网络资源丰富的品牌创业投资机构,力争基金规模达到 100 亿元以上,带动直接投资 500 亿元,并实现部分高科技企业在境内外成功上市。

二、滨海新区发展产业基金面临的问题

从法律制度、政策体系和市场环境等角度考察,滨海新区大力发展产

业基金,进而形成全国性产业基金市场,还面临着一些困难和问题。

(一)产业基金发展面临的法律障碍

对于产业基金是否属于特殊的法律现象,是否需要专门立法来加以规制,理论界和法律界还存在争议。因此,我国对产业基金的专门立法虽然酝酿多年,但至今仍没有出台。这就造成在我国目前的法律语境中,"产业投资基金"还只是一个从投资机构设置的功能目的、投资方向、经营范围等角度出发提出的称谓,不能成为特定的法律概念。在实践层面,国务院明确国家发改委牵头进行产业基金试点,并负责审批和监管,但是产业基金的设立与运行仍然面临着一些法律障碍。

1.产业基金设立无法可依

除对创业投资企业的设立有较为明确的规定外,我国对于其他类型的产业基金还没有做出明确的规定。面对一种新型的企业组织,工商、税务等政府相关部门,对于产业基金设立应当纳入何种程序管理、适用哪类法规文件、企业应具备哪些条件才能予以注册登记等问题都难以把握,造成产业基金的注册登记成为现实中的难题。2007 年 11 月 16 日,天津市工商局发布了《关于私募股权投资基金、私募股权投资基金管理公司(企业)进行工商登记的意见》,对私募股权投资基金以及私募股权投资基金管理公司注册登记的若干问题做出了规定,同时明确了天津市产业基金及产业基金管理公司运作的部分问题。然而这只是一个地方性的文件,从全面规范产业基金的角度看,仍需从国家层面出台涵盖范围更广、效力级别更高的法律规范。截至目前,我国两批试点的产业基金,第一批的渤海产业投资基金,以及第二批的上海金融产业基金、广东核电基金、山西能源基金、四川绵阳高科基金和苏州中新产业基金等 5 只产业基金,都是经国务院同意后由国家发改委批准进行试点。此前设立的中瑞和中比两家合资产业基金,也是分别由中国人民银行与国家发改委特批设立。

2.产业基金监管面临法律真空

由于对产业基金没有明确的法律定位和专门立法,是否应该对其进行特殊监管、由谁来执行监管以及如何进行监管,难以形成统一的观点。众多的市场人士认为,在金融、市场法律制度健全的情况下,没有必要对产业基金进行特殊监管,也不需要对产业基金进行专门的立法。许多政府机构人士却认为,我国产业基金仍处在试点阶段,对其行为进行监管是必要的。目前,国务院已经明确由国家发改委牵头进行产业基金试点工作,负责产业基金的审批和监管,但是对监管所依据的法律法规并没有予以明确,这就在一定程度上给地方政府部门实施监管造成了困难。

(二)产业基金发展亟需政策支持

产业基金又好又快的发展,要求有完备的政策扶持体系作支撑。产业基金的政策扶持体系主要包括与基金设立登记、发行交易、投资退出、境外投资以及税收征管等相关的一系列鼓励政策。就目前情况看,我国产业基金政策扶持体系还不够健全。

1.产业基金的税收鼓励政策有待明确

从美国风险投资基金的发展历程看,税收政策对基金业的发展至关重要。1969 年,美国资本收益税率由 29% 提高到 49.5%,导致美国的风险资本由 1969 年的 2 亿美元,下降到 1975 年的 1000 万美元。1978 年,美国国会通过立法将资本收益税率降低到 28%,于是风险资本在 1979 年增长了近 10 倍。1981 年,资本收益税率又进一步降低到 20%,并通过了一系列投资鼓励政策,当年风险资本增长了 2 倍。[①] 相比较而言,我国与产业基金相关的配套政策尚不完备,特别是产业基金税收鼓励政策缺失,不利于我国产业基金的快速发展,应当从减免产业基金投资收益税、基金持有人投资收益税、基金管理公司业务收入税等方面着手,给予产业基金参与各方鼓励和扶持,促进产业基金及其市场加快发展。

2.产业基金境外投资审核体系需要理顺

从长远看,由于产业基金遵循市场化经营理念,以投资收益最大化为直接目的,境外企业将成为我国产业基金的投资目标。目前,规范我国企业境外投资的法律法规比较多,涉及外汇管理、对外投资项目核准、对外投资设立企业管理等许多方面,除国家层面的法律法规以外,地方政府层面还有许多具体的规定。不仅如此,我国对外投资审核涉及的层级和部

---

① 彭丁带. 美国风险投资法律制度研究. 北京:北京大学出版社,2005:67

门也比较多,各部门对文件的理解存在差异,有些地方对外投资审批效率不高。政府应对现有的对外投资政策规章进行必要的清理,进一步精简审批事项,缩短审批流程,理顺部门关系,提高办事效率。特别是滨海新区作为国家综合配套改革试验区,可以考虑申请扩大对外投资审批权限,减少审批事项和环节,为产业基金对外投资铺平道路。

(三)产业基金投资运作遇到的困难

在实际操作中,产业基金投资运作还面临着一些来自市场方面的困扰,主要包括投资信息失真、投资理念落后、行政干预较多、高水平的基金管理公司稀缺等。比较突出的有以下三点:

1.我国产品生命周期较短

从可供产业基金投资的行业角度分析,存在两个显著特点:一是可供投资的高利润行业稀缺。改革开放以来,我国经济实现了年均9.6%的高速发展,2006年国内生产总值位居世界第四位。但是,人均生产总值与发达国家相比还有较大差距,社会人均购买力水平不高,消费结构单一,造成可供投资的高利润行业不多。二是项目重复建设现象严重。我国经济体制仍处于转轨阶段,市场机制不健全,政策透明度不高,致使企业行为成熟度不高,不注重产品研发和企业战略制定,盲目投资、重复建设现象比较普遍。在以上两点因素的作用下,"行业壁垒原则"失效,投资大、见效慢、技术含量高等不利条件,都挡不住众多企业介入为数不多的几个高利润行业,造成行业生产能力很快过剩,盈利水平大幅下降甚至亏损,一些高毛利率产品能在短短二三年内变得没钱可挣,大举投资维生素C、浮法玻璃、VCD、鳗鱼养殖等,都是很有代表性的例证。这就形成了我国企业发展不同于国外企业的一个显著特征,即产品生命周期普遍较短,很多在国外有七八年生命周期的产品,在我国从盈利状况明朗到产品跌入低谷,仅有三四年时间。若照搬国外的投资经验和分析方法,即通过对企业以往3年财务状况分析,推断今后几年企业盈利状况和产品发展水平,往往会得出与实际相反的结论。假设产品生命期只有5年或6年,从完成投资、购买设备到投产运营,该产品可能已经进入低盈利状态了,这就出现了很多令基金经理沮丧的投资结果。

2.企业管理层还不够成熟

被投资企业管理层比较容易出现的问题,主要表现在对企业的定位、产品技术创新、对市场的把握和对待股东的态度等方面。其中,比较突出的有以下两点:

(1)企业经营目标不明确

作为市场经济的主体,企业的目标是追求利润的最大化,企业管理层应以创造更多利润为己任。但是,长期的国有计划经济体制造成许多企业管理层不是追求利润最大化,而是追求资产尤其是有形资产的最大化。在传统经济体制下,企业领导人不是企业资产的所有者,却对企业资产有完全的处置权,是企业资产的实际控制者。政府主管部门对企业评判的标准是产值、固定资产、人员等指标,社会评价成功的标志也是看该领导人能控制多少资产,无形中导致了企业行为追求资产最大化的倾向。这不只存在于国有企业,集体和民营企业也相当程度地存在。

(2)企业预算约束力不强

企业管理层不成熟的另一个突出表现是,对企业预算管理不够重视,企业年度预算的编制更多地是跟着感觉走。企业内部缺乏一套有效的预算控制系统,不能有效地根据市场的变化重新配置内部资源,以保证年初预算目标的实现。预算编制缺乏科学性和严肃性,以及预算执行过程中的随意性,降低了企业运行的透明度,导致投资者对企业的投资信心下降。在实际投资筛选工作中,基金经理往往要把企业预算打40%的折扣后再行考虑。从以往的经验看,当企业面临资金短缺压力时,企业管理层的决策行为可能还比较经济和理性,而当基金给企业注入数额巨大的资金后,他们的决策就可能出现非理性和非经济的倾向,比如盲目上马尚未经仔细研究论证的项目,用投资资金购买汽车、住房等非生产性资产,甚至用来支付奢华消费。

3.对所投资企业的控制力和约束力不强

目前,大多数产业基金的投资策略是这样安排的:现金投入占小股,参加董事会,但不参与企业日常管理。因此,产业基金对企业没有控制权和经营权,在缺乏必要的法律约束的情况下,产业基金投资权益如何保障就成了一个大问题。如果企业有一个值得信赖的管理层,很多风险是完全可以避免的,从某种程度来说,对企业投资就是对"人"的投资,是对企业管理层预期成功的投资。由于对"人"的判断最为困难,既没有定量的标准,又非常的个性化,上述投资策略和被动式管理在发达国家适用,却并不完全适合我国国情,会带来额外的投资风险。在今后的实践中,产业基金有必要对以往的投资策略进行调整,加强对企业的控制和约束;要把对企业管理层的评价始终作为第一要素考虑,看企业管理层是不是一个有可塑性的班子;要用市场经济的理念来影响和引导企业管理层。

三、产业基金市场的内涵特征、功能定位和形成条件

(一)产业基金市场的内涵

从狭义的角度来说,产业基金市场是产业基金份额发行和交易的场所。从广义的角度来说,产业基金市场还涵盖为产业基金策划组建、募集发行、上市交易、项目投资、股权退出等活动提供服务的各类专业服务市场。产业基金市场从性质上看,是一类重要的资本市场,是我国证券市场的重要组成部分(见图1)。

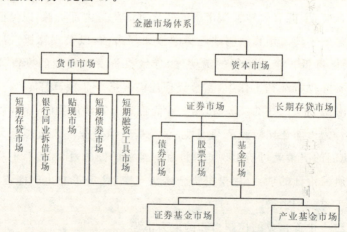

图1 产业基金市场在我国金融市场体系中的位置示意图

滨海新区建设全国性产业基金市场,主要有以下几层含义:

1. 将滨海新区建设成为我国产业基金的发行中心

通过完善滨海新区产业基金所需的软硬件环境,率先建立起适合产业基金设立发展的市场条件和比较完善的政策法规体系,吸引众多的国内外的投资机构来天津设立产业基金,使天津成为国内产业基金发行的首选基地。

2. 将滨海新区建设成为我国产业基金的交易中心

在总结现有产业基金发行经验的基础上,进一步探索和完善滨海新区产业基金交易制度,建设产业基金份额的流通平台,吸引国内外产业基金来津上市交易,将滨海新区建设成为我国产业基金的交易中心。

3. 将滨海新区建设成为我国产业基金投资退出中心

进一步拓展天津产权交易中心的功能,扩大市场交易品种和覆盖范围,建立规范的非上市企业股权交易市场,大力发展和引进投资银行、证券机构等中介服务机构,为产业基金的投资退出提供畅通的渠道和规范化服务。

4. 将滨海新区建设成为我国产业基金的管理中心

努力增加产业基金管理公司数量,不断提高产业基金管理公司的业务水平,培养和聚集各种高素质的产业基金管理人才,把滨海新区打造成为我国产业基金管理公司和产业基金优秀人才最为集中的地区。

(二)产业基金市场的基本特征

产业基金市场,与证券基金市场和股票市场相比,既有同一性又有特殊性,主要有以下三个特征。

1. 市场投资主体的特定性

证券基金主要从事公众公司股票、债券的交易,有些投资的周期非常短;而产业基金则主要针对未上市企业股权进行投资,投资周期相对较长,运作程序复杂,被投资企业的信息公开程度也不高。[①] 因此,与投资证券基金相比,投资产业基金将面临更多的不确定性。产业基金市场的投资主体必须是可以承担较高市场风险的合格投资者,应当具备一定的

---

① 刘昕. 基金之翼:产业投资基金运作理论与实务. 北京:经济科学出版社,2005:11

资金实力、分析能力,并非所有投资者都可以成为产业基金市场的投资者。根据国外经验,产业基金市场的投资主体应当以机构投资者和富有的个人为主。

2.市场具有相对的封闭性

由于产业基金投资周期较长,基金净值的计算比较复杂,主要以封闭形式设立,客观上造成产业基金市场相对于证券基金市场具有一定的封闭性,如信息披露要求不高,不具有高度的公开性等。此外,产业基金市场的封闭性还表现在投资退出的方式上,除去在公开市场发行上市以外,大部分的投资股权退出通过非上市企业股权交易系统——场外交易市场(OTC)来实现,还有一部分是通过股权回购或其他非市场方式转让来完成,相对于证券投资基金完全的公开市场操作来说,具有明显的封闭性。[①]

3.市场运行的高度专业性

产业基金的策划组建、资金募集、上市交易、项目筛选、投资管理、项目退出、增值服务等各项业务,都具有高度的专业性、技术性和规范性要求。产业基金市场参与各方,都要严格遵守国家的有关法律法规和政策规章,相关从业人员都要具备较高的专业技能和较为丰富的法律知识。因此,无论从市场整体上看,还是从各个环节分析,产业基金市场的运行都具有高度的专业性和规范性。

(三)产业基金市场的功能定位

产业基金市场,是产业基金赖以生存和发展的基础。其主要功能在于为产业基金的发行交易提供一个规范、透明、高效、便捷的场所,为产业基金的设立和运作提供资金、人才、信息、技术、服务等各种要素,为基金投资者提供买卖基金份额、转嫁投资风险、实现投资收益的平台,为众多的产业和基础设施建设项目提供一个低成本、高效率的直接融资渠道。

1.为产业基金的发行交易提供场所

产业基金的发行交易,不同于证券基金和其他的投资方式,需要有一

① 刘昕.基金之翼:产业投资基金运作理论与实务.北京:经济科学出版社,2005:188

个适合其特点的市场作为支撑,这对于产业基金发展至关重要。举例来说,我国风险投资基金起步较早,但发展较为缓慢,主要原因就在于我国缺乏一个统一、规范、透明、高效的风险投资基金市场,基金不能够方便快捷地获得发展所需的各种资源,特别是大规模的资金来源问题难于解决。设立全国性产业基金市场,就是要把众多的产业基金投资者和产业基金有效地组织起来,为包括风险投资基金在内的产业基金提供一个统一、规范、透明、高效的发行交易场所,在增加投资者的选择的同时,拓宽产业基金的融资渠道。

2. 为产业基金的设立运营提供要素

产业基金的设立运营,不仅需要有较为完善的法律法规体系和强有力的扶持政策,还需要有充足的资金、准确的信息、新型的投资技术和高端的专业人才,以及法律、会计、审计、证券等中介机构所提供的各类专业化服务。产业基金市场的建立,可以集聚各种产业基金发展所需的资金、信息、技术、人才等各类要素,吸引和培育一批专门为产业基金设立运营、上市交易、投资退出等活动提供服务的中介机构,为产业基金的健康快速发展提供一个良好外部环境。建立全国性产业基金市场,还有利于对我国发展产业基金所取得的经验进行总结推广,对遇到的共性问题进行深入剖析,及时提出有针对性的解决方案,发现现存法律法规和政策扶持体系中存在的漏洞,及时加以弥补和完善。

3. 为投资者提供规范透明的交易平台

产业基金市场,既是产业基金价值发现的平台,又是众多产业基金投资者认购产业基金份额、转嫁投资风险、实现投资收益的场所。产业基金市场在为产业基金承担资金募集渠道功能的同时,也为广大的机构投资者和公众投资者提供了一个新的投资渠道。特别是全国性产业基金市场,可以把全国的产业基金放置在同一个舞台进行比较,把所有的产业基金投资者联结在一起,形成强大的市场监督力量,使产业基金的运作更加规范;市场信息更加通畅,投资者可以全面迅速地了解到基金行情,有效地降低交易成本和投资风险;投资者可以更加合理的价格转让所持有的基金份额,实现投资收益的最大化。

4.为产业的快速发展提供融资渠道

这是产业基金市场的一个重要间接功能。产业基金可以有效聚集保险公司、社保机构、投资银行等风险厌恶型且追求稳定投资回报的机构投资者的资金,用于对国民经济发展至关重要的石化、航运、钢铁、煤炭、交通、电力等基础产业和基础设施进行投资。建立产业基金市场,就是要在投资机构和企业之间搭建起一座相互沟通的桥梁,进一步丰富机构投资者的投资选择,同时为那些投资周期长、见效慢、投资回报率不高,难以达到股票市场上市要求的基础产业和基础设施建设项目提供融资机会,为陷于困境的国有大中型企业提供重组的机会,促进国民经济又好又快的发展。

(四)产业基金市场的形成条件

产业基金市场的形成发展,需要具备一定的外部条件,如健全的制度体系、有力的政策扶持、完善的金融服务、发达的科研实力、宽松的市场环境、充足的人才储备,等等。

1.政策法规条件

产业基金市场涉及的法律法规,主要包括公司法、合伙企业法、知识产权保护法和税法等。就目前情况看,我国发展产业基金市场所需要的基本法律条件已经具备,但缺乏操作性的实施细则。我市应充分利用滨海新区综合配套改革的政策优势,大力推进金融领域的创新,建立健全与产业基金市场设立和发展相关的各项地方性法规和扶持政策。

2.金融市场条件

用发展的眼光看,产业基金市场的资金需求将越来越大,需要有完善的金融市场与之配套。一是吸收外部资本的需要。产业基金的资金募集,部分通过金融市场吸收机构资金和公众资本来完成。二是转化内部积累的需要。产业基金需要通过金融市场实现投资退出,使投资收益转化为资本,进行下一轮的投资,形成基金资本的良性循环。

3.自主创新条件

自主创新,可以为产业基金的投资运作提供必要的高科技产品和新技术项目,是产业基金特别是创业投资基金生存和发展的前提。应加大我市自主创新体系建设和科技市场发展的力度,确保能够为产业基金投资运作提供充足的高新技术产品项目;还应建立起相对完善的技术评估机制,为创业投资合作双方提供客观公正的技术评价基础。

4.资本市场条件

各类资本市场是产业基金实现投资退出的主渠道,对产业基金市场的设立和发展必不可少。目前,产业基金投资的优质大型项目,可以直接在沪深证券交易所上市交易,实现较高的退出收益。相对小型的项目,可以通过产权交易市场以收购或兼并方式退出。未来,还可通过柜台交易市场(OTC 市场)实现,这将是产业基金投资退出的最为方便快捷的方式。

5.人才储备条件

产业基金市场是一个高度专业化的市场,所进行的高风险、高收益的投融资活动,都需要由高水准的金融、投资、企管、财会、营销等各类专业人才来完成,特别是那些具有国际视野的产业基金高级管理人才更是不可或缺。因此,能否造就一支高素质的产业基金专业人才队伍,是决定产业基金市场建设成败的关键因素。

四、滨海新区建设全国性产业基金市场的必要性和可行性

(一)滨海新区建设全国性产业基金市场的必要性

作为国家发展战略的重点和综合配套改革试验区,滨海新区建设全国性产业基金市场,对于进一步加快推进滨海新区开发开放,充分发挥在改革开放和自主创新中的重要作用,全面落实党中央、国务院的战略部署,都具有十分重要的意义。

1.完善我国多层次资本市场和金融体系的需要

改革开放以来,我国的资本市场实现了快速健康发展。但从结构上看,市场发展还很不平衡,直接投资比重还比较低,投融资方式和渠道还比较狭窄,建立多层次资本市场的任务还比较重。2004 年 1 月,国务院印发了关于推进我国资本市场改革发展的 9 条意见,强调大力发展资本

市场是一项重要的战略任务。大力培育和发展产业基金市场,有利于扩大直接融资渠道,提高储蓄转化为投资的效率,缓解市场流动性过剩和银行信贷扩张的压力;有利于加快培育新型投资主体,深化投融资体制改革,发展专家理财,优化资源配置;有利于改善公司治理结构和财务结构,提高企业竞争力,促进资本市场健康持续发展。由此可见,滨海新区建设全国性产业基金市场,已经成为当前完善我国资本市场的一项十分紧迫的战略任务。

2. 滨海新区建设高水平现代制造业基地的需要

建设高水平的现代制造业基地,需要长期的大量的资金投入。"十一五"期间,滨海新区将重点发展无线通讯、显示器、基础元器件、集成电路、汽车电子、数字视听、光电子和软件等八个现代制造行业,仅靠目前的融资渠道,远远不能满足巨大的资金需求。一是政府财政投入有限。2005年到 2009 年,国家仅给予滨海新区每年 10 亿元、共 50 亿元的财政资金支持。天津市政府每年可支配的财政收入只有 500 多亿元,相对于巨大的投资需求可谓杯水车薪。二是银行提供的长期贷款服务并不适合基础设施建设项目,一些高新技术项目潜在较高风险,获得银行贷款较难。三是其他融资渠道也难以满足需要。证券基金仅对上市公司投资,不涉足实业。信托投资业务广泛,但其资金募集受到越来越严格的限制。滨海新区建设全国性产业基金市场,可以将社会闲散资金有效聚合在一起,形成规模庞大的机构投资者群体,为新区重点发展产业提供源源不断的资本。产业基金针对上市企业进行股权投资,不需要还本付息,能够降低企业负债率,特别适合新区能源、原材料等基础产业和高新技术产业的融资需求。产业基金可以为新区企业提供增值服务,提升现代制造企业的管理水平,为企业上市融资提供帮助。

3. 滨海新区建设高水平的研发转化基地的需要

建设高水平的研发转化基地,是滨海新区开发开放的又一个重要功能定位。到 2010 年,新区的软件开发、集成电路设计、光电子、生物芯片、工业与环境生物技术、干细胞与组织工程、现代中药、水资源综合利用、海水淡化、电动汽车、纳米技术与器件、民航装备等 12 个领域的原始创新能力,将达到世界先进或国内领先水平,将会产生一大批科研成果并向现实生产力转化。高新技术研发转化具有资本需求量大、风险性高和市场性强的特点。与商业银行相比,产业基金更青睐高新技术研发转化的高增长潜力,愿意以获取一定时期的企业股权为条件,为高技术企业提供必要的资金支持。滨海新区建设全国性产业基金市场,可以促使大批的产业基金特别是风险投资基金云集新区,为新区高新技术研发转化项目提供融资服务,确保新区的高新技术企业在创建期、成长期和扩张期都能得到强有力的资金支持。

4.加快推进民营经济和中小企业发展的需要

目前,滨海新区民营经济发展不充分,中小企业发展相对不足。2006年,新区民营企业规模只占到全区的 13%,而且主要集中在技术含量不高的建筑、交通运输、仓储、批发零售、餐饮等行业,企业规模较小,竞争力不强,自主研发能力弱,产品技术含量不高,影响了新区经济运行质量的提高。2007 年 9 月,市委市政府提出要加快全市民营经济的发展,到2011 年民营经济增加值要占到全市生产总值的 38%以上,新区理应充分发挥龙头作用,在发展民营经济方面走在全市前列。从全国范围看,银行对民营经济和中小企业的资金支持力度偏低,截至 2006 年底,我国工、农、中、建、交五大银行的小企业授信户数只有 68.43 万家,仅相当于同期私营企业总数的 13.7%;我国个体私营经济贷款仅占国有商业银行的8.81%、政策性银行的 0.27%、股份制银行的 5.9%、城市商业银行的7.96%和中小金融机构 25.38%。这组数字说明紧依靠银行贷款难以解决民营经济和中小企业的融资需求。滨海新区建设全国性产业基金市场,可以为新区、环渤海地区乃至全国的民营经济和中小企业提供一个全新的直接融资平台,有效拓宽民营经济和中小企业的资金来源,降低企业负债率,优化资产结构,增强风险控制力;还可以通过改善企业法人治理结构和企业管理流程再造,提升企业规范化水平,实现更加健康的发展。

5.提高滨海新区服务辐射带动功能的需要

"依托京津冀、服务环渤海、辐射'三北'、面向东北亚",是国务院对滨海新区的重要功能定位。有效整合区位、产业、金融、交通等方面的资源优势,提高滨海新区服务、辐射和带动功能,是滨海新区肩负的重要历史使命。特别是金融处于现代市场经济的核心地位,滨海新区金融服务功能的提升,关系到新区整体服务辐射带动功能的增强。目前新区的金融服务体系发育还不完全,仍以银行的间接融资为主,渠道单一、方式有限、风险集中,远不能满足新区自身发展和环渤海区域经济振兴的需要。滨海新区建设全国性产业基金市场,就是要以深化滨海新区综合配套改革为动力,进一步提升新区金融服务能力,带动新区整体实力的增强。一是全国性产业基金市场的建立,有助于在新区形成一个多层次、高效率的资本市场,大幅度提高直接融资的比例,有效缓解银行体系压力,降低和化解金融风险,弥补现有金融体系的不足,实现合理均衡发展。二是为新区企业提供一个合法、安全、高效、规范、广阔的融资平台,使民营经济和中小企业的发展得到多样化的金融服务。三是在满足社会多样化的投资需求的基础上,将社会闲散资金和短期消费资金转化为中长期建设资金,为港口、交通、电力等基础设施建设和现代化制造研发转化基地建设提供资金来源。

(二)滨海新区建设全国性产业基金市场的可行性

经过多年来的不懈努力,滨海新区已经具备了建设全国性产业基金市场所必需的一些条件,主要有以下四个方面。

1. 天津北方经济中心的定位和较好的金融发展基础

(1)天津将成为我国北方的经济中心

国务院在《天津市城市总体规划》的批复中,将天津定位为国际港口城市、北方经济中心和生态城市。在今后较长的一段时期内,我市经济将会实现质的飞跃,二三产业的影响力、控制力和辐射力都会有大幅提升。这为产业资本和金融资本提供了同步发展的巨大空间,给产业基金的发展带来前所未有的机遇。

(2)天津已经形成了良好的金融环境

天津在历史上就是中国北方的经济金融中心,一度形成"南有上海、北有天津"的格局。改革开放以后,天津的金融业又有了新的较快发展。特别是近些年,天津银行业、保险业、证券业、产权交易市场等金融行业和市场发展更加迅速。这为滨海新区建立全国性产业基金市场营造了良好的金融环境。

2.滨海新区纳入国家战略并成为综合配套改革试验区

(1)滨海新区开发开放纳入国家战略

推进天津滨海新区开发开放,已经纳入国家发展战略。党的十七大提出,更好发挥经济特区、上海浦东新区、天津滨海新区在改革开放和自主创新中的重要作用。这必将加速滨海新区体制机制的创新和经济社会的又好又快发展,为滨海新区设立全国性产业基金市场提供强大的动力。

(2)滨海新区成为国家综合配套改革试验区

国务院批准滨海新区为全国综合配套改革试验区,并在"20号文"中明确提出,金融方面的重大改革,原则上可安排在天津滨海新区先行先试;可在产业基金、创业风险投资、金融业综合经营等方面进行改革试验。这就为滨海新区的金融创新提供了更为广阔的空间,使产业基金市场的设立和发展成为可能。

3.柜台交易市场的建立与渤海产业基金的试点运作

(1)非上市企业股权交易市场积极筹备

目前,我国非上市公众公司柜台交易市场,正在积极酝酿之中。天津市为创设 OTC 市场做了大量工作,并将有关的申请报告上交中国证监会。若获批准,势必会吸引全国有发展潜力的非上市公众公司向新区聚集,为产业基金提供更为丰富的项目资源。同时,也将有效解决产业基金募集发行、份额转让和投资退出渠道过于狭窄等实际问题。

(2)渤海产业投资基金在滨海新区试点运作

渤海产业基金及其管理公司的成功试点运作,有助于我国发展产业基金实践经验的积累和总结,有利于相关管理办法和扶持政策的研究制定,在滨海新区率先形成比较完善的产业基金发展环境,形成全国性产业基金汇聚的中心和基金管理公司聚集中心,为产业基金市场的建立和发展奠定坚实的实践基础。

4.天津已经出台与产业基金相关的地方性法规

截至目前,我国还没有出台专门的产业基金管理办法,《投资基金

法》、《投资顾问法》、《投资者权益保护法》等一系列相关配套法律法规缺
失,这极易导致我国产业基金市场可能出现不规范现象。比如,发起人资
格审定不规范、基金内部组织结构不规范、基金性质不够明确、基金投资
限制性不够等。我市在探索产业基金政策法规方面,走在了全国前列。
2005 年,天津市发改委、市财政局、市工商局联合发布了《天津市产业投
资公司管理暂行办法》,在规范投资公司运作行为和给予必要的政策扶持
方面,做出了比较详细的规定。可以说,这是我国关于产业基金的首部地
方性法规,为产业基金市场制度建设奠定了基础。

五、滨海新区建设全国性产业基金市场的对策建议

建设全国性产业基金市场,是一项复杂的系统工程。它不仅需要制
定完善的市场运行规则,建立严密高效的市场监管体系,还需要提供品种
丰富的基金产品,组织规模庞大的投资者队伍等一系列艰巨的工作。滨
海新区建设全国性产业基金市场,当务之急是充分发挥新区的比较优势,
特别是作为国家综合配套改革试验区的先行先试优势,积极为产业基金
的设立和发展营造良好的外部环境,不断增加基金的品种和数量;努力培
育和扩大投资者队伍,不断增加市场资金供给;大力完善市场监管和评价
体系,努力提高基金运作质量,切实维护市场各方的权益;尽快组建面向
全国的 OTC 市场,进一步增加基金发行和交易场所,不断拓展基金投资
退出渠道。力争在短时间内把新区建设成为我国产业基金的管理中心、
服务中心、研发中心、信息中心、发行交易中心、人才交流中心和职业培训
基地。

(一)营造良好环境,加快产业基金发展

产业基金是产业基金市场的基石。设立和聚集数量众多、规模庞大、
品种多样、业绩优良、运行规范的产业基金群体,是形成全国性产业基金
市场的基础和前提。产业基金是一种现代化的集合投资制度,它的设立
和发展需要具备多方面的条件。例如,拥有较高水平的基金管理公司,较
为完善的中介服务体系,安全稳健的金融环境,高素质的专业人才队伍,
及时顺畅的信息沟通渠道等。滨海新区建立全国性产业基金市场,首先

要营造适合产业基金生存发展的良好环境,努力形成全国性产业基金高度聚集的中心。为此,应做好以下五个方面的工作。

1.努力打造基金管理中心

促进产业基金的发展,根本在于营造适宜产业基金管理公司设立和运营的良好环境,吸引国内外高水平的投资管理机构到新区投资成立产业基金管理公司或设立分支机构,发行数量更多、品种更新的基金产品。一是产业基金管理公司具有明显的总部经济性质,应进一步完善我市投资软硬环境,全面提高财税、金融、交通、信息、文化、教育、卫生、人居等方面的发展水平,加快国内外产业投资机构向新区聚集。二是按照"公开、公正、公平"的原则,尽快明确产业基金管理公司的准入条件,给予各类不同性质的投资主体以同等待遇,面向国内外进行广泛的政策宣传,吸引民间资本、境外资本、国有资本到新区设立基金管理公司。三是进一步深化行政管理体制改革,精简审批事项,提高行政效率,降低行政成本,强化服务职能,为基金管理公司的设立和运营提供全方位服务,主动帮助企业解决实际操作中遇到的各种难题。四是加强现有政策的集成创新,出台必要的奖励政策,营造适度宽松的投资运营环境,推动基金管理公司进行产品创新、业务创新、技术创新和制度创新。

2.努力打造基金服务中心

产业基金的策划组建、资金募集、上市交易、投资运营、终止清算等项活动,需要众多中介服务机构的参与。成立和吸引一批能够为产业基金提供专业化服务的会计师事务所、审计师事务所、律师事务所、资产评估机构、证券公司、投资银行等中介服务机构,是发展产业基金的一项重要工作。一是针对我市中介服务行业普遍存在的"小、散、弱"的落后局面,大力推进现有机构的兼并重组,壮大规模,增强实力,提高水平,开展与产业基金相关的各类专业化服务。二是加大招商引资的工作力度,积极引进国内外著名中介服务机构落户新区,在增加中介服务机构数量、规模的同时,带动相关行业整体水平的提高。三是进一步深化政府机构改革,将能够为产业基金提供服务的事业单位,转制为自主经营、独立核算、自负盈亏的服务型企业,增加服务供给。四是对那些发展产业基金亟需、而市场难以提供的服务,政府应充分发挥"有形之手"的作用,投入必要的人力、物力、财力组织成立相关机构,满足市场需求。五是完善相关行业法规和服务标准,加强行业自律和行政监查力度,加大对违法违规案件的查处力度,规范中介服务机构的行为。

3.努力打造区域金融中心

金融机构在产业基金的设立和运作过程中,扮演着投资人、合作伙伴、服务提供商等多种角色。进一步增加我市金融机构的规模和数量,优化金融体系功能,是发展产业基金的一项重要举措。一是引导金融机构建立产业基金营销体系。通过商业银行、证券公司、证券投资咨询机构、专业经纪公司销售基金份额,是国内外普遍采用的基金发行方式。应积极倡导商业银行、证券公司等金融机构利用自身营销网络,面向社会宣传产业基金,开展分销业务。二是引导商业银行开展基金资产托管业务。商业银行应针对产业基金托管业务特点,健全组织机构,完善业务流程,储备相关人才,为开展托管业务做好准备。三是引导保险公司、信托公司、投资公司等金融机构投资产业基金。政府应逐步放宽和消除各种限制,在金融机构和产业基金管理公司之间搭建起沟通协作的桥梁,鼓励金融机构投资产业基金。四是引导金融机构参与产业基金的经营运作。充分发挥金融机构作为基金投资伙伴的作用,在投资信息提供、项目共同投资等方面促进双方合作。充分发挥投资银行、证券公司作为上市发行保荐机构的作用,为基金投资退出提供支持。

4.努力打造信息研究中心

一是由政府牵头组织所属相关研究部门、科研院所、高等院校和高水平基金管理公司共同合作,成立中国产业投资基金发展研究中心,紧密追踪世界投资基金业发展的前沿动态,适时总结我国产业基金发展的成绩,研究破解实践中遇到的各种难题,为我国产业基金的健康发展献计出力。二是开办与产业基金相关的专业期刊,在互联网上设立相应的中英文网站,搭建起信息服务、咨询服务和商务服务的平台,及时发布国家和天津市出台的相关政策法规,刊载学术领域的最新研究成果和实用技术,报道国内产业基金发展的有关情况和投资信息,介绍国外投资基金在产业投资领域取得的新进展、新情况。三是定期举办全球性的投资基金年会,为国内外专家学者和基金业内人士搭建一个学术研讨和信息交流的平台,给基金管理公司之间、基金管理公司与投资者之间提供一个交流合作的机会。四是政府有关部门应强化信息服务职能,根据国家和本市相关产业政策和发展规划,制定和发布《天津市产业投资基金投资指引》,引导产业基金把更多的资金投向我市重点发展行业和地区。

5.努力打造人才培训基地和人才交流中心

一是大力开展与产业基金相关的高等教育。着眼于产业基金的长远发展,制定中长期人才培养规划。选择具备一定条件的国家级重点大学和天津市地方院校开辟基金管理、产业投资、基金营销等与产业基金发展密切相关的学历、学位教育和研究生课程,为产业基金的发展培养和输送高素质专才。二是大力开展多层次职业培训。侧重于提高从业人员的实际操作水平,采取引进国内外专业培训机构和组织出国培训等多种形式,积极开展专业化、系统化培训。政府人事部门应建立科学的产业基金人才测评体系,定期举行专业水平测试,开展职称评定工作。对从业人员实行资格认证制度,严格实行持证上岗。三是大力开展国内外基金人才交流。鉴于国内产业基金人才严重匮乏的局面,应把引进国外专业人才作为近期发展产业基金工作的重点,出台必要的优惠政策,加大人才吸引力度,引进世界一流的投资基金人才。加强与国内外人力资源中介机构的合作,密切与国外大型私募股权基金管理公司的联系,建立我国的产业基金相关人才信息库。

(二)培育投资者队伍,提高投资者素质

资金供求平衡是产业基金市场实现繁荣稳定发展的内在要求,发展产业基金市场需要引入大量合规资金。广大的投资者,是产业基金市场的资金供给者和直接参与者。造就一支规模庞大、结构优化的高素质投资者队伍,是扩大产业基金市场资金供给,确保市场平稳运行,防范和化解市场风险,维护投资者自身权益,增强市场约束力的一项重要基础性工作。

1.重点发展机构投资者

有研究表明,与个人投资者相比,机构投资者往往投资数额相对较大,且具有较强的投资分析能力和较高的风险防范意识,是价值投资、理性投资、长期投资的积极倡导者和忠实实践者,是证券市场投资的主力和市场稳定的中坚力量。实现产业基金市场持续稳定健康发展,首先需要大力发展机构投资者。一是政府有关部门应适当放宽合规机构投资产业基金的限制,鼓励证券公司、投资公司、保险公司、社保基金、金融财团等机构投资者参与产业基金市场投资。二是规范产业基金治理结构,提高管理公司投资水平,提升基金盈利能力,提高运作的透明度,降低各种潜在风险,吸引机构投资者的目光。三是进一步完善法律、法规,对机构投资者进行必要的监督,强化机构投资者自我约束,全面规范机构投资者行为。四是机构投资者在一定程度上具备"积极投资者"的特征,应支持和鼓励机构投资者参与基金管理公司管理,主动对管理层提出合理化建议,提高基金管理公司治理水平。五是营造安全的投资环境,大力发展金融衍生品市场,为机构投资者提供必要的风险管理工具,提高机构投资者参与产业基金市场的信心。

2.大力发展居民投资者

改革开放以来,随着我国居民收入水平的不断提高,居民储蓄存款数额持续增加。根据中国人民银行发布的《2006年中国居民收入分配年度报告》显示,2005年底,我国居民金融资产总量为20.65万亿元。其中,居民存款和现金持有量为16.83万亿元,比重为81.8%;居民证券持有量为1.80万亿元,比重为8.7%。可见我国居民投资证券的比例仍然偏低,投资潜力巨大。在当前机构投资者规模仍旧偏小的情况下,积极引导普通居民投资产业基金,无疑是增加市场资金供给、活跃市场交易的有效手段;同时,也是落实党的十七大精神,增加人民群众财产性收入的重要举措。建议渤海产业基金第二期资金募集采用公募形式,既要积极吸引众多有实力的机构投资者,也要面向广大自然人投资者。一是要扩大宣传。有关各方应加大对产业基金的宣传力度,引导广大居民合理配置金融资产,适当参与产业基金市场投资。二是搞好维权。一般来说,居民投资者的投资分析能力不强,抵御风险的能力较差,是产业基金市场中的弱势群体,政府应切实担负起保护中小投资者权益的重任,出台必要的政策措施,维护好居民投资者的积极性。三是提供便利。居民投资者群体庞大,分布比较分散。应充分借助互联网和现代通信技术,建立和完善电子化信息交易平台,提供方便快捷的交易渠道和准确及时的交易信息,方便居民投资者买卖。

3. 着力引进境外投资者

西方发达国家的投资机构,已经历了数百年漫长的发展过程,积累了雄厚的资金实力和丰富的投资经验,具有先进的投资理念和较为完备的管理模式。目前,许多世界著名的国际投资机构已经进入到我国产业投资领域,为我国产业基金市场的国际化、规范化发展提供了难得的机遇。我们应以开放的思维谋划产业基金市场发展,稳步提高市场对外开放水平,大力引进境外合格机构投资者(QFII),在迅速扩大市场规模的同时,努力提高产业基金行业的发展水平。一是适当降低 QFII 准入门槛、放松外汇管理,重点增加国外养老金、退休基金和保险公司三类机构投资者数量,支持成立专门投资于我国产业基金的证券基金以及基金管理公司,参与我国产业基金的认购和交易。二是重点引进世界著名的专业投资机构,以合资、合作、独资等多种方式,发起设立产业基金管理公司和投资海外的产业基金,创新基金品种,带动行业整体水平提高。三是逐步放开我国港澳台地区以及世界其他国家和地区的个人投资者参与我国产业基金市场。鼓励证券公司、投资咨询机构开拓业务范围,加强与境外同业机构的合作,为海外投资者提供投资便利。

4. 积极开展投资者教育

产业基金具有高风险、高收益的特点,对投资者素质的要求也相对较高。政府有关部门应组织投资者协会、基金管理公司、证券公司、商业银行、代销机构等有关各方,联合开展针对投资者,特别是中小投资者的宣传教育工作,帮助他们加深对产业基金市场的了解和对投资规律的认识,树立正确的理财观念,提高分析能力和操作水平,做明白的基金投资者;帮助他们强化风险防范意识,提高识别和规避各种市场风险的能力,减少

盲目投资,拒绝参与市场炒作。一是健全投资者教育体系。政府出台相
关政策,要求产业基金管理公司、基金代销机构、证券公司等有关各方,设
立专门部门或指派专职人员负责投资者教育,制定教育计划、工作制度和
流程,明确教育的内容、形式和经费预算。二是推进教育形式多元化。有
关各方应综合运用电视、报刊、网络等多种渠道进行投资者教育。例如,
在公司网站开设教育板块或专题,通过客服热线解答投资者疑问,派发宣
传书籍和材料,召开投资者报告会等交流活动,等等。三是不断丰富教育
内容。在介绍产业基金基础通用知识的同时,大力宣传投资者权益维护
知识,充分揭示潜在的市场风险,并针对不同类型的受众,提供不同的教
育内容。

(三)完善市场监管体系,保障市场规范运作

产业基金市场的繁荣稳定发展,必须建立完善的市场监管体系。制
度经济学家普遍认为,任何一种制度安排都必须具备保证这一制度安全
运行的保障系统。在产业投资基金制度中,投资者与基金管理人、托管人
之间的关系是典型的委托—代理关系,存在着信息不对称,可能导致基金
管理人与托管人的机会主义行为和道德风险,加强对产业基金市场的监
督和评价十分必要。国内外发展投资基金的经验也表明,建立完善的市
场监管体系,是产业基金市场快速健康发展必不可少的条件。例如,从
1997 年 10 月《证券投资基金管理暂行办法》颁布以来,我国证券基金进
入规范化发展阶段,法律法规体系不断完善,市场监管力度不断加强,使
基金管理公司的运作水平得到显著提升,证券基金市场实现了又好又快
发展。截至 2005 年 12 月底,我国已开业基金管理公司达到 53 家,有
218 只证券投资基金正式运作,净值总额合计达到 4691.16 亿元,基金份
额规模 4714.86 亿份。由此可见,发展全国性产业基金市场,政府相关部
门应建立严密高效的市场监管体系,切实担负起"裁判员"的职责,确保市
场的"公开、公正、公平",维护好市场各方的合法权益。

产业基金市场监管体系的建立,必须从实际国情出发。从世界范围
看,各市场经济国家都根据自己国情,构建起各具特色的投资基金监管体
系,形成了不同的模式,从完全放任到严格管制,相互之间差距较大。归
纳起来,比较典型的有以英国为代表的"行业自律管理模式"、以美国为代

表的"法律约束下的自律管理模式"和以日本为代表的"政府严格管制模式"(参见表 1)。我国产业基金市场监管体系的建立,必须从我国的国情出发,借鉴市场经济发达国家的成功经验,形成具有中国特色的监管模式,切不可盲目照搬。

表 1 投资基金监管模式比较

模式	代表性国家及特点	优势	劣势
行业自律监管为主	英国:政府不设专门的管理机构,由自律性组织担当监管者的角色。英格兰银行虽然对基金的发行有审批权,但这种管理权限较小,真正对基金运作负监管责任的是伦敦证券交易所	(1)充分发挥基金行业的自律功能,有利于保持基金行业的长期稳定和规范发展。(2)因为行业的主管部门——证券投资委员会具有半官方性质,所以便于政府进行宏观调控和引导	(1)行业组织制定的相应措施和办法不利于形成全国统一的法律规范,法律功能弱化与现代市场经济的发展存在一定矛盾。(2)对基金的国际化发展不利,特别不利于吸引外资。(3)容易导致行业协会的垄断,进而形成进入壁垒
法律约束下的自律管理	美国:美国联邦证券交易委员会负责对共同基金实施有效监管	(1)适应市场经济发展要求,为基金发展奠定了法律基础,为基金参与者提供了法律保护。(2)强调基金在统一的法律约束下,在竞争中实现自律管理,使基金的发展充满活力。(3)政府不对基金进行扶持,有利于专业人才的培养	(1)政府功能相对弱化,不利于基金的迅速起步和成长壮大。在这种模式下,政府的作用仅限于监督检查。(2)法律手段相对落后,不利于问题的灵活处理
政府严格管制为主	日本:由金融厅、证券交易等监视委员会对投资基金进行监管	(1)有利于充分发挥政府功能,迅速推进基金业的起步和成长壮大。(2)对于发挥基金在支持国家金融发展和经济建设方面的积极作用有重要帮助	(1)基金行业的自律性差,市场竞争不充分,难以有效地发挥基金业的机构投资者和个人的主动性和创造性。(2)不利于培养和造就高素质、高水平的基金人才及基金专家队伍。(3)容易滋生腐败和官僚作风,并带来各种"后遗症",增加未来的变革成本

我国证券市场实行集中统一监管与自律监管相结合的模式。《中华人民共和国证券法》明确规定了中国证券监管体制框架,确立了中国证监会在监督管理体制中的主导地位。《证券法》第七条规定:"国务院证券监督管理机构依法对全国证券市场实行集中统一监督管理。国务院证券监督管理机构根据需要可以设立派出机构,按照授权履行监督管理职责。"第八条规定:"在国家对证券发行、交易活动实行集中统一监督管理的前提下,依法设立证券业协会,实行自律管理。"1998 年 4 月,根据国务院机构改革方案,国务院证券委员会与中国证监会合并组成国务院直属正部级事业单位,将原国务院证券委的职能和中国人民银行履行的证券业监管职能划入中国证监会,从而形成了我国证券市场集中统一的监管体系。主要有三个特点:一是证券业监管统一在中国证监会;二是地方政府不设专门的证券监管部门,由中国证监会在各省区市设立 36 个监管派出机构;三是证券交易所归中国证监会直接管理。

产业基金市场是一个全新的市场,应从我国证券市场集中统一的监管模式、产业基金市场的特点和发展现状出发,借鉴发达国家对投资基金的成功监管经验,建立全国集中统一的、多层次的产业基金市场监管体系,作为对现有的证券市场监管体系的必要补充。第一层次:以中国证监会及其地方派出机构为主的政府部门监管;第二层次:以产业基金行业组织主导的行业自律监管;第三层次:以基金份额持有人大会及董事会为主导的产业基金内部监管。

1. 加强市场法制建设

近几年来,我国证券市场法制建设取得了明显进展,形成了以《公司法》、《证券法》、《证券投资基金法》等基本法为核心,行政法规、部门规章和规范性文件、自律组织规则在内的较为完善的证券市场法规体系,为产业基金市场的法制建设奠定了一定的基础。但是,我国《产业投资基金管理办法》尚未出台,相应的行政法规和部门规章还有待进一步完善。为使产业基金发展有法可依,促进产业基金市场沿着法制化、规范化方向发展,建议从地方性法规层面,尽快研究制定《天津市产业基金管理暂行规定》,重点从以下方面对产业基金市场进行规范:一是明确产业基金市场参与各方的权利、义务;二是明确产业基金设立、发行、上市、交易、终止等项规则;三是明确产业基金管理人、托管人、中介机构等的市场准入条件和各项活动准则;四是建立必要的责任追究和损失保险、赔偿制度。此外,产业基金立法还应注意以下两点:

(1)将产业基金作为一般组织形式加以规定

随着《公司法》关于公司对外投资限制规定的修改,《合伙企业法》对有限合伙制度的确立,公司制和有限合伙制产业基金设立的法律障碍都已经消除,产业基金可以采用公司制、有限合伙制、契约制三种组织中的任意一种形式设立。由于我国与资金信托相关的法律法规已经相对成熟,加之《证券法》对公募做出了相关规定,产业基金也可以采用信托方式设立。可见,我国的民商事基本法律制度已经相对完善,与产业基金组织形式相关的法律体系也已建立,没有必要将产业基金作为一种独立的企业组织形式加以规定,对产业基金的设立和监管,可适用民商事法律制度中关于企业组织的有关规定。

(2)对私募产业基金可不设定特别的审批与监管

从产业基金投资行为角度分析,产业基金以自有资金对未上市企业股权进行投资,属于常规的商业行为,除非出于特别的政策考虑或法律调整的需要,对此行为可不设定特别的审批与监管。从保护基金投资者的角度分析,私募产业基金的投资者一般都具有较强的资金实力以及识别、防范和承担商业风险的能力,运用一般的市场法律规则予以保护即可。对于以公募方式发行的产业基金,则应当制定公募的发行、监管和交易规则,以实现对基金投资者的充分保护。这种法律规范和监督体系,属于商事法律领域,与目前采用的特殊审批管理有所不同。

2.加强市场日常监管

中国证监会作为全国唯一的证券市场监管机构,虽然设有基金监管部,但是目前只负责对证券投资基金市场进行监管,对产业基金市场的监管职能有待进一步明确。从健全组织机构、加强市场监管的角度出发,建议在产业基金市场发展初期,全国集中统一的产业基金市场监管体系尚未形成之前,我市应指定相关政府部门对产业基金市场进行严格监管,确保市场的健康平稳运行,为市场监管体系的建立探索有益经验。政府监管部门应以维护投资者权益为宗旨,把握好发展与监管的关系,制定市场规则,整合监管资源,严格行政审批,加大检查力度,加强对市场参与各方行为的监督与管理,特别是要强化对基金管理公司的治理结构、内部控制、投资行为、营销推介、信息披露等方面的监管,严厉打击各种侵害投资者利益、不正当市场竞争、操纵市场价格等违法违规行为。

3.加强行业自律监管

行业自律管理是行政监管的重要补充,是产业基金市场监管体系中不可替代的组成部分。实行以政府监管为主、自律监管为辅、政府监管与自律监管相结合的监管方式,不仅是我国《证券法》的要求,也符合产业基金市场发展的客观实际。建议适时成立产业基金行业协会,以加强行业自我协调、自我约束和自我监管。行业协会应切实履行好以下监管职责:协助产业基金监管机构教育和组织会员执行相关的法律法规;制定会员应遵守的各项规则,组织会员间的交流与人员培训;监督检查会员行为,对违反法律法规或协会章程的,给予必要的纪律处分;对会员之间、会员与客户之间发生的纠纷进行调解等。此外,还应建立社会监督机制,大力发展中介评级机构,建立多角度、多指标、多方法的产业基金评价制度,对产业基金进行全面、客观、公正的评估,为投资者提供投资依据,为监管部门提供决策参考。

4.加强基金内部监控

一是完善产业基金治理结构。基金份额持有人大会是基金最高权力机构,对基金运营情况负有监督职责。应积极倡导基金以公司形式设立,成立基金董事会,代表基金份额持有人大会行使监管职能,对基金的运作方式转换、投资策略制定、投资方案选择等重大事项进行表决,确保基金管理人、托管人忠实勤勉地履行受托人义务。二是建立基金管理公司风险管理机制。基金管理公司应建立独立董事制度,独立董事的人员比例应达到40%以上。成立由基金持有人和有关专家参加的投资决策委员会和风险控制委员会,负责对基金的投资运作和风险管理进行必要的监控。借鉴国际先进经验,制定科学合理的投资决策程序和规范的业务操作规程。三是健全托管机构监控体系。制定完善的内部稽核制度和风险控制制度,设立独立于业务部门的监察稽核部门。依法监督基金管理人的投资运作,发现违反法律法规和基金合同约定的行为,要及时制止。

(四)建立 OTC 市场,拓展基金发行交易和投资退出渠道

柜台交易市场(Over the Counter，OTC),简称 OTC 市场,是相对于传统的证券交易所市场而言的,主要交易没有在传统证券交易所上市的股票的证券交易场所。西方发达国家的 OTC 市场发展至今,其内涵已经十分丰富,从交易形式和手段上看,统一的信息披露和交易平台,使它们与传统交易所交易已经没有严格的不同。设立和发展 OTC 市场,不仅有利于促进我国多层次证券市场体系建设,满足不同层次的投融资需求,推动我国中小企业和高新技术产业发展,而且有助于拓展产业基金的发行交易和投资退出渠道,对我国产业基金市场的繁荣稳定发展,具有十分重要的作用。

1. 部分发达国家 OTC 市场发展简况

美国、英国、法国、德国、日本等西方发达国家,以及部分新兴市场经济国家,都根据本国的基本经济制度和证券市场发展状况,建立了各具特色的 OTC 市场。其中,美国的 NASDAQ 市场和日本的 JASDAQ 市场,是设立时间比较早、组织模式较为成熟、市场规模比较大的 OTC 市场,它们的一些成功经验和做法,对于我们来说,具有一定的参考价值。

(1)美国 NASDAQ 市场

美国是目前世界上证券市场体系最为复杂的国家之一。美国的股票市场可以大致划分为 5 个部分:交易所市场(Exchanges)、柜台市场(OTC)、第三市场(The Third Market)、第四市场(The Fourth Market)和另类交易系统(Alternative Trading System,ATS)。其中 OTC 市场又包括 NASDAQ、BBX 和 NQB 三个市场。

NASDAQ 市场是美国 OTC 市场的代表。NASDAQ 市场成立于1971 年,经过 30 多年的快速发展,成为世界上最大的无形交易市场。2003 年,NASDAQ 市场上市公司数目达到 3294 家,占美国全部上市公司数量的 53%;市价总值达到 2.8 万亿美元;市场交易额达到 7.25 万亿美元。无论是制度安排、组织模式、交易手段,还是市场监管,NASDAQ市场都堪称全球 OTC 市场的典范。①

NASDAQ 市场是一个采用最新技术并不断创新发展的市场。NASDAQ 市场是世界上第一个完全电子化的股票市场,它通过电子网络将数千个分布于美国各地的市场参与者连接起来,在市场上并不存在一个集中的中央交易场所。实质上,NASDAQ 市场是柜台交易的标准化和组织化,尽管不具备证券交易所的形式,但本质上具备了交易所功能。近几年,NASDAQ 一直在争取获得交易所资格,成为一个法律意义上的证券交易所,美国证券交易委员会(SEC)对此也持积极态度。

NASDAQ 市场有两个组成部分,即全国市场和小盘股市场。NAS-DAQ 市场的上市标准在这两个不同部分有很大差异。小盘股市场上市标准较为宽松,通常是规模较小的新兴公司选择在此上市,规模较大的公司则大多在 NASDAQ 全国市场进行交易,其中就包括许多世界知名的公司,如微软(MSFT)、英特尔(INTC)、戴尔(DELL)、世界通讯(WCOM)等。

NASDAQ 市场的经营管理者是全美证券交易商协会(NASD)。上世纪 60 年代,全美证券交易商协会成立子公司——NASDAQ 证券市场公司,负责运作 NASDAQ 市场。1996 年,NASD 又设立 NASDAR 监管公司(NASD Regulation Corp.,NASDAR),负责对市场及其参与者实施监管。

NASDAQ 市场采用做市商制度。在 NASDAQ 市场上,有许多身兼经纪商和自营商双重身份的证券商,他们的主要工作是以自营商的身份自行买卖相关证券,因而被称为做市商。投资者的交易对象往往不是其他进行反向交易的投资者,而是做市商。每只股票都有数家相互竞争的证券商担任做市商,这其中包含了世界上最著名、规模最大的一些证券商,例如美林、高盛、摩根士丹利、莱曼兄弟等。

NASDAQ 市场是一个由做市商和其他市场参与者组成的分散式交

---

① 谢百三. 证券市场的国际比较. 北京:清华大学出版社,2003:187

易网络(详见图2)。可以将 NASDAQ 市场分为四个层次:第一层次为投资者。散户投资者不能直接进入 NASDAQ 市场,必须通过下单公司交易;机构投资者可以通过下单公司参与市场,也可直接与做市商进行交易,彼此间还可以进行内部对盘。第二层次为下单公司。诸如美林、培基、潘恩·韦伯等券商以及所有的网上经纪商,接受投资者买卖委托,并将这些委托传送给特定的做市商。第三层次为 NASDAQ 市场委托传输系统。SOES 自动将小于 1000 股的委托传送至做市商,Selectnet 则用于做市商之间进行协议定价。第四层为做市商。这是 NASDAQ 市场交易机制的核心。目前 NASDAQ 市场共有 500 多家做市商,他们在交易时间内提供所负责股票的双边报价,通过相互之间的报价竞争来争取委托单,而其利润则来源于出价和要价之间的买卖差价。

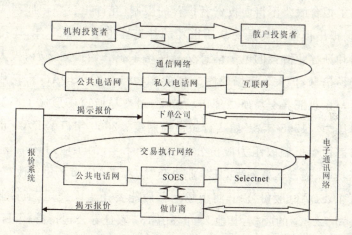

图2 NASDAQ 市场的四个层次 ①

(2)日本 JASDAQ 市场

日本的证券市场体系相对较为清晰简单,主要由证券交易所市场和 OTC 市场两个部分组成。日本共有 5 家交易所,其中最大的是东京证券

---

① 尚福林.证券市场监督管理体制比较研究.北京:中国金融出版社,2006:533

交易所,可分为四个层次,即一部上市公司板块、二部上市公司板块、创业板块和外国企业板块。OTC市场主要由JASDAQ市场、交易所场外交易、绿色席位交易和PTS交易等构成。

JASDAQ市场由日本证券业协会进行管理,目的是为未达到交易所上市标准的中小企业提供融资平台,为具有较高风险承受能力的投资者提供交易平台。1963年,日本证券业协会颁布了柜台交易有价证券登记标准,对符合条件的企业股票实行登记,并对其交易实行组织管理,正式形成了柜台交易市场(JASDAQ)。市场形成初期,由于限制向投资者推荐购买柜台股票,交易不够活跃,在很大程度上成为投资者变现的场所。1971年《证券交易法》修改,增加了柜台登记股票的信息披露义务。为进一步提高JASDAQ市场地位,使其成为中小企业有效的融资平台,1983年放宽了柜台股票不得向投资者推荐的限制,允许柜台登记股票实行公募,明确提出柜台市场是交易所市场的补充性市场。1991年,连接各证券公司和证券业协会的电子信息交易网络系统开始投入运营,极大地丰富了交易信息,扩大了市场规模。发展至1996年,JASDAQ市场成交金额已经与东京证券交易所二部市场持平,对交易所市场形成了一定程度的竞争压力。1998年,开始实行做市商制度。2000年,JASDAQ市场的组织形态由会员制改组为股份公司制。2001年,为了应对环境变化,强化市场功能、提高运营效率,证券业协会对JASDAQ市场进行改革,重组设立了JASDAQ股份公司,将市场运营职能委托给该公司(证券业协会持有公司72.4%的股权,其他27.6%由137家证券公司持有)。目前,为了摆脱OTC市场交易品种的限制,进一步增强竞争力,证券业协会正在积极努力,力争使JASDAQ升格为证券交易所。交易所场外交易,即交易所挂牌股票的大宗交易,也通过JASDAQ系统完成。

2.滨海新区建立OTC市场的建议

(1)市场的组织架构

一是成立OTC市场管理中心。中心以公司制设立,负责市场的建设、运营和管理。具体职责包括:制定市场建设发展规划,并负责组织实施。根据国家的法律法规,制定和发布OTC市场业务规则和技术操作指引等规范性文件。依法对股票或基金的上柜申请、会员和保荐人资格等进行审核。对市场中的交易活动、会员行为、上柜公司等进行监督管理，对违反交易规则的行为和异常情况进行及时处理。二是建立完全电子化的交易市场。OTC市场应设立集中交易的场所，并通过电子通讯网络将做市商、证券经纪公司和投资者相互连接。以公共电话网络和互联网为基础，建立专门的委托传输系统和信息揭示系统，披露公司信息，提供证券报价和成交信息。指定专门的证券登记结算公司，负责统筹办理交割结算。

(2)市场上柜制度

一是明确企业股票上柜标准。根据OTC市场的功能定位，上柜交易的品种应主要集中于非上市公众公司股权。在资本金规模、设立年限、股东人数、营业利润等方面，OTC市场管理中心应做出详细规定，各项要求要低于深圳中小板和未来创业板的上市标准。对在滨海新区注册的基金管理公司发行的产业基金份额和已经在上海、深圳证券交易所申报上市且进入辅导期的公开发行公司股票，都应允许进入OTC市场进行交易。二是明确股票、基金的上柜程序。拟上柜公司或产业基金需要向OTC市场管理中心提交挂牌申请，OTC市场管理中心应在3日内核定申请，核准后的公司或基金要将公开说明书在证监会指定网站进行披露，股票或基金于第六个交易日开始报价交易。三是引入保荐证券商制度。拟上柜企业或基金，必须有两家以上符合条件的证券商书面推荐，方可上柜交易。

(3)市场交易制度

一是实行做市商制度。OTC市场采用经纪或自营方式进行议价买卖，交易双方至少有一方为该股票或基金的做市商。做市商应在交易平台上为买卖双方提供双向报价，负责维持股票的流动性以及市场的稳定性。投资人须委托证券公司进行交易，符合条件的机构投资者也可采用大宗交易方式，直接与做市商议价交易。二是交易限制规则。为维护市场的平稳运行，OTC市场建设初期应设置涨跌幅限制，可考虑股票、基金的日涨跌幅比例为20%（上柜首日除外）。交易必须以现款现货方式进行,不得进行信用交易。三是交易时间和费用。为吸引投资者广泛参与,借鉴世界发达国家和地区的经验,可将交易时间较主板市场有所延长,如开设晚间交易等。为提高市场的活跃程度,委托经纪商买卖证券的交易手续费应略低于主板市场,大宗交易的手续费相应降低 30%,自行与做市商议价免缴手续费。

(4)托管与清算

一是建立电子化的给付结算体系。OTC 市场应以证券登记结算公司(如中国证券登记结算公司)为交收对手,建立完全电子化的给付结算体系。投资者委托、证券公司申报、议价交易、清算交收的全部过程,应采用直通式处理。推行证券的全面无纸化,为交易双方提供准确、及时的交收保证。二是实行股票基金的集中托管。应指定专门的证券保管公司,对上柜股票、基金进行集中托管,期限不低于 4 年。为保持公司经营,公司大股东、董事、监事所持的公司股票应被锁定,保管期间不得流通。三是采用净额清算和逐笔全额清算两种清算方式。对错账处理、超卖、除权前交易等采用逐笔全额清算,除此之外的交易采用净额清算。股票采用一级清算,资金采用二级结算。为保证结算系统安全,防范信用风险和流动性风险,钱券交割采用钱券对付(DVP)方式进行,实行 T+2 滚动交收。

(5)市场监督管理

由于 OTC 市场股票的发行公司主要为中小型的非上市公众公司,经营的不确定性较高,在监管措施上应更加严格。主要措施有:一是严格规范保荐人(做市商)行为。上柜股票、基金的保荐人(做市商),应对被保荐企业或基金的经营情况、信息发布、交易行为负监督责任,对被保荐企业或基金的违法违规行为承担连带责任。二是严格执行信息披露制度。上柜证券的企业或基金,必须按照 OTC 市场规则,及时发布年度报告、半年度报告等定期报告,并保证报告信息的准确、真实、完整。必须定时发布企业财务预测报告,及时公布重大投资决策和重大事项。三是严格实行退市制度。对发生下列情况之一的股票或基金实行终止交易处理:已经在上海、深圳证券交易所上市,停止交易达到 3 个月或已无做市商,企业破产、经主管部门撤销公司登记或予以解散等。

课题组负责人：王恺（天津开发区管委会）、冯卫华（天津市委研究室）、宋岗新（天津市发改委）

课题组成员：孙樑（天津市委研究室）、王新（天津开发区管委会）、张瑞华（天津开发区管委会）、韩良（南开大学法学院）、刘振远（天津市委研究室）、李海波（金诺律师事务所）、郭卫锋（金诺律师事务所）、牛同栩（金诺律师事务所）、孙磊（天津市委研究室）、孙泉（天津泰达投资控股有限公司）、王友诚（天津泰达投资控股有限公司）

课题报告完成时间：2007 年 12 月

参考文献

刘昕.基金之翼：产业投资基金理论与实务[M].北京经济科学出版社,2005

彭丁带.美国风险投资法律制度研究[M].北京大学出版社,2005

何德旭.中国投资基金制度变迁分析[M].西南财经大学出版社,2003

尚福林.证券市场监督管理体制比较研究[M].中国金融出版社,2006

谢百三.证券市场的国际比较[M].清华大学出版社,2003

季敏波.中国产业投资基金研究[M].上海财经大学出版社,2000

钱水土.中国风险投资的发展模式与运行机制分析[M].中国社会科学出版社,2002

刘健均.创业投资原理与方略——对"风险投资"范式的反思与超越[M].中国经济出版社,2003

李斌,冯兵等.私募股权投资基金：中国机会[M].中国经济出版社,2007

刘曼红主编.风险投资：创新与金融[M].中国人民大学出版社,1998

欧阳卫民.产业投资基金[M].经济科学出版社,1997

郑伟鹤,陈耀先,盛立军[M].私募股权投资基金与金融业资产管理

[M].机械工业出版社,2004

　　黄达.货币银行学[M].四川人民出版社,1999

　　刘传葵.投资基金经济效应论[M].经济科学出版社,2001

　　王洪波,刘传葵.中国基金前沿报告[M].经济管理出版社,2004

　　崔新生,王洪波.中国基金的方向:2002年中国基金论坛前沿报告[M].企业管理出版社,2002

　　任纪军.私募股权资本[M].中华工商联合出版社,2007

　　Stephen D. P. the Economics of the Private Equity Market[J]. Economic Review,1998(3)

滨海新区开发建设金融服务区的研究

【摘要】 借鉴纽约华尔街、伦敦金融城、香港中环、上海陆家嘴等著名金融服务区开发建设经验,确定于家堡金融服务区的功能定位,系统研究了于家堡金融服务区的发展模式与中长期发展方向,详细讨论了于家堡金融服务区软环境建设中的工作重点、发展策略和保障措施,创造性提出了建立 OTC 市场体系、成立"天津期权交易所"和"天津外汇衍生品交易所"、完善风投退出机制、开展商业银行综合性服务等开展金融创新的具体内容建议。

2006 年 5 月 26 日,国务院颁布了国发[2006]20 号文件《国务院关于推进天津滨海新区开发开放有关问题的意见》,正式批准了天津滨海新区作为全国的综合配套改革试验区。在国务院要求天津滨海新区推进的重点改革内容里面,金融创新贯穿始终。这一允许天津滨海新区金融先行先试的重大战略举措不仅有利于提升京津冀及环渤海地区的国际竞争力,有利于实施全国区域协调发展的总体战略,有利于按照科学发展观和构建社会主义和谐社会的要求,探索新时期区域发展的新模式,同时,也必将带动整个环渤海地区乃至全国对天津滨海新区金融创新的多层次需求,推动金融市场、金融机构、金融人才向天津滨海新区的汇集。

一、国内外金融服务区开发建设的经验借鉴

（一）国内外金融服务区的发展模式

国内外著名金融服务区的形成与发展主要有三种模式：

1. 在商业竞争中自发形成的金融服务区

例如纽约的曼哈顿和伦敦的金融城各自都有几百年的繁荣历史，但起初都只是普通的商业中心，后来才逐渐演变成金融服务区。

2. 为分担老城区压力而主动迁出的金融服务区

例如东京的新宿和香港的中环，都是为了缓解老城区的发展压力，赢得更大的发展空间，而在一个相对不错的基础上重新规划建设起来的。

3. 在政府引导下从无到有建设起来的金融服务区

例如巴黎的拉德芳斯、上海陆家嘴和北京金融街。其中巴黎拉德芳斯的建设用了 50 年，而上海陆家嘴和北京金融街的建设到目前为止已用了近 20 年。

于家堡金融服务区的开发建设应借鉴巴黎拉德芳斯、上海陆家嘴和北京金融街的发展模式，由政府主导开发规划，以优惠政策引导以金融产业为主导的现代服务产业入区，并为入区企业提供高效便捷的行政服务，在先期以财政支持高质量的配套工程建设，同时谋求上市融资以确保长期可持续发展。

（二）国内外金融服务区的成功经验与存在的问题

1. 纽约曼哈顿

纽约曼哈顿的发展模式是以现代金融服务业带动现代服务业的发展，它们重视产业、人口、文化娱乐的集成度，以聚集顶尖的金融机构、人才和资金、信息为宗旨发展全球总部经济；同时注重金融服务区功能的多样性，集金融、商贸、会展、文化、娱乐、旅游于一体。但目前仍存在着生活服务环境较差和令人头痛的交通问题。

2. 伦敦金融城

伦敦金融城拥有可作为全球楷模的自律管理模式、严格而公平的监管体系以及以原则为基础的监管模式，有着出行便利的交通体系和先进

的信息网络,有着强大的人才队伍和深厚的文化积淀。其"限制性分区"整体推进金融服务区建设的做法值得效仿;市长亲自上阵强化宣传推介,加强形象建设的做法更是值得提倡。目前存在的问题主要是文物古迹过多不易改造,束缚了空间的发展。

3. 巴黎拉德芳斯

成立于1958年的拉德芳斯区域开发公司 EPAD(Public Establishment for The Development of La Defense Region)是一个有很强政府色彩的综合性开发公司,主导制定了合理的开发计划,建立了一套有效的开发机制;经过半个世纪的开发建设,已建成便捷的立体化交通系统,并首创"人车分离原则";设计了大量特色鲜明的多元化写字楼,并以新凯旋门特色地标营造良好的景观文化环境,此外,还完善了配套设施,拓展了综合服务功能。目前存在的问题包括没有预设物流建设的行车道以及没有考虑信息数据的安全问题。

4. 东京新宿

东京新宿本来就是繁华的商业中心,作为金融服务区来建设首先就需要制定一份合理的开发计划。新宿重视交通枢纽的立体开发和地下空间的开发利用;注重商务区的立体发展和配套设施的综合服务功能,以及建设特色地标,营造良好的景观文化环境。目前存在的问题包括预留写字楼不足导致许多大公司外迁、新宿车站和地铁出口的位置,对场所周边区域和地面步行街的人流形成重要影响。

5. 香港中环

香港中环以前也是繁华的商业中心,有着得天独厚的区位优势和地理位置、安定的社会秩序和公平的竞争环境、自由开放的市场经济体制和政策、健全的法律制度及良好的法治精神、完善的基础设施及配套设施、高效的行政体系。政府非常注重培养和引进具有专业知识和技能的高级人才,并提供优惠政策大力推动宣传推介。目前存在的问题包括多次填海形成的土地始终不能满足经济发展的需要,办公室租金居高不下限制了未来的发展。

6.上海陆家嘴

上海陆家嘴的开发建设过程中,各级政府的强力支持和优惠的政策发挥了关键性作用,明显的区位与品牌优势形成了对金融机构、人才、资金、信息强大的聚集力。地方政府有着国际化的宽阔视野、高效的管理体制优势,有实施保障的先进规划、招商机制和管理模式,此外,陆家嘴基础设施建设完善,交通便利,配套设施功能完善,又在资本市场发展的早期及时上市融资获得了资金支持和长期可持续发展的保障。目前存在的问题包括:(1)服务设施不足,辅助功能有待完善;(2)产业链较短,附加价值低;(3)金融机构规模偏小,国际化程度不高,风险防御能力不强;(4)金融企业之间垂直联系为主,水平联系不足;(5)公共机构作用显著而民间机构活力不足。

7.北京金融街

北京金融街的开发建设得首都之便利条件,政府重视、亲力亲为,财政支持、开源节流,优惠政策面面俱到;又及时运作买壳上市,积极涉足资本市场,完成了上市融资确保长期可持续发展。目前存在的问题包括:(1)办公面积不能满足发展需要,正在进行二期开发;(2)配套设施不完善且结构不合理;(3)区内过多地集中了中低端产业;(4)管理服务水平有待提高。

(三)国内外金融服务区开发建设的经验启示

1.政府主导规划并提供完善的制度环境和高效的行政服务

在于家堡金融服务区的开发建设过程中,应始终坚持天津市、滨海新区、塘沽区、中央商务区的政府主导,以保障开发建设规划的顺利实施;应马上着手建立健全法律法规,以提供完善的制度环境;应注重提高政府行政服务的效率,为入区企业提供一站式服务,同时精兵简政以降低行政成本;还要加大对外宣传推介的力度,注重于家堡金融服务区水文化的塑造和品牌意识;坚定不移地涉足资本市场,走上市融资确保可持续发展的道路;还要加大各级地方政府的财政支持,将行政权利适当下放。

2.应注重金融服务区的功能多样性

综观国内外金融服务区的开发建设经验,金融服务区的建设应朝着功能多样性的方向发展。要以同时汇集资金流、商贸流、人才流、信息流为宗旨建设配套设施,在大力引进金融机构的同时,也应注重引进包括通讯、报价、计算机、保安、律师事务所、会计师事务所等各类现代服务业,形成功能完善、设施先进、配套齐全的全国性金融创新、融资、管理与信息中心。因此,除了大型超市等大型商业设施外,也要注重小型便利店、迪厅、咖啡厅、茶馆、餐馆的建设和空间布局,还要注重银行、医院、学校、邮局、车站、高管住宅等配套服务设施的建设;应打造滨河公园、海底世界、水上娱乐城和水上巴士为元素的水文化;在重点建设于家堡综合服务中心、金融会展中心和金融交易中心的同时,也要考虑建设于家堡教育培训中心,增加建设开发中的亮点,建设集商务办公、会展购物、文体娱乐、居住旅游为一体的金融服务区、综合商务区和新兴旅游区。

3.要考虑金融服务区的错位发展和特色体现

金融服务区的成功与否不只在于其所拥有的面积大小和高楼大厦数量的多少,也在于其是否具有鲜明的特色和与周边环境的错位与融合。第一,一定要有特色地标性建筑,它代表着金融服务区的品位,是金融服务区的标志和名片。第二,建筑物外观设计能最大限度地体现金融服务区的风格与特色。作为城市风貌的眼睛、窗口的金融服务区,必须具有鲜明的风格,包括城市传统文化与现代风格的有机结合、艺术性与实用性、功能性与智能性的统一。第三,金融服务区要靠特色文化见高低,只有高楼大厦堆积的金融服务区是僵硬的、缺乏生机和品位的。第四,最重要的还是金融服务区的产业特色,因为其核心竞争力主要是靠具有发展前景和竞争优势的产业聚集来获得,具有鲜明特色的产业特征和高度集中的产业结构正是金融服务区繁荣的关键所在。

4.应重视人力资源、有效监管和优惠政策三软件建设

通常金融家们在落实其办公地点时,比较看重三个决定性的因素:储备充分的人力资源、有效的监管体系和优惠的个人及企业税收制度。伦敦金融城之所以能够成为全球领先的金融中心,除了特定的历史渊源,关键在于其完善的金融法律制度和政策环境,并且能做到与时俱进,不断自我调整,不断进行金融创新,以充分满足金融业发展的需要。一流的服务

水平,优秀的人才、完善的配套设施和最先进的技术是伦敦金融城的有形资产。健全、灵活的法律和市场机制,以及敢为天下先的冒险精神是金融城的无形资产。香港作为国际金融中心集聚了大量的各类服务人才,包括律师、会计师、经济师、精算师、系统分析师、管理顾问等。广泛的人才为香港中环 CBD① 经济的发展提供了有力的支撑。作为唯一的国家级金融贸易区,陆家嘴的建设得到了党中央、国务院、上海市以及浦东新区政府的高度重视,在金融贸易区建设的起步阶段,政府的政策引导与市场培育至关重要。于家堡金融服务区也应借鉴陆家嘴金融贸易区的各项优惠政策,结合自身特点和天津当地经济发展情况推出自己的优惠政策。

5.应重视交通系统、信息系统、配套设施三硬件建设

国际上成功的金融服务区的经验告诉我们,金融服务区的成功需要合理的开发机制,便捷的交通网络,完善的配套设施,以及对世界经济脉搏的把握。于家堡金融服务区的建设,有必要借鉴国内外金融服务区的成功经验,以高标准规划人车分离式的三层立体化的交通体系,先进的信息系统,注重城市立体空间的综合利用,在建设相当规模的、较完善的金融中心的同时,也要建设发达的商务区和商业区,以及集购物、休闲娱乐、旅游于一体的综合区,此外还应建设具有世界一流水准的电讯中心、宽带网等,并采用地下共同沟集中布置上水管、下水管、电力、电讯 、通信线路、煤气、集中供暖、垃圾输送管道。

二、于家堡金融服务区的功能定位

(一)于家堡金融服务区的功能定位

根据国际经验,一些著名的现代加工制造和研发转化基地,一般都建在金融中心或发达的金融业之上。结合天津滨海新区的发展规划,我们建议于家堡金融服务区的功能定位为:

积极推进金融改革创新,提供与现代加工制造、研发转化相匹配的现

---

① CBD(Central Business District)即指中央商务区,是现代商务活动的中心区域和黄金地带。

代金融商贸服务,打造一流的金融生态环境,逐步建设成为立足环渤海、辐射东北亚的金融机构、金融市场、金融人才、金融信息的服务区和金融创新中心、金融信息中心、金融配套服务中心,以及与中国北方经济中心和天津滨海新区开发开放相适应的现代金融服务体系和金融综合配套改革实验区。

(二)于家堡金融服务区功能定位的原则

关于于家堡金融服务区的功能定位原则,一是要强调金融改革创新,这是国务院 20 号文件赋予天津滨海新区的主要任务;二是要强调与现代加工制造、研发转化相匹配的现代金融商贸服务,一方面体现天津滨海新区的特点,另一方面要与传统金融商贸服务相区别;三是要强调对环渤海及东北亚的辐射能力;四是要强调金融机构、金融市场、金融人才、金融信息四大要素的聚集。于家堡金融服务区的这一功能定位从物理形态上体现为金融资源的最充分聚集;从功能形态上体现为金融功能的最充分发挥,目标直指金融机构、资金、人才聚集的核心区域以及金融创新、金融标准制定、金融生态环境良好的先行区。

(三)于家堡金融服务区功能定位的选择

2009 年 4 月 29 日,国务院新闻办公室在上海国际会议中心举行新闻发布会,介绍了《国务院关于推进上海加快发展现代服务业和先进制造业,建设国际金融中心和国际航运中心的意见》。该意见阐述了建设国际金融中心和国际航运中心的重大意义、建设指导思想和原则,提出了国际金融中心和国际航运中心建设的总体目标,部署了国际金融中心和航运中心建设的主要任务和措施。该意见指出,到 2020 年,将上海基本建成与我国经济实力以及人民币国际地位相适应的国际金融中心与具有全球航运资源配置能力的国际航运中心。要求建立由发展改革委牵头,有关部门参加的协调机制,加强对上海国际金融中心和国际航运中心建设的指导、协调和服务。进一步细化相关政策措施,认真研究解决推进上海国际金融中心和国际航运中心建设过程中出现的新情况和新问题。

5 月 6 日,国务院又批复了《深圳综合配套改革试验总体方案》。深圳的目标是通过"深港联动",共同实现"金融中心"、"物流中心"、"贸易中

心"、"创新中心"和"国际文化创意产业中心"的战略构想,并明确提出:
"深圳有条件、有基础、有能力做好的改革事项,优先考虑放在深圳市先行
先试。"成了名副其实的"国家综合配套改革试验区"。

短短的一周之内,国务院连续批复上海"2个中心"和深圳"5个中心"
的建设,对天津滨海新区的开发开放建设势必会产生直接的影响。我们
认为虽然国务院在对天津滨海新区及沪深三地的批复中,都有建设金融
中心的任务,但津、沪、深三地所辐射的地域范围是不同的:天津辐射的是
环渤海及东北亚,上海辐射的是长三角及华东地区,深圳辐射的则是珠三
角及南方诸省。根据这一新情况,课题组最终修订选择了前述的于家堡
金融服务区的功能定位,并认为天津滨海新区的金融综合配套改革工作
应抓住以下重点内容。

1. 以我为主,积极推动三级OTC①市场体系的建设

虽然目前已有传闻,外地城市对OTC市场的竞争很激烈,但国务院
20号文件在2006年就已明确天津可以试行全国性场外股权交易市场,
这是我们的优势所在。而且天津的现有基础较好,天津产权交易市场、滨
海国际股权交易所和天津股权交易所已经具备了三级OTC市场的雏
形。天津要继续扎扎实实地落实国务院20号文件,理清思路,以我为主,
埋头苦干,继续积极推进三级OTC市场的建设,在群雄逐鹿的形势下敢
于抢占有利位置。

2. 探索出利用OTC市场体系解决中小企业融资难的途径

积极探索利用OTC市场体系解决中小企业融资难的问题,为天津
的OTC市场发展谋取特色之地。可以考虑:(1)发行中小企业的集合债
券,完善贷款担保具体办法;(2)设立中小企业互助型担保基金以及中小
企业发展基金,给予中小企业贷款贴息等政策;(3)在OTC市场引入

---

① OTC(Over—the—Counter Market)即指场外交易市场。

APO① 和 SPAC② 模式,为产投、风投、创投基金解决退出问题,探索出一条利用产投、风投、创投基金为中小企业融资服务的道路。

3.借鉴美国芝加哥的功能定位选择

应尽快完成天津期权交易所和天津外汇衍生品交易所的研究、论证、申请、建设工作,争取用足中央给予的金融先行先试的优惠政策,在天津滨海新区率先开展股票期权以及人民币外汇远期、掉期和期权的交易,在全国性场外股权交易市场之外,增加于家堡金融服务区的亮点,增强对大型金融机构的吸引力。

三、于家堡金融服务区的发展模式与中长期发展方向

(一)于家堡金融服务区的发展模式

借鉴巴黎拉德芳斯金融服务区与上海陆家嘴和北京金融街的开发建设经验,我们认为于家堡金融服务区的发展模式应是:

针对中长期产业发展战略,由政府主导制定科学的开发建设规划并主动加以管理和引导,在加强基础设施建设、构建金融服务区完善的硬环境的同时,应不断建立健全法律法规制度,提高行政服务效率和水平,以优惠的招商引资政策和人才引进政策以及人才培养计划打造与天津滨海新区开发建设相适应的现代金融服务区。

1.土地开发规划模式

应本着先易后难、由西向东、由北向南的开发原则,以天津市、滨海新区、塘沽区各级地方政府财政支持建设于家堡金融起步区的同时,建设于家堡滨河公园,与塘沽区外滩公园连成一片,形成自然顺延的入区景观步道,将人气引入金融服务区,共同形成天津滨海新区标志性的景观区域。

---

① 　APO(Alternative Public Offering),意为替代公开发行,即指境外特殊目的公司完成与美国 OTCBB 市场壳公司反向收购交易(买壳上市)的同时,实现向国际投资者定向募集资金。

② 　SPAC(Special Purpose Acquisition Corporation),意为特殊目标收购公司,即指 SPAC 公司管理人先募集到管理资金,随后在 OTCBB 上市交易,成为新"壳公司",然后再在规定的时间内收购重组目标企业,从而达到合并上市的目的。

2.土地开发管理模式

在于家堡金融服务区开发前期,为了充分利用区外资金,土地开发的管理模式宜为成片规划、逐块转让,即由中心商务区管委会和天津新金融投资有限责任公司(以下简称新金融公司)主要承担区域的征地、动迁、规划、市政建设和区域管理等职能,而楼宇的建设全部由独立开发商和投资者进行。但应预留足够的地块,以便中心商务区管委会及新金融公司能从单纯的土地批租逐步过渡到自主开发,并通过开发、持有并租赁高档办公楼、商铺和国际社区等高档物业获得长期收益。

3.招商引资模式

于家堡金融服务区在招商引资方面,也应坚持由国内资金到国外资金、由内资企业到外资企业、由金融(银行、证券、保险)到金融衍生品行业及相关服务业的渐次发展模式,吸引众多投资主体参与,缩短金融CBD的建设周期。

4.融资经营管理模式

中心商务区管委会及新金融公司应积极开展资本市场运作,尽快实现间接上市目标,借助资本市场,走集融资开发、投资建设、经营管理、还本付息于一体的融资经营管理道路。

(二)于家堡金融服务区的总体发展目标

于家堡金融服务区的总体发展目标应是:

注重金融生态环境与制度建设,打造国家级金融综合配套改革实验区与金融创新基地,以天津滨海新区金融先行先试带动环渤海地区的区域经济发展,突出金融功能的聚集和关联,经过10年建设,努力将于家堡金融服务区发展成为以金融商务为主、现代服务业为辅,集会展酒店、文化体育、休闲娱乐、旅游居住于一体的现代金融商务区。经过5~10年的开发建设,于家堡金融服务区基础设施和重点项目将全面建成,并达到规划设计要求和功能定位目标,初步具备现代化设施和国际化服务功能,并将逐步发展成为全国领先、国际一流、功能完善、服务健全的金融综合配套改革实验区和金融创新基地。

为顺利完成总体发展目标,我们认为应注意把握如下原则:

1. 以现代金融业为主发展现代服务产业

于家堡金融服务区总体上应以现代金融业为主,并围绕着现代金融业集聚与其相配套的现代服务业产业,要在科学规划、合理安排、优化配套服务等方面采取积极措施,打造高标准的现代金融服务区,只有这样才能提供与现代加工制造、研发转化相匹配的现代金融商贸服务。

2. 探索金融机构形式的多样化

于家堡金融服务区应争取在吸引资金中介机构、投资银行等方面有所突破。应重点吸引证券、基金、投资银行、资产管理、融资服务等现代金融产业机构及会计事务所、律师事务所等中介机构,将于家堡金融服务区逐步发展成为国内外有重要影响的资产管理中心、资本运作中心、金融服务中心和金融创新试验中心。

3. 打造立足环渤海辐射东北亚区域性金融中心

要充分发挥天津滨海新区金融先行先试的政策优势,重点做好金融工具、金融市场、金融管理、金融服务、金融理念的创新,培育机构投资者、完善现代金融体系、拓宽投融资渠道、整治金融生态环境等方面的工作。作为天津滨海新区的核心金融服务区,于家堡应以发展直接融资和增强金融综合服务功能等为工作重点,建设现代金融业的服务体系,只有这样才能发展成为区域性的金融中心。

4. 积极促进专业中介服务业的发展

应加快中介服务领域对外开放的步伐,并制定相应的鼓励政策,大力吸引国外著名法律、会计、经纪、评估等专业中介机构入驻。同时积极鼓励民间资本进入,广泛开展评估评价、教育培训、信息咨询、知识产权交易与保护等各类专业中介服务,形成全方位、多层次的服务格局。还要规范服务中介行为,整顿市场秩序,提高服务水平,形成功能健全、规范有序、服务高效的中介服务体系。

(三)于家堡金融服务区的阶段性目标

1. 2006～2008 年的准备阶段

该阶段是以制定于家堡金融服务区的开发建设规划和完成拆迁为主要工作的准备阶段,最终是以于家堡金融服务区开发建设规划和拆迁工作的完成为目标的,目前该目标已经完成。

2.2009～2013 年的起步阶段

于家堡金融起步区规划面积为 1 平方公里,总建筑面积为 300 万平方米,建筑容积率为 3。其中:传统金融和现代金融各占 35％,商业商贸占 15％,金融会展占 10％,教育培训占 5％。该阶段包括两方面的目标:

(1)硬件建设目标:是以起步区重点项目的建设为主要工作的。届时,城际车站、酒店会议中心、超白金五星级酒店、行政服务中心、金融写字楼、滨河公园和中央大道等起步区重大项目的竣工标志着该阶段硬件建设目标的完成。

(2)软环境建设目标:是以制定于家堡金融服务区产业发展规划、金融创新规划,完善法律法规制度,新金融公司谋划涉足资本市场,初步建立三级 OTC 市场体系,申请成立 1 至 2 家金融衍生品交易所为主要工作的。届时,于家堡金融服务区产业发展规划、金融创新规划、相关法律法规的完成,新金融公司完成借壳上市,以天津产权交易市场、滨海国际股权交易所和天津股权交易所为基础的天津滨海新区三级 OTC 市场的初步建立,申请国务院批复成立 1 至 2 家金融衍生金融品交易所的成功标志着该阶段软环境建设目标的完成。

3.2014～2019 年的全面建设阶段

于家堡金融服务区的总规划面积为 3.46 平方公里,建筑面积为 1000 万平方米,容积率为 2.89。其中:传统金融、现代金融、商业商住各占 30％,面积分别为 300 万平方米;文化、教育及会展占 10％,面积为 100 万平方米。

该阶段是以于家堡金融服务区招商引资及建设工作的全面铺开为主要工作的。届时,不仅以金融商务办公、营业大厦为主的金融中心区应初具规模,同时通讯、报价、计算机、律师事务所、会计事务所、物业保安等各类现代服务行业也应初具规模,能初步形成功能完善、设施先进、配套齐全的全国性金融创新、融资、管理与信息中心,并逐步发展成为国际性金融中心和集办公、居住、购物、娱乐、会议等为一体的综合商务区。

为完成各阶段目标,我们认为:应短、中、长期目标相互衔接,共同推进,超前规划才能确保完成。

(四)于家堡金融服务区的长期发展方向

1.发达配套的现代服务业

金融服务区一般都具有合理的产业结构体系,特别是现代服务业在金融服务区内高度聚集。曼哈顿中城是豪华的居住区,许多非营利机构也在此扎营,保险业及银行、影剧院、音乐厅、餐馆、咖啡馆也被吸引来,成为集办公、娱乐功能于一体的城中之城。伦敦金融城是英国众多商务服务机构的总部所在地,众多国际一流的律师事务所、会计师事务所、咨询公司等中介服务机构汇集金融服务区。巴黎拉德芳斯金融区内既有金融巨子,又有中小金融机构、中介服务机构和高新技术创新企业。香港中环作为国际金融中心更是集聚了大量的各类服务人才,包括律师、会计师、经济师、精算师、系统分析师、管理顾问等。

交通、通讯、商业、文化、旅游业以及各种完善的配套设施,这些都是外商选择投资场所首先关注的条件。于家堡金融服务区要想成为金融机构地区总部争占一席之地的理想投资场所,就要具备便捷的交通、发达的通讯、齐全的水、电、气、热及污水排放系统,以及市政设施、酒店、购物广场、文化中心、影剧院、博物馆、展览馆、医院、学校、公园、休闲绿地等各类完善的配套设施,

2.要实现物业结构的优化升级

世界上金融服务区的发展都是一个从自发到自觉的过程,在由于交通等原因形成一定规模之后,就应该对其做适当的规划和定位。适当调整原有产业结构和内部机构。纽约曼哈顿明确了以高档物业为主的区域商务功能定位,区内大量高档商务业的存在巩固了金融、保险等大型金融机构在区域内的聚集。巴黎拉德芳斯灵活多样地规划办公楼,注重外部形态、室内空间设计和设施配置的多样性,同时在大楼设计中推广节能技术,为企业提供良好的外部环境。

为了吸引类型各异的金融机构和企业入驻,实现区内企业之间合理的分工与合作,于家堡金融服务区必须逐渐达成物业结构的高级化与合理化。

3.要注重现代与传统的和谐

金融服务区不能只建设吸引人的高楼大厦,还要注重社会、人文、经济和精神的统一。既要关注硬件建设,又要重视软件建设,注重物质和精神的结合,经济和社会的和谐,以人为本,和谐、稳定、合作与价值观相互融合。各大国际金融中心都有悠久的发展历史、良好的自然环境和"以人为本"的人文氛围。纽约曼哈顿云集了百老汇歌剧院、大都会歌剧院、卡内基音乐厅、大都会艺术博物馆、中央公园等许多文化旅游景点;伦敦金融城的歌剧院、交响乐团、艺术馆、博物馆、展览馆、画廊总共超过 820 多家,且品位高雅,文化活动频繁;巴黎拉德芳斯建有特色鲜明的 IMAX 剧院、CNIT 会展中心、拉德芳斯宫、新凯旋门屋顶展厅等文化设施;东京新宿则有包括三越、伊势丹、丸井、小田急、京王在内的商店 16000 家,成为日本最大的商业圈之一;香港中环则集政府总部、立法会大楼、前港督府(现称礼宾府)以及曾为亚洲最高建筑的怡和大厦等标志性建筑于一体。这些文化旅游设施和特色鲜明的建筑不仅构成了这些金融服务区美丽壮观的城市风景线,而且还大大地丰富了金融服务区的功能内涵。

于家堡金融服务区,要在深入挖掘传统文化,建立几个遗址公园的同时,下大决心,花大力气,争取以六大工程为于家堡金融服务区增加亮点。其中包括:

(1)由 OTC 大厦和滨海新区行政大厦构成的双塔式建筑

"9·11"之后,美国纽约曼哈顿地标性建筑——世界贸易中心双塔被夷为平地,如果能在于家堡金融服务区重现双塔,则在彰显中美两国实力此涨彼消的大趋势下提振民族自信心尤有益处。建议在于家堡金融服务区中央大道上建设区内最高的双塔建筑,由 OTC 大厦和滨海新区行政大厦所组成。理由如下:

首先,OTC 市场是于家堡金融服务区最大的亮点,必须建设得富丽堂皇,门前大道笔直,象征着天津 OTC 市场"生意兴隆通四海,财源茂盛达三江"。其次,虽然 OTC 市场靠四通八达的网络连接全国各地,用不了许多场地,但 OTC 大厦其实还承担着未来金融创新过程中可能诞生的天津期权交易所、天津外汇衍生品交易所的选址任务。在预留面积之外,可以考虑大厦的另外一侧作为滨海商务酒店。第三,为了保障 OTC 大厦卫星通讯的安全性,OTC 大厦也不宜建的过低。第四,天津滨海新区管委会、中心商务区管委会以及各级政府行政与服务部门,滨海新区研究院和未来的金融创新研究院,以及滨海电视台、滨海电台、滨海日报等新闻媒体,也需要一栋体量较大的建筑来承载。这对于未来于家堡金融服务区为进区金融机构提供一站式行政服务是至关重要的。因此,于家堡金融服务区内最高的塔式建筑应由 OTC 大厦和滨海新区行政大厦构成。

(2)于家堡金融服务区内人车分离式的三层立体化交通体系

借鉴巴黎拉德芳斯、东京新宿的建设经验,汲取纽约曼哈顿、伦敦金融城的教训,于家堡金融服务区应建设人车分离式的三层立体化的交通体系,地下有地铁、地面有公交车、空中有轻轨和高架桥,为区内人员打造便捷的出行条件。

(3)于家堡金融服务区中央高铁综合商务车站暨立体空中花园

为了充分利用空间,应学习东京新宿的经验,结合于家堡金融服务区中央高铁站打造综合商务区和立体式空中花园,营造良好的商业氛围。同时,应重视地下空间的开发利用,在作为交通枢纽的高铁站修建地下通道,实现人车分离。

(4)龙腾虎跃、造型各异的入区景观桥梁

近些年来,海河市区沿岸修建了包括"天津之眼"在内的许多风格各异的桥梁,形成了新的旅游景点。于家堡金融服务区应充分利用规划中的入区桥梁,借鉴市区桥梁创新设计经验,建设包括"塘沽之眼"在内的龙腾虎跃、造型各异的桥梁景观,为于家堡金融服务区增加亮点。

(5)打造滨海新区的水文化

于家堡三面环水,左有塘沽区外滩公园,右有蓝鲸岛休闲旅游度假区,与响螺湾中央商务区隔河相望,水文化是于家堡不二的选择。我们建议以滨河公园、海底世界公园、水上运动娱乐城和水上巴士运营系统为四大元素,打造目前国内独一无二的于家堡金融服务区水文化体系。理由如下:

于家堡西距塘沽区外滩公园仅不到 2 公里,每逢假日,外滩公园人满为患,人头攒动。如果沿河修建滨河公园,与外滩公园连成一片,可以形成天然滨水步道直接引人气入区,形成金融服务区新的旅游景点。

目前,北京、大连、青岛、三亚等旅游城市都建有海底世界,不仅门票收入可观,而且有些项目还通过借壳上市打入了资本市场。天津市自然博物馆虽然也修建了海底世界,但由于是私人投资,规模较小,知名度也不高。于家堡金融服务区适宜建设大规模的海底世界公园,连带发展水上运动娱乐项目和水上巴士运营系统,这些都可成为于家堡金融服务区的旅游亮点。

于家堡北部新华路南端处的海河水面宽阔,适宜发展水上运动娱乐项目。且该地块位于塘沽区外滩公园与于家堡未来滨河公园之间,如能结合水上巴士运营系统、海底世界公园的建设,以项目发包的形式发展水上运动娱乐项目,必将在节省投资的原则下,打造成于家堡金融服务区的黄金旅游景点和特色水文化中心。

于家堡三面环水,河岸线全长 5 公里左右,旅游观光资源集中在一个"水"字上,可考虑建设水上巴士运营系统,既可方便区内人员交通,又可与海底世界公园、水上运动娱乐城、滨河公园一起成为新的旅游观光线路。

建设凸显配套特色的四个中心。借鉴国内外金融服务区的经验,建设凸显配套特色的综合服务中心、金融会展中心、金融交易中心和教育与培训中心。金融服务中心是为了向入区企业提供一站式服务而建设的;金融会展中心是为了给金融机构提供配套服务而建设的;金融交易中心是为了未来的 OTC 市场以及衍生金融产品交易所而建设的;教育与培训中心是为了解决区内金融机构员工子女的求学问题,也是为了在以优惠政策引进金融人才的同时加强金融人才的培养与培训工作而建设的。于家堡金融服务区应充分发挥南开大学、天津大学、天津财经大学、天津师范大学等本土高校的积极性,为金融服务区的长远发展做好人才储备工作。

4. 要建设高水平的信息化网络

信息化是国际商务活动的技术保障,于家堡金融服务区要加强信息网络基础设施建设,加快电子政务和电子商务进程,构建高水平的信息化区域。

(1)建设国际水平的信息基础设施

实施于家堡金融服务区"数字 CBD 工程",应与其他基础设施建设同步进行。这将是于家堡金融服务区建设中的重中之重,天津市、滨海新区以及塘沽区各级政府应协调一致,给予批准立项和资金支持。优先建设综合业务宽带数据网和以光缆为主体的传输骨干网,推进电信网、有线电视网和计算机网"三网"融合。完善公用信息平台服务功能,增强互联网交换中心能力,实现计算机网的无缝、高速高效和安全互连。促进部门和单位间的信息系统和数据库联网,实现通信业务数据化、技术宽带化、设施光纤化、应用综合化和数据资源的网络化。合理布局邮政网点,满足区域用邮需求。

(2)加快推进电子政务进程

结合"数字 CBD"的工程建设,推进于家堡金融服务区的政府行政管理信息化,全面推行网上办公和政务公开,尽快实现区内企业申请、申报制度的电子化和网络化,提高办事效率。同时建设地理信息系统,统一管理区内市政基础设施资料,确保数字 CBD 的顺利运行。

(3)推动电子商务的应用

积极促进金融、财税、贸易、工商管理等领域的信息化,构建发展电子商务的良好外部环境,促使企业积极开发于家堡金融服务区的信息资源,提供多元化的信息产品,提高电子商务的服务质量。

(五)于家堡新金融公司的上市融资模式研究

于家堡金融服务区的开发不仅需要科学统一的规划、全面合理的设计、成熟配套的物业管理,而且更需要大量的资金,但有许多基础设施以外的建设项目不太适合由政府部门单独负责。目前,由天津市财政局、天津市建委、天津市滨海委、天津市塘沽区政府四家单位共同组建的天津新金融投资有限责任公司成为于家堡金融服务区的主体开发公司。新金融公司的短期目标是利用 20 亿元注册资本金,架桥铺路,加快于家堡金融服务区起步区基础设施建设的步伐;中期目标是加大招商引资力度,利用一切可融得的资金,投入于家堡金融服务区的开发建设中;长期目标则应是借鉴上海陆家嘴和北京金融街的成功经验,积极涉足资本市场,最终达成上市融资的发展模式。只有这样才能保障于家堡金融服务区的开发建设速度,保障金融服务区开发建设的可持续发展。

新金融公司可选择的上市融资模式有以下几种:首次公开募股、买壳、借壳、造壳上市,或以 SPAC 或 APO 模式实现 OTCBB 上市。比较上述几种上市模式的可行性和优缺点,我们认为:新金融公司最宜采取的上市模式是定向增发、反向收购的借壳上市模式。其优点是:首先时间短、直截了当、目的性强,可以在短时间内达到上市的目的,并且不像 IPO 模式那样存在着被监管部门否决的危险;其次以资产置换股权达到借壳目的,节省资金;最后,借壳上市本身又完成了滨海新区金融股权的资源整合,一箭双雕。

四、于家堡金融服务区的软环境建设

(一)于家堡金融服务区软环境建设的工作重点

1.国际通用的法律法规制度体系

对金融 CBD 来说,建设一个国际通用的法律法规制度体系是非常重要的。只有具备了这样一个与国际接轨的法律法规制度体系,才能使经济金融的运行和监督能够符合国际惯例,能够被别人所理解,能够为大家所操作。

2.高开放度、配套完善的金融市场

于家堡金融服务区对京津冀、环渤海、东北亚具有一个较大范围的辐射力和对美洲、欧洲不同时区金融市场的连接力。一个对内对外都十分开放的、配套完善的金融市场体系,能够敏捷、高效而又大批量地处理金融交易并满足小批量特殊业务的需求,这是于家堡未来在金融创新中立于不败之地的保障。

3.观念先进的现代金融服务平台

于家堡要在 OTC 市场、产投、风投、创投服务平台、银行综合性改革和人民币区域自由兑换等方面做出突出成绩，不仅需要良好的金融基础设施和完善的配套设施，尤其需要建立顶尖的服务意识，提高行政效率和服务素质，同时能够大量、实时、客观地反映金融市场、金融机构、金融工具和产品发展变化的信息。

4.聚集一流国际金融人才的制度环境

现代金融业的竞争和所谓国际金融中心建设的竞争，归根到底是人才的竞争、智力的竞争。于家堡金融服务区必须具备一个引进、培养、留住高级金融人才的制度环境，强化对人才的吸引力，这样才能在未来的竞争中立于不败之地。

为了实现上述于家堡金融服务区软环境建设的重点工作，我们必须要加强法律法规制度的建设与完善，加强政府监管与金融机构自律体系的构建；积极开拓国内、国外两个市场，坚持内资和外资并重；加强金融、保险、证券等现代金融服务业的发展，坚持直接引资和间接引资并举；坚持资本经营与产品经营并讲；不断扩大各个领域的对外交流与协作；努力构建全方位、多层次、宽领域的新区金融服务体系，在基础设施建设、科技、教育、文化、体育、卫生等公益性强的领域积极探索合资合作的途径。

(二)于家堡金融服务区软环境建设的保障目标

1.资本的聚集能力

要保障于家堡金融服务区资本聚集的数量、效率、成本，包括在于家堡金融服务区的未来发展过程中，金融服务体系要能够为金融服务区的整体发展战略的顺利实施提供充足的资金保障。在有效的时间内为资金需求单位提供切实可行的融资渠道和融资方案，并在满足融资单位要求的同时尽量降低企业的财务费用。

2.资本的配置能力

在于家堡金融服务区的建设当中，政府要发挥主导作用，并结合实际的战略发展方向和产业布局，利用产业政策引导各种资源向重点产业聚集。引导重点产业项目向相应的产业功能区集中，以实现规模经营，使各种资本的流动更趋于合理,有效提供资源的利用效率和产业的规模经济效益。

3.资本的增值能力

资本是有成本的,如何提高于家堡金融服务区内资金的周转率,从而带动经济运行效率的提高,也是未来于家堡金融服务区建设的一个重要方面。

(三)于家堡金融服务区的服务功能策略

1.统筹规划、分步实施

于家堡金融区金融体系的构建涉及国家、政府、企业、个人,同时也涉及人才、法律、政策、支付清算系统、信息流通等很多方面。新的金融工具的推出和实施也需要各个部门的审批和协调,因此需要政府的正确引导和强有力的支持。因此,成立金融服务体系规划领导小组是非常有必要的。

2.积极引进中介机构

纵观国内外金融 CBD 的发展,长则几百年,短则十几年。于家堡金融服务区要在短时间内谋求超常规发展,就要积极引进中介机构,建立起完善的金融中介服务体系,增强金融中介服务机构的功能。

3.加大投融资体制的改革力度

要加大投融资体制的改革力度,结合 OTC 三级市场体系的建设,结合产投、风投服务平台的建设,将 APO、SPAC 等模式引入于家堡金融服务区。

4.人才引进与人才培养两手抓

于家堡金融服务区必须加大人才引进的力度,提高对高级金融人才的吸引力度和激励政策,制定一步到位的人才引进优惠政策。同时,充分调动本土高校的积极性,利用各种方式加大人才培养的力度,保障金融服务区有充足的人才储备。

总之,按照市领导的指示精神,要高水平规划金融服务区,集思广益,精益求精,打造出具有震撼力的精品。明确金融服务区的功能定位,突出体现金融功能。按照以人为本的理念,在科学规划硬件设施的同时,依据金融业发展的自身特点,科学规划配套、服务、业务开展等软件设施,切实满足金融业发展的实际需求。要统筹土地、交通等因素,确保每一个单体建筑都有规划,充分体现大气、现代的特色。着力将该区域打造成与天津北方经济中心及滨海新区相适应的现代金融服务体系,力争成为中国北方的"曼哈顿"。

(四)各级地方政府对于家堡金融服务区的财政支持

1.先期以财政垫付资金确保市政配套设施建设

于家堡金融服务区的长期发展模式应选择上市融资模式,但先期道路、照明、桥梁、地铁、绿化、大型绿地、休闲小区、公共景点、公园以及其他公建设施的建设应以财政资金垫付,确保完成金融服务区起步区的基础设施建设。

2.各级地方政府财政分摊应制度化

滨海新区中心商务区管委会作为地方公共服务的提供者,应争取得到天津市、滨海新区、塘沽区财政上的大力支持。所需道路、桥梁、照明、绿化以及大型绿地、公园等公共设施支出应尽量依靠各级地方财政投入,以保持发展后劲,并应将各级地方政府的财政分摊制度化。

3.应设立于家堡招商引资发展扶持基金

为入区企业发放的一次性补贴所需资金由天津市、滨海新区与塘沽区三级财政共同出资,由中心商务区管委会全额兑现。因此,天津市、滨海新区、塘沽区三级地方政府应共同组建于家堡招商引资发展扶持基金,结合于家堡实际情况,梳理现有支持金融业发展的有关措施。根据不同的金融行业,不同类型的金融机构,不同层次的金融人才,制定扶持金融业发展的专项政策措施,突出针对性、重点性、人性化。设立金融孵化基金,为金融业发展提供支持。

4.应引入BOT等融资模式

天津市政府可授权于家堡金融服务区引入BOT(Build－Operate－

Transfer)①融资模式或招标方式,将来自道路、桥梁、小区、大厦、公交车站名等命名收入以及户外广告牌所得收益用于区内公益性设施建设和管理。

5.应鼓励项目开发企业自建地下停车场

鼓励项目开发企业在区规划指导下自行建设地下停车场,通过对区内地下空间的开发以及道路和部分绿地地下空间的开发,增加地下停车泊位。同时要注重建设地下车行环路,减少区内地面道路交通压力。但大型公益性停车场需要各级地方政府财政投入的支持。

6.应以出租为主,租售并举

金融服务区的运营者一般都会留存大量房地产,用于调控该区域内的物业和产业布局,把房地产出租所得收益用于功能区市政建设和市政服务。为此,于家堡可以考虑实施创新型融资计划,实现"出租为主,租售并举"的战略决策。

五、于家堡金融服务区金融创新的具体内容

(一)关于建立滨海新区三级 OTC 市场体系的建议

从美国资本市场 200 多年发展的实践经验来看,OTC 市场是一个多层次、多目标、多模式,瞄准不同交易主体、设定不同准入门槛的三级市场体系。其最高端是已经发展成为主板市场并包含全国资本市场和小额资本市场在内的 NASDAQ(National Association of Securities Dealers Automated Quotations);基础市场是门槛最低、费用最省、监管最松的粉红单市场(American Pink Sheet Market);居于中间的是具有真正创业板特征:零散、小规模、简单的上市程序以及较低费用的 OTCBB(Over the Counter Bulletin Board)。

目前,天津股权交易所(以下简称天交所)、滨海国际股权交易所(以

---

① BOT 即指即建设—经营—转让,是指政府通过契约授予私营企业(包括外国企业)以一定期限的特许专营权,许可其融资建设和经营特定的公用基础设施,并准许其通过向用户收取费用或出售产品以清偿贷款,回收投资并赚取利润;特许权期限届满时,该基础设施无偿移交给政府。

下简称股交所)和天津产权交易中心(以下简称产权中心)三级 OTC 市场体系已初见雏形,但仍存在着交易方式落后、交易主体不足、资金渠道狭窄、机制不完善、模式重叠、同质竞争、功能定位区别不大、上柜门槛错位、缺乏做市商等问题。为了理顺这三个市场之间的关系,科学地确定其各自的功能定位和发展方向,完善其法律法规和交易机制,打造天津滨海新区的三级 OTC 市场体系,特建议:

1. 将产权中心发展成为中国的粉红单市场

(1)利用《产权导刊》发布全国各地产权交易行情

应逐步将《产权导刊》由月刊发展为周刊附加特别发行日刊,除传统栏目内容外,增加每周定期发布的全国各地产权交易的市场行情。还可根据产权市场的交易火爆情况和对交易信息的需求大小,适时选择由《产权导刊》杂志社特别发行《产权导刊——每日产权交易市场行情报》。

(2)逐步引入做市商制度

应以产权中心为试点,逐步引入做市商交易制度,同时应逐步将在北方产权交易共同市场范围内已经陆续推广应用的"中国产权交易网络综合竞价系统",向全国产权交易联盟推广,以便于做市商为产权交易报价造市。

(3)改变登记规则与上柜规则

改变现有产权市场登记规则和上柜规则,将产权发行人申请上市和报价的做法改为通过做市商进行报价,只要有三个做市商同意为其报价就可上柜。做市商不了解或不经发行人同意也可以在产权交易市场上报价。

2. 将股交所发展成为中国的 OTCBB

(1)修改股交所的功能定位

目前,股交所的功能定位是"一家专业从事企业股权投融资信息交易的第三方服务平台,也是国内首家专业从事为拟融资的企业通过出让股权,进行直接融资的信息交易场所"。建议将其功能定位修改为:"集国际间股权、债权、物权、知识产权以及认股权证、基金单位、ETF①、DR② 等证券品种为一体的具有中国特色的非连续交易的电子板场外交易市场。"

（2）降低股交所的上柜标准

目前，天津的两家股权交易所和一家产权交易中心都属场外交易，上柜标准不宜过高。而股交所的上柜标准过高，造成其功能定位与上柜标准之间的错位。我们建议应降低并制定其合理的上柜标准，拓展上柜目标公司空间；同时应加大面向全球的项目引进及市场推介工作，增加上柜公司数量，同时应做好为天交所提供转柜公司的工作。

（3）引入做市商制度

目前，全球资本市场都在学习美国的做市商制度，该制度对于提高市场管理的专业化程度，加强市场的流动性，维护市场行情的稳定都是十分必要的。我们建议股交所应尽快引入做市商制度，发展双向报价机制以加强 OTCBB 市场的流动性，同时也为今后与国际接轨，由做市商决定上柜标准的转型奠定基础。

（4）逐步引进信托机制

逐步引进信托机制，在面对风险较大项目时，可先将股权受让方的资金以信托的方式冻结，待投资风险明了时再交割结算；同时也为将来引进APO、SPAC 等融资新模式奠定基础。

（5）适时引进 APO③、SPAC④ 等新融资模式

---

① ETF（Exchange Trade Fund）意为交易所交易基金，即指将严格追踪股市指数变化的基金份额拆为可交易份额的指数基金。

② DR（Depositary Receipts）意为存托凭证，即指境内存托银行发行的一种可交易的代表所存托境外冻结股票的凭证。

③ APO（Alternative Public Offering），即指境外特殊目的公司完成与美国 OTCBB 市场壳公司反向收购交易（买壳上市）的同时，实现向国际投资者定向募集资金。

④ SPAC（Special Purpose Acquisition Corporation）意为特殊目标收购公司，即指 SPAC 公司管理人先募集到管理资金，随后在 OTCBB 上市交易，成为新"壳公司"，然后再在规定的时间内收购重组目标企业，从而达到合并上市的目的。

拓宽天使投资基金[①]以及 VC[②]、PE[③] 的退出渠道,加大对这些风险投资基金的吸引力,同时也为实现天津滨海新区发展成为风险投资基金服务平台的功能定位奠定基础。

(6)稳步发展为对公众开放

在股交所稳步发展到一定程度时,应考虑适时对社会公众投资者开放,一方面弥补资金渠道狭窄的缺陷,另一方面也可以为将来引入 APO、SPAC 等融资新模式奠定基础。

3.建议将天交所发展成为中国纳斯达克的小型资本市场

(1)修改功能定位

由于天交所脱胎于产权中心,有着成熟的私募交易经验,目前正在全国产权共同市场联盟范围内稳步推进联合推荐上柜公司的工作。而且在成立之初就着手引入做市商制度,开始在交易期间分时段实行做市商双向报价、集合竞价和协商定价的混合定价模式。在经验技术、交易机制、运作管理、上柜标准等方面的基础相对较好。在当前创业板落户深圳已成定局的形势下,我们建议将天交所未来的发展方向定位于天津滨海新区 OTC 市场的主板市场,仿照美国纳斯达克小型资本市场的定位,将天交所的功能定位修改为"全国范围内小型非上市公司股票、企业债权、期权以及认股权证、基金单位、ETF、DR、DPP[④] 等证券品种为一体的计算机连续撮和交易的电子板场外交易市场"。

---

　① 天使投资(Angel Equity)指自由投资者出资协助具有专门技术或独特概念而缺少自有资金的创业家创业,介入时间早,投资风险高,创业成功后的收益也很高。

　② VC(Venture Capitalist)意为风险投资商,风险投资也叫"创业投资",一般指对高新技术产业的中期投资。

　③ PE(Private Equity)意为私募股权投资,即指通过私募形式对非上市企业进行的权益性投资,后期介入,相对风险最小。

　④ DPP(Direct Participation Programs)意为直接参与项目,即指一种可使投资者被动直接参与即可获得现金及税收优惠的有限合伙投资形式,主要涉及房地产项目及与能源相关的风险投资。

（2）拓宽上柜公司目标范围

目前,天交所的功能定位是"唯一准许从事'两高两非'①公司股权和私募股权基金份额交易"的市场,这势必会造成上柜目标公司范围过窄,限制天交所的发展速度。建议放宽其功能定位,突破"两高两非"公司股权和私募股权基金份额的品种限制,在强调"两高两非"的同时,兼顾成长性好的私营中小企业。加大面向全国产权市场的引进上柜公司工作,增加上柜公司数量。同时,可以考虑接纳从沪深两地交易所退市的公司以及来自股交所的高质量转柜公司。

（3）适当修改上柜标准

应适当修改并制定合理的上柜标准,将"低门槛、平民化"的市场定位让渡给产权中心。

（4）立即着手建立电子交易平台

应马上建立自己的电子交易平台,由做市商双向报价,同时计算机进行实时撮和连续竞价成交,为将来发展成为天津滨海新区乃至中国的纳斯达克小型资本市场奠定基础。

（5）稳步发展至对公众开放

应考虑适时对社会公众投资者开放,一方面弥补资金渠道狭窄的缺陷,另一方面也可以为将来引入 APO、SPAC 等融资新模式奠定基础。

（二）关于尽快申请成立"天津期权交易所"的建议

国务院 20 号文件即关于推进天津滨海新区开发开放有关问题的意见中指出,"鼓励天津滨海新区进行金融改革和创新。在金融企业、金融业务、金融市场和金融开放等方面的重大改革,原则上可安排在天津滨海新区先行先试"。天津既然得到了中央政府重点优惠政策的支持,就必须把握住这次千载难逢的发展机遇,在金融业务、金融市场和金融改革开放方面进行大刀阔斧的创新。

----

① "两高"即指国家级高新技术产业园区内的高新技术企业;"两非"即指非上市非公众股份有限公司;而私募股权基金即指合伙型基金、信托型基金和公司制的创业风险投资基金等。

1. 为什么选择期权交易所

金融衍生品虽然种类繁多,但基础的只有四大类:期货、远期、掉期和期权。目前国内金融衍生品市场的发展形势是:商品期货北有大连,南有上海,中部有郑州;股指期货已经确定放在上海金融期货交易所,所以,利率期货、外汇期货其他地方也不可能染指;在余下三个品种中,期权是交易最活跃、最有影响力、潜力最大的品种。因此,我们建议应尽快申请成立"天津期权交易所",从股票期权开始做起,将来再逐步引入 ETF 期权、利率期权、股指期货期权、国债期货期权、农产品期货期权、黄金期权以及包括百慕大式、亚洲式、二项、障碍、双币种等新型期权品种,增强天津滨海新区金融服务区的竞争力以及对环渤海乃至东北亚的辐射力,以金融创新带动天津滨海新区金融综合配套改革工作的开展,促进我国金融衍生品市场的稳步健康发展。

从国际期权市场发展的经验看,作为金融衍生品市场,期权交易所是可以脱离股票交易所而独立存在的。1973 年美国芝加哥期权交易所 CBOE 成立,至今已有 30 多年,所交易的期权既有纽约股票交易所的,也有 NASDAQ 市场的。香港、台湾期权交易的开展也已有十几年,对同根、同源、同文化的交易机制、监管制度、法律法规都很成熟。从国内金融中心的发展情况来看,目前尚无其他城市申请成立期权交易所。我们认为,应充分发挥中央给予天津滨海新区金融先行先试的政策优势,抢先申请,加快筹建,勇于创新,稳步推进。

在交易所设立方面,可以借鉴香港交易所 HKEX 和台湾期货交易所 TAIFEX 的经验,采用电子计算机撮和交易方式以及配套的交易制度设计。在产品方面,可以根据国内期货市场和证券市场的发展状况,先行选择沪深股票交易所中比较有代表性的公司(例如上证 50 或沪深 300 指数中的样本股票),设计相适应的股票期权,为投资者提供规避股票价格风险的工具,促进我国股票市场的进一步发展和繁荣。然后,可以再考虑逐步推出利率期权、ETF 期权、农产品期货期权、股指期货期权等其他后续品种,通过为投资者提供规避资本市场价格风险的方式促进其健康发展。

2.成立"天津期权交易所"的可行性

期权是证券市场投资者规避风险的需要,是我国期货市场和股票市场发展到一定程度之后的必然选择。现在的金融外部环境和市场投资主体与我国证券市场发展初期时相比已经大不相同,政府监管机构的手段和措施已逐渐成熟;利率、汇率市场化的程度也在不断提高;设施先进的计算机交易系统为开展期权交易提供了所需的硬件环境;金融工程学科及研究的不断增多,也能满足对人才的需求。此外,我们有台湾、香港地区期权交易市场的经验可以借鉴。最关键的是我们有国务院关于推进天津滨海新区开发开放有关问题的意见赋予天津滨海新区金融先行先试的政策优惠,因此,申请成立天津期权交易所的可行性是相当大的。

(三)关于尽快申请成立"天津外汇衍生品交易所"的建议

1.为什么选择外汇衍生品交易所

国际上外汇衍生品市场已有 100 多年历史,集中场地、标准化合约式的场内交易也有 30 多年的历史。国内银行间市场近些年来也开始出现人民币外汇衍生品的场外交易。2003 年,中行推出了外汇结构性存款;2005 年,工行与人行开展了外汇掉期;2006 年,建行推出了外汇远期;2006 年,招行推出了外汇期权。但目前始终没有人民币外汇衍生品的场内交易。

随着我国有管理的浮动汇率制的实行,以及我国外汇储备的巨量增加,企业与个人遭遇外汇风险的可能性都已大大提高,市场迫切需要能规避外汇风险的金融衍生品交易的推出。2002 年,中国香港、新加坡等地开始出现人民币无本金交割远期外汇品种 NDF(Non－Delivery Forward);2006 年 8 月,美国芝加哥商业交易所 CME 推出人民币兑美元、欧元、日元的期货和期权交易。一场争夺人民币外汇定价权的战斗已经打响,形势咄咄逼人。

目前,股市指数期货已经确定将在上海的金融期货交易所推出,那么,外汇期货与利率期货当然也肯定在上海的金融期货交易所推出。而在我国银行间市场上,外汇远期、外汇掉期、外汇期权虽然都有交易,但都属于场外交易,机制不完善,交易不活跃,合约不标准。虽然中国外汇交易中心代理美国 CME 的人民币外汇期货和期权品种,但也只能发展成为并无人民币外汇衍生产品定价权的 CME 国内分销市场。

2.成立"天津外汇衍生品交易所"的可行性

目前,我国的外汇市场制度建设已经逐步开展,相应的法律法规也在建立和完善中。随着我国有管理的浮动汇率制市场化的程度不断提高,人民币外汇衍生品的交易机制和技术已相对成熟,外汇衍生品市场交易主体的培育工作已初见成效。特别是我们有国务院 20 号文件赋予天津滨海新区金融先行先试的政策优惠,因此,应充分利用国务院 20 号文件赋予天津金融先行先试以及在天津滨海新区局部放开人民币自由兑换的优惠政策,尽快申请成立"天津外汇衍生品交易所"。

(四)引进 SPAC、APO 模式,完善风投退出机制的研究

1.正确认识创业投资退出的重要性

(1)退出机制是创投、产投、风投基金规划中至关重要的一部分

创投、产投、风投的目的都不是控股,而是退出。成功地退出是创投、产投、风投成功的最终表现,在基金运作中具有至关重要的地位。创投、产投、风投基金的退出不仅是基金获得利益、实现收益的关键,同时也是项目企业获得二次融资、继续发展壮大的关键。从宏观上考虑,创投、产投、风投基金的退出关系着我国资本市场的完善,准确地把握基金退出机制在资本市场运行中所处的阶段和地位是十分重要的。

(2)OTC 市场建设必将成为我国创投、产投、风投基金的主要退出渠道

我国现有创投、产投、风投基金的退出方式包括:公开上式、收购、企业回购、二次出售、清算、冲销。其中,公开上市是能够给企业带来最高回收倍数、最丰厚利润的方式。在主板市场无法为创投、产投、风投基金提供有效退出途径的情况下,基金公司要追求公开上市,只能把眼光投向二板市场。当前可以接纳中国创业公司股票公开上市的二板市场主要还是集中在已经运行的香港联交所创业板和美国纳斯达克证券市场。而天津要想成为创投、产投、风投基金的服务区,就必须为这些基金设计完善的退出方式,天津的 OTC 市场建设,从长远看,必将成为我国创投、产投、

风投基金的主要退出渠道。

（3）OTC 是联结私募股权市场和公众股权市场的桥梁

资本市场中的权益性资金市场是由私人权益资本市场和公众权益资本市场共同组成的。对于许多未上市的股份有限公司的股权，其发行采取向特定投资者私募的方式，大多为机构投资者所持有，其交易可以通过柜台交易（OTC）进行，也可以协议转让。因此私人权益资本市场是创业企业在创业期和早期成长期的主要资金来源；公众权益资本市场则是创业企业在发展壮大后进入加速成长期的主要资金来源；而 OTC 是联结私人权益资本市场和公众权益资本市场的桥梁。

2. SPAC 的运作方式

（1）SPAC 简介

SPAC 是英文 Special Purpose Acquisition Corporation（中文译为特殊目的收购公司）的简称。SPAC 基金是指由具有行业经验的投资、投行专业团队组成的已上市的纯现金空壳公司，通过合并高成长行业中经营业绩较好的目标公司，实现目标公司海外上市。SPAC 方式集直接上市、合并、反向收购、私募等金融产品特征及目的于一体，并优化上述各金融产品的功能，一次性完成企业融资上市的目的。对于目标公司而言，SPAC 方式具有融资能力强、目标明确、时间可预见、风险可控、成本较低、全新激励方式、增值潜力大等一系列优点。

（2）SPAC 的特点

融资能力强：融资能力在 3000 万美元～1 亿美元之间。

目标明确：SPAC 公司募集资金，壳体公司已上市并交易，目标公司业务明确，壳体为现金公司，目标公司资产重组后资产构成明确，公司上柜后转板方向明确。

时间预见：目标公司与 SPAC 公司合并后即间接上市，目标公司重组完成后，约三个月完成合并，合并后 1～3 个月完成转板。

风险可控：壳体为新公司，无业务，IPO 后，公司资产透明，完成合并前，资金为信托管理；公司已完成上市，资金已募集成功，市场因素对合并项目影响不大；壳体组建方持股三年，辅导企业熟悉美国资本市场三年，无市场陌生风险;初期费用低,无较多的沉淀成本风险。

成本优势:无买壳费用;主要费用完成时支付;时间短,可预见,机会成本低。

全新激励:履约期权,分阶段承诺三年或更长时间的业绩实现目标,完成后,原股东及管理层可获得较高比例的上市公司股权,毋须支付对价;同时常规的管理期权依然可实施。

壳干净、无或有负债:壳公司有大笔现金供收购和收购后的营运使用;壳公司提供一个具有丰富资本市场和并购经验以及相关行业经验的管理团队。

3. APO 的运作模式

(1)APO 简介

APO 是英文 Alternative Public Offering 的缩写,指境外特殊目的公司完成与美国 OTCBB 市场壳公司反向收购交易(买壳上市)的同时,实现向国际投资者定向募集资金的运作模式。私募公司通过这种间接方式,可最终实现向公众投资者销售公司股票,转型成公募公司的目的。作为资本市场上一种全新的商业运作模式,APO 可以实现更好的估值,且融资周期短,消除了在上市过程中涉及的最大风险。对于美国的机构投资而言,APO 也是投资中国公司的较好途径。

(2)APO 的特点

APO 翻译为中文就是融资型反向收购,是介于 IPO 和私募之间的融资程序,既有私募的特点,也有 IPO 的特点。私募程序的特点是低成本和快捷,只要 3~4 个月就可以完成融资;APO 同时具有公募的特点,投资人投资 APO 获得的是上市公司的股票,正由于投资人在投资的时刻就获得了流动性议价的股票,所以它能够承受更高的价格,也就是说私募股权通过 APO 可以买个好价钱。

4. 参照 SPAC、APO 模式规范基金运作的几点设想

(1)滨海新区应选择信托方式作为创投、产投、风投的运行模式

目前,我国私募基金大部分是依照我国现有的《民法》、《合同法》的委托代理原则来构建当事人之间关系的,而不是依照信托原理或公司法原

理来界定各方当事人之间的权责关系,因而就无法形成基金资产所有权、管理权、监管权之间相互制衡的关系。

我市的第一只产业投资基金——渤海产业投资基金,属于契约式基金,投资人不成立公司,而是用一纸合约把各个投资人的资金集合起来。这种契约式方式固然有很多优势,但极易形成权责的不明晰,使私募基金继续游离于法律法规监管之外,面临着巨大的法律风险、道德风险。

滨海新区可以参照 SPAC 模式,选择信托方式作为私募基金的运行模式。SPAC 是一种信托基金产品。投资银行以信托形式发行普通股、优先股与期权给市场合格投资者,以信托基金的方式托管确保不准挪用,从而创造一个只有现金而没有实业资产的空壳公司。因创业投资基金以信托和公司的形式出现,将依照信托原理和公司法原理来界定各方当事人之间的权责关系,从而形成基金资产所有权、管理权、监管权之间的相互制衡关系。

(2)私募基金可先在 OTC 招股,待公司合并后在 OTC 上市

参照 SPAC 的运营模式,私募基金首先必须以信托的方式在 OTC 市场设立一个特殊目的的"空头支票公司"(即空壳公司),发起人必须参股一定数量。设立这个空壳公司的基本条件是有可供收购的资产或公司作为未来并购的对象,对目标公司的并购必须在 18 个月内完成。如果18 个月内不能完成并购交易,信托基金将被取消,发起人自行承担收购失败的成本。由于我国的基金管理公司对这种基金运营模式还较陌生,可以将 18 月的约定期延长到 24 个月,以给予基金管理公司更长的时间寻找可供并购的目标公司。

创业投资基金的空壳公司由于没有实际业务,不能在 OTC 市场上交易,只有在其实现了与实业公司的合并之后,才可以满足在 OTC 挂牌交易的条件。

(3)SPAC、APO 模式的最大特点:时间短、效率高、提前退出

参照 SPAC 模式,在 SPAC 公司与目标公司合并之前即可以信托的方式私募到基金,当 SPAC 对目标公司重组完成后,在 1～3 个月内即可完成在 OTC 市场上市。

SPAC 操作的流程可以主要划分为 7 部分：审计、公告、招股、路演、股东大会投票、合并实业公司、交割、转板。其中，审计又细分为：审计并购对象、合并协议、尽职调查、初步招股书的设计四个步骤。

运用 SPAC 模式，从私募基金招股到与目标公司接触，再到公司合并后完成上市转板，最多需要 2 年时间。而且，在私募基金发起设立之初就可以解决退出问题。因此，运用 SPAC 模式规范创业投资基金，可以提高资本的运作效率、降低上市费用，无需较多沉淀成本，明确退出环节。

（4）参照 SPAC 退出机制，打造滨海新区优势基金管理公司

在国外，通常是先有管理公司，管理公司创出业绩了，基金才愿意把钱拿给这家管理公司管理，管理公司因为有了业绩，募集基金也就很容易。但天津渤海产业投资基金是我国第一支产业基金，而且基金和基金管理公司同时成立，但我们让各家投资人作为基金管理公司的小股东，每家占一定的小股份，派一人参加管理公司的董事会，对基金公司的投资享有知情权，从而创造性地解决了这一问题。未来的发展趋势必定是：基金管理公司与基金的分离，管理公司就是一支专家队伍，不应该受投资人的制约。

当创投基金与目标公司合并进而完成转板后，基金管理公司可以考虑变现股票，或继续持股。参照 SPAC 运作模式，壳公司分阶段承诺三年或更长时间的业绩实现目标，待完成后，原股东及管理层可获得较高比例的上市公司股权，无须支付对价。这实际上使得基金管理公司拥有一项期权，一种根据公司发展状况推出或继续持股的权利。创投基金通过目标企业在 OTC 上市退出实际上是目标企业从私人权益资本市场进入公众权益资本市场，而创投基金则仍然留在私人权益资本市场，继续选择合适的项目，进行下一轮创业投资活动。

（5）挑选优质企业，扩展 OTC 上柜资源

参照 SPAC 标准，可以将目标企业的选取标准制定如下：

市场容量：如果市场较为集中，公司在市场中占据较为领先的地位；如果市场较为分散，该公司在技术和规模方面应不明显落后于其竞争对手，并且拥有核心竞争力，能够成为业内整合的核心企业。

管理团队：管理层团队完整、拥有丰富的业内经验，管理体系组织合理，高层管理人员保持稳定。

竞争壁垒：资源壁垒、技术壁垒或市场壁垒将使企业站在竞争的制高点。

商业模式：拥有获得证明的商业模式、成熟的产品或服务，具有竞争力的生产／服务效率，已经建立并获得证明的、有效的市场渠道。

经营业绩：公司拥有2年以上正式经营记录；公司拥有持续高速发展的能力，目前已经盈利，并具有持续盈利的能力（倾向于净利润5000万元以上的公司）。

（6）私募基金的高杠杆性对监管提出更高要求

创投基金属于私募基金，即使参照SPAC的模式运行，其仍然具有私募基金的高杠杆风险。它可以利用银行信用，以极高的杠杆借贷在其原始基金量的基础上几倍甚至十几倍地扩大投资资金，从而达到最大程度地获取回报的目的。因此，如果基金管理公司操作不当会面临超额损失的巨大风险，会危及银行业。

从私募基金本身的投资对象来看，其风险和收益都较低，但私募基金一旦使用了杠杆手段来进行融资，在增加了收益的同时，也放大了市场风险。因此，这就对金融监管部门提出了更高的要求。

（7）完善并购、股票回购等备用退出机制，保护投资者利益

如果创业投资基金没能辅助目标公司完成首次公开上市，创投基金则可以依靠并购的方式实现推出。这分为两种形式：售出和股票回购。而经营较为成功的创业企业通常采取售出方式，它又包括两种：一般性收购和第二期收购。一般性收购事实上同一般公司间的并购没有太大区别；第二期收购则是指创业企业由另一家创业投资公司收购，接手第二期投资。股票回购则是一种备用的退出方法，只有创业投资不是很成功时才使用。事实上它更像一个对创业企业的投资者进行保护的预防措施，它包括两种办法：一是给普通股的持股人以股票卖回的卖方期权；二是优先股的强制赎回。

在我国现行的资本市场条件下，我国的创业投资基金所投资的创业

企业如果选择并购方式,最理想也是最可行的方式是通过并购进入证券市场,即并购的另一方是上市公司。

(8)保护中国企业利益,减小对外资的依赖性

近几年在南方市场出现一些投资管理公司,它们已经掌握了一些投资经验,所以今后再搞其他的创投基金时,也可以将国内这样经过历练的管理公司吸纳进来,不一定都找境外的。在投资人方面,未来的趋势是多吸纳民营资本,减小对外资的依赖性。当然,无论是国内资金还是国际资本,如果一开始创投基金就是短期行为,当基金退出去后如果上市公司的管理跟不上,就很难进行再次融资,从而丧失上市优势。

(五)关于开展商业银行综合性服务的研究

1.拓宽个人理财业务的尝试

个人理财是在对个人收入、资产、负债等数据进行分析整理的基础上,根据个人对风险的偏好和承受能力,结合预定目标运用诸如储蓄、保险、证券、外汇、收藏、住房投资等多种手段管理资产和负债,合理安排资金,从而在个人风险可以接受的范围内实现资产增值的最大化的过程。

个人理财的主要品种包括:(1)各种人民币存款;(2)各种外币存款;(3)消费性信贷;(4)国内外股票、债券、基金的投资与咨询;(5)债券、票据的回购交易;(6)信用卡申请;(7)节税规划;(8)外汇结构型产品;(9)各类保险规划;(10)优利投资等。

2.拓宽私人银行业务的尝试

私人银行是银行等金融机构众多业务中最高端的理财服务,是为那些财富金字塔顶端的富豪们专门服务的,通常只有国际级银行集团或金融集团才能提供该项服务。私人银行服务对象或理财贵宾,大多数是一些中产阶层以上的人。在瑞士银行、花旗银行和汇丰银行,客户至少要有100万美元银行可以接受的资产,才可以在私人银行部开户;美国最大的私人银行摩根大通,开户底线是500万美元;而摩根士丹利私人银行部,除了高达500万美元的最低开户限额之外,还要求其私人银行客户最低净资产达到2500万美元,同时必须拥有1000万美元流动资产。一些第三方的私人银行对象多是属于社会上真正的超级富豪。

私人银行的主要业务品种,在个人理财的品种之上还包括:(1)纸黄金;(2)差额交割远期外汇;(3)货币市场外汇互换;(4)外汇期权;(5)利率互换;(6)远期利率协议;(7)利率期权;(8)利率互换期权;(9)外汇保证金交易等。

3.拓宽企业金融业务的尝试

企业金融又称公司金融,一是指公司的融资结构即资本结构;二是指与资本结构相联系的公司治理结构;三是指公司融资的技术问题,如融资产品定价、融资时机与方式、融资工具创新、融资风险控制等。

商业银行所能提供的企业金融业务品种主要包括:(1)股权融资;(2)债务融资;(3)管理层持股;(4)融资产品定价;(5)应收账款承购;(6)联贷业务;(7)海外投资;(8)国际金融业务;(9)存款业务;(10)信用增级;(11)公司治理;(12)杠杆收购;(13)工具创新;(14)风险控制等。

4.智能一卡通的尝试

智能一卡通即利用同一种类型的网络布线将各种不同类型的智能设备连接到一个综合数据库,通过一个综合性的管理软件,实现同一张卡的统一管理、发行、数据查询等功能,使得同一张卡在地区内部各个子系统之间均能使用,从而实现真正意义上的"一卡一线一库"。

比如在于家堡金融服务区内,不同的企业、不同的商店、不同的智能商务大厦、不同的校园,凭着一张卡,不仅可以实现本单位的考勤、消费、借阅、某特定大厦的门禁,还能同时实现水电气热费用及电话费、手机费、上网费的缴纳和不同商店、酒店、餐馆、公园的消费,公交车、地铁、水上巴士购票以及不同停车场的智能化识别与交易。

随着科技的进步,各种各样的卡在人类生活中扮演着越来越重要的角色:借阅卡、储蓄卡、购物卡、工作卡等。可以说,是卡方便了人们的生活,但随着卡的种类不断增多,在一定程度上它又变成了累赘,智能一卡通是未来的发展趋势。于家堡金融服务区要坚定地发展智能一卡通,形成金融服务区的科技亮点。

5.信用卡虚拟超市的尝试

我们将商业银行通过短信向持卡用户销售商品和服务的隐形市场称

为信用卡虚拟超市。通常情况下,一方面,商业银行通过分析持卡用户的历史消费数据,可以有针对性地向持卡用户推销某些特定种类的商品和服务;另一方面,商业银行通过客户经理的放贷分析报告也能了解贷款企业的产品和服务。因此,在特定的企业与持卡用户之间可以形成由信用卡派生出的隐形虚拟市场。

为了这个由信用卡派生出的隐形虚拟市场,一方面,商业银行可以有针对性地发展贷款企业,以壮大信用卡超市的供货方;另一方面,商业银行也可以根据自己贷款客户企业的产品与服务,瞄准特定人群(例如大学生或旅游爱好者)有针对性地扩展信用卡的持卡用户群。

6.拓宽信托业务的尝试

信托,即指持有并管理财产的一种协议。根据此协议,财产或法定权利的所有者(信托人)将财产或权利交给另一个人或几个人(受托人),后者据此代表或为另一方(受益人)、或为其他人、或为某一特定目的、或几个目的而持有财产和行使权利。信托之概念的本质在于法定所有权和收益所有权之间的分离,即财产合法地交给一个或者多个受托人,但在衡平法上或是为其他人持有或属于其他人的,只有在衡平法院才能强制履行。

信托的种类很多,主要包括:(1)个人信托;(2)法人信托;(3)信托理财投资;(4)保管业务;(5)有价证券签证;(6)公司债券受托;(7)股东大会委托书征求人;(8)特约信托;(9)公益信托;(10)私益信托;(11)自益信托;(12)他益信托;(13)资金信托;(14)动产信托;(15)不动产信托;(16)营业信托;(17)民事信托;(18)商事信托等。

7.试行全权委托投资的尝试

全权委托投资即指"代客操作",是由投资人(委托人)将一笔资产(可以是现金、股票或者债券)委托投资顾问公司或投资信托公司(受托人),由投资顾问公司或信托公司的专业投资经理依双方约定的条件、投资方针、客户风险厌恶程度等进行证券投资。全权委托投资在资产的投资运用于保管方面采取分离制,投资顾问公司或投资信托公司并不负责保管受托资产,受托资产是由投资人自行指定保管机构(如银行)负责保管并代理投资人办理证券投资之开户、买卖、交割或账目处理等项事宜,以确实保障投资人的权益。

与私人银行业务一样,全权委托投资的门槛也比较高,一般应有 30 万美元以上,而且是单一个人独资委托,不可以是好几个人合资共同委托。为使客户权益得到适度保障,投资顾问或投资信托公司应依主管部门规定,提存一定金额的全权委托营业保证金(通常是 10%)。

全权委托投资的标的范围除了由投资人与投资顾问或投资信托公司双方约定外,还须遵守法律法规之规定。主要包括:(1)国内交易所上市的有价证券;(2)国内 OTC 市场交易的有价证券;(3)政府债券;(4)公司债券;(5)经证监会核准发行的其他有价证券等。

8.建立综合性银行的尝试

(1)从混业经营到分业经营再到混业经营的历史沿革

自 1933 年美国通过了《格拉斯—斯蒂格尔法》(Glass — Steagall Act),将商业银行业务与投资银行业务严格分离,实行分业经营体制以来,银行参与证券业务的问题一直是理论和实务界的重大争议问题。随着金融交易技术进步、信息处理和传输手段改进,金融自由化和金融活动全球一体化趋势不断加强,越来越多的国家和地区纷纷放弃原先的金融分业管制政策,越来越多的金融机构热衷于兼并收购和多元化经营。最近美国次级债危机的爆发,又凸显缺少传统银行业支撑的投资银行风险巨大的现实。金融形势的不断变化不仅进一步提高了理论界对这个话题的关注程度,也迫使金融管理当局面临着艰难选择。

混业经营如分业经营一样都存在一些缺陷,但在金融自由化和金融活动全球化的大背景下,混业经营更加符合现实,原因如下:(1)商业银行追求规模经济的驱动;(2)商业银行分散风险的需要。(3)商业银行应对全球竞争的需要。

1999 年 11 月 12 日,美国总统克林顿签署了《金融服务现代化法案》,由美国创立、而后被许多国家认可并效仿的金融分业经营、分业监管的时代宣告终结。其实 1986 年的《怀特研究报告》就认为 20 世纪 30 年代美国银行倒闭的原因并不在于综合经营,而在于监管部门和政府的调控决策错误。怀特判断的证据是:(1)30 年代美国破产的银行只占总数的 26.3%；(2)207 家混业经营的银行中,只有 15 家破产,占混业经营银行总数的 7.2%,远比单一经营的银行抗风险的能力强;(3)这 15 家银行之所以倒闭,也并不是把资金投放到证券上造成的,因为这 15 家银行投资于证券的资产只占其总资产的 10% 不到。《怀特研究报告》从实证上动摇了《格拉斯—斯蒂格尔法》的立法合理性,从而为混业经营洗去了不白之冤:30 年代经济大萧条的罪魁祸首不是混业经营。

(2)对我国现行商业银行分业经营模式的分析

我国改革开放初期,在"摸着石头过河"的思路下,国有商业银行都开办了证券、信托、租赁、房地产、投资(自办公司)等业务,实质上进入了"混业经营"时代。但由于银行自身缺乏应有的自律和风险约束机制,结果是银行自身业务没有办好,投资设立的信托、房地产公司以及其他自办公司也没有一家是办得成功的。在缺乏自律约束和监管能力不足的前提下,混业经营加速了风险的积聚,催化了证券市场、房地产市场"泡沫"的生成。因此,国务院 1993 年 12 月出台《金融体制改革的决定》,提出对金融业进行治理整顿以及分业经营的管理思路。

中国的银行业采取分业经营的模式有着特定的历史背景,分业经营对强化金融管制、防范金融风险的确起了不可磨灭的作用。但是,随着世界金融混业趋势的加强,尤其是我国已加入 WTO,混业经营将是我国金融业发展的趋势。遗憾的是从 2003 年开始,在许多国家纷纷转向混业经营的背景下,我国仍然坚持原有的分业经营制度。

(3)于家堡金融服务区内商业银行应尝试混业经营

自 1999 年以来,中央银行制定并颁布了《证券公司进入银行间同业市场管理规定》、《基金管理公司进入银行间同业市场管理规定》和《证券公司股票质押贷款管理办法》。法律仍然禁止银行从事证券业务,但在实践中有许多商业银行却又不断冲击法律底线,甘冒违规的风险,这实质上表明分业经营管制已经成为我国商业银行发展的严重障碍。

因此,我们认为《商业银行法》第 43 条有关分业经营的规定显然不符合我国经济的发展和国际金融发展的大趋势。于家堡金融服务区既然秉承中央政府赋予的金融先行先试的优惠政策,就应该大胆尝试,突破《商业银行法》第 43 条的限制,打出商业银行混业经营或者说综合性服务的一片天。

课题组负责人:杨连芳(天津市委办公厅)、王政山(天津市塘沽区委、天津滨海新区中心商务区管委会)

课题组成员:王南利(天津市委办公厅)、杨志刚(天津市塘沽区政协)、韩学武(天津滨海新区中心商务区管委会)、杨建(天津滨海新区管委会综合配套改革办公室)、杨绍松(天津市塘沽区委政研室)、许红球(天津市塘沽区经贸委)、李悦(天津市委办公厅)、运乃峰(天津市委办公厅)、尚晓昆(天津滨海综合发展研究院)、冯永军(天津滨海新区中心商务区管委会投资服务部)

课题执笔人:周爱民(南开大学)、葛顺奇(南开大学)

课题报告完成时间:2009 年 9 月

参考文献

北京市哲学社会科学规划办公室,北京市教育委员会,CBD 发展研究基地主编.CBD 发展研究报告[M].同心出版社,2006

CPC 国际投资公司.IPO、APO、FTO、RTO 融资方式的区别[J].ht-tp://www.cpc—china.com.cn/buss3.html

郭亮,赵艳.新型公司金融服务与商业银行产品创新[J].农村金融研究,2007(5)

贺强,杜惠芬,李磊宁.我国商业银行业务拓展及创新趋势研究[M].科学出版社,2006

华晔迪.私募融资渐成企业重要融资方式[N].北京青年报,2008—4—21

蒋三庚.中央商务区与现代服务业研究[M].首都经济贸易大学出版社,2008

李俊辰著.伦敦金融城——金融之都的腾飞[M].清华大学出版社,2007

刘喆,李学峰,张舰,常培.中国场外交易市场发展路径研究[N].上海证券报,2009—5—16

罗娟.证券场外交易法律制度研究[J].中国政法大学,2006

马达.我国场外交易市场运作模式研究[J].南方金融,2007(11)

帕克和梅鲁斯(英).现代信托法[M].商务印书馆分馆,1987

P. Sjames. Introduction to English Law[M].商务印书馆分馆,1987

任纪军.中国式私募股权基金[M].中国经济出版社,2008

上海陆家嘴(集团)有限公司.上海陆家嘴金融中心区规划与建筑——国际咨询卷[M].中国建筑工业出版社,2001

汤欣.论场外交易及场外交易市场[J].法学家,2001(4)

王功伟.北京金融街[M].中国建筑工业出版社,1999

王晓博.融资新方式的比较——反向收购 VS 特别收购上市[J].时代经贸,2007(12)

温全衡.商业银行服务创新路径研究[J].合作经济与科技,2008

文宗瑜.关于产权市场与证券市场统一问题的探讨[J].财经研究,1997

杨俊宴,吴明伟.中国城市 CBD 量化研究.东南大学出版社,2008

杨有振.中国国有商业银行制度创新研究 中国城市 CBD 量化研究.经济科学出版社,2007

赵弘主编.中国总部经济发展报告[R].社会科学文献出版社,2008

邹玲.商业银行中间业务创新研究[M].经济管理出版社,2007

关于滨海新区建设中国融资租赁产业基地的研究

【摘要】 本文对中国融资租赁产业发展的现状、面临的问题、未来发展趋势进行了分析,指明新区所具备的建成融资租赁产业基地的基本条件,在此基础上提出滨海新区融资租赁产业基地总体规划、推进措施和保障措施。

融资租赁业是当今世界的朝阳产业,在欧美等经济发达国家,是仅次于银行业的第二大资金供应渠道。但在中国,融资租赁业却一路坎坷,直到 2005 年以后,中国融资租赁业才再度复兴。期间,天津滨海新区融资租赁业的发展尤其迅速,无论在行业实力上,还是在业务总量上,都稳居全国领先地位。

课题组经过调研认为,根据国内外已有经验和新区的实际,采取有力措施,加快融资租赁业的发展,将新区建成中国融资租赁业的产业基地,逐步形成一个新的资金供应渠道,是新区长远发展的战略选择,是推动新区和全市经济社会健康快速发展的重要措施,也是中国融资租赁业发展的现实需要。

一、中国需要一个融资租赁产业基地

融资租赁发展的历史和现实都表明,中国需要有一个强有力的产业基地,在行业的复兴和发展中发挥示范作用。

(一)历史教训

中国的融资租赁业始于上个世纪 80 年代。截至 90 年代中期,外经贸部曾审批 42 家外资租赁公司,不久这些公司即陷于困境,到 2004 年,经过重组摆脱困境、处在经营状态的企业只剩下 9 家(见表 1)。

表 1　2004 年处于持续经营状态的外资租赁企业

企业	注册时间	注册地	注册资金
中国东方租赁有限公司	1981	北京	3000
中国环球租赁有限公司	1984	北京	2500
光大国际租赁有限公司	1987	成都	600
中国康富国际租赁有限公司	1988	北京	1000
华通国际租赁有限公司	1988	沈阳	500
远东国际租赁有限公司	1991	上海	6047
东联融资租赁有限公司	1991	上海	1500
扬子江国际租赁有限公司	1992	上海	2500
新世纪国际租赁有限公司	1992	北京	1500

资料来源:中国租赁联盟。

期间,中国人民银行审批了 16 家金融租赁公司,到 90 年代末也所剩无几。下述这些公司大都经过一次或多次重组才得以生存和发展起来(见表 2)。

表 2　2004 年处于持续经营状态的金融租赁企业

企业	注册时间	注册地	注册资金
国银金融租赁有限公司	1984	深圳	74.85
华融金融租赁有限公司	1984	杭州	14.74
江苏金融租赁有限公司	1985	南京	5.0
阿外贸金融租赁有限公司	1986	北京	8.2
山西金融租赁有限公司	1993	太原	5.0
新疆金融租赁有限公司	1993	乌鲁木齐	15.19
河北省金融租赁有限公司	1995	石家庄	5.0

注:国银金融租赁有限公司原为深圳金融租赁有限公司,华融金融租赁有限公司原为浙江金融租赁有限公司。

资料来源:中国租赁联盟。

为什么这个在世界上处于持续发展中的朝阳行业,在中国却举步维艰,经历了一个由兴到衰的过程?根本原因在于,当时的中国具有发展融资租赁的内在动因,却缺乏融资租赁赖以形成和发展的最基本环境。其中包括:

一是国家没有推动融资租赁业发展的有力政策;

二是主管部门没有形成一套有效的监管制度;

三是企业普遍缺乏风险意识和制约机制。

进入 2005 年,中国融资租赁业的发展环境开始出现改善的迹象,主要表现是:

根据加入 WTO 的承诺,批准 GE 在中国设立独资租赁公司,商务部开始制定《外商投资租赁业管理办法》;

银监会重新修订《金融租赁公司管理办法》,商业银行允许混业经营;

全国人大开始组织《融资租赁法》的起草工作;

商务部和国家税务总局联合下发文件,批准 9 家内资企业开展融资租赁试点;

融资租赁企业吸取以往的经验教训,风险防范意识较过去有所增强。

所有这些,都为中国融资租赁的复兴创造了条件。从 2006 年开始,中国融资租赁终于出现生机,并很快进入迅速发展期。

截止到 2010 年底,全国在册运营的各类融资租赁公司约 182 家,比上年的 117 家增加 65 家,融资租赁合同余额约为 7000 亿元人民币,比上年 3700 亿元增长 89%。其中,金融租赁 17 家,约 3500 亿元,比上年增长 106%;内资租赁 45 家,约 2200 亿元,比上年增长 54%;外商租赁约 120 家,约 1300 亿元,比上年增长 86%(见表 3)。

表3　2010 年中国融资租赁业发展概况

	企业数(家)	业务总量(亿元)	比上年增长(%)	占全国比重(%)
金融租赁	17	3500	106	50
内资租赁	45	2200	54	31
外资租赁	120	1300	86	19
总计	182	7000	89	100

资料来源:中国租赁联盟。

从 2006～2010 年的整个"十一五"期间看,中国融资租赁业一直呈几何基数式增长,业务总量由 2006 年约 80 亿元增至 2010 年约 7000 亿元,共增长了 86 倍(见表 4)。

表 4　2006～2010 年中国融资租赁业发展概况

年份	全国业务总量 (亿元)	其中金融租赁 (亿元)	其中内资租赁 (亿元)	其中外资租赁 (亿元)
2006 年	80	10	60	10
2007 年	240	90	100	50
2008 年	1550	420	630	500
2009 年	3700	1700	1300	700
2010 年	7000	3500	2200	1300

资料来源:中国租赁蓝皮书,2011 年 1～6 月中国融资租赁业发展报告。

(二)面临问题

总体看来,中国融资租赁业在发展中面临着一些不可忽视的问题,其中最主要的是:

1. 地区发展不平衡

截至 2010 年底,全国 182 家在册运营的各类融资租赁公司,其中包括 45 家内资租赁、120 家外资租赁和 17 家金融租赁企业,全部集中在北京、上海、天津、杭州、厦门等 29 个城市,其中,京津沪 3 市就有 100 家,占 55%,杭州等 26 个城市共 82 家,占 45%,而全国其他 200 多家地级以上城市,也包括一些省会级城市,至今一家融资租赁公司都没有,在中国融资租赁业迅速发展中,仍保持着 0 的记录(见表 5)。

表 5　2010 年中国融资租赁企业的城市分布

城市	内资租赁	外资租赁	金融租赁	合计
北京	10	25	2	37
上海	5	28	3	36
天津	4	20	3	27
杭州	5	3	1	9

城市	内资租赁	外资租赁	金融租赁	合计
厦门	1	4		5
广州		5		5
深圳		3	1	4
济南	4			4
重庆	2	1	1	4
成都	1	3		4
乌鲁木齐	2		1	3
福州	2	1		3
南京	1		1	2
沈阳	1	1		2
其他 15 市	7	26	4	34
总计	45	120	17	182

资料来源:中国租赁联盟。

以上现象形成的主要原因在于,我国融资租赁业虽取得长足发展,但总起说来社会认知度仍不高,一些管理部门仍将融资租赁和典当、拍卖相提并论,包括一些国家管理部门,至今仍认为融资租赁充其量也只是银行业的一个补充。

业内专家认为,当一个城市或地区对融资租赁是什么都不得而知的情况下,就根本谈不到它的形成和发展,我国融资租赁业的发展之所以不平衡,社会认知度不高是首要原因。

2.法规体系不健全

《中国融资租赁法》曾于 2003 年列入第十届全国人大立法规划,全国人大财经委负责组织起草,2004 年 3 月正式开始工作。国家发改委、商务部、人民银行、银监会、国家税务总局、国家工商总局、财政部、交通部等部委参加了这一工作。2005 年 4 月下旬,起草组将《融资租赁法(草案)》(征求意见稿),在全国 30 个省区市人大财经委以及国务院各有关部门广泛征求意见,期间,还召开国际研讨会,组团赴德国、西班牙等地进行考察。业内许多协会组织及企业人士参与了立法调研工作。2007 年 8 月

13 日,全国人大财经委以文件的形式,向全国人大常委会报送了《关于提请全国人大常委会尽快安排审议融资租赁法(草案)的报告》,业内对《融资租赁法》普遍寄予厚望,希望能及早出台,但事与愿违,报送的《融资租赁法》(草案)未被列入全国人大的立法审议日程。

多年来的发展实践证明,融资租赁业的发展还是需要有一个统一有效的司法保障,但现在仍是空白。

目前银监会和商务部准备对金融与外资两个已有的管理办法进行修正,天津、上海等一些地区也制定一些地方性法规,这些法规内容主要以促进发展为主,行业规范为辅,远构不成法规体系。

3. 风险防范意识仍薄弱

近五年来,中国融资租赁一直在倍增式增长,但国家有关监管部门的监管体制很不正规。有的监管部门采取放任的方式,认为企业出现风险属企业行为,按规定退出市场即可;有的监管部门则采取严厉的惩处措施,平时对企业没有指导和检查,一旦出现风险则立即责令企业关闭整顿或清算破产。

许多租赁企业,特别是新组建的企业没有建立起有效的风险防范机制,有的企业规模较小,但业务推动很快,资本充足率甚至不足 1%;有的综合性租赁企业在所开展的业务中,售后回租所占比重较大,已经占到 60% 以上。由于这一业务金额大、租期长,承担的风险相对较大。

历史的教训和现实的问题告诉我们,以上这些问题如得不到尽早解决,一些租赁企业乃至整个中国融资租赁业,有可能再度陷入危机。

鉴于融资租赁业的形成和发展是中国的实际需要,同时,融资租赁业又是一个风险较大的行业,上世纪 80~90 年代的行业阴影至今仍使人心存余悸。就全国而言,行业整体环境仍不完善,地区发展表现十分不平衡,因此,中国需要在条件较好、发展较快的地区形成一个或几个行业发展基地,能够在国家政策给予必要支持的情况下,为全国融资租赁业的发展起到先行一步的示范作用,进而带动全国融资租赁业的稳步推进。

(三)现状分析

进入 2011 年,中国融资租赁业的发展出现重要变化,呈现出以下值得注意的趋向：

1.增长速度明显减慢

截止到 2011 年 6 月底,全国在册运营的融资租赁公司约 220 家,比年初的 181 家增加约 39 家,融资租赁合同余额约为 8000 亿元,比年初 7000 亿元增加约 1000 亿元,增长 14.3%。其中,金融租赁 17 家,约 3800 亿元,比年初增长 0.86%;内资租赁 53 家,约 2600 亿元,比上年增长18.2%;外商租赁约 150 家,约 1600 亿元,比上年增长 23.1%(见表 6)。

表 6　2010 年 1～6 月中国融资租赁业发展概况

	企业数(家)	业务总量(亿元)	比上年增长(%)	占全国比重(%)
金融租赁	17	3800	0.86	47.5
内资租赁	53	2600	18.2	32.5
外资租赁	150	1600	23.1	20.0
总计	220	8000	14.3	100

资料来源:中国租赁蓝皮书,2011 年 1～6 月中国融资租赁业发展报告。

很显然,2011 年上半年的发展速度与 2011 年乃至整个"十一五"时期形成了一个明显对比。

融资租赁发展放缓,引起业内广泛关注。其主要原因,一是宏观政策的影响。国家为了管理通胀预期,连续上调存贷款利率,使得租赁企业,特别是内资和外资租赁企业的资金来源受到制约,不仅正常贷款很难争取,甚至原来银行已经审批同意的贷款也拿不到。二是金融租赁受到规模控制。2011 年新年伊始,人民银行即要求金融租赁公司的业务规模不得超过去年同期水平,否则要采取相应制裁措施,这对正在发展中的融资租赁企业、特别是对新组建的几家金融租赁企业来说,是个重大制约。尽管上半年一些金融租赁公司的业务仍有较大进展,但就整个金融租赁业来说,基本处于零增长状态。三是在 2011～2015 的"十二五"期间,由于融资租赁业务余额达到了 7000 亿元的规模,基数已经很大,即使没有以上原因,中国融资租赁也不可能像"十一五"期间那样再以倍增的速度增长,由几何式增长模式转为算数式增长模式当属必然。

2. 租赁企业寻求多渠道融资

鉴于上述情况,许多租赁企业不得不对自己的资金结构进行调整,开始寻求通过多种渠道进行融资。主要做法是:

(1)进入银行间同业拆借市场。2010 年 8 月 19 日,经中国人民银行上海总部批准,国银租赁获得国内银行间同业拆借市场准入资格,拆入、拆出最高限额为 80 亿元人民币。其后,中国人民银行先后下发民生租赁、招银租赁等金融租赁公司进入全国银行间同业拆借市场的批复,取得全国银行间同业拆借市场资格。截止到 2011 年 6 月,大多数金融租赁公司都已进入银行间同业拆借市场。

(2)发行租赁债券。从 2010 年开始,工银租赁、交银租赁、华融租赁、江苏金融租赁等进入企业债券市场直接筹资,年内共发行数十亿金融租赁债券。这些企业的发债成功,为整个租赁行业积累了经验,至 2010 年底,卡特彼勒子公司卡特彼勒融资服务公司宣布在香港首次发行 10 亿元人民币中期票据。此举为外商投资融资租赁公司利用香港的人民币市场进行融资开了先河。2011 年,包括内资租赁和外资租赁在内的许多企业,也在积极创造条件,准备进入证券市场。预计在 2011 年下半年将有较大突破。

(3)运用保险基金。2010 年 7 月 30 日保监会颁布的《保险资金运用管理暂行办法》中关于可以"投资无担保企业(公司)债券和非金融企业债务融资工具"的规定,为融资租赁公司吸引保险长期资金打开了绿灯,其后,许多融资租赁公司与有关保险公司进行联系,准备运用这一融资渠道。

(4)上市筹资。海内外上市,也成各类融资租赁公司增强实力,提高直接融资能力的战略举措。

远东宏信是一家金融综合服务机构,在医疗、印刷、航运、建设、工业装备、教育、信息网络等多个基础领域开展金融、贸易、咨询、投资等一体化产业运营服务,总部设在香港,在上海设业务运营中心,并在北京、沈阳、济南、郑州、武汉、成都、重庆、长沙、深圳等多个中心城市设立办事机构,形成了辐射全国的客户服务网络。业务的迅速推进和银行资金来源受阻,使远东宏信将目光转向股票市场。2011 年 3 月 30 日,远东宏信有限公司在香港证券交易所主板挂牌上市,发行价为 6.29 港元/股,发行规模为 8.16 亿股,共募资 51.3264 亿港元。远东宏信在港上市成功,使其成为中国融资租赁业首家上市公司,也由此产生了业内第一支融资租赁 H 股股票。

渤海租赁有限公司成立于 2007 年 12 月,2008 年 10 月经商务部和国家税务总局批准,取得内资融资租赁试点企业的经营资质,现注册资金为 62.6 亿元,居全国融资租赁公司第二位。2009 年以来,渤海租赁将充分利用天津滨海新区的各项优势,重点拓展滨海新区的基础设施、市政工程和空港物流设备等租赁业务,在此基础上开展其他市政工程的租赁业务,融资租赁业务取得长足发展。其间,完成了天津滨海新区管委会办公大楼 8 亿元的售后回租项目、空客厂房 36.3 亿元融资租赁项目、蓟县 1.8 亿元环城路租赁项目。同时,渤海租赁与工银租赁合作,完成了天津地铁 47 亿元基础设施联合租赁项目,为企业资产轻量化提供了有效的解决手段。2011 年渤海租赁业务继续发展,其中,由三峡银行为渤海租赁与万州经开区牵线搭桥的合作签约,渤海租赁投资 10 亿元,为开发区的 50 万平方米的标准厂房开展融资租赁业务。为扩大资金来源,渤海租赁积极争取上市并取得进展,2011 年 5 月,证监会已正式批准公司上市,渤海租赁已成为境内首家融资租赁企业 A 股上市公司。

鑫桥租赁作为一家由商务部批准的外商独资的融资租赁公司,近年来业务发展迅速,截至目前,融资租赁合同余额已超过 150 亿人民币。现公司向多个行业提供融资租赁解决方案等服务,也与天津滨海新区签订了战略合作协议。面对租赁企业资金来源受阻,远东宏信、渤海租赁上市成功,鑫桥租赁正抓紧上市筹备工作,争取 2011 年内在香港股市挂牌,争取成为业内第三家上市公司。

据不完全统计,进入 2011 年以来,已有超过 15 家融资租赁公司在积极筹备上市工作。

3. 国际租赁市场取得突破

"十二五"期间,我国金融市场的变化和融资租赁业的发展,使工程机械行业的发展既面临新的问题,也迎来新的机遇,许多著名的工程机械制造企业如中联重科、三一重工、徐工集团、玉柴重工、柳工集团、山推重工,都组建自己的租赁公司,运用租赁方式来助推自己的发展。国外在华企业如卡特彼勒、沃尔沃、斗山重工、小松重工等,也在中国注册租赁公司,借助租赁的力量参与中国市场竞争。据中国工程机械工业协会统计,2010年,中国工程机械无论是产量还是销量,都双双超过美国、日本和德国,居世界首位。而在工程机械的国内外总销量中,有40%是通过融资租赁实现的,其中中联重科通过融资租赁实现的产品销售已超过50%。

国际租赁市场的重大突破,与国内市场增速的放缓形成明显的对比,许多企业开始将目光转向国外租赁市场。

4. 国家和地方政府开始重视融资租赁的发展

进入2011年以后,由于通胀的压力,中央财政的货币政策开始由"积极和适度宽松"转变为"积极和稳健",在这个大背景下,融资租赁这一集融资与融物、贸易与技术于一体的新型金融业务开始得到中央和各级地方政府的重视。《中共中央国务院关于加快水利改革发展的决定》于2011年年初颁布,明确提出将"探索发展大型水利设备设施的融资租赁业务","融资租赁"一词首次被写入中央一号文件。一些地方政府也采取措施推动融资租赁的发展。

苏州作为一个地区级城市,其经济总量多年超过天津,居中国百强市的第五位。该市看到,近年来天津经济社会发展速度加快,2011年天津经济总量不仅会超越苏州,还会超越或持平深圳,成为第四大城市经济体,其中融资租赁为天津超越式发展起到了积极的助推作用。相比之下,苏州却没有一家融资租赁公司。意识到这一点后,苏州开始采取措施加快租赁业的发展,在苏州工业园区已呈现快速发展态势,到2011年6月,苏州工业园区已有一银租赁(苏州)有限公司、波地融资租赁公司、台骏国际租赁有限公司等总部机构和仲利国际租赁分公司等分支机构共8家,注册资本总额近1亿美元,投资总额已达1.24亿美元。

　　临近京津的山东德州市,积极与租赁业发达的周边租赁企业进行合作,吸引这些地区的融资租赁公司到德州投资,支持当地经济、特别是中小企业的发展,截至 2011 年 7 月,德州市已同天津等市的租赁企业签订 3 亿多元人民币的融资租赁合同。同时,德州市政府积极邀请天津市租赁企业到德州市进行业务对接,帮助其发展科技型和外贸出口型中小企业的发展。

　　安徽省芜湖市原来没有一家融资租赁公司。经过该市的积极努力,2011 年 7 月,银监会正式批复该市筹建皖江金融租赁有限公司。公司由天津渤海租赁与芜湖市建设投资公司、美的集团拟共同出资 30 亿元组建,这是安徽省首家金融租赁公司,同时也是首家设在地级市的金融租赁公司,也是继昆仑金融租赁之后,第二家没有银行背景的金融租赁公司。

　　截至 2011 年 7 月,已有山东潍坊、合江等多个中小城市,积极引进外资,组建起中外合资或外商独资的融资租赁公司。

　　5. 抓紧租赁品种和方式的创新

　　2010 年 1 月 13 日,银监会发布《关于金融租赁公司在境内保税地区开展融资租赁业务有关问题的通知》,正式批准符合条件的金融租赁公司可以在境内保税地区设立项目公司,以 SPV 方式开展飞机、船舶、工程机械等租赁业务。

　　这一新型租赁业务和消费方式受到业内外广泛关注。2010 年 3 月 31 日,民生租赁在天津东疆保税区注册第一家项目公司,首架以 SPV 租赁模式完成的公务机——“民生 001 号”在天津滨海国际机场首航,成为我国第一家单一项目租赁公司。

　　民生租赁在开展公务机业务的基础上,积极拓展自己的业务领域,通过与中航直升机有限责任公司、中国飞龙通用航空公司签订战略合作协议,三方将在直升机和通用飞机融资租赁业务、通用飞机经营租赁业务、通航运营业务、公务机业务、市场营销等领域展开密切合作。协议完成了国内金融行业与国内直升机市场的首次合作,也使得民生金融租赁股份有限公司的业务开始向直升机领域延伸。

　　山东融世华租赁有限公司根据我国的市场环境,采用了节能效益分享型的形式,创新了我国节能融租的新模式,为我国节能服务产业探索出了一条节能服务公司和整个节能产业可持续发展道路。

福田雷沃重工首创国内农机行业融资租赁先河,推动了大型农机具的普及和推广,实现了传统制造业与现代服务业的有机融合。

2 月 12 日,中国核工业集团公司与工银租赁核电项目融资租赁签约仪式在京举行,完成了国内核电项目融资租赁的第一单。

此外,经营租赁模式开始在我国航空业中迅速推广,用融资租赁激活保障房建设的想法在近期也在积极研讨中。

(四)发展预测

从 2011~2015 年整个"十二五"期间看:

1. 摆脱金融危机后,中国经济每年都将保持 8%~10% 的增长速度,在银行贷款规模相对紧缩的背景下,融资租赁将成为资金供给的一个重要渠道。

2. 在银行普遍存大于贷的背景下,银行业和租赁业的互补性增强,在客观上,将会推进融资租赁快速发展。

3. 在环渤海、珠三角、长三角、北部湾、海峡西、关中—天水、成渝等经济区以及武汉、中原、长株潭、辽宁沿海等城市群体,经济发展速度都将在两位数以上,这些城市和地区促进租赁业发展的措施将陆续出台。

4. 融资租赁将成为国内市场的重要销售手段。汽车制造企业和房地产开发商,将利用融资租赁方式加大国内市场竞争的力度。

5. 融资租赁保理、担保、产权登记、产权交易等服务系统将逐步形成。

6.《中国融资租赁法》将重新制定,一大批地方性租赁法规将相继出台,司法系统将形成一部较完备的融资租赁纠纷司法解释,行业法规系统将趋于完善。

7. "十二五"期间,中国将逐步成为世界范围内重要的设备供应商和投资大国,在全球政治经济格局中成长为重要的一极。在这个历史进程中,中国制造业特别是设备制造商必将走向海外,融资租赁将发挥不可替代的重要作用。

在 2011~2015 年的"十二五"期间,由于融资租赁业务余额达到了

7000 亿元的规模,基数已经很大,再加上人民银行已开始对金融租赁的规模进行控制,内资租赁企业的资金来源也变得狭窄,企业外商租赁审批开始从严,租赁企业开始对自己的经营理念和资金来源结构进行调整。

基于以上,初步预测:

2011 年,全国融资租赁业将进入盘整期,业务总量预计增长 35% 左右,有可能接近或突破 10000 亿大关。在 2012~2013 年期间,中国融资租赁还将进行必要的盘整,期间继续保持 30% 左右的发展速度。

2013~2015 年间,中国融资租赁业将加快发展步伐,到"十二五"末期的 2015 年,业务总量将超过两万亿元人民币,一个崭新的融资租赁行业将在全国范围内形成,逐渐成为仅次于银行业的第二大资金供应渠道。

历史的教训和现实的问题都告诉我们,中国融资租赁业的机遇和挑战同在,中国租赁业不会害怕历史的教训重演而抑制这个行业的发展,也不会期望行业的发展环境会立刻改善,中国租赁业将摆脱 80~90 年代由兴到衰的沮丧和"十一五"期间由衰到兴的激情,经过简短的盘整期后,走向理性和稳健的发展轨道。

二、新区具备建成融资租赁产业基地的基本条件

近年来,上海、北京、深圳、杭州、厦门、重庆等地的融资租赁都取得了长足发展,许多城市和地区也提出建设中国租赁业集聚区和示范基地的计划,但客观地讲,只有天津滨海新区更具备建设中国租赁业示范基地的条件。

(一)新区具有发展融资租赁业的强大动因

自滨海新区的开发开放上升至国家战略后,天津市的经济发展一直保持领先全国的地位,经济实力全方位提升。

由于历史原因,从 2004 年始,天津这个直辖市的经济实力一直排在一个地区级城市苏州之后,在城市经济排行榜中居第 6 位。2011 年依然如此(见表 7)。

表 7　2010 年中国十强市排行榜

位次	城市	地区生产总值 （亿元）	比上年增长 （%）	GDP 占全国比重 （%）
	全国	310480.99	13.70	77.97
1	上海	16872.42	9.9	4.24
2	北京	13777.90	10.2	3.46
3	广州	10604.48	13.0	2.66
4	深圳	9510.91	12.0	2.39
5	苏州	9168.90	13.2	2.30
6	天津	9108.83	17.4	2.29
7	重庆	7894.24	17.1	1.98
8	杭州	5945.82	12.0	1.49
9	无锡	5758.00	13.1	1.45
10	青岛	5666.19	12.9	1.42

资料来源：2011 中国城市经济发展报告。

2011 年，这一格局将会发生重大变化。深圳、苏州和天津三个城市的生产总值都将超过万亿元大关，使中国万亿元城市俱乐部成员由上海、北京、广州三家增至 6 家。其中最引人注目的将是，在挺进万亿元俱乐部的 2011 年，天津会实现超越式发展，生产总值不仅会超过苏州，还将超越或持平深圳，在百强市中成为仅次于广州的第四大城市经济体（见表 8）。

表 8　2011 年中国 6 强市发展预测

	2010 年地区生产 总值（亿元）	比 2009 年 增长（%）	2011 年增长 速度预测（%）	2011 年地区生产 总值预测（亿元）
上海	16872.42	9.9	10.5	18643
北京	13777.90	10.2	9.6	15100
广州	10604.48	13.0	13.5	12036
天津	9108.83	17.4	17.5	10703
深圳	9510.91	12.0	12.5	10700
苏州	9168.90	13.2	15.0	10544

资料来源：2011 中国城市经济发展报告。

预计在"十二五"期间的 2013 年,天津经济总量还将超越广州,到 2015 年,天津经济总量将超过北京,在中国成为仅次于上海的第二大城市经济体。

天津的快速发展,需要稳定的资金投入和金融业的持续支撑。在"十二五"期间,天津的金融业也应该相应地有个较大发展。但是,由于历史原因,天津的银行业、证券业、保险业、信托业、期货业等,都不可能在短期内超越北京、上海、深圳,而融资租赁业可以实现率先发展,在全国处于领先地位,对天津市经济社会持续快速发展提供一个新的支撑。

(二)新区具有领先全国的行业实力

在 2005 年,新区只有一家融资租赁公司——津投租赁。仅仅几年的发展,新区就拥有了包括总部公司、单一项目公司、分公司和办事处在内的近 200 家企业,成了名副其实的中国融资租赁的集聚区。

1. 总部公司

截至 2011 年 6 月底,总部设在滨海新区的各类融资租赁公司达到 36 家,比年初的 20 家增加 16 家,约占全国各类融资租赁企业总数 220 家的 16.4%。其中:由银监会审批和监管的金融租赁公司全国共 17 家,新区有 3 家,约占全国的 17.6%(见表 9)。

表 9　总部在津的金融租赁公司(2011.6.30)

名称	注册资金	注册时间	注册地
民生金融租赁有限公司	32 亿人民币	2007	天津港保税区
工银金融租赁有限公司	50 亿人民币	2007	天津开发区
兴银金融租赁有限公司	20 亿人民币	2010	天津开发区

资料来源:天津市租赁行业协会。

由商务部审批和监管的内资融资租赁公司全国共 53 家,新区有 4 家,约占全国的 7.5%(见表 10)。

表 10　总部在津的内资融资租赁公司(2011.6.30)

名称	注册资金	注册时间	注册地
天津津投租赁有限公司	0.82 亿人民币	2004	华苑高新区
长江租赁有限公司	28 亿人民币	2004	天津港保税区
渤海租赁有限公司	62.6 亿人民币	2008	天津港保税区
尚邦租赁有限公司	7 亿人民币	2008	天津开发区

资料来源:天津市租赁行业协会。

　　由商务部和地方商务主管部门审批和监管的外资融资租赁公司全国共 150 家,新区有 29 家,约占全国的 19.3%(见表 11)。

表 11　总部设在新区的外资融资租赁租赁公司(2011.6.30)

名称	注册资金	注册时间	注册地
益莱储(天津)租赁有限公司	2000 万美元	2005	天津开发区
德众租赁有限公司	3500 万美元	2007	华苑高新区
先锋国际融资租赁有限公司	1000 万美元	2009	东疆保税港区
中联重科融资租赁(中国)有限公司	8000 万美元	2009	天津开发区
博策国际租赁(天津)有限公司	2000 万美元	2009	天津港保税区
国地融资租赁有限公司	1000 万美元	2009	华苑高新区
华商国际租赁(天津)有限公司	2000 万美元	2009	天津港保税区
亿达国际租赁(天津)有限公司	4999 万美元	2010	天津港保税区
百利丰国际租赁(天津)有限公司	4999 万美元	2010	天津港保税区
朗业(天津)国际租赁有限公司	2000 万美元	2010	天津港保税区
炎煌融资租赁(天津)有限公司	9900 万美元	2010	华苑高新区
东方信远融资租赁有限公司	20000 万美元	2010	华苑高新区
百得利(中国)融资租赁有限公司	3000 万美元	2010	天津港保税区
华联国际租赁(天津)有限公司	10000 万美元	2010	天津港保税区
天津三友融资租赁有限公司	1000 万美元	2010	中新生态城
中飞融资租赁有限公司	2000 万美元	2010	东疆保税港区

名称	注册资金	注册时间	注册地
弗洛伦(天津)融资租赁有限公司	5000万美元	2010	天津港保税区
仲津国际租赁有限公司	1500万美元	2010	天津港保税区
约翰迪尔融资租赁有限公司	1000万美元	2010	天津开发区
康正(天津)融资租赁有限责任公司	3000万美元	2011	天津开发区
致杰国际融资租赁有限公司	1518万美元	2011	东疆保税港区
德泰(天津)融资租赁有限公司	5000万美元	2011	天津港保税区
天津嘉年亚太融资租赁有限公司	2000万美元	2011	天津港保税区
中际船舶融资租赁(天津)有限公司	1518万美元	2011	东疆保税港区
擎天融资租赁(天津)有限公司	1217万美元	2011	天津开发区
中金高盛(天津)融资租赁有限公司	3000万美元	2011	天津港保税区
华胜天成(中国)融资租赁有限公司	2000万美元	2011	中新生态城
新民信国际租赁有限公司	1000万美元	2011	东疆保税港区
天津万宝行融资租赁有限公司	1026万美元	2011	东疆保税港区
英大汇通融资租赁有限公司	10013万美元	2011	天津高新区
新世纪运通融资租赁有限公司	1000万美元	2011.7	东疆保税港区

注:(1)注册资金,金融和内资企业以亿元人民币计,外资企业以万美元计。

(2)截止时间:2011年7月31日。

资料来源:天津市租赁行业协会。

在中国融资租赁十强企业排行榜中,天津占有5家,分别居第2、4、7、8、9位,注册资金共192亿元人民币;上海占4家,分别居第6、9、10位,注册资金共97亿元人民币;深圳、重庆、北京和杭州各1家,分别居第1、3、5、9位(见表12)。

表 12　中国融资租赁十强企业的地区分布

序号	名称	注册资金	注册地	注册时间	监管部门
1	国银金融租赁公司	74.85	深圳	1984	银监会
2	天津渤海租赁有限公司	62.5	天津	2008	商务部
3	昆仑金融租赁公司	60	重庆	2010	银监会
4	工银金融租赁有限公司	50	天津	2007	银监会
5	建银金融租赁有限公司	45	北京	2007	银监会
6	交银金融租赁有限公司	40	上海	2007	银监会
7	民生金融租赁有限公司	32	天津	2007	银监会
8	长江租赁有限公司	28	天津	2004	商务部
9	招银金融租赁有限公司	20	上海	2007	银监会
9	华融金融租赁公司	20	杭州	1984	银监会
9	兴银金融租赁有限公司	20	天津	2010	银监会
9	农银金融租赁有限公司	20	上海	2010	银监会
10	大新华船舶租赁公司	17	上海	2009	商务部

资料来源:天津市租赁行业协会。

2008 年以来,随着天津市经济社会的迅速发展,融资租赁业的发展也十分迅速,尽管新区企业总数不到全国的 17%,但凭借着较强的行业实力和滨海新区的集聚效应,业务总量一直占到全国 20% 以上(见表13)。

表 13　2006~2010 年新区融资租赁业务总量占全国比重

年份	全国业务总量(亿元)	新区业务总量(亿元)	新区占全国比重(%)
2006	80	3	3.8
2007	240	31	12.9
2008	1550	310	20.0
2009	3700	830	22.4
2010	7000	1700	24.3

注:业务总量是指截至年底的融资租赁合同余额。

资料来源:天津市租赁行业协会。

从 2011 年上半年看,新区融资租赁合同余额约为 2000 亿元人民币,比年初 1700 亿元增加约 300 亿元,增长 17.6%。其中,金融租赁约 1250 亿元,比年初增长 8.7%;内资租赁约 600 亿元,比年初增长 33.3%;外商租赁约 150 亿元,比年初增长 50%。

2011 年上半年,新区和全国相比,增长速度虽然也在减缓,但增速高于全国 3.3 个百分点;业务总量占全国 25%,比年初的 24.3% 增加 0.7 个百分点,仍居全国首位(见表 14)。

表 14　2010 年 1～6 月滨海新区融资租赁业发展概况

	企业数(家)	业务总量(亿元)	比上年增长(%)	业务总量占全市比重(%)
金融租赁	3	1250	8.7	62.5
内资租赁	4	600	33.3	30.0
外资租赁	29	150	50.0	7.5
总　计	36	2000	17.6	100

资料来源:天津市租赁行业协会。

2. 单一项目公司

自 2010 年 1 月银监会发布《关于金融租赁公司在境内保税地区开展融资租赁业务有关问题的通知》以来,已有天津东疆保税港区、上海综合保税区和北京天竺保税区先后开展 SPV 式租赁业务。其中,上海综合保税区建立 15 家单一项目公司,北京天竺保税区建立 5 家单一项目公司,而在东疆注册的单一项目公司总计达 106 家,现已完成飞机 38 架、离岸船舶 22 艘,租赁合同总额达 30 亿美元。除了工银、民生、建信、招银、华彬等租赁企业在东疆设立单机、单船公司外,先锋国际、环宇、中水电融通、中飞租融资、北车(天津)投资等小总部型租赁企业也相继在东疆注册。单一项目租赁业务成了东疆保税港区的一项主打业务,也成了新区融资租赁业的一个重要组成部分(见表 15)。

表 15　全国单一项目公司的分布

	单一项目公司数(家)	项目公司所占比重(%)
东疆保税港区	106	84.1
上海综合保税区	15	11.9
北京天竺保税港区	5	4.0
总　计	126	100

资料来源:中国租赁联盟。

3. 分公司和办事处

据不完全统计,截至 2011 年 7 月,国内外各大融资租赁公司在新区设立的分公司和办事处超过了 20 家。这些分公司和办事处在津所开展的融资租赁业务,主要集中在飞机、船舶、地铁机车、交通工具等业务,直接支持了天津经济的发展。在新区的融资租赁企业构成中,这些分公司和办事处也成了一个重要组成部分。

(三)新区具有持续发展的广阔前景

从 2011 年及"十二五"的整体态势看,新区租赁业仍然呈现出持续发展的广阔前景。

1. 总体环境看好

2008 全球金融危机后,世界经济整体增速放缓,金融市场动荡加剧,大量企业特别是中小企业因受资金动荡的影响而陷入严重困境。从我国看,在银行贷款规模继续紧缩的背景下,实体经济对融资租赁的需求增大,融资租赁以其特有的筹资优势受到企业界的关注,成为企业突破融资困境的有效方式之一。此外,融资租赁作为一种以资产为基础的融资方式,能够对财产权提供更严密的保护,因而能够减小出租人的风险。在这种情况下,一些在银行无法得到贷款的企业,可以通过租赁公司解决其融资问题,因此融资租赁成了当前企业走出困境提供了一个新的渠道。

融资租赁在发达国家已经是仅次于银行信贷的第二大融资渠道,目前欧美日等经济发达国家和地区,近 30% 的投资通过这种方式完成。虽然我国的融资租赁业刚刚起步,但已经表现出了蓬勃发展的态势,从长远看其发展前景十分可观。目前天津通过融资租赁渠道融通的资金已相当于传统银行信贷渠道的 12.3%,远高于全国不到 1.28% 的水平,初步形成了"全国融资租赁看天津,天津融资租赁看滨海"的领先局面。滨海新区如能继续大力发展融资租赁业,并高度重视其作为融资渠道的作用,必将在银行信贷进一步加紧调控的形势下,为新区建设所需的大量资金提供一个可靠保障。为此,滨海新区应乘势而上,抓住关键环节,进一步扩大融资租赁业在新区的领先优势,并以此为杠杆,推动新区在金融创新上的整体发展。

2.行业前景看好

天津和滨海新区发展的自身特点推动了融资租赁业能够较快提升，这些推动因素主要包括新区的产业结构和相关的政策优势。融资租赁的行业本质是为生产制造业服务，该业务有利于企业资本流动与周转，是解决企业融资特别是中小企业融资困难的一个有效途径。就滨海新区的产业结构来看，以机械制造、船舶、飞机等为代表的重型工业是新区制造业的重要组成部分，而这些行业正是开展融资租赁业务的重点领域。目前，新区已呈现以下趋势：

(1)在固定资产投资规模增大而银行贷款规模继续紧缩的背景下，实体经济对融资租赁的需求增大。

(2)全市及滨海新区等地方或部门促进租赁业发展的措施陆续出台，融资租赁业发展环境将进一步优化。

(3)工银、民生、兴业、长江、渤海、津投、尚邦、东方信远等重点租赁企业在进行业务准备和增资扩股后，仍保持较大的发展空间。

(4)2011年预计将会有至少20家新的融资租赁企业获准设立、组建分公司或由外地迁址新区，这些新组建、新迁入的公司年内将逐渐开展业务。到2015年，新区的总部租赁企业预计将达到100家以上，在企业数量上将超过北京和上海，真正成为中国和世界的融资租赁业集聚区。

(5)随着渤海租赁正式实现A股上市，工银租赁、民生租赁、兴业租赁等进入银行业同业拆借市场，一些企业将在社会上发行企业债券，新区融资租赁企业的资金来源渠道将拓宽。

由于以上因素，新区融资租赁业仍将保持快速发展的态势，预计2011年底将超过2300亿元，在全国继续占有1/5以上的份额。

3.已形成政策配套优势

近年来，新区充分利用先行先试的政策优势，为融资租赁的发展制定和争取了一系列相关政策和法律法规。

(1)银监会批准保税地区开展SPV式融资租赁业务的政策。

(2)市高院在滨海综合发展研究院的协助下制定的《关于完善天津滨海新区融资租赁业发展法治环境的意见》获得最高法院批准，同时还获得了最高法院给予的在审理天津滨海新区有关融资租赁纠纷案件中关于"保障租赁物安全和认定合同效力"两项先行先试的司法政策。

（3）国家税务总局关于船舶融资租赁享受出口退税的政策。

（4）通过我市相关部门的争取，国家税务总局关于售后回租业务免征营业税和增值税的政策。

（5）我市根据融资租赁业税收政策和租赁物登记制度等业务，出台了《关于促进我市租赁业发展的意见》，该意见是全国第一个支持融资租赁业发展的地方性规章，为我市融资租赁业发展提供了良好的政策环境。

（6）国务院对东疆保税港区建设中心功能区的批复，专题明确东疆保税港区开展租赁业务先行先试的政策。

这些政策的相互配套，极大地优化了滨海新区发展融资租赁业的环境。

4.已形成聚集效应

截至 2011 年 6 月底，总部设在天津的 38 家融资租赁企业，有 36 家落户在滨海新区，预计到年底，还将有 10 家以上融资租赁公司在天津设立或由其他省市迁址天津。这些企业基本上都选择在东疆港、开发区和高新区。

我市开展的单一项目融资租赁业务，全部集中在东疆保税港区，预计到 2011 年底还将有 50 家单一项目公司设立，大部分还是落户在东疆保税港区，如果综合保税区和天津港保税区也开展这一业务，单一项目公司还将大幅增加。

截至目前，全国总部在外地的几家著名融资租赁公司，如万象租赁、农银租赁、首汽租赁、中国融资租赁以及美国 GE、德国西门子等外资租赁企业，都已在津设立办事处和分公司，这些办事处和分公司除部分设在市区外，大部分也设在滨海新区。

滨海新区的聚集效应，已成为吸引国内外投资的重要名片，是新区得来不易的重大财富。

5.已形成"东疆模式"

东疆保税港区已形成的融资租赁业发展模式，为滨海新区租赁业的

发展注入新的动力。这一模式包括:

(1)产品创新模式。自 2010 年初银监会下发保税地区可以开展单项融资租赁业务以来,东疆保税港区捷足先登,区管委会与工银租赁、民生租赁等共同携手,以单机公司(SPV)模式,完成了我国第一单单机租赁业务,注册了第一家单机租赁公司,同时不断探索保税租赁、离岸租赁等新的租赁模式,逐渐形成以飞机、船舶为主要载体的新型融资租赁平台,为全国其他保税地区开展这一业务树立了样板。

(2)政策配套模式。在东疆保税港区注册的租赁企业,除享受天津市支持租赁业发展的政策,以及船舶融资租赁的退税政策、单船租赁的退税政策、处理融资租赁纠纷先行先试等政策外,经过和国家有关部委的积极沟通协调,还根据国务院关于天津北方国际航运中心核心功能区建设方案批复,围绕单机单船租赁业务等在关税、飞机引进外汇指标等多方面,享受到多项优惠政策。

(3)创新管理模式。为更好地促进区域融资租赁业发展,东疆保税港区管委会建立了服务融资租赁业的工作团队。管委会下设能切实了解租赁业发展、能设计出具体产品、能完成退出机制的租赁业发展办公室,具体负责解决融资租赁业发展过程中遇到的各种难题。

(4)深度发展模式。在东疆保税港区成立的中国租赁业研究中心,为新区乃至全国租赁业发展搭建了专家、企业、政府三方密切交流的平台。研究中心以促进滨海新区、天津市和全国租赁业发展为起点,从全国和世界的视角开展调查研究、产品创新、业务培训和国内外合作,客观上,也为东疆保税港区租赁业深度持续发展提供了一个有利条件。

三、滨海新区融资租赁产业基地总体规划

根据国内外发展环境、新区发展的现实需要和融资租赁的产业特点,提出滨海新区融资租赁产业基地发展规划如下。

(一)指导思想

滨海新区应该抓住当前十分难得的历史机遇,果断地将建成中国融资租赁产业基地作为自己的战略目标,举全区之力,争取在"十二五"期

间,在滨海新区建融资租赁产基地。

要实现这一宏大目标,必须以邓小平理论和"三个代表"重要思想为指导,全面贯彻党的十七大精神,深入贯彻落实科学发展观,紧紧围绕加快转变经济发展方式这条主线,在认真落实胡锦涛总书记"五个下功夫、见成效"要求中推进经济发展方式转变,在贯彻"四个着力"指示精神中强化经济发展方式转变,在争取"两个走在全国前列"、争当"一个排头兵"过程中实现经济发展方式转变,抓住天津滨海新区开发开放难得的历史机遇,充分借助发挥综合配套改革试验区先行先试的作用,按照科学、审慎、风险可控的原则,不断健全和完善融资租赁体系,充分发挥融资租赁在支持经济增长和促进结构调整中的作用,利用现有政策优势,特别是国家对东疆保税港区批复的租赁试点政策,创造政策的放大效应,进一步加大融资租赁业发展力度,使其逐步形成一个新的资金供给渠道,在推进滨海新区和天津市经济社会快速发展中发挥日益重要的作用。

(二)战略目标

新区融资租赁产业基地的战略目标,具体可用三句话表示:利用三到五年左右时间,将新区建成天津市租赁业发展基地,中国租赁业的示范基地,世界租赁业的合作基地。

1.建成天津租赁业发展基地

建成天津市租赁业发展基地,是新区租赁业发展战略的首要任务,具体应包括率先形成第二资金供应渠道、尽快形成第二产品销售渠道和逐步形成第二社会消费渠道这三方面的内容。

(1)率先形成第二资金供应渠道

从全国来看,融资租赁在经济社会发展中的作用开始显现,2010年,全国融资租赁企业租赁余额7000亿人民币,相当于全国金融机构贷款余额509000亿元的1.83%,当年新增租赁余额3300亿元,相当于新增贷款余额的3.93%(见表16)。

表 16　2010 年中国融资租赁合同余额占贷款余额的比重

	年底余额	当年新增
全国金融机构贷款余额（亿元）	509000	84000
全国融资租赁企业租赁余额（亿元）	7000	3300
融资租赁余额占贷款余额（%）	1.38	3.93

资料来源：天津市租赁行业协会。

　　相比之下，滨海新区的这一比例要高出许多。2010 年底，新区融资租赁合同余额达到 1700 亿元，相当于全市金融机构贷款余额 13774 亿元的 12.3%，高于全国 11 个百分点；当年新增租赁余额 870 亿元，相当于全市新增贷款余额 2622 亿元的 33.2%，比全国高出近 30 个百分点（见表 17）。

表 17　2010 年新区融资租赁合同余额占贷款余额的比重

	年底余额	当年新增
全市金融机构贷款余额（亿元）	13774	2622
新区融资租赁企业租赁余额（亿元）	1700	870
新区融资租赁余额占全市贷款余额（%）	12.3	33.2

资料来源：天津市租赁行业协会。

　　预计到 2015 年，新区融资租赁余额占全市贷款余额的比重可达到 25%，逐步接近欧美等经济发达国家的水平，届时，一个崭新的资金供应渠道将在全国率先形成。

　　(2)尽快形成第二产品销售渠道

　　"十二五"期间，我国金融市场的变化和融资租赁业的发展，使生产企业面临新的问题，也迎来新的机遇，许多著名的工程机械制造企业如中联重科、三一重工、徐工集团、玉柴重工、柳工集团、山推重工，都组建了自己的租赁公司，运用租赁方式来助推自己的发展。国外在华企业如卡特彼勒、沃尔沃、斗山重工、小松重工等，也在中国注册租赁公司，借助租赁的力量参与中国市场竞争。据中国工程机械工业协会统计，2010 年，中国工程机械无论是产量还是销量,都双双超过美国、日本和德国,居世界首位,而在工程机械的国内外总销量中,有 40% 是通过融资租赁实现的,其中中联重科,通过融资租赁实现的产品销售已超过 50%。

和其他地区相比,滨海新区的生产企业和其他经济实体还没有充分利用这一工具。中国融资租赁业研究中心、市租赁协会将配合新区有关方面进行积极的宣传和推动,使这些生产企业和经济实体了解融资租赁、运用融资租赁,争取第二产品销售渠道尽早形成。

(3)逐步形成第二社会消费渠道

从全国和全市的情况看,融资租赁在生产和流通领域都不同程度取得进展,但在消费领域仍然是空白。从理论上讲,包括生产消费、生活消费在内的整个社会消费,融资租赁都可发挥自己的作用并大有可为。滨海新区应抓紧这一领域的研发,制定相关政策,鼓励有条件的融资租赁公司在房屋、汽车以及钢材、焦炭、贵金属等领域开展消费租赁业务,使新区率先建成第二社会消费渠道,在扩大内需、刺激消费中发挥作用。

2.建成中国租赁业示范基地

当前,滨海新区已被视为中国融资租赁业的示范基地,国务院对东疆港租赁业务先行先试政策的批复,也表明了国家对滨海新区的期望,外省市到新区学习考察融资租赁业务的也越来越多。

滨海新区应不负众望,进一步利用先行先试的优势,争取更多的行业政策,以宽广的胸怀实现全国共享;要以东疆保税港区为核心,在天津港保税区、综合保税区广泛发展 SPV 租赁业务;要利用东疆港建设航运中心和船舶租赁出口退税试点的有利条件,推动新区及全国船舶租赁业的发展;要利用法院处理新区融资租赁纠纷先行先试的条件,在业内尽早形成一部完备的融资租赁纠纷司法解释;要积极探索住房、汽车、公务机、直升机、游艇、邮轮、房车等生活消费品、钢铁、焦碳、原油、黄金等生产资料,以及知识产权、土地使用权、企业经营管理权的融资租赁业务,在更大范围拓展融资租赁的业务范围,使滨海新区真正发挥中国融资租赁业示范基地的作用。

3.建成国际租赁业交流基地

随着中国成为世界第二大经济体和国际制造业的中心,我国工程机械行业开拓融资租赁市场取得成功,天津和滨海新区融资租赁业的迅速发展,"世界租赁看中国、中国租赁看天津、天津租赁看滨海"态势的逐渐形成,滨海新区应顺应这一趋势,主动加强国际融资租赁业的合作,将新区建成国际租赁业交流基地。

目前,滨海综合发展研究院中国租赁业研究中心和市租赁行业协会,决定会同中国国际商会租赁委员会等机构和全国租赁企业,发起组建"中国国际商会租赁委员会",通过承办国际租赁年会、主办中国租赁年会、承办专项租赁业博览会等形式,推动国内外租赁行业的交流,通过组织业内相关从业人员到美国、欧洲、日本等租赁业发达国家和地区进行考察,组织中国国际租赁产业博览会等形式,将新区逐渐打造成国际租赁业的交流基地。

(三)发展指标

按照滨海新区综合配套改革总体方案中对融资租赁产业发展的总体要求,加快天津滨海新区融资租赁业发展进程,力争在三到五年内,以促进产业快速升级,加快将滨海新区建设成为先进制造业和研发转化基地提供融资支持为目标,在新区率先打造政策完备、企业集聚、合作交流和产品创新的平台。

具体发展指标是:

2011 年,融资租赁合同额达到 2300 亿元人民币,注册企业达到 50家,注册资本金达到 400 亿元人民币;

2012 年,融资租赁合同额达到 3500 亿元人民币,注册企业达到 70家,注册资本金达到 550 亿元人民币;

2013 年,融资租赁合同额达到 5000 亿元人民币,注册企业达到 90家,注册资本金达到 700 亿元人民币。

2014 年,融资租赁合同额达到 6500 亿元人民币,注册企业达到 110家,注册资本金达到 850 亿元人民币。

2015 年,融资租赁合同额达到 8000 亿元人民币,注册企业达到 130

家,注册资本金达到 1000 亿元人民币(见表 18)。

表 18　2010～2015 年滨海新区融资租赁业指标规划

	2010 年	2011 年	2012 年	2013 年	2014 年	2015 年
企业总数(家)	22	50	70	90	110	130
注册资金(亿元)	248	400	550	700	850	1000
合同余额(亿元)	1700	2300	3500	5000	6500	8000

注:(1)企业指总部设在新区的企业。

(2)2010 年为实际数,2011～2015 年为计划数。

(3)注册资金按人民币计算。

四、推进措施

新区要实现上述总体目标和具体指标并非易事,需采取以下这样一些推进措施:

(一)形成持续有效的推动机制

如前所述,一个城市或地区融资租赁业发展快慢,首先取决于这个城市或地区对融资租赁的认知。新区发展较快,首要原因是对融资租赁的认知度较高。

区内各大融资租赁公司鉴于国内外已有的经验教训,都注重行业的宣传和推动工作,并集中资金,通过飞机租赁、船舶租赁、工程机械租赁和固定资产售后回租等方式,重点支持本市航空、港口、交通运输、市政建设等重点行业的发展。长江租赁和工银租赁准备足够的资金,对我市组装的所有空客 320 飞机提供租赁支持;渤海租赁通过对保税区管委会大楼售后回租的方式,盘活 8 亿元人民币的固定资产,帮助我市组建起"天津航空",通过对蓟县环城路进行售后回租的方式,帮助该县盘活 1.87 人民币,解决了该县两个工业园建设的资金问题。通过对津南区葛沽镇滨海创意大厦的收购回租,帮助该镇解决了 3 个亿的建设资金。这些成功案例,都起到了很好的示范作用,迅速提升全市对融资租赁的认知。

为进一步提高对融资租赁的认知,市金融工委组织租赁协会和重点租赁企业先后到蓟县、津南、宁河等区县讲解租赁知识,同时,还连续举办区县局、科技型中小企业等各级领导干部参加的金融知识培训班,提高全市对融资租赁等金融工具的认知,听融资租赁讲座的干部超过1000人。

市商务委和市工商管理局通过各种渠道对我市融资租赁业的发展状况进行宣传报道,增强了市有关部门,特别是国内外商业界对天津融资租赁业的了解。本市新增的外商租赁企业,对相关部门的热情服务都表示高度赞赏。

市租赁行业协会配合市有关部门,积极宣传和改善本市的投资环境,无偿地为投资者提供咨询服务,几年来曾帮助东方信远、广东邦家等多家著名租赁企业落户天津。

市领导对融资租赁业的发展高度重视,亲自进行宣传推动。主管副市长崔津渡对市租赁协会先后做了8次批示,并亲自在培训班上讲课;黄兴国市长亲自召开全市楼宇经济现场办公会议,考察和肯定渤海租赁公司在葛沽镇开展的楼宇售后回租业务;张高丽书记亲自召开金融工作座谈会,听取了工银租赁公司等企业通过融资租赁推动经济发展的汇报。

和全市其他地区相比,滨海新区对融资租赁业的性质、特点和作用有着更高的认知。首先,区内有关管理部门对新区发展融资租赁业都比较重视,在争取和制定融资租赁发展政策的工作上总起看来也很到位;其次,滨海综合发展研究院主动开展融资租赁业调研,明确提出滨海新区要将融资租赁业作为推动新区经济社会发展的一个重要举措;再次,东疆保税港区在制定和上报《天津北方国际航运中心核心功能区建设方案》中,将发展融资租赁业作为重要内容之一,终获国务院批准;最后,区委区政府对组建的中国租赁业研究中心非常重视,区长宗国英亲自出任中心名誉主任。新区较高的行业认知,是建设中国融资租赁业产业基地的根本保证。

持续有效的推动机制,是我市和新区融资租赁业迅速发展的最有力措施之一。今后,这一工作只能加强不能削弱。

(二)走出理论误区,坚定发展信心

从全国来看,当前业行发展中的一些不正确做法,和由此对行业产生的不正确看法,都直接影响了行业的发展。新区要实现自己的发展目标,必须加强理论研究,摈弃错误的认识和做法,坚定发展的信心。

1. 融资租赁不会助推通货膨胀

当前,国家有关监管部门对金融租赁采取规模控制的硬性做法,主要是基于这样一种认识:在社会资金总量中应该包括融资租赁的投放,因此控制社会资金供应总量也应该控制融资租赁。

其实这是一种似是而非的理论。社会资金总量中是应该包括融资租赁的投放,但国家控制的不应该是社会资金供应总量,而应该是银行的货币投放规模和投放结构。

当前我国融资租赁的运转资金,包括银行系金融租赁企业的资金,约65%来自银行贷款,这只是银行信贷的另一种表现形式,同样要占银行的贷款规模,并没有增大银行贷款的供应总量。另约15%运转资金来自包括注册资金在内的企业自有资金,约20%来自企业通过股票、证券、基金等形式向社会进行的直接筹资,这也是社会现有资金结构的调整,而不是社会资金总量的放大。融资租赁监管部门对每个租赁企业、特别是大型重点企业的业务总量应该进行控制,然而控制的方式不能是一刀切,而要看这个企业的资本充足率和资产负债率等警戒指标是否超越了警戒线。如果企业的资本充足率在10%以上,资产负债率在100%以下,其他指标也运转正常,就不应该简单地限制其业务总量,对那些新组建的企业尤其如此。

因此必须明确,融资租赁不仅不会助推通货膨胀,还会有利于抑制通货膨胀的增长。现在,行业监管部门和企业对过去的发展进行反思,对现有政策进行盘整,是必要的,也是有益的,但采取硬性措施限制融资租赁发展的观点,是不正确的。

2. 融资租赁不是银行信贷的补充

由于一些银行系的金融租赁公司依靠较充足的资金来源和丰富的客户群体,业务做得很快很杂,没有形成自己的特色,客户也还没有享受到租赁产品的独特价值,因此被称为"类银行"、"二银行"或"伪银行",个别金融租赁公司甚至以此为荣。

其实这是非常错误和有害的观念。融资租赁公司、包括具有银行背景的金融租赁公司,它的业务运作理念和经营方式与银行贷款有着本质的不同,融资租赁不是银行信贷的简单变相投放,也不是银行业的简单补充,它应该是具有自己明显特征和运作方式的独立资金供应渠道。

在欧美日等经济发达国家,整个社会的资金供给主要来自三个渠道:一是银行信贷,大约占50%;二是融资租赁,大约占30%;三是包括股票、债券、基金、信托等在内的证券融资,大约占20%。在这些国家,银行信贷也和我国一样,既是社会资金最主要的供应渠道,也是政府进行宏观调控的重要手段,波动性很大。但由于另外两个渠道的存在,国家仍保有一个稳定的资金供应体系,经济实体仍可有稳定的资金来源。

“十二五”期间,国内外经济环境变数较多,我国要保持经济社会快速稳定发展的良好势头,需要采取一系列强有力的战略举措,其中最重要的一个举措,就是借鉴国内外已有经验,构筑和形成一个包括银行信贷、融资租赁和证券融资有机衔接、科学稳定的资金供给体系。在当前货币紧缩的情况下,融资租赁业的发展不仅不应受到限制,相反,还要采取有力的扶持政策,使其保持健康稳定发展的良好态势,逐步形成一个新的稳定的资金供应渠道,为广大经济实体提供一个新的资金来源,也为国家货币政策调整所带来的冲击形成一个缓冲机制。

3.售后回租业务不同于抵押贷款

当前,一些租赁企业售后回租的业务确实做得很大,加上运作不够规范,存在着很大的潜在风险,由此引起了有关监管部门和业内一些专家对售后回租业务的质疑是正常的。

但问题在于,售后回租业务是融资租赁三大传统业务(直租、转租和回租)之一,在盘活企业固定资产方面具有其他金融方式不可取代的独特的作用。几十年来,我国国营企业将大量银行资金转化成了自己的固定资产,对企业和银行来说都是个巨大拖累。运用售后回租方式盘活这些资产,是增强国营企业活力的有效举措。从当前实际情况看,售后回租业务做得较大的企业,总体运转正常,有的企业售后回租业务达到数百亿,不良资产仍然为零。

2010 年 9 月 8 日,国家税务总局发布《关于融资性售后回租业务中承租方出售资产行为有关税收问题的公告》明确规定:融资性售后回租业务是指承租方以融资为目的将资产出售给经批准从事融资租赁业务的企业后,又将该项资产从该融资租赁企业租回的行为。融资性售后回租业务中承租方出售资产时,资产所有权以及与资产所有权有关的全部报酬和风险并未完全转移。因此,根据现行增值税和营业税有关规定,融资性售后回租业务中承租方出售资产的行为,不属于增值税和营业税征收范围,不征收增值税和营业税。新区和新区所属企业,应该充分运用这一政策规定,在规范运作的基础上,稳步发展售后回租业务。

4.外商投资租赁业不等同于热钱流入

在美国实施量化宽松的货币政策后,大量热钱开始瞄准中国,或将成为引发国内通货膨胀的一个外在因素,因此,一些管理部门和经济专家认为,在这种情况下,应该对国外资金,包括对融资租赁业在内的外商投资进行控制。

其实这又是一个认识的误区。热钱的流入确实可能助推国内通货膨胀,但什么是热钱,需要具体分析。如果国外这些资金大举流入国内的房地产、证券领域和消费市场,则应该进行控制和引导,因为这些领域的扩张真的可能会助推通货膨胀。但是,如果国外资金作为注册资金在国内开办合资或独资的外商投资企业,包括融资租赁企业,则属于正常的外商投资,应该继续进行鼓励和引导,因为包括投入融资租赁业的注册资金大都会转化为固定资产投资或经济实体的流动资金,与通货膨胀无关。

基于以上认识,新区应该根据自己发展需要,继续坚定不移地执行吸引外商投资的政策,坚定不移地支持外商在区内投资兴办各类融资租赁企业。

(三)加强政策扶持

新区要实现自己的发展目标,还必须继续采取一系列强有力的推动措施。

1.完善行业管理体制

天津融资租赁和全国一样,分成金融租赁、内资租赁、外资租赁三个版块,由三个不同部门进行审批和监管。这一格局不可能在短期内得以改变。为加强行业内的管理,天津市在市政府金融服务办公室下设立一个融资租赁推动小组,对本市融资租赁业的发展进行综合协调。近年来,融资租赁推动小组举行多次专题会议,研究融资租赁发展中遇到的问题,有效地解决了融资租赁面临的增殖税、所得税等现实问题,为本市融资租赁业的发展扫除了许多障碍。

市租赁行业协会加强企业间的联系与沟通,研究和制定行业自律规则,及时反映行业发展中面临的问题,组织企业开展联合租赁业务,在天津租赁企业间形成了一个团结互助、共同发展的可喜局面。这和一些城市的相互掣肘、无序竞争状况形成了明显对比。

市商务委、市发改委、市社团局、市商联会等部门,也从不同角度,加强租赁业的管理服务。2009年,为落实市委市政府应对金融危机的举措,市社团局组织租赁协会等十家企事业单位发出"保增长、渡难关、上水平"的倡议,在全市产生了积极影响。

以上这些做法都是行之有效的,相比之下,新区的管理体制尚不完善,商务委、银监局之间很少沟通,开发区、保税区和高新区之间相互竞争的局面仍然存在,新区应该参照全市的做法,尽早建立起协调有效的融资租赁业管理体制。

2. 形成行业法规系统

在全国融资租赁法规体系尚不健全的情况下,天津市率先明确本市融资租赁企业为非银行金融机构,放开融资租赁经营范围的限制;市政府发布《关于促进租赁业发展的意见》,从租赁公司的设立发展、权属和权证的明晰、租赁市场的建设、财税扶持政策等方面,对推动租赁业、特别是融资租赁业的发展做出了较明确的规定,成为全国第一个地方性租赁法规。

滨海新区利用先行先试的优势,也争取到国家政策的许多支持,如船舶融资租赁出口退税的政策、金融租赁公司在保税地区开展SPV式融资租赁的政策、滨海新区法院审理融资租赁纠纷先行先试的政策等,一个较完备的行业法规体系开始形成,这不仅保证了新区租赁业的健康快速发展,也为全国融资租赁的发展做出了贡献。中央电视台、《人民日报》等媒体早就做了这样宣传,滨海新区即将成为中国融资租赁业的示范基地。现在看来,这一目标正在接近,但行业法规系统的建设远没有完成,新区有关部门应为此进行长期不懈的努力。

3. 完善风险防范机制

为了防止可能发生的行业风险,市租赁行业协会不断提醒各家租赁企业要遵守行业自律规则,提高风险防范意识。市商务委、银监局和行业协会明确表示,各公司必须保证资本充足率不低于 10%。为此,各公司纷纷增资扩股。长江租赁注册资金从 16 亿元增至 28 亿元;渤海租赁注册资金 13 亿元,增至 62.6 亿元;尚邦租赁注册资金从 2 亿元增至 7 亿元;工银租赁注册资金 20 亿元增至 50 亿元。民生租赁为适应业务发展需要,也计划将资本金由 34 亿元增至 51 亿元,兴业租赁计划将资本金由 20 亿元增到 50 亿元。目前,新区 36 家公司注册资金已达到 280 亿元,可承载业务总量达到 2800 亿元人民币,2011 年上半年实际业务总量为 2000 亿元人民币,总资本充足率为 14%。实践证明,不断追加法定资本金,是企业在业务迅速发展中防范风险的最根本措施。

为有效地化解可能出现的经营风险,市政府经协商有关税务部门,进一步明确融资租赁企业可酌情提取风险准备金,这是企业应对风险、保持良好形象的一个十分重要的举措,各家租赁公司应充分利用这一政策,尽早建立起风险准备金的提取和使用制度。

本市融资租赁业风险防范体系的逐步形成和完善,为行业的健康稳步发展打下了基础。到目前,各家融资租赁公司总体运行良好,其中工银租赁、渤海租赁、长江租赁、民生租赁等几家大的融资租赁公司,不良资产基本为零,这一局面来之不易,风险防范体系的形成和完善起到了至关重要的作用。

根据许多成功企业的做法,企业必须树立融资租赁警戒线的意识,建立起风险预警系统,这些预警指标包括:资本充足率不得低于 10%;资产负债率不得超过 100%;或有负债比例不得超过 50%;不良资产率不能超过 15%;股东业务所占比重不得超过其股本金总额,等等。

以上这些行之有效的做法只要坚持下去,在整个租赁行业就会逐步形成一个有效的风险防范机制。

4.形成产业配套服务体系

融资租赁业的发展,离不开相关行业的支持和配合,同样,融资租赁业的发展,也为相关行业的发展提供了发展机遇,为此,融资租赁业与其他行业形成合作互动体系至关重要。新区的做法应是:

加强银租合作,每家租赁公司都应与一家或几家银行建立起长期的合作关系。对租赁企业来说,要将自己视为这些银行的融资租赁业务部,对银行来说,要将自己视为租赁公司的资金供给行,真正形成合作双赢的局面。

加强租赁与保险的合作,成立专业的融资租赁信用保险公司,逐步形成一个有效的融资租赁保险体系。

加强与信托业的合作,探讨开展委托租赁、通过信托计划向社会发债等业务。

加强与担保公司的合作,构筑稳定的合作关系,建议成立专业的融资租赁信用担保公司。

加强与保理业的合作,积极参加银行业开办的融资租赁保理业务,成立专业的融资租赁保理公司。

加强与人民银行征信中心的合作,支持企业到中心去进行产权登记,在此基础上,逐步建立融资租赁产权登记中心和融资租赁产权交易中心。

为推动行业合作互动体系的建设,新区金融管理部门应定期召开金融行业联谊会,加强融资租赁等行业之间的交流合作,为天津融资租赁业与相关行业的合作提供一个有效的交流平台。

5.在政府采购中引进租赁机制

在新区政府的采购行为中,应解放思想,试行由租赁公司办理、财政支付租金的租赁机制,对一次性使用的设备、车辆等大型固定资产可采用融资租赁的方式获得;对短期一到两年的大型固定资产可采取融资租赁的方式获得,从而达到降低采购成本,放大财政资金的使用效果,为新区市政建设和各项事业发展提供新的动力。

6.充分利用租赁机制盘活国有资产

新区内各级政府可将道路、桥梁、地铁、城市建设资产、办公大楼、厂房建设等各项固定资产进行整理,制定项目目录,鼓励区内的融资租赁公司设立不动产业务部,按照注册资金和业务投放资金的比例开展与基础设施相关的售后回租业务;同时,加快吸引区外企业,特别是内资租赁企业进入新区,开展与基础设施相关的业务,选择适合区域作为允许外资投资租赁公司开展固定资产有关业务的改革试点,并建立完善监管方面的体制机制,逐步推广至滨海新区全范围,为新区"十大战役"建设拓宽融资渠道,提供资金保障。

7.加快东疆保税港租赁核心功能区的建设

2011年5月10日国务院正式批复的《国务院关于天津北方国际航运中心核心功能区建设方案的批复》(国函〔2011〕51号),对天津东疆港区租赁业试点给予了具体的鼓励政策,包括设立单机单船租赁公司、鼓励飞机租赁业务创新、给予减按4%征收飞机租赁进口环节增值税、租赁物出口退税等一系列重大的优惠措施。《批复》中还指出了"租赁业务创新的复杂性和综合性",并要求"在总结试点经验后,适时加快推广实施"。新区应借助《批复》给予的特殊政策,针对每条优惠措施,制定有利于租赁业发展的优惠措施落实方案,使东疆保税港区首先成为租赁业的核心功能区。

8.进一步发展单一项目租赁业务,打造"中国的爱尔兰"

要充分利用我市SPV式租赁业务在东疆保税港区先行一步的优势,借鉴爱尔兰利用SPV租赁方式发展全球飞机租赁的经验,鼓励国内外租赁公司和各类基金在保税区、保税港区和综合保税区广泛开展单项租赁业务,争取经过几年的努力,使大部分进出口飞机和船舶的租赁业务都在天津滨海新区进行,将滨海新区发展成为"中国的爱尔兰"。

9.建立行业发展基金

中国的融资租赁业是在发展环境很不完备的情况下形成的,是一种尚不成熟的业态形式,在它的发展过程中需要更多的理解和扶持,其中资金的支持尤为重要。2010年,上海浦东新区曾对发展较快、对浦东新区发展做出突出贡献的租赁企业进行奖励,起到了很好的效果。建议滨海新区政府也建立一只融资租赁业发展基金,重点支持租赁产品的开发和业务创新,表彰做出重要贡献的租赁企业,组织重要的国内外合作交流等。

10.发挥行业研究中心的作用

为促进滨海新区融资租赁业的快速健康发展,加快中国融资租赁业聚集区和示范基地建设,经新区区长办公会议和区委常委办公会议研究通过,决定成立中国租赁业研究中心,挂靠在天津滨海综合发展研究院。这是我国第一个官方支持的全国性融资租赁业研究机构,其研究成果的好坏多少,将对新区、全市和全国融资租赁业的发展产生直接影响。中心应不负自己的使命,立足于新区、服务于全国,在理论和实践的结合上,不断推出高质量的研究成果。

当前中心最主要的工作是,在深入调研的基础上,配合有关方面,编制新区融资租赁业三年发展规划,编写解决融资租赁纠纷的司法解释,提出生产租赁、专利租赁和农机租赁的推动方案,参与组织业内一些重要活动。

11.建立租赁物权登记机构

依法明晰租赁物产权、办理有效的权证、进行必要的公示,是融资租赁业健康发展的基础。建议市高法、市银监局、市工商局和市产权交易中心等相关部门,在新区建立一个既服务天津也面向全国的租赁产权登记中心,使用最先进的办公手段,帮助企业建立资本权属明晰、财务关系明确、资产负载合理的物权登记和管理制度,为新区和我国租赁业的健康发展打好基础。

12.建立租赁产权交易中心

支持商业银行和资产管理公司开展租赁资产保理业务,鼓励企业设立专业的租赁资产保理公司,在新区租赁企业普遍完善产权登记和资产证券化准备的基础上,适时建立一家专业的租赁产权交易机构,帮助租赁企业盘活已形成的租赁资产,丰富我市产权交易的品种,扩大产权交易规模,逐步形成一个完备的融资租赁退出机制。

13. 形成行业配套服务系统

融资租赁业是一个依存度很高的行业，每一单业务都几乎需要银行、保险、税务、会计、法律、公证等多个行业进行合作，随着新区租赁业的发展，需要建立一家确有实力的融资租赁咨询服务公司，配合律师、会计师、税务师等中介服务机构，逐渐形成一个完备的融资租赁服务系统，在企业设立、运营和退出市场等各个环节，提供及时快捷的配套服务。

14. 建立从业人员培训基地

资格认定、持证上岗，是提升现有企业经营素质的关键一环，市租赁业协会和中国租赁业研究中心应会同南开大学、浙江大学、外经贸大学等教育机构，在劳动人事部取得从业人员培训资质，有计划地举办从业人员资格培训班，对行业从业人员进行系统培训，使天津滨海新区逐渐成为本市及全国融资租赁业培训基地。

15. 发展行业基础教育

加快落实《关于贯彻落实全国全市人才工作会议精神进一步加强滨海新区人才工作的意见》和《天津市滨海新区重大人才工程实施意见》，注意落实与金融发展有关人才引进的相关政策；根据《天津市滨海新区人才发展基金使用管理暂行办法》及实施细则的有关规定，完善人才基金的使用制度，切实建立起对滨海新区金融人才的激励机制；根据已有的人才引进措施和滨海新区金融创新发展的具体要求，制定《支持天津滨海新区融资租赁业发展的人才政策》，整合、创新针对滨海新区租赁业发展的优惠政策措施，吸引高端租赁人才在新区集聚。

为此，支持南开大学、天津大学、财经大学等高校建立融资租赁系或融资租赁专业，在本科生、研究生基础上培养租赁人才。支持融资租赁公司与有条件的高校合作，根据公司的实际需求和校方的实际，为租赁公司定向培养融资租赁人才。

16. 组建滨海新区租赁集团

采取以国资企业为主、多方参与、共同出资的方式，筹建滨海新区融资租赁集团公司。集团公司主要发挥三项作用：一是成为滨海新区招商窗口，引导区外的重要租赁企业落户新区；二是重点为新区基础设施建设提供大型设备租赁,为区内重点项目提供设备器材租赁;三是整合区内国有企业大型设备资源,通过融资租赁形成滨海新区设备资源储备。

同时,培育新区大型制造型企业的融资租赁意识,使其依托自身资源成立专业融资租赁公司,扩展产品销售渠道,盘活自身资产,为区内企业提供设备资源,优化新区资源配置。

17. 定期召开中国租赁业年会

由中国租赁业研究中心会同国家有关部门和国内租赁组织,不定期地召开中国融资租赁业专家座谈会,聘请国内外著名租赁专家,分析新区租赁行业发展动态,共同研究解决新区租赁行业发展中出现的问题。

由金融租赁专业委员会主办的中国金融租赁论坛已在津成功举办两次,其中2009年的首届论坛在新区举办,建议从2012年开始,确认滨海新区为固定举办地,每年定期召开一次。

在此基础上,建议2012年春,由中国租赁联盟、中国国际商会和滨海新区政府在新区主办"2012中国首届租赁年会",发布"2011年中国租赁业发展报告",就新区、天津及全国融资租赁发展中共同关心的问题进行研讨。其后每年召开一次,主要以新区为举办地,逐渐形成一个在国内外具有重大影响的专业年会。

18. 定期举办中国国际租赁业博览会

建议在2012年召开的中国租赁业年会上,同时举办"中国国际租赁车展",展示新区及全国汽车租赁业的发展。其后,可根据行业发展需要,举办工程机械租赁展、游艇租赁展、公务机租赁展、直升机租赁展、楼宇租赁展等专题博览会,使新区逐渐成为相对固定的中国和世界租赁产业博览中心,形成一个在国内外具有重大影响的会展品牌。

19. 建立租赁统计机构

从2007年开始,市租赁协会即组织编纂《中国租赁蓝皮书》,现已发布四部,对推动我市和全国融资租赁业的发展起到积极作用,也使天津在业内有了很重要的话语权。随着我市和全国融资租赁业的不断发展,建议新区统计局正式设立融资租赁统计项目,建立融资租赁统计科室,按照科学性、真实性和权威性的要求,每年发布一本"新区租赁业蓝皮书"——

《天津滨海新区融资租赁发展报告》。

20.强化行业信息交流

由中国租赁联盟和天津市租赁行业协会支持建立的中国租赁联盟网,已运作六年,目前已经成为中国租赁业内门户网站,是业内最具权威的信息交流平台,一些选择在津注册的租赁公司,大多数都是先从从该网站获取的相关信息。现滨海新区政府已决定对中国租赁联盟的发展和中国租赁联盟网的建设给予支持,为搭建这一交流平台创造了条件。

21.申办中国租赁行业协会

2006 年,天津市租赁行业协会受中国租赁协会各家发起人的委托,已将筹建中国租赁协会的申报等文件经市商务委报送商务部。在中国租赁协会未批准之前,发起人商定以"中国租赁联盟"的形式开展工作。市租赁协会、中国租赁业研究中心将积极推进这一工作:一是加强与商务部、民政部等主管部门的联系,表明天津滨海新区的条件和决心;二是配合新区各有关部门,加大新区租赁业发展力度,始终保持领先全国的态势;三是继续编写和出版中国租赁蓝皮书,提升天津和新区在业内的话语权;四是通过小好中国租赁联盟、台开行业研讨会等形式,密切与业内的联系与合作,争取中国租赁协会尽早组建起来,并将注册地放在滨海新区。

五、保障措施

新区要实现以上发展目标、落实发展规划和发展举措,还需要制定相应的保障措施。

(一)加强行业组织引导

成立滨海新区促进租赁业发展的联席会议制度。主要成员包括市发改委、金融办、科委等市级主管部门,区发改委、金融服务局、科委等区级相关单位及各功能区管委会。联席会议可在新区发改委财金处设办公室。

建立定期沟通机制。定期召开滨海新区融资租赁改革重点项目推动会,及时发现改革中的问题,研究制定解决办法,并以"专报"、"决策参考"等形式向领导小组报告,督促和协调责任主体加快改革步伐。

建立专题研讨机制。针对行业发展中出现的问题,邀请专家学者、政府官员、企事业单位相关人士,定期召开"滨海新区融资租赁改革专题研讨会"。

建立考核问责机制。把各部门各单位负责落实的重要融资租赁推动项目,作为年度工作绩效考核的重要内容,对业绩突出的给予表彰和奖励,对工作中出现严重问题的给与相应的问责。

(二)编制融资租赁业发展规划

我区已组织编写《2011～2013年滨海新区融资租赁业三年发展规划》,同时市租赁行业协会还受商务部委托,代为起草了《2011～2015年全国融资租赁业发展规划》等一系列文件,这些工作对促进我区和全国融资租赁业的发展,取得国家有关部门的政策支持,都具有现实意义。建议我区还要组织编写年度和五年融资租赁业发展规划,并将其纳入我区年度和长远总体规划之中,使融资租赁行业的发展与其他相关行业的发展相协调。

(三)始终保持行业领先的良好势头

新区要按照市里的统一部署,创造和宣传我市的良好环境,支持有条件的内资企业申报融资租赁试点;配合和协助我市及外地金融机构在我市申请筹建金融租赁公司;支持外地租赁公司迁至天津;支持外商在津设立合资或独资的融资租赁公司,使我市融资租赁的行业规模继续扩大,在行业实力、业务规模和发展速度上,继续保持领先全国的态势。在"十二五"期间,争取新区融资租赁企业数量占全国20%以上,各类融资租赁公司注册资金占全国30%以上,业务总量占全国25%以上,在国内外始终呈现出良好的发展势头。

(四)优化租赁信用环境

租赁行业各级管理部门和各级租赁组织从规范融资租赁企业和租赁客户行为,降低行业信用风险的角度出发,建立起融资租赁业信用管理平台,同时,在租赁企业中建立租赁信用评级制度,形成租赁信用保险制度以及基于企业信用的租金定价体系,通过引导市场主体行为,进一步优化新区的融资租赁业的信用环境。

(五)重视前期研究和业务创新

以中国租赁业研究中心为载体,聘请国内外知名专家和业内高管人员,针对滨海新区融资租赁产业发展,定期为新区政府提供区域融资租赁业发展对策,扶持企业的政策措施等决策参考类成果;定期形成高水平的行业研究报告,主要包括突出学术性的研究报告和以跟踪产业发展方向为主的工作动态;会同市有关部门和全国相应研究机构,开展可操作性的融资租赁产品创新,使我区融资租赁业始终保持旺盛的发展活力。

(六)强化司法保障

利用最高法院授权天津滨海新区处理融资租赁纠纷先行先试的有利条件,市租赁行业协会和中国融资租赁业研究中心将积极配合市高法等部门,结合国内外融资租赁业发展的实际,逐步形成一部完备的融资租赁纠纷司法解释,为我市融资租赁的健康发展创造一个良好的司法环境。

课题组通过认真研究一致认为,以上的一系列举措如得以实现,从2011年开始,利用三到五年左右时间,使融资租赁业成为第二资金供应渠道,将滨海新区建成中国融资租赁产业基地,使其成为全市融资租赁业的发展基地,中国融资租赁业的示范基地和国际租赁业的交流基地,不仅是必要的,也是完全可能的。

课题组负责人:杨海田(天津市租赁行业协会、中国租赁业研究中心)

课题组成员:任碧云(天津财经大学研究生院)、王淑英(南开大学经济学院)、田惠玲(天津科技大学经济管理学院)、蒋宁(天津滨海综合发展研究院)、尚晓昆(天津滨海综合发展研究院)

课题报告完成时间:2011 年 6 月

参考文献

中共中央国务院关于加快水利改革发展的决定[Z].2011

国家税务总局关于非居民企业所得税管理若干问题的公告[Z]

国家统计局.2005～2010年经济社会发展统计报告[Z]

中国空间经济蓝皮书:2010年中国城市经济统计报告[Z]

国务院.关于推进天津滨海新区开发开放有关问题的意见(国发[2006]20号)[Z]

财政部.国家税务总局关于跨境设备租赁合同继续实行过渡性营业税免税政策的通知[Z]

中国租赁蓝皮书——2007～2010年中国融资租赁业发展报告[Z]

关于由省级商务主管部门和国家级经济技术开发区负责审核管理部分服务业外商投资企业审批事项的通知[Z]

2010年银监会关于金融租赁公司在境内保税地区开展融资租赁业务有关问题的通知[Z]

中国银监会,国家发展改革委,工业和信息化部,财政部,商务部,中国人民银行和国家工商总局融资性担保公司管理暂行办法[Z]

财政部,海关总署和国家税务总局关于在天津市开展融资租赁船舶出口退税试点的通知[Z]

中国人民银行,中宣部,财政部,文化部,广电总局,新闻出版总署,银监会,证监会和保监会等九部委.关于金融支持文化产业振兴和发展繁荣的指导意见[Z]

国家税务总局融资租赁船舶出口退税管理办法[Z]

商务部关于下放外商投资审批权限有关问题的通知[Z]

中国人民银行,银监会,证监会,保监会.关于进一步做好中小企业金融服务工作的若干意见[Z]

国家税务总局.关于融资性售后回租业务中承租方出售资产行为有关税收问题的公告[Z]

中国人民银行.中国银行业监督管理委员会公告[Z]

国务院.关于推进上海加快发展现代服务和先进制造业,建设国际金融中心和国际航运中心的意见[Z]

最高法院.关于完善天津滨海新区融资租赁业发展法规环境的意见

[Z]

中华人民共和国物权法[Z]

交通部.关于规范国内船舶融资租赁管理的通知[Z]

银监会.金融租赁公司管理办法[Z]

滨海新区基础设施投融资体制改革的研究报告

【摘要】 通过研究我国投融资体制改革有关政策、方针和发展趋势,以及国内外的成功做法和经验,结合滨海新区的创新实践和投融资现状、特点和未来发展需求,比较深入地探讨了滨海新区基础设施投融资改革的主要目标、方向、路径、突破重点和战略举措,提出了把基础设施投融资体制改革纳入综合配套改革试点、进一步放开基础设施投资建设运营市场、积极开展融资创新、为投融资体制改革创造更好条件等四个方面的对策建议。

一、国内外基础设施投融资体制改革的实践及经验

(一)发达国家的投融资模式

发达资本主义国家在投融资体制改革中做法不尽相同,但也有很多共同的特点,如充分发挥地方政府财政投资的主体作用,能够进行多元化、市场化融资,具有稳定的资金供给渠道等。不同国家的政府和企业在城市基础设施建设中也扮演着不同的角色,一般情况是,政府通过适当干预弥补市场缺陷,让市场机制在基础设施建设中充分发挥作用。

1.日本模式

日本财政投融资制度是以国家信用为保证,通过资金运用部,以邮政

储蓄、养老保险公积金,对那些民间资金难以承担的规模大、周期长的项目如钢铁、煤炭、电力、海运等进行低息融资,有效进行基础产业及社会公共基础设施建设的一种融资方式。二战后,特别是在经济高速增长时期,国民个人储蓄率持续攀升,邮政储蓄及养老保险公积金来源充足,财政投融资作为财政政策的重要手段,将中、短期储蓄变换为长期、固定资金,为日本经济复兴及高速增长做出了重要贡献。然而,随着日本经济的渐趋成熟、金融自由化的发展,其效率不高、浪费严重的弊病日益显现。日本政府对之进行了改革,主要内容有以下几个方面:

第一,在组织体制上,撤销资金运用部,构筑适应新的财政投融资制度的机构,按照权责发生制标准进行财务制度改革,进一步强化金融政策的透明度。以往,作为财政投融资资金来源的邮政储蓄、养老保险公积金、简易保险基金全部预先集中于大藏省辖的资金运用部,资金运用部对此有绝对的使用权限。随着撤销资金运用部,这一特权便不复存在。第二,放开资金投资渠道限制,增加邮政储蓄及养老保险公积金的用途。废除简易保险公积金向特殊法人进行贷款,邮政储蓄及养老保险公积金全部通过资本市场来运作。鉴于这部分资金的国有性质及规模,须探讨安全、有效的方法对之进行规范管理。第三,发行财政投融资机构债,按照市场原理进行筹资,接受市场监督,提高原发行机构资金的使用效率。各财政投融资机构原则上自行筹资、发行财政投融资机构债券。为保证财政秩序的稳定,对个别没有政府担保、发行财政投融资机构债券暂时有困难的机构,在严格审查的基础上,限定其发行额度。对于重要财政投融资机构及需要超长期资金的投资项目,以国家信用为担保,发行政府保证债,在资本市场筹措资金,然后再贷给使用部门。从稳定财政秩序的角度出发,财政投融资机构债券不同于会计分别记账的一般预算和发行额度须经国会表决通过的国债,不适用现行国债的固定利率结转。第四,重新认定财政投融资使用领域和项目。贯彻财政投融资作为民营企业的资金补充的方针,详细调查项目还款的安全性,灵活运用政策成本分析法,不断改革,抑制财政投融资资金规模的膨胀。第五,引入市场原理设定利率,实施财政投融资绩效分析。废除以往为保护资金预先委托者利益而提供的利率优惠,转而按照市场利率来筹资。参照贷款期的长短,以国债利率为基准设定贷款利率,每 10 年对利率进行一次重新核定。考虑到财政投融资债发行与融资在时间上的不一致,允许发行过渡性债券,但发行额度必须经国会讨论通过。第六,将财政投融资计划置于国会监督之下。与财政预算一样,财政投融资规模及其额度必须经国会讨论通过。政府规定以投资、融资和担保进行分类,制定概括性和统一性兼备的财政投融资计划。有关财政投融资机构债部分,必须明示财政投融资机构自有资金的详细内容。地方公共团体贷款,包括来源于邮政储蓄、简易保险基金的贷款,也按照同一原则公开。第七,采用政策成本分析法,实施财政投融资计划的信息披露制。为促进财政投融资对象领域、项目的改革,定量把握财政投融资对象政策成本并使之公开化。以此改善特殊法人的经营和财务状况,进一步完善财政制度。通过公开各特殊法人投资计划的信息,促进财政投融资制度整体的信息披露。但就改革设立缓冲期和缓和措施而言,改革并不彻底。

2. 法、德模式

法、德两国城市基础设施投融资,一个非常重要的特点就是政府在城市基础设施投融资和项目管理中居于主导地位。政府是建设项目的投资主体。无论是法国还是德国,政府在城市基础设施的投资中都起到了非常大的作用,一类是如城市道路、地铁等,这些项目完全由政府财政预算投入,如果财政金不能满足投资需求,则由政府向银行贷款,但贷款数额必须控制在财政长期预算收入可偿还的范围内。另一类是经营性的或可收费的项目,如供水、供气、污水处理、垃圾处理等政府允许企业进入。鼓励企业通过市场融资,但视项目的重要程度,政府提供一定的比例的注册资本金。对于影响重大的项目主要由中央政府投资。如法国巴黎的香榭丽舍大街、内外环线都由法国政府投资,德国州际高速公路由联邦政府投资。城市一般性的基础设施项目,中央政府投资也占有很大的比重,各级地方政府和企业承担相应的投资责任。如慕尼黑市的地铁建设与维护,投资的 50% 来自联邦政府、30% 来自巴伐利亚州政府、20% 由市政府筹集。政府掌握特许经营权的授予权。特许经营是法、德两国城市基础设施经营的共同特点,对于自然垄断行业,如自来水供应、燃气供应、污水处理等,在政府决定建设某一项目后,通过该行业若干企业之间的公平竞争,政府选择一家优势企业,特许其进行该项目的经营。政府与企业签订协议,保证政府提出的目标的实现。

重视对项目建设的前期规划。对于城市基础设施建设来说,政府要做出长期规划,规划期可达十年,具体项目一般由行业协会提出,由政府及议会审批做出决策。重要的是,政府在审批过程中,要通过非常细致、严格的核算,确定项目的规模和投资,同时确定项目总投资额中各级政府投资的比例。项目一旦批准,则建设时间、工期、投资都不得改变。由于前期准备充分,一般都能够保证建设项目按计划实施,如期投入使用。

对于基础设施,既要实现社会公益目标,又要提高企业效率。根据不同类型的企业采取不同的管理体制模式。对于城市地铁等非经营性企业,坚持谁定价、谁补贴的原则,政府严格进行成本核算,严格界定补贴范围和补贴数额。对于污水处理、垃圾处理等通过收费补偿投资的企业,投资补偿与收费挂钩,由政府直接掌握。其生产运营则引入私人企业经营,政府提供不定期数额运营费。私人企业承担政府明确的任务,并通过自己的努力,获取合法利润。对于供水、供气、供电等经营性企业,按照商业化原则进行经营,一部分行业的企业要与私人投资企业竞争。

明确区分政府与企业职责,做到政企分开。对于政府投资的企业,政府该管理的努力管好,不该管的不进行干预。对企业界管理主要是提出目标,用经济、法规、政策等手段约束企业行为。企业则根据与政府签订的协议,进行独立生产经营,在满足政府提出的公益目标的前提下,追求企业自身利益。为减少行政干预,在政府投资或政府控股的企业成立监事会。监事会一般由政府官员、议会议员、专家、行业协会人士组成。监事会行使独立职权,决定董事会人员,董事会决定经理人员。企业经营过程中的投资仍由政府决定。由于法、德两国遵循项目投资与企业经营分开的原则,若根据社会需要,企业进一步扩大生产规模,仍由政府进行决定,其投资仍由政府筹集。

3.美国融资模式

美国是发达的资本主义国家,在城市基础设施投融资方面积累了丰富的经验。美国实施联邦、州和县三级财政管理,城市基础设施建设的融资方式比较灵活,资金来源主要是市政债券融资、各级政府的预算内资金和私人投资。对于美国地方政府来说,对基础设施投资的 30% 以上来源于发行市政债券。其发行主体包括政府、政府授权机构和以债券使用机构名字出现的直接发行体,其中州、县、市政府占 50%,政府授权机构约占 47%,债券使用机构约占 3%。其投资者主要是银行、保险公司、基金和个人投资者,其中家庭和各类基金约占 75%。绝大多数的市政债券是用于公共目的的免税债券,包括一般债务债券和收益债券两大类。某些一般债券不仅以征税权利作保证,而且以拨款和专项收费来保证,称双重担保债券。收益债券是指为了建设某一基础设施而依法成立的代理机构、委员会或授权机构发行的债券。债务通过对基础设施的有偿使用收入来偿还。政府也可以发行收益债券,但资金只能用在能够带来收益的政府企业,政府并不以自身的信用来担保收益债券的偿还。市政债券给为数众多的城市基础设施建设项目筹集到了大量的资金。目前美国发行的免税市政债券存量超过 1.4 万亿美元,而且项目范围包括供水系统、消防系统、电力系统、教育系统、交通系统等各个方面,为美国城市基础设施建设的发展和完善做出了巨大的贡献。同时,这些债券满足了数百万投资者的需求,因为这些高品质的投资不仅有稳定的回报率,而且能够免交联邦所得税,在很多情况下甚至可以免交州和地方所得税。

各级政府的预算内资金。美国各级政府用于公共基础设施建设的预算内资金主要来自税收。美国经常性的税收主要有:财产税、销售税(企业税或营业税)、所得税。财产税归地方政府支配,销售税由州政府掌握,所得税交联邦政府,其中一部分返还州政府。另外还征收汽油消费税补贴公路的建设。此外,各级地方政府都还开辟一些专项建设的税费,原则是"谁受益、谁出钱"。比如,社区要修一条人行道,只要征得该社区居民同意,收费方案经议会通过之后,就由政府出面组织收费和建设。

私人部门广泛参与城市基础设施建设。美国在城市基础设施建设中

滨海新区基础设施投融资体制改革的研究报告 **343**

广泛引入私人部门,在可以由市场提供服务的场所都尽可能由市场来提供,特别是经营性的公共服务,一般交给私人部门经营,政府不提供。例如,美国有些城市的垃圾收集工作就是由私人部门来做的,政府的职能是制定规则来规范市场,由市场来满足公众的需要。美国政府在鼓励私人部门参与基础设施时,一方面通过一些优惠的条件,如免交财产税、有权购置港口附近的土地等;另一方面,政府通过提供信用担保来鼓励私人部门参与基础设施建设。如扩建在南加利福尼亚州的一条国道,政府负责35％的建设费用,其他 65％由私人开发公司承包,并由开发公司发行政府提供担保的建设债券。如果公路运营后达不到预期的收益,联邦政府负责提供贷款,并予以资助,保证运营成本和偿还债券本息。实践证明,私人部门提供此类公共服务的效率要远远高于政府直接经营。

4.国外发达国家城市基础设施投融资模式可借鉴的主要经验

不同国家的政府和企业在城市基础设施建设中扮演不同的角色,除美国外,在日本、法国、德国的基础设施建设中,政府起着主导作用。一般情况下,政府通过适当的干预弥补市场缺陷,让市场机制在基础设施建设中充分发挥作用。

(1)地方政府在基础设施投资中仍然发挥着主导作用,通过明确划分不同层级政府的事权和资金来源解决不同层级的基础设施资金需求。政府资金包括中央政府资金和地方政府资金,两者的比例关系同国家的体制特别是财政体制有很大的关系。集权制的国家和分权制的国家有很大的不同。但是,一般说来,城市基础设施投融资主要属于地方政府事务,在明确划分事权基础上的分税制预算管理体制下,中央政府和州(省)政府及地方政府有不同的事权范围和财政收入来源。例如,按照美国宪法,州和地方政府的主要职责是提供国内公共服务,如公共教育、法律实施、公路、供水和污水处理;联邦政府的主要职责是保持宏观经济的健康发展,同时也要向州和地方政府拨款、贷款和税收补贴。从这里可以看出,城市基础设施主要是由州(省)政府和地方政府提供的。日本各级政府的事权范围划分也反映了这一点。在日本,消防、港湾、城市规划、公共卫生、都道府县道路、流通机构和旅游设施的建设等是由都道府县政府提供的。国外地方政府用于城市基础设施建设的资金来源主要有：地方税收入，中央政府或上一级政府拨款，地方政府提供公共物品服务所收取的使用费等。

（2）积极运用政府信用和市场手段，通过设立基础设施建设基金、发行市政债券、发行股票及合同性储蓄等方式，广泛融集建设资金。

利用银行贷款和建立基础设施开发银行。银行贷款是城市基础设施资金的一个基本来源，并且在很多国家普遍运用。如在东欧和中欧的一些转轨型的国家已对地方政府向商业银行和其他资金渠道的贷款不予限制。在发达国家和发展中国家都设立有基础设施开发银行。

建立市政（基础设施）开发基金。通过市政开发基金筹集建设资金在欧洲有较长的历史，最早是由私人资本市场不愿给小城市提供贷款而出现的。在这种情况下，中央政府利用其自身信用募集资金，再通过市场开发基金借出。同时，中央政府还承担城市违约的风险。除了专门的市政开发基金，还有面向所有基础设施建设的基础设施开发基金。目前，发展中国家的基础设施基金主要有政府资助的基金和多用于经营性项目的私有基金两种，如巴基斯坦的能源开发基金、泰国用于环境基础设施的担保基金、牙买加的能源基金等，其中牙买加的能源基金中，政府基金占70％，此外还有世界银行和泛美开发银行的资金。

发行债券。发行城市建设债券是许多国家共同的做法。对于投资者来说，购买市政债券的好处很明显，即收益率较高并且可以免税，但相对风险大，市场流动性低。在美国、加拿大，州（省）级政府十分依赖于债券市场筹集城市基础设施建设资金，目前两国省级政府发行的债券总额超过7.4万亿美元。此外，其他地区的情况也很能说明问题。例如，1991～1998年，拉美有52个省市发行了市政债券；亚洲的地方债券市场也已经集中4770亿美元的资金；捷克10万人以上的城市都发行了市政债券，甚至俄罗斯、波兰等国家也都已通过市政债券筹资。

发行股票。即原来公有的基础设施企业经过私有化后，成为上市公司，通过证券市场募集资金。如阿根廷的国家电讯公司、智利的电话公司、墨西哥电话公司等，都是大的基础设施上市公司。通过在证券市场募集资金,不仅使企业获得了所需的大量资金,有利于企业增强经营能力,也使证券市场更加完善和活跃。

合同性储蓄。合同性储蓄机构如养老基金、保险基金等,由于其有稳定的现金流入,很适宜为基础设施提供长期投资。在智利、菲律宾等国家都曾利用这种方式募集基础设施建设资金,甚至这些基金可占到企业产权资本的 1/10 至 1/3。

利用国际组织贷款。世界银行是城市基础设施贷款的最大提供者之一。据统计,世界银行 1980~1993 年共为城市基础设施建设与服务提供贷款 270 亿美元,其中 1/3 是城市基础设施贷款。同时,亚洲开发银行用于港口和城市电气化等城市基础设施的贷款也在 25 亿美元以上。

(3)通过政府建立专项投资基金,实施专款专用,解决基础设施建设资金的长期稳定供给问题。城市基础设施投融资的一个关键问题是如何保证城市基础设施资金的稳定性。受一些特殊原因的影响,如地方财政预算受各年经济环境的变化而不稳定;地方财政不足,难以拨出稳定的专款用于城市建设;上级政府拨款有时带有随意性和地方性;而地方上的收费不规范等因素,造成资金来源难以稳定等,各国为此都进行了探索,主要的做法是政府资金的专款专用,更多的利用市政债券和私有化。保证政府资金专款专用的方法很多,其中最主要的就是立专项基金与专项借款,从而保证专款专用原则的实施。所谓专项基金是指在政府财政预算体系里,将某一种或几种特定税种安排为特定的政府支出,同时还可以补充其他资金来源。相对于统一的收入进行统一安排的预算方式而言,专项基金的优点是可以提供一个稳定的基础设施建设资金。

(4)通过强化管理,提高管理水平,引进私营部门和竞争机制,提高基础设施运营效率。提高城市基础设施投资运营效率主要有两个方面:一是提高政府的城市基础设施管理水平。主要做法有:建立专门的基础设施管理机构;制定严密的基础设施建设规划;完善城市基础设施的决策过程;对城市基础设施分部门进行分类管理,根据不同的企业采取不同的管理方式。二是积极引进私人化的市场竞争机制,引进私营部门和竞争机制。从总体上看,私营部门参与基础设施服务的方式可以被划分为两类:

第一类是管理权参与,即通过签订各类承包合同,形成公共部门与私营部门共同担负某项服务的责任。如经营业绩协议、管理合同、服务合同。第二类是所有权(股权)参与,即通过将现有企业股份化的形式,将部分或全部资产的所有权转移给私营部门,或者私营部门通过特许经营、投资的方式参与新建的项目。

(二)我国投融资体制改革的实践和进展

投融资领域中的改革是我国经济改革中的一个重要组成部分,党中央、国务院始终高度重视。从 1979 年开始进行"拨改贷"试点,到 1999 年的"债转股",近 20 年中在投资和与投资有关的体制方面颁布和推行的改革政策和措施超过 40 项,基础设施投融资领域的改革不断深化。2004 年国务院颁布实施的《国务院关于投资体制改革的决定》标志着我国政府投资项目建设与管理体制已经正式启动新一轮改革进程。国家推进投资体制改革的基本出发点,就是要充分发挥市场配置资源的基础性作用,实行政企分开,减少行政干预;要合理界定政府投资职能,通过制定发展规划、产业政策,运用经济和法律的手段引导社会投资;要改进政府投资项目的决策规则和程序,提高投资决策的科学化、民主化水平,建立严格的投资决策责任追究制度。

1.北京市基础设施投融资改革实践

2004 年至 2008 年,北京市为迎接奥运,将建设各类基础设施项目近千项,投资总额超过 3500 亿元。为了更快更好地融集资金,提高投资效率,北京加快了投融资体制改革的步伐。为加快建立符合市场经济和国际规范的新型运作机制,北京市在七个方面进行改革。对政府投资的轨道交通、收费公路、自来水、燃气、热力以及污水处理、垃圾处理等经营性项目引入竞争机制,打破行业垄断;对政府投资的非经营性项目,逐步实施"代建制";对非政府投资但使用土地等政府垄断资源的项目,逐步采用市场运作方式;对非政府投资且不使用土地等政府垄断资源的项目,逐步取消行政审批,加强对市场的引导和信息服务;加强招投标法制建设,改革工程定额编制方式;建立北京市固定资产投资项目办理中心,积极推进网上互联审批。通过大量工作,取得了很好的效果。

　　成立北京市基础设施投资有限公司。这是由北京国资委专门出资，在原北京地铁集团基础上成立的专业投资公司。该公司的定位是为政府投资做资本运营和投融资管理，承担了为整个北京市基础设施和公共设施筹集建设资金的责任，是北京基础设施建设的融资平台。主要运作模式为，政府把城市基础设施建设项目所需资金中由政府承担的部分交给北京基础设施投资有限公司，由该公司包装项目，通过股权融资、债券融资等多种融资手段和方式吸引更多的投资方，资金充足后，再选择理想的建设单位和运营单位，目前正在北京市地铁建设中进行试点。

　　政府投资项目实施贷款银行招标制。在总投资 8.7 亿元的公主坟西延和车公庄西延热力工程项目中，采取公开招标方式选择贷款银行。通过实行贷款银行招标制，项目融资过程更加公开、透明，贷款行为更加规范，基础设施贷款的监管和国企债务管理得到加强，降低了政府负债风险。同时，通过实施贷款银行招标制，企业节约财务费用约 6000 万元，并获得了较好的金融服务。

　　通过合作建设方式吸纳社会资金。北京对总投资 39.2 亿元的京承高速公路二期工程进行了合作建设招标，由中铁建和北京首发公司组建项目公司共同投资建设。北京首发公司作为政府投资方，以约 4 亿元的资本金吸纳项目公司 35 亿元投资，大大减轻了政府投资压力。

　　灵活采用特许经营的模式对建设项目市场化运作。一是采取传统的 BOT 模式。将整个项目按照政府投资与社会投资 7∶3 的基础比例，区分为非经营性部分和可经营性部分。非经营性部分由政府出资建设，可经营性部分采取 BOT 模式，实施特许经营，在全球范围内公开选择社会投资者进行投资建设和线路建成后的运营。这种做法在地铁 4 号线建设融资上取得突破，大大缓解了政府当期建设资金压力，降低了运营期财政补贴。对总投资 1.33 亿元的亦庄路东新区燃气项目，通过公开招标方式选择了 BOT 模式特许经营者，同样取得较好效果。二是在地铁奥运支线建设上运用了 BT 模式运作。即政府将项目的融资和建设特许权转让投资方，由投资方负责项目的投融资、建设管理，并承担建设期间的风险。项目建成竣工后，投资方将完工的项目移交给政府，政府分期偿还投资方的融资和建设费用。这种方式改写了以往地铁项目一律采取委托建设的传统做法,对逐步建立和完善工程建设管理的市场化竞争机制、引入先进技术和管理方法、提高项目运作效率和质量、合理改善政府投资项目的融资结构,起到了促进作用。

搭建"投资北京"信息平台。平台由"一刊、一网、一库、一栏目"四个部分组成,通过"投资北京"网站、《投资北京》月刊、项目中介资料库和电视专栏,向国内外提供政府投资政策、法律、投融资项目信息,展示北京城市日益改善的投资环境和新北京新奥运所蕴含的商机,为企业提供专业化服务,促进资金与项目的对接。北京力求通过"投资北京"平台,加快推进基础设施和优势产业项目融资,探索 PPP、BOT、TOT、BT 等融资手段在北京的具体应用,开展政府投资的市政基础设施项目贷款银行招标的创新业务,推进代建制等试点工作的实施。

2. 上海市基础设施投融资改革实践

上海投融资体制改革的实践,大致经历了三个阶段:第一阶段,20 世纪 80 年代中期到 90 年代初的启步阶段,以建立举债机制为重点,可以形象地称为"用下一代人的钱"。当时政府资金严重不足,改革的主要目的是扩大政府投资规模。第二阶段,90 年代中期的发展阶段,主要以土地批租为重点,大规模挖掘资源性资金,可以形象地称为"利用上一代人的钱"。第三阶段,90 年代后期以来的深化阶段,主要是以资产运作为重点,扩大社会融资,可以形象地称为"用当代人的钱"。上海投融资改革主要特点如下:

(1)自始自终注意改革的总体思路研究和政策设计。由市计委主导,联合主要经济管理者及相关研究机构,对关系上海投融资体制改革成败和成效的重大问题进行调研,并提出总体实施意见;在制定阶段性操作目标、推进步骤和配套政策等方面,同样通过集中相关部门的智慧,协调各方面的意见,统一认识,形成工作合力。通过连续深入地研究,广泛地协调,许多富有创造性和操作性的研究成果被用于指导实践,推动改革前进。

根据相关职能部门的各自优势,明确各职能部门的分工、定位,形成一个合理的组织构架体系,保证改革推进的协调有序。为了能充分贯彻投融资体制改革的总体思路,扩大政府对城市建设的投资规模,迅速改变上海城市基础设施落后的局面,上海市政府向中央申请了自借自还的 32亿美元"94"专项贷款。为了更好运作、管理这笔资金,上海成立了第一家负责"94"专款的久事公司,归属计委领导,以充分体现计委的综合宏观协调管理职能,充分落实投融资体制改革的总体思路。久事公司相当于一个综合性的国有投资公司,负责上海城市基础设施项目的投融资,以及部分工业投资项目和技改项目投融资,是当时上海最早两家具有国际国内融资权的国有投资公司(另外一家是上海国际信托投资公司)。之后上海市政府为了加强城市市政公用设施以及煤水等公用设施建设的力度,又将久事公司中的这部分业务分出来,成立了上海城市建设投资总公司(简称城投公司),负责这些领域的项目投资、建设和资产管理,公司行政上归市建设委员会领导。之后不久又设立了申能公司,负责电力建设项目投融资,行政上归市计委领导;设立工业投资公司,负责工业项目的投融资,行政上归市经委领导;成立科技投资公司,负责高科技项目投融资,行政上归市科委领导。这样陆陆续续上海共设立了由各专业委办主管的"十大市级投资公司",形成了政府投资主体的基本格局,为投融资体制改革奠定了基础。

(2)通过对政府城市建设资金的"拨改投"试点,塑造政府投资主体和资产经营主体。上海第一阶段投融资体制改革的重点是把政府的投资职能逐步转移到各专业职能部门的下属投资公司,实现财力分部门的适度集中。通过改变城市建设的财政拨付体制,变一级预算单位的统收统支为归口使用包干,即通常所说的"拨款改投资",促进归口部门的改革积极性,使因改革方案的实施而积余的各部门资金再全额用于城市建设项目的投入、维护和管理。上海十大投资公司适度集中使用各部门预算内外各类政府资金,建立起了投资公司负债机制,放大了政府资金的规模效应,使城市建设和产业发展获得了大量的资金来源。同时以投资公司主体代替过去的政府主体,减轻政府压力,提高了政府资金的使用效率,也使政府投入对社会资金起到了很好的引导和放大作用。

(3)对城市建设项目进行分类评估,逐步推行分类管理。上海依据项目本身所具有的盈利水平的高低,将项目大致分为三类:纯公益性项目(又称非经营性项目)、有收费机制但收益无法平衡的准经营性项目以及有收费机制且收费稳定的经营性项目。政府对三类项目实行分类管理。集中政府财力投入非经营项目,但资金具体建设管理方式均采用项目公司制;同时项目的建设经营方式也实行"投资、建设、经营、监管"四分开,项目建成后的经营、维护、管理进行公开招投标,实行市场化运作,节约政府的再投入,以提高资金使用效率,减少财政日后的负担。对经营性项目完全放开,政府对这类新项目几乎不投资,以往已建成的项目通过对其收益进行评估和收费机制进行改造完善后,推向社会公开拍卖、转让,盘活存量套现,充实政府财力,继续用于城市建设。最近几年这种形式的改革比较成功,像延安东路隧道项目,杨浦、南浦、徐浦三座大桥项目都实现成功套现。对准经营性项目,区别不同情况,通过政府适当的补贴、贴息或政府购买服务等方式,提供优惠政策支持,创造条件鼓励吸引社会资金规范、有序地进入。从上海最近的实践看,对准经营性项目的转化工作是下一步改革的重头戏,蕴涵了巨大的变现潜力。当前和今后这两类项目的运作成功与否,将是上海投融资体制改革进一步深化的关键。

(4)对部分基础设施领域投融资工作的具体思路和做法。为更好地进行管理,上海对部分基础设施进行了分类,根据是否具有管网特征分为两类:有管网特征的城市基础设施(包括城市供水、供气、供电等)和无管网特征的城市基础设施(包括高速公路、桥梁、隧道、公共汽车和垃圾收集与处理等)。有管网特征的城市基础设施领域,新进入的企业必须要与老企业在同一个管网上进行竞争,由于原有老企业控制了管网,新企业在和老企业的竞争中处于不利地位,这将会限制新企业或社会资金进入的积极性,如自来水行业就存在这样的情况,为此,上海市政府根据不同情况采取了不同的有效措施。

自来水行业。上海将自来水行业先进行水平分解,由一家分解为市南、市北、闵行、浦东4家自来水公司和市供水调度监测中心。再在水平分解的基础上进行垂直分解,并确定向社会资金开放的领域。具体就是,按原水、自来水生产、管道输水、自来水销售等环节进行分解后,原水和管道输水实行一家企业垄断经营,放开制水、售水、管网建设、计量表具生产等领域。为鼓励社会投资,政府出台相应吸引社会资金投资的配套措施,并建立和完善相应的管制机制。目前上海已将浦东地区部分自来水制水经营权转让给法国著名的水务公司。

高速公路和轻轨道交通领域。交通路轨领域的城市基础设施具有高投入、低产出的特点,项目的收益不高,投资回报期很长,或者项目整体投资根本无法完全收回,这样的项目完全交给社会投资也不太可能。以上海轨道交通为例,投入运营状况相对较好的地铁一号线年客运量约 1 亿人次,在不承担还本付息,提取少量折旧的情况下基本实现收支平衡,因此上海就将 1 号线的盈利最强的几块资产剥离出来部分上市,实现了部分投资的变现。同样在上海高速公路网的建设过程中,市计委会同财政、土地局等部门创新了农民土地征用的方式,改一次性征地为土地入股,分20 年领取固定回报的方式,大大降低了征地费用,再配套其他相应优惠政策,因而吸引了巨额的社会资金参与这些项目的建设,目前大部分项目得到了落实,社会资金参与比例约占投资额的九成多。

市政设施领域的土地捆绑式开发。针对上海基础设施建设会给周边土地带来巨大的升值效应,上海考虑试行广义土地收益回报机制,如地铁、郊区大面积林带、市区大型中央绿地(公园)的开发建设,会使周边的土地级差地租成倍上升,本来这些公益性项目或准经营性项目很难吸引社会资金参与,但在规划上将这些项目周边一些范围的土地控制起来,特许给项目投资者去开发经营,以增值的土地收益来弥补项目投资者的损失,做到"以房养路(林),以房养绿",促进一批项目的开发建设走向了市场。

3.深圳市基础设施投融资改革实践

深圳市委、市政府始终对城市基础设施投融资问题非常重视,出台了深圳深化投融资体制改革的《指导意见》,系统地提出了投融资体制改革的目标和原则,界定了各类投资主体的投资领域,明确了各类投资项目的责任主体,力求建立新型投融资体制,广泛筹集建设资金。

《指导意见》把投资资金来源分为两大类，一是政府投资，二是社会投资。其中政府投资又分为非经营性政府投资和经营性政府投资，国有企业投资是政府经营性投资的一种形式。社会投资主要是指源于民间资本和外资等渠道的非政府投资。在经营性领域，包括带有自然垄断性和公益性特点的行业，政府应尽可能减少投资活动，更多地鼓励民间资本和外资等社会资本参与。

《指导意见》把投资项目划分为一般经营性项目、重大高新技术项目、非经营性基础设施项目、经营性基础设施项目、非经营性社会事业项目、经营性社会事业项目六类。一般经营性项目主要是指竞争性领域中的大部分项目，如电动汽车项目等；基础设施项目等，基础设施项目主要是指港口、机场、道路、城市供水、污水处理等领域；社会事业项目主要是指科、教、文、卫、体等领域的项目，其经营性与非经营性的划分依据主要是以国家政策、项目的可经营程度和社会资本有无投资意愿为标准。

深圳市投融资体制改革是为了实现投资主体多元化、融资渠道商业化、投资决策程序化、项目管理专业化、政府调控透明化以及中介服务社会化，建立以市场为导向的新型投融资体制。其改革的原则是打破垄断，放宽市场准入；坚持谁投资、谁所有、谁受益、谁承担风险；充分发挥市场对投融资活动的调节作用，实行政府宏观指导协调、企业自主投资、银行独立审贷；积极培育多元化主体，鼓励公平竞争，政府依法保障各类投资者权益和公众利益。《指导意见》的颁布和实施，对建立与市场经济相适应的新型投融资体制，广泛筹集建设资金，促进国民经济持续、快速、健康发展将产生积极作用。

二、滨海新区投融资体制改革的进展和现状

(一)滨海新区投融资体制改革的探索和实践

自 1994 年滨海新区成立以来，新区充分发挥改革开放的先导优势，积极探索基础设施建设投融资体制改革，在基础设施投资、融资、市场体系建设和政府管理体制改革等方面做了大量工作，取得了比较好的效果，特别是开发区、保税区走在了全市的前面。2000 年新区管委会成立以

后,进一步加强了在制定发展规划、统筹产业布局、推动基础设施建设、协调重大问题等方面的职能,发挥了组织协调、综合服务的作用。特别是在投融资体制改革方面进行了大量探索和实践。于 2001 年成立了滨海新区投融资发展局,加强了新区内各区域投融资工作的协调。同年,由各区每年按财政收入的一定比例,集资建立了"滨海新区建设发展资金"为新区重点建设项目和塘沽、汉沽、大港三区基础设施建设项目实施补助、贷款贴息、投资等支持,目前"滨海新区建设发展资金"已经达到每年 3 亿元规模,累计支持各类重点建设项目 200 多个。2004 年由各区参股,组建了资本达到 1 亿元的"滨海新区投资控股有限公司",形成了新区重点基础设施建设的新力量。自公司成立以来,进行了海河下游塘沽城区段 20 平方公里的整体开发,新区中央大道、中心渔港等项目的前期工作,融集资金近 20 亿元。2005 年 12 月,国家开发银行与天津市政府签订了《关于滨海新区基础建设贷款的开发性金融合作框架协议》,明确提出将进一步扩大开发性金融合作的范围,联合其他商业银行,在产业重整、结构调整和自主创新等政策性领域加强合作,提高金融服务水平,同意把天津滨海新区作为全国创新开发性金融服务的实验地。开发银行将在"十一五"期间向滨海新区基础设施建设累计提供 500 亿元政策性贷款。目前滨海新区正在积极组建"一个平台两个中心",即由滨海新区管委会利用开发银行政策性贷款,组建滨海新区基础设施建设投资有限公司,作为承接国家开发银行贷款的承贷主体;由滨海新区管委会与市国土资源和房屋管理局共同组建滨海新区土地整理储备中心;由滨海新区管委会与市财政局共同组建滨海新区财务管理中心。这些机构的主要任务是为新区建设搭建融资平台,重点搞好跨行政区和功能区的重大基础设施和公共设施的建设,以提高新区的城市功能和承载能力。2006 年,新区又成立了天津市规划局滨海新区分局、土地和房屋管理分局、环境保护分局,并将原新区管委会下属的规划建设局调整为建设局,专门负责基础设施建设的协调和运营监管等项工作。与此同时,各区投融资体制改革的探索和实践也在积极向前推进。

1.开发区投融资体制改革的探索和实践

开发区建区20年来,经过不断探索,已经形成了以政府为主导,以泰达控股集团有限公司、开发区国有资产经营公司等为龙头,多种经济成分参与的多元化投融资体系,并创造性地探索和实践了以财政为支撑,由国有企业运作,统贷统还的"资金大循环"模式(见图1),并已经发展成为现在的借助金融市场的"资本大循环"模式(见图2)。也就是通过将优质的存量国有资产进入资本市场资产化,将存量资产通过上市变现,让渡资产的未来收益权而收回初始投资。国有资产变现后的资金流回到政府手中,政府通过再度投入形成了新的循环。"资金大循环"和"资本大循环"模式在开发区建设发展的不同阶段发挥了十分重要的作用,相对有效地解决了开发区基础设施建设中的主要投融资问题。

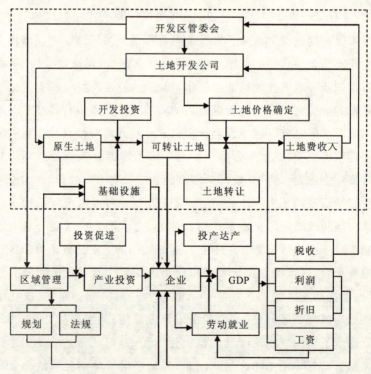

图1　资金大循环流程图

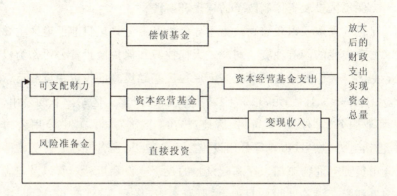

图 2　资本大循环示意图

　　2005 年 7 月,开发区成立了天津开发区公用事业局以及天津开发区管委会项目评估中心。公用事业局的职能是依据国家及天津市的有关法规,代表管委会对开发区的公用事业进行行政执法管理,履行对公用事业投资项目的计划、立项、招标、建设和补贴运营等项工作的政府职能。项目评估中心负责组织内部、外部专家组,对进入备选库的项目进行审核和评价,给出投资规模和资金总量的评估意见,根据开发区经济社会发展的实际,对项目实施的轻重缓急进行排序,并在每年度末向发展计划局提交年度项目计划的建议清单。新成立的这两个部门职责之外的投融资工作,涉及哪个部门由哪个部门负责。同时,出台了《天津经济技术开发区投融资体制改革实施方案》及相关配套文件。《实施方案》从投资性质和投资主体的界定,投资项目管理制度及机构的调整,完善和强化备选库管理制度,完善公共事业项目招投标制,政府投资项目管理,国有资产管理和产权调整等进行了规定,提出了新的改革要求。特别是界定了基础设施项目中非经营性项目、准经营向项目和经营性项目,提出非经营性项目由政府投资,实行代建制。对于准经营性项目实行政府补贴,对经营性项目政府全部退出,即所谓"三分开"。针对"三分开",又提出了"三公开"机制,即政府建立补贴机制,对准经营性项目,实行公用产品、公告价格、公开补贴,并在此基础上全部实行公开招投标。

2.保税区投融资体制改革的探索和实践

保税区采取了以政府财政为主导的投融资方式。目前保税区主要由两家财政控股的国有独资公司——天保控股和保税区投资公司作为投融资的主体。天保控股公司负责海港保税区基础设施的投资建设和运营养管,现注册资本 10 亿元,总资产 49 亿元,净资产 20 亿元。下设公用、物流、商业服务、对外投资、贸易、房地产等六个分公司。其中公用公司最大,包括电力、热力、市政等公用设施方面的建设、运营和养管。保税区投资公司负责空港物流加工区基础设施的投资建设和运营养管以及空客项目跑道和配套设施建设。目前,注册资本 15 亿元,总资产 66 亿元,净资产 53 亿元。保税区财政局和两大国有独资公司通过以财政为支撑,采取"一套班子、两块牌子"的方式进行运作,并建立了财务审计、专家评估、委员会监管等相应的监督管理机制。虽然这种形式与国家现行政策规定不尽一致,但在一定程度上克服了财政对国有投融资公司债务底数不清、融资风险难以控制等问题。近些年来,保税区积极探索了不同的投融资工具和方法:一是积极拓展投资领域。投资公司通过资本运作购置天津市商业银行的股票,在其增资扩股之机一举成为其最大股东,在获取投资收益的同时,为有效利用金融资本创造了条件。另外,投资公司还参股了国能投资公司、经发投资公司、大无缝投资公司、北方国际信托等,进一步拓宽了融资渠道。二是实施应收账款买断。通过浦发银行买断天保投资公司的应收账款,约 3 亿元,使天保投资公司在应收账款回收之前即盘活了债权,得到了一笔成本较低、金额相当的资金。三是利用银行承兑汇票融通资金。在商品交易中,买卖双方以银行承兑汇票进行结算,对买方来讲,相当于获得了半年的融资,而且成本远低于银行贷款利率,而卖方在卖出货物后也得到了付款保证,并且通过贴现也能马上获得现金。因此买卖双方都从中受益。

3.塘沽区投融资体制改革的探索和实践

塘沽区成立了负责投融资的专门机构——塘沽区投融资办公室,设在区计委,统筹政府融资、使用、管理和监督工作。此外,还建有国投公司、城投公司、海洋园区开发总公司、临港工业区开发建设总公司四个国有独资公司,作为融资平台以市场化方式进行投融资运作。塘沽区还建立了重大项目专家咨询制度和听证制度,推行了投资项目核准制和备案制,进一步建立健全了塘沽区土地交易、产权交易、建筑交易、房产交易等市场体系。为了有效利用土地资源,塘沽区成立了区土地储备中心,以规划为依据,全面统筹运作塘沽区土地资源的整理和出让,土地出让金成为塘沽"十五"期间基础设施和公用事业建设政府性投入的主要资金来源。在融资方面,以城投公司为载体,已使用了建行 15 亿元授信资金,启动建设了一批塘沽急需项目。以临港工业区开发建设公司为载体,已累计使用了银行贷款近 12 亿元,完成了临港工业区一期 12.1 平方公里造陆工程,其中 6 平方公里已经达到使用要求,现在又与建行签订了 24 亿元长期贷款授信协议。以国投公司为载体,已与国家开发银行天津分行签订了开发性金融合作框架协议。塘沽区还在推进城市可经营项目市场化方面迈出了重要步伐,利用外资 6.3 亿元建成了亚洲最大的独塔斜拉大桥——海河大桥;私营企业宏达集团投资数亿元全面参与了海河外滩公园的建设和后期管理与经营,开启了塘沽区民营资本参与市政基础设施建设的先河。在公用事业领域,采取 BOT 方式,在 15 万吨新河污水处理厂和 10 万吨南排河污水处理厂建设中,引进了环科水务和华南环保投资有限公司,全面推行代建、代管、代运营;引进澳门中法水务有限公司,对塘沽自来水公司实行改制,组建新的塘沽中法合资的水务供水有限公司,盘活了存量资产,实现了以小盘大、以存盘现。它们积极探索区域协作,与开发区采取共同出资、责任分担的方式,建设了滨海立交桥、津塘公路高架桥等一批重点工程。在临港工业区开发建设上,与保税区的合作效果也十分明显。区域协作成为在现有体制下投资与建设的重要内容。通过投融资体制的改革,塘沽区在实现投资主体多元化、资金来源多渠道方面取得了一定成效。

(二)当前新区投融资体制改革的现状分析

经过多年的探索实践,尽管滨海新区内各功能区和行政区组织结构不尽相同,改革的路径和进展也不尽一样,但都收到了较好的效果,为进一步推动投融资体制改革积累了经验,有些方面已经走在了全市的前面。

1. 投融资体制改革取得的重要进展

(1)初步形成了新区基础设施投融资体制框架。目前滨海新区已经初步形成了由市政府有关部门、滨海新区管委会、各功能区、各行政区相互结合、相互衔接的投融资体制框架。这个体制框架虽然还不尽完善,但在滨海新区开发开放和建设中,发挥了重要作用,同时也为进一步加快滨海新区基础设施投融资体制改革奠定了基础。

(2)初步搭建起了多层次的投融资平台。滨海新区和各个行政区、功能区都建立了或专或兼的负责投融资工作的部门机构,成立了专业的投融资公司,投融资公司按照市场方式运作,在土地开发、大型基础设施建设等方面发挥了重要作用,取得了比较好的效果。新区已经初步构建起了以政府为主导,以滨海新区基础设施建设投资有限公司、泰达投资控股有限公司、天保控股有限公司以及塘沽、汉沽、大港等区属国有投资公司为骨架的多层次的融资平台。目前,这些融资平台的总资产达到了近400亿元。其中,泰达投资控股有限公司的资产已达到 200 多亿元,具备了较大的融资能力。投融资平台的建立,为新区充分利用土地和基础设施资源,融通资金奠定了比较好的基础,为广泛吸收社会资本参与基础设施建设提供了载体,创造了条件,在新区跨区域和各功能区、行政区基础设施建设方面发挥了重要作用,完成了一批重大基础设施项目,提高了新区的城市功能和承载能力。

(3)基础设施建设市场化改革取得一定进展。发挥市场配置资源的基础性作用,初步开放了基础设施建设和运营市场。在土地出让方面成立了土地储备中心,实行了招拍挂,发挥了市场机制在土地资源配置方面的作用。在各区内初步建立了统一开放、竞争有序的市政公用事业市场,新区的基础设施建设项目,普遍推行了招投标制度。在一些重要建设项目上采取了代建制。在基础设施运营管理上探索了特许经营方式等。目前,新区的基础设施建设市场体系具有较好的基础,通过市场配置资源的机制正在形成。

(4)初步形成了多种经济成分参与的多元化投融资体系。现在滨海新区基本打破了仅仅依靠财政投资和银行借贷的单一融资方式,在财政、银行、国有企业、民营资本、外资等多元主体投资方面取得了有效突破。普遍实行了通过盘活土地资源,用土地换资金、换项目。探索和试验了利用外资、BOT、PPP、集合信托等多种融资方式,在有些项目上取得了比较好的效果。通过土地运作、存量基础设施和新建基础设施项目资本运作,逐步放开了基础设施建设市场,吸引了社会资本进入,并在一些项目上取得了比较好的效果。如利用外资建成了海河大桥,民营企业全面参与海河外滩公园的建设和后期管理与经营,新河污水处理厂和南排河污水处理厂正在建设中,全面推行代建、代管、代运营。引进澳门中法水务有限公司,对塘沽自来水公司实行改制,组建新的塘沽中法水务供水有限公司。汉沽区试行了对城区道路清扫、道路和绿地的冠名权、空间广告经营权等实行公开招标或拍卖。大港区与天津环境保护科学研究院合作,引进社会资本,采用 BOT 方式投资建设污水处理厂;与天津信托投资公司合作筹资 9000 万元,由信托投资公司向建设单位贷款进行建设项目,由区财政按约定期限还本付息,建设了污排管网工程,等等。

(5)投融资环境得到有效改善。按照基础设施"保护竞争防止垄断,分类监管保障效率,完善法律依法管制,独立监管防止行政垄断"的原则,滨海新区各区均成立了行政许可服务中心,建立了重大项目专家咨询制度和听证制度。加快了国有基础设施企事业单位改革,在有些方面实现了把项目的决策权从政府部门还给企业。各区建立了项目备选库,推行企业投资项目核准制和备案制。对核准项目,实行"一门受理、告知相关、按时审核、一门办结"的管理模式。即首先由发展计划部门在行政许可服务中心受理企业申请,并同时抄告相关部门,发展计划部门牵头负责对全区固定资产投资实行目标管理,确保实现投资总量目标,最后会同有关部门,在行政许可服务中心办理企业投资项目的核准手续。符合备案制的项目,由发展计划部门,会同相关部门办理备案手续。明确了内资核准、内资备案、外商直接投资、境外投资项目管理权限,加强后续监管。同时,进一步界定政府投资范围,规范政府投资行为,同步推行配套审批制度改革。按照《决定》的要求,进行与建设项目相关的其他审批环节的配套改革。推进了有关政府投资建设决策改革,并按照科学决策的要求,加快建立广泛参与和监督的决策制度。

2.滨海新区投融资体制存在的主要问题

(1)新区行政管理体制有待进一步完善。由于基础设施投融资体制改革中很多任务都是政府转变职能的内容,甚至与政府管理层级设置、结构设计有直接关系,因此与政府行政管理体制改革关系极为密切。由于新区行政管理体制改革有待进一步完善,新区各区域投融资体制改革的力度和进度也不平衡,有的区域走得快一些,有的区域相对较慢,造成了新区投融资体系层次不够清晰,存在管理缺位现象,新区管委会的综合协调职能难以充分发挥。特别是新区跨区域、接合部、关键性大型基础设施及公共设施建设方面还存在着制度缺陷和难以统筹协调的问题,许多项目都是采取一事一议的办法,通过反复协调才能取得进展,缺少制度化、规范化的安排,由此造成项目从确定到开工建设的周期较长,建设中出现困难和问题也比较难以解决,协调成本较大,效益较低,一定程度上影响了大型基础设施建设的顺利进行。另一方面,各区按照各自的利益在争土地、争项目、争垄断等方面的恶性竞争时有发生,在基础设施建设布局上,也存在一定的不合理和重复建设现象。在资源利用方面,还存在着资源分散,难以整合的现象,影响了资源的有效利用。

(2)市场化程度有待进一步提高。在土地市场方面,各行政区和功能区都建有自己的一级市场,并且自行其是,互相缺少衔接。在土地出让方面,特别是工业用地出让方面,由于互争项目,存在着一定的压价竞争现象,一定程度上使宝贵的土地资源难以充分发挥效益。新区二级市场还不够完善和规范,还存在着政府垄断现象,按照国家关于投融资体制改革《决定》的要求和公开、公平、公正的原则衡量,二级市场还有待进一步健全和完善。在新区,基础设施投融资需要的资本市场、债券市场、中介市场、保险市场的发展相对缓慢,有的还存在着的空白点。社会资本进入基础设施建设的渠道不够顺畅。投融资的法规和政策体系也不够健全。

(3)资源供给渠道不畅。各种资源有待通过行政的和市场的方式加强整合。新区发展面临的两个重要制约是土地和资金不能形成全局化思路,而是8个单位各自建立一套体系,缺乏功效整合,新区整体可集中利用的土地和配套资金供给不足,跨区域大型基础设施项目缺乏融资能力。特别是随着新区建设规模的不断扩大,对土地需求不断增加。尽管新区土地资源相对比较丰富,但由于缺乏土地集约利用制度和合理的土地收益分配制度,难以形成投资与土地增值收益相联系的分配制度,土地供给渠道不畅,难以满足发展要求。资金是基础设施建设和企业发展的血液,但由于融资渠道偏少,新区的建设企业受到资金供给不足的限制。在基础设施建设融资中,财政资金、银行借贷资金仍占很大比重,多种渠道融通资金的制度和环境还不够健全,资金来源渠道比较单一(见图3),使许多项目的最终风险集中于财政。

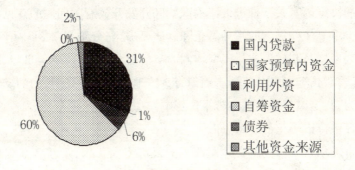

图3　基本建设资金来源结构图

国内贷款
国家预算内资金
利用外资
自筹资金
债券
其他资金来源

　(4)政府对公用事业管理职能缺位。各区县的地方性投资规模不大,投资项目比重较低,地方政府限于财力,财政性建设投资缺乏长期稳定的依托;投资项目的建设规模、建设标准、建设成本缺乏控制,影响了资金使用效率;投资形成的资产性质不够明晰;由于垄断现象依然存在,靠规范的市场机制引进多元化投资主体很难实现;投融资中介组织有待发育和壮大,其生长环境也有待进一步改善。在基础设施建设中,政府热衷于投融资,轻视管理的现象依然存在。在规划制定、制度建设以及运营监控方面,制度建设有些滞后。在进入管制、退出管制、价格管制、投资管制以及对于物品和服务质量的管制等方面的制度建设上还有待进一步理顺和加强。

(5)国有企业的投融资决策权没有能够完全落实。市场主体地位没有完全确立,配置资源的基础性作用尚未得到充分发挥,政府投资决策的科学化、民主化水平需要进一步提高,投资宏观调控和监管的有效性需要增强。地方政府和国有企业重借轻还和忽视融资成本的现象依然存在,融资风险的控制机制有待进一步改善。

三、新区投融资体制改革的目标、方针和原则

(一)投融资体制改革的方向、目标、指导方针

新区投融资体制改革和创新要认真贯彻落实国务院《关于投资体制改革的决定》和《关于推进天津滨海新区开发开放有关问题的意见》,按照这两个重要文件提出的指导思想和总体要求,充分结合新区的实际,着眼于新区发展对基础设施投融资体制改革的需要,确定改革的目标、方针和原则,着眼长远,循序渐进,有规划有系统地实施,切忌无目的的反复和短期行为,减少因改革的无序带来的影响。

1.坚持市场化的改革方向

市场化是我国投融资体制改革的最终方向。因此,新区基础设施投融资体制改革应着眼于建立更具活力、更加开放的体制环境,着眼于调动各方面的积极性和创造性,直面当前体制和机制中存在的核心矛盾和根本性问题,按照市场化的改革方向,注重通过体制机制的全面改革创新,改变政府作用处于支配地位、国有资本处于垄断地位、市场机制处于次要和附属地位的格局,在充分遵循客观规律的基础上,逐步确立市场在资源配置中的基础性作用,加快建立适应社会主义市场经济要求的基础设施投融资体制。

2.改革的目标

改革的目标是,建立起层级清晰、运转协调、规范有序、监督有力,政府作用与市场功能有机结合,企业投资主体地位真正确立,市场环境公平、透明,投资效益大幅度提高,公众利益和投资人利益兼顾,新区整体优势得以充分发挥的新型基础设施投融资体制。其中,层级清晰、运转协调是指市政府、新区管委会和各个行政区、功能区之间,在基础设施投融资

体制方面建立层级清楚,精简高效,分工合理,职能明确,相互之间协调机制完备的投融资体制框架。规范有序、监管有力是指新区基础设施市场体系健全完善,依法规范运转,监督机制完善,充分体现公平。政府与市场功能有机结合是指市场配置资源的基础性作用得以充分发挥,政府由资源的直接配置者转变为主要通过经济和法律手段发挥作用的市场间接调节者;政府投资和社会投资的范围得到合理界定,在政府投资全过程管理和组织实施中引入市场经济理念和市场运作机制,提高政府投资效益和科学化、民主化水平。逐步建立促进企业自主投资的激励机制,探索有利于各种所有制企业公平竞争的市场环境,形成各个功能区协调运作,整体效应最大化的体制机制。

3. 改革的指导方针

改革应坚持"政府主导、市场运作、社会参与、综合配套,分步实施"的指导方针。

坚持政府主导的方针,就是指改革必须在可控状态下进行,必须加强政府对市场的培育。坚持市场运作的方针,是指改革必须要在政府的宏观调控和经济调节下充分发挥市场在资源配置中的基础性作用,将原来依靠行政方式组织建设和经营的项目,按照公开、公平、公正的市场经济原则交由市场主体以市场化方式去实施,实现投资建设和运营市场的开放化、政府行为的公开透明化、市场主体的多元化、融资方式的多样化、项目风险的分散化、市场行为的规范化。坚持社会参与的方针,必须允许、鼓励和支持全社会的参与,广泛发动专家学者、社会公众、新闻媒体、社会投资人、改革涉及的部门和企业等各个利益群体,通过各种途径和方式,参与到改革决策和实施、投资决策和实施等各个方面,以提高决策的科学化、民主化程度,保证改革的顺利进行。坚持综合配套的方针,必须采取总体推进、综合配套的策略推进改革,一是开放市场要与规范市场相配套;二是基础设施投融资体制改革要与政府投资管理体制改革和政府职能转变相协调;三是基础设施投融资体制改革要与国有企业改革、国有资产管理体制改革相配套。坚持分步实施的方针,就是循序渐进的市场开放,来推动政府职能转换和国有企业机制的转变;以增量建设项目的急改来带动存量项目的缓改,以多点、多环节的突破来推进各条线和面上的全面深化改革。

(二)改革的总体思路和具体路径

1.总体思路

在确立新区投融资体制层级方面,进一步完善新区管理体制,建立有利于发挥新区整体优势、实现共同发展的运行机制;强化新区管委会投融资职能,增强管委会调控、监管、组织和协调能力;理顺新区各功能区和行政区之间的责任、义务和权限,协调它们之间的投融资政策和规定,促进形成协调统一的投融资市场,避免恶性竞争。在加快政府投融资管理体制方面,继续打破垄断,开放基础设施投融资建设和运营市场;创新项目投融资建设和运营方式,实施特许经营制度,转变政府管理职能,改进管理方式,完善投融资宏观调控,为社会投资者进入创造适宜条件,加强和改进对基础设施建设和运营市场的监管,改革和完善政府投资体制,规范政府投资行为;扩大企业投资自主权,转换企业经营机制。

2.具体路径

充分考虑改革的必要性、迫切性与改革的复杂性、艰巨性,兼顾改革和发展两个方面,采取符合实际的锐意进取又审慎稳妥的改革路径和具体策略。

(1)增量改革,存量试点。即对基础设施新增建设项目和已建成存量项目实行不同的改革策略,首先逐步推动增量项目投融资建设管理制度的全面改革,试点进行存量基础设施资产运营管理制度的改革,待取得经验以及多元化投资者群体发展壮大后,再在存量项目中逐步推进市场化改革。这种增量改革先行的改革策略,一是考虑到存量改革比较复杂,二是可以通过增量改革来带动存量改革的实施,即采取新体制的增量项目建成后形成的新增存量,会为存量资产运营领域带入新的运营主体和经营模式,有助于推动存量项目的市场化改革。

(2)重点突破,以点带线,以点带面。在增量改革上,首先在重点基础设施建设项目和企业的投融资制度改革上取得突破,总结经验,形成示范效应后再逐步推广到该重点项目所在行业的新建项目和企业上,进而通过对该行业改革实施效果的评估比较,提高认识,转变观念,统一思想,并总结和提炼出适合新区实际的投融资操作模式和市场化运作机制,再推广到其他基础设施项目的投融资建设运营和基础设施企业的经营中去。

(3)由外向内,以市场开放来推动改革进行。由于既定利益关系格局的存在,基础设施领域呈现出较强的封闭性和僵化性,单纯从原有体制内部推动改革难度很大。因此,在改革中首先向全社会宣布开放基础设施经营性增量项目的建设和运营市场,营造形成既定的开放市场、深化改革的大趋势、大氛围,再从体制内部推进,双管齐下,内外互动,形成合力,加快改革。

(4)循序渐进,分阶段、分类实施改革。投融资体制改革是一个复杂的系统工程,必须坚持循序渐进,通过有规划、分阶段的改革和试点,取得局部或阶段性的进步,聚少成多,聚沙成塔,防止贪大求多和急于冒进,避免因改革的不成熟而多次反复。同时,应对改革的成效进行客观的评估,总结经验教训,及时调整策略。在改革过程中,还应根据不同情况和特点,分类实施改革,防止一刀切。

四、新区投融资体制改革和创新的建议

(一)健全完善新区基础设施投融资管理体制

1.统筹新区投融资管理层级

在加快新区管委会管理体制改革的同时,研究解决新区大型基础设施投融资主体和调控管理主体缺位问题,逐步理顺新区投融资体制,明晰新区与各功能区的投融资职能及管理职能,在充分发挥行政区、功能区积极性的前提下,统筹协调重大项目建设,提高资金投入使用效率,形成层级明确、分工合理、上下协调、良性互动的新区投融资机制,最大限度地避免重复建设和资金浪费。初步的设想是:

(1)完善新区各行政区、功能区的投融资功能和管理体制,对于行政区、功能区自我配套的基础设施项目,由各功能区自己负责进行投融资和管理。发挥新区管委会的作用,强化新区管委会在协调新区大型基础设施建设、运营和监管,协调各行政区和功能区之间基础设施的管理,包括

统筹服务价格和优惠政策、统筹基础设施布局等方面的职能。完善新区政策和服务价格的协调机制,创造新区统一协调的投资环境,防止垄断和恶性竞争。进一步加快新区行政区和功能区投融资管理体制改革,进一步调动它们的积极性,推进其加快适应新的发展形势的需要。

(2)充分发挥好"一个平台、两个中心"的作用。滨海新区基础设施建设投资有限公司是新区未来基础设施建设投融资的重要平台,应该能够承担起新区重大基础设施建设的投融资任务,因此该公司首先应具备较大的资金规模,拥有足够的资本金,以利于进行大规模的投融资活动。上海城市建设投资开发总公司1992年7月成立时,注册资本为204.06亿元人民币,主要是从事城建资金和维护资金的筹集与管理的专业投资控股公司,隶属于上海市国有资产监督管理委员会。公司自1992年以来,相继完成了杨浦大桥、南浦大桥、内环高架道路、地铁一号线、地铁二号线、河流污水综合治理等四十多项基础设施的建设任务,为上海市的城市建设筹措资金1300亿多元。截至2004年底,公司资产总额达1280亿多元,净资产535亿多元。2004年度,公司实现利润总额14亿多元,净利润7亿多元。公司下属控股子公司有19家,其中包括多家上市公司。上海市政府每年向公司发起人拨付一定金额的财政补贴,以增强公司经营的稳定性。建议学习借鉴上海的经验,进一步整合区内存量基础设施的有效资源,增强新区基础设施建设投资公司实力,同时用好国家开发银行提供的政策性贷款,另外给予该公司一定的税收优惠政策和财政支持。这个公司的职能应只负责涉及整体配套的基础设施建设项目的投融资和相关的资本运作,而不应承担建设和运营任务。建设和运营任务主要以市场化方式通过公开招标来进行。

(3)加速泰达控股公司、天保控股公司及各行政区控股公司等的改革,逐步剥离其本不应该承担的任务,使他们在各功能区和行政区更好地发挥投融资平台的作用。

2.整体策划,实现新区土地等资源的集约利用

当前,作为地方政府能够进行大规模融资的最重要资源就是土地、海岸线等。因此,集约利用土地和海岸线资源,有效发挥土地和海岸线资源

在新区建设中的投融资作用,是新区在投融资体制改革中必须直面的问题。市政府已经在滨海新区建立了土地整理储备中心。建议:一是在国家法律和政策条件下,新区除经济技术开发区、保税区等国家有明确土地面积要求的功能区以外,采取市区已经行之有效的经验,对土地和海岸线实施统一管理,集约利用,增强新区对土地供应的调控能力。二是积极探索开展农村集体建设用地流转及土地收益分配制度改革,在充分保护农民利益的前提下,推动农村集体建设用地流转集中,提高土地利用效益。三是加强海岸线的管理和调控,完善海岸线使用管理机制,有效保护和利用海岸线。

3.坚持政企分离和投资、建设、运营、监管"四分开"的原则

所谓投资、建设、运营、监管"四分开",主要是指政府主导的投资主体,包括国有大型投融资公司和基础设施投资公司。在基础设施建设中,只负责项目的投融资,对项目的建设不直接参与,而是通过招标方式,由社会专门从事建设的企业进行建设,项目建成后再由投资方,通过招标方式选择运营企业进行项目的管理和经营。在此过程中,项目建设、运营的监督均由政府的监管部门或投资方选择的监管企业进行监督约束,保证建设和运营质量。按照"投资、建设、运营、监管"四分开的原则,新区应不再组建国有独资性质的基础设施建设公司和运营公司,这一部分的职能应全部由社会参与进行。对于有的功能区和行政区中由投资控股集团公司所属或行政部门直属的建设和运营类企业,应在加快企业产权制度改革的基础上尽快独立出去,彻底和投资控股集团公司或行政主管部门脱钩,成为完全市场化的企业实体。

应进一步加强和改进市场监管体制。监管体制的构建是目前基础设施投融资体制中的一个薄弱环节和难点问题。随着新区投资主体多元化格局的发展,社会投资者在基础设施建设运营中所占的比例越来越大,过去针对国有基础设施企业的行政监管办法已经不能适应新形势的发展,针对单个或少数几个市场化项目的专项监管需要逐步扩展到针对整个开放的基础设施市场的规范化、制度化监管。因此,在新区投融资体制改革中,要针对监管体制上的重点和难点问题,建立健全和完善多层次的市场

监管体系。一是要实现监管方式的转变,推动对国有基础设施国有企业的直接行政管理、对非国有投资者的政府审批管理,向合同约束和法律法规监管转变,辅之以必要的行政干预。要加快和健全监管法规,明确经济手段监管、法律手段监管和行政手段监管之间的界限。二是要明确监管的组织架构和职责分工。结合新区实际,在统一监管还是分行业监管,是将监管职能独立出来还是与投资主管部门和行业主管部门的现有规划职能、行政审批职能、政府资金管理职能结合在一起,做出比较清晰的界定,明确监管的组织机构和各个职能部门职责分工,对基础设施投融资建设运营各个环节、各个方面、市场的各个领域进行多层次的全方位覆盖。三是要在监管手段、监管程序、监管指标设计、监管内容等方面,尽快建立科学有效的监管规范。四是要进一步完善监管机制。新区在建立市场准入监管、市场行为监管制度的同时,加快建立和完善市场运营方面的监管制度,包括政府接管制度、市场清除制度及信用黑名单制度,对不履行公共服务义务并限期不改的企业,要依法清出市场,剥夺其特许经营基础设施的资格,实施市场准入限制。应通过规范有序的市场监管制度,为投融资体制改革提供安全的环境和更加有利的条件。

4.改革政府投资项目管理体制

推广实施代建制,改进政府投资项目建设的组织和实施方式。制定代建制的实施规范,从政策上明确实施代建制项目的范围,界定代建的形式、代建人的产生、代建合同管理、代建管理费、对代建人的奖励和处罚等,构建完善的代建制度。推行政府投资项目的贷款银行的招标制,即对安排政府资金用于项目建设本金、贷款贴息、投资补助、直接投入的项目,在筹措非政府投资部分的建设资金时,如果采用银行贷款的融资方式,没有特殊情况均应透过招投标方式选定贷款银行。健全完善项目稽查制度。引入社会中介机构参与,实施第三方稽查,强化基建程序审批情况、项目财务管理建设管理情况、工程质量情况、概算编制和执行情况等的稽查。

5.加快政府职能转变

推动政府在职能地位上由单一角色向多元化角色转变,在职能发挥形式上由单一行政手段向多样化手段转变,要继续改善和加强政府规划职能、调控职能。在基础设施建设方面要进一步改进政府管制方式,转变政府管制思路,把政府包揽转变为政府通过市场机制选择基础设施产品和服务的提供者,把政府与企业之间的行政管理关系转变为合法规范合同约束关系。要进一步合理规范政府的投资职能和政府的投资管理职能之间的关系。在政府投资的管理和使用上,既要防止政府投资主管部门和行业主管部门只投不管、重投不管、以投代管等现象,又要区别政府职能与投资管理职能,防止借助给予政府投资机会过渡管理甚至违反市场规则直接进行不合理干预的现象。对非政府投资,也要防止监管过度和监管缺位两种倾向。强化有关法律法规的约束,并发挥好管理承诺机制的作用,防止以行政命令来代替市场化契约、政策朝令夕改等现象。继续精简行政许可和审批,公开投资项目的立项申请与审批手续。进一步完善基础设施产品和服务价格制定与调整的专家论证、价格听证、定期审价制度。

(二)进一步开放基础设施投资、建设和运营市场

1.加快放开经营性和准经营性投资领域

城市基础设施建设项目按收益能力划分可分为三种,即经营性项目、准经营性项目和非经营性项目。经营性项目是指,有经营收益的并且能够弥补投资成本的基础设施或公共服务项目。准经营性项目是指,有经营收入但不足以回收成本或达不到社会平均收益水平的城市基础设施建设项目。对于经营性项目,除特别要求和规定外,政府投资应加快退出,让市场发挥配置资源的基础性作用,在政府主导下,依法放开,让社会资本进入。对于准经营性项目,也应积极创造条件,通过政府给予补贴等优惠政策对社会投资者进行适当的投资回报补偿的方式,大力吸引社会投资进入。为此,应加快政府对基础设施管理体制改革,按照公开、公正、透明的原则,积极推进公告价格、公告补贴、公开招标、有效监管的市场化管理方式,加快放开经营性和准经营性投资领域,大力吸引社会资本进入。政府投资主要集中于不具备经营收益或经营收益极低的非经营性项目,并通过代建制、政府回购等方式,引入社会资金参与。

2. 全面推行招投标制

引入市场经济的公开、公平、公正、竞争理念,全面积极地推行招投标制,实行全过程招标,努力推动建立透明、规范的操作机制,为引入社会资本和市场竞争机制创造条件。全面推动项目法人招标,放开基础设施项目建设的投资市场;在勘察设计和建设监理以及设备材料采购环节,同样要全面推行招标制,并建立事后评估和惩戒机制,建立监理公司和设计企业黑名单,对于违规操作、资信不高的监理公司和设计企业,要上黑名单予以警示,违规操作严重的要清出市场;在项目融资环节,推广实施贷款银行招标制,并首先在政府投资项目中实行。

依法必须招标的基础设施项目,要尽可能减少邀请招标方式,尤其是对经营性基础设施项目,要全部采用公开招标方式进行,杜绝关系型招标和走过场式招标,杜绝暗箱操作和私下交易;对于评标专家的确定,要改变过去由项目法人指定的做法,由政府建立专家库,评标专家从专家库中随机抽取;还要改革设计和监理企业的计费方式,改变过去单纯以投资规模为计费依据的做法,从设计源头杜绝投资超概算现象,并避免监理企业与建设施工企业利益一致化倾向。

3. 健全和完善特许经营制度

城市基础设施特许经营,是指经行政特别许可,由政府授予企业或者其他组织在一定期限和范围内经营供水、供气、供热、排水;污水和固体废弃物处理;收费公路、地铁、城市铁路和其他城市公共交通等城市基础设施的经营权利。特许经营制度有利于建立规范透明的市场准入制度和市场监管制度,有利于基础设施投融资领域大规模引入社会资金,有利于推进政府转变职能和管理体制改革。目前新区在某些基础设施项目上采用了特许经营方式,收到了良好效果。建议进一步开展试点,逐步推行特许经营方式,凡是新区有条件的新建基础设施项目都应推行特许经营,吸引社会参与。加快新区国有公用企事业改革,推进它们成为自主经营、自负盈亏的独立法人实体,并与政府有关城建部门脱钩,成为参与社会竞争的独立性企业,在同等地位上与社会企业进行竞争。

4.建立公开透明的信息披露制度

高度重视信息披露对引导社会投资的作用,建立信息共享机制。利用网站、刊物、咨询服务窗口等搭建信息披露平台。按照市场化的要求,及时披露产业政策、行业规划、价格政策、社会总需求、经济运行情况、投资形势、重大政府投资项目招投标、特许经营项目招投标、政府对基础设施运营项目的补偿办法、有关法规、政策等。进一步完善公示制度,构建新区公开、透明、及时、准确的信息环境。为投资者正确决策服务,促进社会资源的合理配置。

5.鼓励社会投资公共事业

鼓励社会资金投资公共事业,既有利于推进公共事业的社会化投资,节约政府资金,促进政府把有限的资金集中到更加重要和具有战略性的投资当中,也有利于促进公共事业管理的社会化监督,提高公共事业的管理水平。因此,新区在投融资体制创新中,应把鼓励引导社会向公共事业投资,作为改革的一项重要内容,积极推进社会投资公共事业的改革。应制定政策措施鼓励社会资金赞助或投资于科研机构、学校、医院、街区公园、社区、博物馆、社会福利院等社会公共事业。对于投资或赞助公共事业的企业或个人,应在税费、冠名权等方面给予一定的优惠政策,同时建立健全社会赞助和投资机制,形成科学、规范的制度。

(三)积极开展融资创新

1.广泛探索金融创新

国务院下发的《关于天津滨海新区开发开放有关问题的意见》(以下简称《意见》),鼓励新区金融改革和创新上先行先试。这是当前新区所享有的最有力的政策,新区应力争在金融创新上走在前面,充分享受先行先试的政策效益。金融创新主要有两个方面:一是金融资本市场的完善和功能的增强,二是金融和融资工具与手段的创新。两者之间既有区别,又有紧密的联系。金融资本市场的完善是市场体系建设的重要组成部分,它是金融资金流动和实现有效配置的基础。金融资本市场的完善是战略层面的创新。金融工具和手段,是在金融资本市场中具体融通资金的方式方法。金融工具和手段的创新是战术层面的创新。金融资本市场的完善有利于金融工具和手段的创新,而金融工具和手段的创新又能反过来进一步促进金融资本市场的完善。因此,在创新过程中应从两方面着手,即积极探索功能性的金融资本市场的建设和完善,又加快金融工具和手段的创新。在完善金融资本市场方面,应高度重视研究借鉴国外市场经济国家金融资本市场体系建设的经验,并深入研究我国金融资本市场缺陷,以及我市和新区的实际,通过对比分析,寻求创新点和突破口。特别是在基金市场、金融租赁市场、股票交易市场、期货市场、风险投资市场、离岸金融市场、债券市场、基础设施投融资市场等方面力求有较大突破。在金融工具和手段创新方面,目前新区已经成立了产业投资基金,并正在积极创办风险投资公司。建议应更加注重在基础设施建设投融资方面的融资工具和手段的创新与探索。比如,发行基础设施建设债券、基础设施信托融资、项目融资金、资产证券化融资、银团贷款等方面,进行深入研究,开展创新。

2.积极推行项目融资

从近 20 年国际发展趋势看,项目融资正在成为基础设施建设中的主流。它有利于大规模吸引社会投资进入基础设施建设领域。新区作为综合改革试验区,应在项目融资方面进行积极探索和试验。建议研究制定《新区基础设施项目融资管理办法》,对项目融资中的项目发起、项目公司的市场准入标准、项目融资的风险控制等进行必要的规定,规范项目融资行为。对于新区重大基础设施建设项目,要积极创造条件推行项目融资方式。要进一步完善政府对项目融资的监督管理,根据项目融资和管理的要求,合理调整部门职能,形成能够为项目融资提供高效服务和有效监管的管理机制。

3.进行政府基础设施建设债券试点

发行政府建设债券,在我国还是一个新生事物,目前虽然面临较大困难,但如果在这方面取得突破,将能够带来很大的政策效益。一是有利于缓解基础设施建设资金不足的矛盾。在发达国家,市政债券是地方政府进行基础设施建设以及实现某些政策目标时重要的融资工具。美国的市政债券是州及市镇地方政府为了筹集市政建设所需资金发行的债券。美国的州及市镇地方政府的各级行政当局,包括某些特别的行政当局,如高等院校当局、水利当局、高速公路当局以及国家所属机场的当局,都可以发行这种具有政府公债性质的债券。最近几年,个人投资者通过投资信托和基金购买免税市政债券的数量大大增加。越来越多的国家尤其是一些发展中国家开始采用市政债券为地方政府融资。二是促进政府债务的规范化管理,防止发生债务风险。发行地方政府债券相应地就要建立和完善偿债机制,虽然目前全国各地均采取组建国有独资投融资公司的方式进行融资,并取得了较大的成功,但同时也暴露出来一个问题,就是偿债机制不健全,地方财政的隐形债务难以控制,通过发行地方政府债券可以有效地明晰地方债务风险,及时控制风险发生。三是有利于推进基础设施投融资体制改革。按照国外的通行做法,发行地方政府债券,必须建立相应的决策制度、投资管理制度、监控制度、偿债制度、风险预警制度等一套比较完备的管理体制,通过发行地方政府债券,有利于进一步健全和完善符合市场经济要求的新区投融资管理体制。四是有利于在滨海新区形成较大规模的债券市场。如果新区一旦争取发行地方政府债券成功,可以藉此争取建立为全国服务的债券基金市场,构建我市功能性的金融大市场,增强我市的金融功能,提升我市的金融地位。

虽然我国1995年实施的《预算法》第28条明确规定地方政府不得发行地方政府债券,但随着我国改革开放的不断发展,发行地方政府债券的环境不断改善。一是证券市场的逐步规范,相关法律法规的逐步健全,均为国家逐步放开地方政府债券市场奠定了基础。二是地方政府债券的资金来源比较充裕,近年来城乡居民储蓄余额迅速增长,为地方政府发行债券提供了雄厚的资金来源。三是滨海新区综合改革试验区的政策为新区率先试点创造了有利条件。国务院发展研究中心副主任李剑阁说,在我国证券市场上,市政债券目前基本还是空白。目前已出现的上海浦东建设债券(在城市建设领域,上海市就曾经采用过发行浦东建设债券和煤气建设改造工程的融资形式,其本质就是以政府为担保的地方企业债券)、济南供水建设债券,已经和国外的收入债券非常相似。他认为,发行市政债券法律上并不存在太大障碍,可通过修改现行《预算法》或者根据《预算法》制定一些特别规定,来为符合条件的地方政府发行市政债券提供依据。中国投资学会副会长刘慧勇提出,在城市发展前期,需要大量的城市基础设施建设资金。但此时的城市经济并未发展到一定水平,城市财政税费收入较少而需要的投资支出较大,支大于收,由此决定了这样的时期需要适当多发行市政债券。当城市的各项基础设施都建设好了、不再需要加大投资的时候,城市财政必将出现大量盈余,可用于偿还以前所借债务。在税费收入少的时期发行市政债券,税费收入多的时期偿还市政债券,这是一种长期发展的战略考虑。2002 年 3 月 15 日,九届全国人大五次会议上,史予可等 30 多位代表提出议案建议,允许条件成熟的广州、深圳进行城市建设债券发行试点。其所具备的条件包括:一是经济发展水平较高,综合经济实力在全国大城市中名列前茅;二是已经积累了一些发行城市建设债券的经验;三是广州、深圳"十五"期间城建投资将分别达到800 亿元和 1200 亿元。2005 年 9 月 27 日,由上海城市建设投资开发总公司发行、国家开发银行担保的上海城市建设债券 30 多亿元人民币,在上海证券交易所上市。为此建议,我市积极利用国家给予新区的综合改革试验区政策,超前研究发行地方政府债券的各种可行方式,提出改革试点方案,争取国家的支持,并力争使我市成为市政债券和各种基金的交易市场。

4. 健全融资风险的预警和约束机制

建立政府投融资平台的融资项目跟踪监督制度,对融资项目进行跟踪监督,规避融资风险。制定包括政府融资投资决策、偿还方式和决策失误责任等一些列规章制度,对政府融资实行法治化管理。建立政府筹融资规划制度,通过编制政府融资的中长期规划,根据不同的项目确定融资结构和期限,控制融资成本,优化融资结构,提高融资使用效率,规避偿债风险。建立专门的偿债准备金,未雨绸缪,当融资项目一旦发生还款困难时,能够启动该资金,缓减财政风险的压力。

课题组负责人:王雄(天津市委财经工作办公室)

课题组成员:穆叶久(国家开发银行天津市分行办公室、天津滨海新区管委会)、陈方(天津滨海新区管理委员会投融资局)、孙津(天津市委财经工作办公室二处)、杨健(天津滨海新区管理委员会投融资局)、王克冰(天津市财政局预算处)、于新荣(天津市委财经工作办公室二处)、郝树生(天津市委财经工作办公室二处)

　　课题报告完成时间:2006 年 8 月

滨海新区城市轨道交通投融资模式创新及资产证券化研究

【摘要】 从经济学角度对轨道交通产业进行分析,明确了其准公共产品的定位和外部性、规模经济性、时空局限性等经济特征,并对城市轨道交通涉及的利益关系进行系统分析,对其社会经济效益进行估算分析。随后,在比较借鉴国内外标杆城市轨道交通投融资模式的基础上,提出了滨海新区发展城市轨道交通的思路和投融资模式创新建议。最后,借鉴国内轨道交通资产证券化实务操作案例,提出了滨海新区轨道交通既有线路及新线建设的投融资模式。

一、城市轨道交通的产业分析

(一)城市轨道交通的定义和分类

1.城市轨道交通的定义

城市轨道交通是城市公共交通系统的一个重要组成部分。在我国国家标准《城市公共交通常用名词术语》中,将城市轨道交通定义为"通常以电能为动力,采用轮轨运转方式的快速大运量公共交通之总称"。

在维基百科全书中对城市轨道交通的定义为必须满足以下五个条件:(1)必须是大众运输系统;(2)必须位于城市之内;(3)必须以电力驱动;(4)大部分需独立于其他交通体系(如道路、其他铁路)以外;(5)班次必须频密。

大多数的城市轨道交通系统在城市中心的路段都会铺设在地下挖掘的隧道里。这些系统亦可称为地下铁路,简称为地下铁或地铁。在中国台湾、泰国曼谷和新加坡则称作"捷运"(Mass Rapid Transit,MRT)。在国内,修建于地上或高架桥上的城市轨道交通系统通常被称为"轻轨"。然而,在专业领域,"轻轨"与"地铁"的区分方式在于其每小时单向运输量的不同。

绝大多数的城市轨道交通系统都是用来运载市内通勤的乘客,而在多数情况下城市轨道交通系统都会被当作城市交通的骨干。在美国芝加哥曾有运载货物的地下铁路,英国伦敦也有专门运载邮件的地下铁路,但这两条铁路已先后于 1959 年和 2003 年停用。

2. 城市轨道交通的基本类型

城市轨道交通的基本类型通常包括地铁、轻轨、单轨、市郊铁路、有轨电车和磁悬浮列车等几种类型。

各种类型的轨道交通系统的各项性能参数如表 1 所示。

表 1 各种类型轨道交通性能参数比较

类型	线路结构特征	单向客运量(万人/h)	运行速度(km/h)	最小行车间隔(min)	平均站距(m)	编组(辆)	造价(元/公里)
地铁	在市区中多采用地下交通	3~6	35~45	2~5	500~2000	4~10	4~6 亿
轻轨	敷设方式具有较大弹性,以高架和路堤为主	1~3	25~35	4~8	800~1500	2~3	1~3 亿
单轨	跨座式或悬挂式、全部高架支柱支撑	大于 1	25~30	2	500~1000	4~6	2~4 亿
市郊铁路	较为接近铁路,可利用既有线路改造	4~8	45~60	3	2000以上	6~10	0.5~1.2 亿

(二)从经济学角度分析城市轨道交通产业

1. 城市轨道交通的准公共产品定位

现代经济学将所有的社会产品划分为公共产品和私人产品。公共产品是指那些不具有消费排他性的产品和服务,是政府向全体社会成员提供的各种产品和服务的总称,包括国防、警察、司法、教育等。私人产品是指一般生产要素的供给者通过市场机制所提供的产品与服务。日常生活中所接触的绝大多数产品和服务基本上都是私人产品,它们由众多生产厂商在市场经济的竞争体制中生产出来并提供给社会上的消费者。

(1)公共产品和私人产品的对比分析

公共产品具有消费的非排他性、非竞争性和效用上的不可分性。非排他性是指公共产品为某人所消费的同时,无法排斥别人也来消费这一产品。非竞争性是指公共产品可以同时为许多人所消费,且增加一名消费者的消费的边际成本为零。即一个人对这种物品的消费在一般情况下不会减少可供别人消费的量。公共产品的非排他性和非竞争性是因为公共产品在效用上具有不可分性,只能作为一个整体供全体社会成员使用。人们对公共产品的消费不能由市场价格来决定,价格机制无法将社会对公共产品的供需情况如实反映出来。因此,在公共产品生产上,出现了市场失灵。这样,公共产品只能由政府根据社会成员的共同需要来提供。而私人产品的消费则具有消费的排他性和竞争性,只有私人产品的购买者(所有者)才有权支配其用途,其他人不能干涉。

公共产品的提供者是政府。提供公共产品的资金主要来源于政府向社会成员强制收取的税金或费用,是政府对社会成员的收入所进行的二次分配。而私人产品的提供者则是具有法人地位的企业或众多个体生产者和经营者。公共产品和私人产品在生产、交换、价格补偿等方面都不相同。

私人产品是谁享用谁交费,而公共产品却不一定在交费和享用上一一对应,或者说有时不享用者也要交费。例如,作为纳税人,纳税是带有普遍性的,但用税金提供的公共产品,有些免税人或享受减税优待的人则同样享用。这就是经济学中所谓的"利益的溢出性"。

从产品的提供过程或决策过程来说,公共产品的提供过程要比私人产品的提供过程复杂得多,私人产品是通过市场经济这只"看不见的手"提供的。但公共产品的提供需要通过一定的行政程序,受到众多因素的制约。经济学家将公共产品提供的成本划分为两类,即决策成本和外部成本。决策成本是指达成此项决策所需要的时间、精力和各种费用的总和;而外部成本则是指达成此项决策所引起的外部负效果,例如一部分社会成员的不满以及因决策失误造成的损失等。因此,在公共产品的决策上应对这两种成本进行权衡比较,使决策成本与外部成本之和尽可能小。政府是全体市民利益的集中体现和忠实代表,政府通过科学的调查分析与合理的规划,所做出的轨道交通规划和建设决策,既能符合全体人民的利益,又能适应城市的可持续发展,所耗费的成本又最为经济,负面效果最小。

(2)城市轨道交通的准公共产品特性

城市轨道交通同时具有部分纯公共产品和私人产品的特性,又不同于纯公共产品和私人产品,属于准公共产品,但更倾向于公共产品。纯粹的公共产品由政府提供,纯粹的私人产品由私人部门通过市场提供。而准公共产品既可以由政府直接提供,也可以在政府给予补助的条件下,由私人部门通过市场提供。

由于存在较强的规模经济特征,轨道交通路网覆盖范围越大,其发挥效率越高。而且固定成本比重大及资产沉淀性强,导致轨道交通的线路部分具有较强的自然垄断性。而其运营部分主要通过车辆向消费者提供运输服务,自然垄断特征并不明显。因此,我们可以将轨道交通作如下区分,见图1。

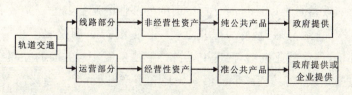

图1　轨道交通特性分解

2. 城市轨道交通的外部性

(1)外部性理论

作为经济学中一个经久不衰的话题,外部性是新古典经济学的重要范畴,也是新制度经济学的重点研究对象,而且在公共产品的供给与消费等许多领域得到广泛的应用。

外部性是指某个经济主体对另一个经济主体产生一种外部影响,而这种外部影响是通过非价格机制传递的,不能通过市场价格进行买卖,即出现了市场失灵,无法实现资源的最优配置,需要引入政府进行适当干预。外部性反映的是私人收益与社会收益、私人成本与社会成本不一致的现象。因此,就应由政府采取适当的经济政策消除这种背离,政府应采取的经济政策是:对边际私人成本小于边际社会成本的部门实施征税,即存在外部不经济效应时,向企业征税;对边际私人收益小于边际社会收益的部门实行奖励和津贴,即存在外部经济效应时,给企业补贴。庇古认为,通过这种征税和补贴,就可以实现外部效应的内部化。这种政策建议后来被称为"庇古税"。

(2)轨道交通产品的外部性

城市轨道交通系统是存在着巨大外部性的一种典型产品。轨道交通的投资、建设、运营主体在提供公共交通服务产品时产生了相当显著的正的外部性。

轨道交通系统的外部性主要体现在以下几个方面:首先,体现在替代常规公交方面,节省了大量的道路、停车场占用的土地和修建成本,节约了能源的消耗,保护了环境,减少了公交事故,另外减少因交通堵塞造成的时间和精力负担,提高了乘客的工作效率,提升了居民的生活质量,在这方面的效益是难以计量的。这方面的外部性的受益者主要是政府和居民。其次,轨道交通拉动 GDP 增长,美化城市形象,调整城市布局,改善投资环境,创造就业机会,促进上下游产业的发展。这方面的外部性的受益者主要是政府。最后,带动沿线土地和房产升值,带来沿线商贸、餐饮和服务业的高速发展和沿线经济的繁荣,这部分外部性的受益者主要是政府、沿线企业和房地产开发商与物业的持有者。

(3)外部性导致的无效率

由上述论述可知,当存在外部性时由于出现市场失灵,市场机制无法发挥作用,资源配置无法达到最佳效率。就轨道交通产品的生产与消费而言,企业的私人收益与社会收益之间存在差异,社会收益远大于企业私人收益,而企业私人成本也远高于社会付出的成本,轨道交通产品外部性的均衡关系见图 2。

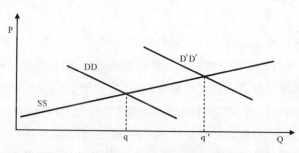

图 2　轨道交通产品外部性的均衡关系

在图 2 中,DD 指轨道交通产品的私人收益曲线,D′D′代表轨道交通产品的社会收益曲线;SS 代表轨道交通产品的供给曲线;q 表示的是从企业角度考虑的最优供给量,q′表示的从整个社会角度考虑的最优供给量。由于外部性为正的,所以 D′D′总是高于 DD,这就导致 q 小于 q′,这表明资源配置是无效率的。由于轨道交通建设成本巨大,从企业角度看q 极有可能趋于 0,无法实现产品的供给。因此,要实现轨道交通产业的资源有效配置必须解决轨道交通产品的外部性问题。

从理论上讲,在产权明晰的情况下,通过市场机制就可以解决这个问题。这也是科斯定理对外部性理论的贡献。科斯认为如果交易费用为零,无论权利如何界定,都可以通过市场交易和自愿协商达到资源的最优配置;如果交易费用不为零,制度安排与选择就是最重要的事情。例如,根据科斯定理,轨道交通企业可以通过与沿线受益的房地产所有者(包括政府、企业和居民)进行谈判,以转移支付的方式获得补偿。但这种方式根本不具备操作性:首先,受益者为数众多,谈判成本巨大,也就是交易成本不为零;其次,无法避免部分业主拒绝支付,从而出现"搭便车"的情况,最终造成"劣币驱逐良币"的现象。所以,单纯依靠市场机制无法解决轨道交通产品的外部性问题。

(4)轨道交通外部性的解决思路

从理论上讲,当出现外部性问题时,由于市场失灵导致资源无法得到最优配置,政府必须出面进行干预来消除这方面的影响,大致有以下两种方式:

一是庇古税。庇古曾提出著名的修正税,以促使私人成本与社会成本、私人收益与社会收益相一致。其基本原理是:如果由政府对产生消极(负的)外部性的经济主体课征税收,对产生积极(正的)外部性的经济主体进行价格补贴,就会消除私人边际成本(或收益)与社会边际成本(或收益)之间的差异,使资源配置重新回到帕累托最优状态。

二是外部性的内部化。通过将产生外部性的经济主体与受到外部性影响的经济主体合并,使原来的外部性的影响转化为内部的影响,借以纠正资源配置的低效状态。在现实生活中,通过合并将外部性影响转为内部化的例子并不少见。但就经济主体而言,其实行内部化的动机更倾向于吸纳积极的外部性使得外溢的收益内部化。

如果不解决轨道交通产品存在的巨大外部性问题,城市轨道交通产品的提供就无法正常实现。就现实状况而言,城市轨道交通产品的提供主体只能有两个:政府或企业。由政府将轨道交通产品作为准公共产品进行提供可以直接克服外部性问题,因为政府代表的就是全体社会成员,其服务成本由全体社会成员支付而正外部性又由全体社会成员享有。但是政府提供这种产品却存在着效率与公平的问题。因此,轨道交通产品由一个企业作为主体进行提供更有效率,但这个企业应该是具有特殊性质的企业,而不可能是一个完全市场化的企业。政府和企业必须明确各自在轨道交通产品提供过程中的定位。因为资本都是逐利,如果没有一个稳定的和可预见的盈利模式,就没有社会资本愿意进入这个产业进行运作。

所以,轨道交通企业的盈利模式主要通过两个方面来解决:一方面是加强管理、降低成本和提高效率;另一方面就是通过解决外部性问题来实现企业的生存和发展。因此,以外部性理论为基础,通过以下两种途径可以解决轨道交通的外部性问题以保证轨道交通企业的生存和发展。

　　一种途径是政府补贴。世界上绝大部分城市都要对当地的轨道交通企业进行财政补贴。政府对产生正外部性的产品生产进行补贴,能增加对社会有益产品的供给,是一种纠正市场失灵的行为。为了避免部分纳税人感到不公平,可以将地价、税收等增加值估算后专款专用,用于补贴轨道交通的建设和运营。

　　另一种途径是通过给予轨道交通企业沿线房地产开发权将外部性内部化。由于轨道交通建设和运营使得沿线的房地产大大增值,如果不给予轨道交通企业沿线房地产的开发权,这部分增值就不能转化为轨道交通企业的收入。而给予轨道交通企业沿线的房地产开发权就是将两个利益相关主体一体化,从而使得外部性内部化了。

　　3.城市轨道交通的其他经济特征

　　(1)具有明显的规模经济性

　　所谓规模经济特征,主要有两层含义:一是存在最低效率规模,即平均成本相对于需求大小达到最低的那个产量水平,决定最低效率规模的基础是行业的技术特征。二是规模报酬递增,即在生产规模低于最低经济规模时,产出的增加要高于投入要素的增加,即投入的要素按比例增加t倍,得到的产出增加要大于t倍。城市轨道交通的规模经济特征主要有:第一,城市轨道交通发挥作用以路网规模为前提,覆盖面越大,城市轨道交通效率越高。第二,城市轨道交通路网建设投资规模大,建设期长,资产的流动差,沉淀成本大。第三,城市轨道交通的主要资产——土建部分使用时间长,具有一定的永久性。第四,在任何服务点上城市轨道交通所提供的服务都取决于路网的整体水平。可见,城市轨道交通存在最低效率规模,且规模效益递增,具有非常明显的规模经济特征。

　　(2)具有独特的产品周期

　　按照当前国家有关规定,轨道交通项目的资本金比例最低需达40%。按此测算,一般情况下轨道交通项目可以大致分为三个阶段:一是城市轨道交通项目的建设期,一般为 4 年左右。投资强度大,建设期长。这一阶段项目自身没有收入,但对项目外部,即沿线的房地产、商贸行业的发展产生明显的促进作用,相关行业的销售收入开始增长。二是项目的成长期,即从项目投入运营到项目现金流的收支平衡年份,大约需要 10 年。这一阶段,由于运营成本、财务成本较高,票款收入无法覆盖全部成本支出,项目自身无法维持运转,仍然需要项目外部的现金流注入。但项目有力地促进了沿线区域的经济增长,沿线形成成熟繁荣的经济带。三是项目的成熟期,即从项目运营的收支平衡年份到收回投资大约需 15 年甚至更长的时间。在这一阶段项目客流成熟,形成网络化,规模效益增强,项目产生大量净现金流入,项目产生收益。

(3)具有时空局限性,盈利空间有限

轨道交通每天的营运时间是有限的,不可能像其他行业那样,加班加点可以生产出更多的产品,以增加收入。而且轨道交通只能在已经建好的有限的轨道上运行,"产品"不可能输往外地,也不可能在洞外运行,票款收入被限制在固定的线路上,运输的能力有限。因此轨道交通项目的"产品"——运输服务的盈利空间相对有限。

(4)权益具有放大性,资产的保值增值能力强

轨道交通票款收入的增长主要受沿线居住条件、土地开发强度、路网变化、商业经济成熟程度等外部影响。随着社会的发展,人口流动性增大,路网增加,以及服务水平的提高,轨道交通将不断吸引更多的客流,票款收入从长期看具有一定的增长趋势。而且轨道交通的土建部分使用年限长达百年,随着时间的推移,资产的升值潜力巨大。从长期看,城市轨道交通资产的权益不断放大,具有很强的保值增值能力。

(5)沿线商业开发具有放大性、网络性

轨道交通网络汇集了稳定、巨大的客流量,使地铁沿线的商业开发具有放大性、网络性,对其进行规模化、集约化经营,实现其经营方式的品牌化、连锁化,经济效益的最大化附着在轨道交通的商业机会很多,在保证安全运营的前提下,通过对广告、沿线物业、智能卡服务的开发等途径增加地铁项目的衍生收益。利用地铁站点采取连锁店、品牌店等现代营销

方式,地下商业网络将随着轨道交通网络的成熟完善而发展壮大,并进而实现地下商业网络向地上商业空间的覆盖与延伸。

(6)极强的现金获取能力

轨道交通具有巨大、稳定、增长的现金流收入,具有极强的现金获取能力。轨道交通项目虽然投资大、回收期长、前期收支暂时不平衡,但项目具有长期稳定、持续增长的巨大现金流收入,使项目采取项目融资等市场化融资方式成为可能。

(三)城市轨道交通经济

1.概述

一座城市的经济效率主要体现在交通上。城市轨道交通是经济发展的产物,同时也为经济发展推波助澜。轨道交通被称为"城市新动脉",不仅是因为其无障碍、安全、快捷、低污染、低能耗的原生特性,更重要的是由于它对城市资源进行了全新的优化配置。国内外有关研究显示,在轨道交通项目中投入 1 亿元,GDP 增长将达到 10 亿元。重庆市轨道交通建设投资对城市 GDP 的直接贡献率为 2.63 倍,即每投资 1 亿元,可新增 2.63 亿元 GDP 并提供 8466 个就业岗位,加上带动上下游产业链和沿线配套金融、商贸、服务业的发展,其综合贡献率达到 6.2 倍。

城市轨道交通的出现,它的直接表现是缩短城市时空距离;从经济学的角度来看,轨道交通所带来的"产业链"的发展,不单单局限于"地铁上盖物业"、"轨道商圈经济",甚至于一座城市的方方面面,都会发生根本性的改变。从吃穿住行到文化娱乐,从学习工作到发展经济,无不彰显出轨道经济的印痕,体现出城市经济最高速发展的姿态。如果说轮胎是人类进入城市时代的推动力,那么轨道则是城市发展的"直通车"。由此衍生的城市经济命题,可以包括:居住轨道化、商业轨道化、商务轨道化、文化轨道化等。可以说,城市轨道交通的出现为城市经济注入了新模块、新概念和新内涵。

2.轨道交通利益关系

对城市轨道交通的需求是根据国民经济和社会发展的需要而产生的,对于国家、社会、交通使用者及其他利益相关者所产生的宏观社会效益和经济效益远远超过项目本身的投资者、建设者和运营者的微观经济效益。但由于城市轨道交通系统的外溢经济效益更多地具有间接性和不易量化的特点,因而通常不易为各界所理解。

经济建设项目的效益按照不同方式可以分成不同类型。按项目可以分为直接效益和间接效益。直接效益是指项目的投入使用能够对本行业直接产生的经济效益;间接效益则指由于项目的实施而对其他行业间接产生的效益。

若按项目法人则可分为内部效益和外部效益。内部效益是指项目法人通过收费等方式获取的项目的财务效益,例如轨道交通通过车票收取费用;而外部效益反映的是被他人无偿或者无意识获得的效益,例如轨道交通项目对沿线经济的拉动、对沿线土地和房地产的增值效益、对沿线商业的促进等。一般来说,项目法人无法通过直接收费方式将外部效益转化为项目的内部财务效益。

城市轨道交通项目的直接效益是改善了城市的交通状况,而间接效益则促进了沿线房地产业、商业、娱乐业等的发展。内部效益包括主营业务的收入(即车票收入)和辅营业务的收入(即营业外收入,包括车厢和车站的广告收入、车站内商业物业收入及其他与项目建成后有关的主营业务以外的收入)。这些收入一般是指投资运营企业的财务效益,容易量化。外部效益则包括居民出行时间的节约、沿线房地产的升值、政府税收的增加等。外部效益常常也是城市轨道交通项目的间接效益。

城市轨道交通系统与外界各相关主体之间的利益关系是相互的,既有直接利益,也有间接的隐含利益(见图 3)。总体上,轨道交通系统应该与外界各个利益相关主体之间维系着一种利益平衡,但从目前国内轨道交通系统运作的实际情况来看,在间接的隐含利益方面,轨道交通系统与其他利益相关者之间还是存在着明显的利益不平衡关系。城市轨道交通系统是城市的交通基础设施,属于准公共产品,其建设和运营均带有明显的公益性。轨道交通系统的直接获益者是乘客,乘客通过票款返还利益(当然在目前的车票定价机制下,这种利益返还机制的内涵还值得深入探讨)。

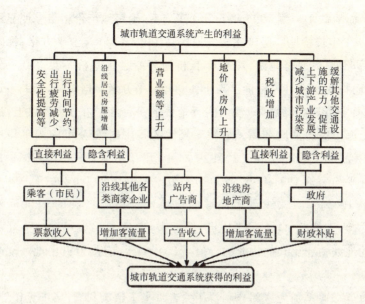

图 3　城市轨道交通系统利益关系图

　　轨道交通的收益者还有沿线的房地产开发商以及土地和物业的持有者,由于轨道交通系统的建设和运营使得沿线的土地、物业升值,住宅和商业地产需求旺盛,售价提高,销售更快。1981 年华盛顿地铁投资达到 30 亿美元(占总投资的 40%)时,引起的土地增值效益就达到 20 亿美元;2001 年 1 月地铁累计投资达到 95 亿美元时,新增的土地价值达到 100~150 亿美元。在芝加哥,轨道交通引起的土地增值约占其总投资的 36%~40%。据芝加哥运输局的估算,轨道系统产生的商业销售额达 46 亿美元、提供就业岗位 41209 个、每年的税收收入 1.54 亿美元,1 美元轻轨的投资回报为 6 美元。

　　在 20 世纪五六十年代建设的加拿大多伦多地铁,1959~1964 年,90% 的新建写字楼和 40% 的新建公寓都集中在地铁沿线;市中心和郊区地铁车站周围的房地产评估值增值分别为 45% 和 107%,而非地铁影响区的增值为 25%;连接地铁车站的写字楼租金比全市平均租金多增加 30%,车站周围 500 米范围内的写字楼租金比平均租金多增加 10%。

上海地铁 1 号线 1995 年 5 月通车前后,给房地产价格带来明显的变化。1991 年长桥地区房价比梅陇地区高 1100～1200 元/平方米;梅陇通地铁后,因长桥远离地铁,1994 年长桥地区商品房基价不足 3000 元/平方米,而梅陇地铁口的房价已高于 3000 元/平方米。据统计,1993～1994年间,梅陇、田林和康键地铁口附近地区的房价涨幅在 150% 以上,远远超过上海市区的平均涨幅。地铁 1 号线的荃庄站,1 公里圈内平均房价1991 年为 600 元/平方米,2001 为 3400 元/平方米,增长了 470%;2 公里圈外平均房价 1991 年为 929 元/平方米,2001 年为 1800 元/平方米,增长了 100%。明珠线周边区域的房地产价格由过去的 1800～2500元/平方米上升到 3000～4500 元/平方米,增长了 67%～80%。又如广州市的地铁物业比其他物业的价值高 20～30%,有的地方房地产涨幅也在 100%～150%。

轨道交通系统为这部分利益相关者带来了超额利润,属于无偿受益,但这部分的利益返还机制尚未建立。

3. 城市轨道交通体系社会经济效益估算分析

(1)城市轨道交通体系社会经济效益分析框架

城市轨道交通建设项目作为交通基础设施,是为全社会服务的公益事业,其经济效益除了表现为在轨道交通直接使用者身上的那一部分外,还表现为促进和带动其他相关产业部门的发展而产生的直接或间接效益,即社会经济效益部分,也称外溢效益。城市轨道交通的社会效益,与其他交通方式相比,无论在效益的产生方式、相关性或显著程度等方面更具有特殊性。在对我国城市轨道交通建设项目进行经济效益分析与评价时,宏观经济效益分析是必不可少的组成部分。在以往的经济效益分析及评价中,比较重视从微观上,对项目财务等直接效益进行分析和评价,忽视了从宏观社会经济发展的角度,对项目的间接效益和影响的分析评价。城市轨道交通建设项目对沿线经济发展的诱导效应、连锁反应以及无形效果等方面有巨大的影响力,如果忽视了这部分效益的评估,将会影响人们对城市轨道交通的重要性的全面、正确的认识。因此运用现代系统观点和交通经济学的理论方法,对城市轨道交通的宏观社会经济效益进行科学的分析与评价是十分必要的。轨道交通项目社会经济效益分析框架见表 2。

表 2　轨道交通项目社会经济效益分析框架

效益分类		轨道交通社会效益构成	不同部分效益涵盖内容
有形效益	直接	取代常规公交设施投入效益	主要包括三部分:购置公交车及建设配套保修、停车场的投资;公交车的运营经济成本;保证汽车通行需要拓宽道路的投资
		节约乘客时间效益	主要指乘坐轨道交通乘客节约时间效益
		减少交通事故、增强安全性效益	不仅体现在交通事故损失的减少,而且包括为社会、个人和家庭的幸福创造有利条件,增加整个社会的安定团结所形成的巨大社会效益
		提高劳动生产率效益	因轨道交通舒适、准点、快捷而减少乘客疲劳,提高乘客工作效率带来的效益
		节约能源效益	轨道交通单位运输量的能耗量远低于公交车和小汽车,形成节约能耗效益
		减少城市环境污染效益	包括减轻城市大气污染、噪声污染、热岛污染等社会效益
	间接	沿线不动产增值效益	主要是指由于交通条件改善所造成的沿线土地和房产的增值效益
		节约城市土地效益	轨道交通采用地下或高架运行,单位人公里占用土地面积减少,节约用地效益
无形效益	直接	改善交通结构,吸引大量客流,增加城市活力效益,方便城市居民生活,提高城市居民生活质量	
		增加就业机会,城市轨道交通项目本身和上、下游行业的发展,将为社会剩余劳动力提供大量的就业渠道	
	间接	改善城市布局,美化城市景观,带动沿线地面、空间、地下交通和其他经济项目成片开发的效益	
		城市轨道交通项目规模大、技术密集的特点,使其对上、下游行业的发展有很强的刺激作用	

(2)上海市轨道交通的社会经济效益分析

随着上海轨道交通 1、2、3 号线的逐步建成并投入运营,不仅在改善城市交通状况方面发挥了巨大的作用,而且在引导和带动经济社会发展的其他方面的效益也十分可观。以下的架构是对 2000 年上海轨道交通项目进行量化估算和非量化说明。

——对减轻地面公交系统投资压力的社会经济效益:节约车辆使用费约 11110.13 万元,节约道路折旧费 988.88 万元,节省停车泊位折旧费用约为 19.62 万元,总计 12118.63 万元。

——节省乘客出行时间的社会经济效益:约为 6.221 亿元。

——安全性提高的社会经济效益:约为 298.32 万元。

——提高劳动生产率的社会经济效益:约为 2.68 亿元。

——轨道交通节省能源的社会经济效益:7846.92 万元。

——改善社会污染状况的社会效益:缓解城市热污染的社会效益 264 万元,减少交通废气污染的社会经济效益因数据的可获性难以量化。

——带动沿线不动产增值因数据的可获性难以量化。

——节约用地效益因数据的可获性难以量化。

——其他难以量化计算的社会经济效益:轨道交通系统带动沿线地面、空间、地下和其他经济项目成片开发的效益;沿线企业利用轨道交通系统的效益外溢性所产生的间接微观经济效益;改善城市交通结构,吸引大量客流,增加城市活力的效益;减少城市噪音,提高居民生活质量;增加就业机会,带动上下游产业发展的效益等。

(3)天津津滨轻轨的社会经济效益分析

天津津滨轻轨全长 46 公里,2003 年 10 月 1 日建成通车,对于促进津滨间经济走廊的开发建设,加快天津市工业战略东移、促进滨海新区的经济社会发展、带动沿线房地产和商业的繁荣等产生了不可估量的作用。以下简要分析来自北大纵横咨询公司的《滨海快速轻轨经济分析报告》。

——替代公交出租购置成本 7.3 亿元。

——替代配套修路成本 1.1 亿元。

——替代停车场建设成本 0.16 亿元。

——土地节省 13.7 亿元。

——节约能源消耗 12.4 亿元。

——环保减轻温室效应 2.2 亿元。

——缓解城市大气污染和降低噪音（难以量化）。

——减少公交事故 0.2 亿元。

——替代公交节省运营人工成本 18.9 亿元。

——为乘客节省时间创造效益 97.1 亿元。

——缓解乘客疲劳创造价值 17 亿元。

——截止到 2005 年累计拉动沿线房地产升值 128 亿元。

——2004 年前轻轨建设拉动 GDP 值 167 亿元。

——2005～2015 年拉动 483～886 亿元房地产开发建设投资。

——2015～2025 年带动沿线 322～1352 亿元的消费,带动商贸、餐饮和物业的高速发展及沿线经济的繁荣。

二、城市轨道交通投融资模式经验借鉴

(一)国际城市轨道交通投融资模式的借鉴

纵观世界各国城市轨道交通 140 多年的发展历程,项目的投融资模式是决定其发展速度和规模的关键因素之一。因其代表的巨大的公益性,世界各国政府都在城市轨道交通的投融资过程中发挥主导作用,即通过政府投资体系直接为轨道交通建设和运营提供资金。国外轨道交通建设投资和运营很多都是国家通过立法解决轨道交通的资金来源,建设和运营的资金来源基本以政府财政投资和补贴为主(见表 3 和表 4)。

表 3　世界各城市轨道交通建设和运营资金状况

城市	建设资金来源	运营补贴情况	备注
巴黎	80％由联邦政府和地方政府分摊	政府补贴占运营成本的 54％	票价低廉
柏林	全部由中央政府和州政府提供	短缺部分由政府补贴	票价低廉

续表

城市	建设资金来源	运营补贴情况	备注
莫斯科	政府投资100%	政府补贴运营成本70%	票价低廉
纽约	政府投资100%	运营费用基金,政府补贴	票价低廉
东京	政府投资50%,私人投资50%	线路不提折旧,运营依靠补贴,约占运营成本的23%	政府提供无息或低息贷款
汉城	全部由中央和地方政府投资	运营亏损,政府提供专项地铁补助金	票价低廉
香港	政府为线路建设提供资金并提供沿线土地开发权	票款收入及沿线物业开发等实现盈利	计程票制,票价较高
北京地铁1、2号线	政府投资	财政补贴约占运营成本的40%	单一票制,月票,票价相对较低
上海1、2号线	政府投资、外国政府贷款、商业贷款	不提折旧,不还本付息,略有赢余	计程票制,票价中等
广州1号线	政府投资、外国政府贷款、商业贷款	不提折旧,不还本付息,运营小幅亏损,依靠土地开发、广告、商贸等收入实现微利	计程票制,票价中等

表4 世界各城市轨道交通经营状况

城市	车票收入(%)	其他商业收入(%)	政府补贴(%)
墨西哥城	13	1	86
格拉斯哥	33.5	1	63.5
斯德哥尔摩	34.1	3.2	62.7
巴黎	36	10	54
巴塞罗那	44	4	52
马德里	51	1	48
东京	46	31	23
汉堡	55	10	35
香港	75.4	24.6	0

由于城市轨道交通的建设和运营成本都相当高,再加上政府出于社会效益的考虑,通常会将票价定在相对较低的水平,从而使轨道交通运营的盈利十分有限。在轨道交通网络形成以前,客流的上升也有一个过程。因此,仅靠轨道交通自身运营很难在短期内实现建设资金的回收。近年来,随着城市轨道交通的兴起,各国政府越来越感觉到仅仅依靠政府的财政是难以单独承担轨道交通的建设费用,需要在政府投资为主的基础上,采取相应的优惠政策,通过各种渠道进行市场化融资,来适应城市大规模集中建设城市轨道交通的形势。

(二)国内城市轨道交通投融资模式的演进

1. 国内轨道交通投融资现状

目前国内已建成或在建的城市轨道交通建设的资金主要来源于以下几个渠道:(1)政府财政投资;(2)国外信贷和一些相关专项基金;(3)国内外银行贷款;(4)国内外企业投资;(5)发行相关债券或专项基金;(6)土地出让及沿线开发收益。

我国轨道交通建设的投融资模式基本还是以政府财政投资为主体,但存在以下问题:投资主体和投资模式单一,造成国家和地方财政负担过重;票价机制尚待进一步完善,政府对票价进行干预,但需要在社会福利最大化与保护投资者利益之间寻找平衡点;缺乏配套的城市轨道交通外部利益还原政策,轨道交通资源综合开发力度尚需强化。

2. 城市轨道交通投融资模式的演进

由谁投资以及如何经营是城市轨道交通投融资非常关键的问题。因此,投融资主体构成与经营方式的不同组合,决定了各种投融资模式的基本特征。从国际的视角来看,城市轨道交通经营体制一般有以下三种基本形式:政府投资模式;政府主导的市场化运作模式;投资主体多元化下的市场运作模式。

(1)政府投资模式

这一模式可以称为"国有国营",由政府负责地铁投资建设,所有权归政府,运营由政府部门或国有企业负责。纽约、柏林、巴黎、莫斯科、汉城等世界上绝大多数城市都采用"国有国营"模式。主要原因在于轨道交通项目投资大、回收期长、运营成本高、票价低廉,带有很大的社会福利性,项目本身盈利的可能性较小,私人投资者投资轨道交通建设和运营的积极性不高。

这种模式又分为财政投资和财政投资与政府债务融资结合的两种模式。

一是财政投资方式。我国在传统计划经济体制下仅有的北京、天津的轨道交通全部由政府投资,经营上由国有企业(实际是公共部门)垄断经营,依靠政府财政补贴来达到盈亏平衡。政府也不提供或很少提供包括沿线土地开发权等矫正外部效应的政策支持。

这种投融资方式的主要优点是:完全由政府财政投入,投资结构单一,操作成本低,运营后财务费用少。缺点是:政府财力往往无法满足轨道交通发展的资金需要;政府补贴长期存在,运营企业缺乏有效的激励机制,运营效率和服务水平较低。

二是财政投资与政府债务结合的方式。为克服上述模式中政府财力不足对轨道交通发展的制约,以政府债务融资为主与财政投资结合的模式逐渐兴起,这种模式主要是由政府财政投入部分资金,其余资金则依托政府提供信用担保,由轨道交通企业以银行贷款、发行债券等方式进行债务融资。日前国内城市轨道交通项目很多采用这一模式,国际上也不乏类似的案例。

这种方式的优点是筹措资金操作简便,资金充足、到位快,可以大大缓解轨道交通建设投资对地方财政的压力。缺点是融资成本高,巨额债务进一步加大了企业和政府的财务负担,尽管可以缓解政府的即期财政压力,但是政府必须提供持续的补贴,以保证运营的顺利进行。此外,投资主体单一,不利于运营服务质量和效率的提高。最后,不利于企业引入多元化的投资体制,无法从根本上减轻政府负担。但从满足国内当前地方经济发展对轨道交通的迫切需要,缓解财政建设资金不足的方面来看,这种方式具有一定积极作用。

上海地铁1号线、2号线最初建设时的资金筹措就是由上海市财政局以注入资本金的方式向地方政府投融资主体——上海城市建设投资开发公司(简称城投)和上海久事公司(简称久事)提供部分地铁建设资金,其余部分由城投、久事在政府承诺还本付息的条件下通过银行贷款等方式筹措,再向上海地铁总公司拨付全部建设投资;项目建成后交由国有的上海地铁运营公司进行经营运作。广州地铁 2 号线总投资 113.09 亿元,银行贷款 30 亿元,其余由政府财政投入。广州地铁 3 号线总投资157.93 亿元,政府投入 92.93 亿元(部分是国债专项基金),银团贷款 65亿元,贷款全部由政府承诺还本付息。项目建成后,交国有的地铁运营公司进行经营运作。

香港地铁在建设初期的很长一段时间内主要采用债务融资。初期的债务融资都由香港政府提供担保,如 1975 年获得第一笔总值 4 亿美元、年期 7 年的银团贷款,政府提供全部担保。项目建成后,由香港政府独资的地铁公司负责经营运作。香港地铁在 1993 年以前,主要依靠银行贷款或其他负债方式融集资金,资产负债率持续高达 80% 以上,但在 1993 年之后,逐步实现了投资主体的多元化,不断充实股东资本金的规模,使得公司的资产负债率降低到 30%~40% 的水平。

(2)政府主导的市场化运作模式

这一模式就是由政府出资进行地铁路网的建设,在路网建成后,通过经营业绩协议、管理合同、租赁和特许经营等方式,吸引私人部门参与地铁的运营管理。这种运作模式通过在地铁运营中实现主体多元化和市场化,在极大程度上提高了地铁的运营效率和盈利水平。该模式在很多国家都被采用,如日本地铁采用上下分离方式实现运营企业独立核算,即将路网建设和运营分离开,用公共资金负担轨道项目中投资巨大的基础设施建设,而把运营分离出来,确保运营部分的核算,实现经营责任的明确化和效率化。

上海地铁通过上海申通集团有限公司借壳凌桥股份(现已更名为申通地铁)将上海地铁 1 号线全部 18 列车、售检票系统和上海地铁广告公司 51% 的股权等经营性资产进行资产置换,并以协议方式将地铁 1 号线的经营权无偿转让给申通地铁,协议期限 10 年。同时,申通集团出具承诺,考虑到申通股份持续经营的需要,在 10 年期满前申通集团将与申通地铁续订地铁 1 号线经营权协议。申通地铁在取得对上海地铁 1、2 号线路的经营权后,成为地铁运营主体,从而实现了地铁运营市场化运作。申通地铁将通过与控股股东上海申通集团有限公司签订《过路费协议》,使用上海申通集团有限公司的地铁 1 号线铁轨、洞体、车站等路网资产。申通集团已承诺过路费收取标准 5 年不变,如因票价发生重大调整,申通集团将与申通地铁充分协商调整过路费收取标准,但其调整幅度不高于地铁票价的调整幅度。同时,申通集团又承诺在收取过路费后,将全力提供安全、可靠的地铁路网服务支持。

这一模式的主要优点是通过对地铁线路的市场化运作,可以减少政府对地铁运营资金的占用,很大程度上提高了地铁运营效率和服务质量。但是地铁运营的低盈利性,很大程度上限制了私人部门参与的积极性,必须通过提供相应的优惠政策来推动。

(3)投资主体多元化下的市场化运作

该模式是指商业企业取代政府成为项目的投资主体,并采用商业原则进行经营,通过存量或增量发行股份吸收社会资金,实现投资主体多元化,并在运营中引进市场竞争机制,实现政府宏观调控下的市场化运作。政府为了使项目具有一定的盈利能力以吸引社会投资必须采取一系列的政策措施,包括交通政策和土地政策;进行政府注资,改进项目的资金运营状况;创造良好的融资环境,降低项目融资成本等。为体现间接受益者对轨道交通建设成本的补偿,政府会采取转移支付的方式,如给予轨道交通企业某些土地、物业、税收方面的特许权,以保证间接效益部分能充分返还给轨道交通的建设。

这一模式是轨道交通产业发展的最高级阶段,其优势为:一是通过投资主体的多元化和经营运作的市场化,可以充分改善轨道交通投资和经营的效率;二是政府部门在实现投资主体多元化的过程中,通过出售部分股份收回资金,从而一定程度上充实了政府部门继续投资的资金实力;三是随投融资主体多元化格局的形成,市场化运作环境也将逐步改善,从而推动其他领域的市场化进程。但是,由于社会资金的进入,对短期利益的过分追求,容易导致企业目标与政府目标之间矛盾的出现,必须建立相应的激励和约束机制来保证。

在城市轨道交通行业,这一模式最具代表性的是香港。香港地铁在 2000 年 10 月发行股票上市,政府向公众直接出售 23%的股权,实现了投资主体的多元化。国内也有很多城市在基础设施领域已经开始这种运作。

(三)上海城市轨道交通投融资模式分析

地铁 1 号线(1995 年):全长 16.365 公里,工程投资约 6.2 亿美元,由上海市政府投资建设(解决国内配套资金),并采用信贷方式,融入了部分国外资金(见表 5)。

表 5　上海地铁 1 号线国外融资情况

贷款情况	联邦德国	法国	美国
贷款性质	政府贷款	混合贷款	政府赠款与商业贷款
贷款额度	4.6 亿马克	1.32 亿法郎	2318 万美元

地铁 2 号线(2000 年),全长 19.14 公里,工程投资约 94 亿元,采用了市区两级政府共同投资体制,并积极利用国外优惠贷款(约 8 亿美元外汇),资金机构见表 6。

表 6　上海地铁 2 号线建设资金来源

资金情况	外资(上海市政府借还)	四区政府(静安、黄浦、浦东、长宁)	城市建设投资公司
筹资比例	1/3	1/3	1/3
筹资用途	购置车辆和其他控制设备	前期准备工程和车站建设	区间隧道和车辆段建设

地铁 3 号线(即明珠线一期,2000 年),全长 24.97 公里,工程投资超过 90 亿元,首次采用项目公司模式,由上海铁路局、上海久事公司等 8 家投资人组成一个项目公司,走出多元化投资之路。地铁 3 号线建设资金来源见表 7。

表 7　上海地铁 3 号线建设资金来源

资金情况	外资	国内银行贷款	自筹
筹资比例	19%	49%	32%
筹资用途	购置车辆和其他控制设备	工程建设	工程建设

在"十五"期间,上海市的轨道交通项目共需建设资金 1000 亿人民币左右,针对如此大的投资规模,上海市对城市轨道交通进行了改革,采取

了一套全新的商业化模式,使得融资压力和融资风险得到合理的分摊。其主要原则是将项目的投资、建设、运营和管理职能分配给不同的主体。上海市政府除每年向轨道交通投资公司拨款 20 亿元外,只履行轨道交通宏观监管责任。申通公司以控股方的身份组建项目股份公司,并负责项目的融资。在项目建成后,申通公司以招标的形式确定项目运营权的归属,并与中标公司明确运营目标。同时,申通公司负责组织盘活已形成的资产,筹集资金偿还建设期债务。

申通公司于 2001 年成功地收购了上海证交所上市的 A 股——"凌桥股份",完成了资产置换,将其更名为"申通地铁",在开辟融资渠道方面跨出了坚实的一步。

改革后,上海模式的特点是政府以定额补贴的方式向投资公司注入资金,项目的投资、建设和运营完全采用商业化模式,政府只对轨道交通网络的规划、建设及运营方式提供宏观指导性意见。除政府投入外,其余建设资金由投资公司负责募集(包括项目经过各区财政承担的拆迁投资)。上海市轨道交通投融资模式见图 4。

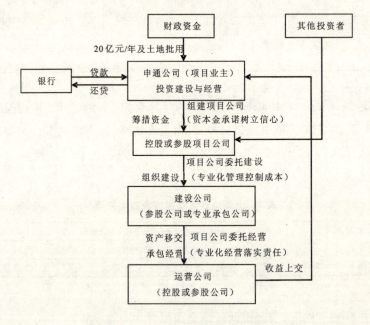

图 4　上海市轨道交通投融资模式

上海模式的优势在于：(1)通过投资主体的延伸，即降低了政府对轨道交通的干预，也减轻了轨道交通对政府财政资金的依赖；(2)拓宽了融资渠道(如上市融资、债券融资等)；(3)激活了存量资产；(4)控制了经营成本。

不利因素有：(1)资本金比例较低，对投资公司筹集还款资金形成了巨大的压力；(2)申通公司在项目投资和运营中所处的地位过于重要，一旦公司资金运转发生困难，将会完全阻断上海轨道交通建设进程。

(四)北京城市轨道交通投融资模式分析

1. 2003 年体制改革前

北京市国内最早建设和运营轨道交通的城市，由于历史原因，在体制改革前，北京的轨道交通投融资模式中带有很强的计划经济特征。

北京早期建设的 1 号线西段和环线地铁，是由中央政府直接投资建设的，经营者不必负担其建设成本。之后，北京市建成了地铁 1 号线中段(复兴门—八王坟)、轨道交通 13 号线和八通线等轨道交通项目，其主要资金来源由几部分组成：一是北京市财政投入；二是政府协调下的企业及项目所在区的投入；三是国外政府贷款；四是国内银行贷款(以国家开发银行贷款为主)。北京市轨道交通项目的资本金比例维持在 40% 左右。在建项目建设阶段，政府投入项目资本金，为项目负债提供担保；在项目经营阶段，政府除负担建设负债的偿还外，每年还对地铁总公司补贴 3 亿元左右，以维持地铁运转。

这一阶段，北京模式的优势在于：(1)在轨道交通线路未成网络的早期，由于运营线路利润很少，或没有利润，政府加大投入可以促进轨道交通的建设速度；(2)由于政府补贴地铁运营，其制定的票价政策低于居民可承受票价水平，尽快地扩大客运量，减轻了其他客运方式的压力。其缺点在于：由于北京市整体运作模式中缺乏商业气氛，项目投资及经营中受诸多因素影响，因此不但没有有效利用资源优势，还形成地铁总公司亏损严重、政府对轨道交通的补贴额随运营里程增加不断上升的不利局面。

2. 2003 年体制改革后

随着北京申办 2008 年奥运会的成功，北京市轨道交通迎来了前所未有的发展机遇。根据《北京市 2004～2015 轨道交通发展规划》,自 2004 年至 2015 年,北京市将建设约 260 公里市内轨道交通,总投资达 1000 亿元。巨额投资、高强度的建设规模、规模化的线路运营,对北京市轨道交通的发展提出了很高的要求,而传统的投资、建设、运营体制已不能适应当前的发展需要。在这种情况下,引入社会投资,建立市场竞争机制,缓解政府的投资压力,提高地铁建设、运营水平,就显得尤为必要。

(1)地铁 4 号线 PPP 项目融资模式

2003 年,北京轨道交通投资、建设、运营职能分离后,北京市对轨道交通融资模式进行了新的探索和尝试,在地铁 4 号线引入了 PPP(公私合营)项目融资模式,向城市轨道交通吸引社会多元化投资迈出了坚实的一步。

北京地铁 4 号线总投资 153 亿元,其中 70%(约 107 亿元)由北京市政府出资,另外 30%(约 46 亿元)由获得特许经营权的公司投资。特许经营方主要负责车辆、信号等设备方面的投资及 4 号线建成后的运营管理,30 年特许经营期满后再无偿移交给政府。项目融资要点在于采取特许经营权方式,最主要的是"特许经营权协议",以及合作协议、租赁协议等。北京地铁 4 号线投资状况见表 8。

表 8　北京地铁 4 号线投资状况

出资比例	资金来源	出资方式	目的与收益
40%	北京市政府＋途径区政府	现金出资/资本金	完成建设任务
30%	北京基础设施投资公司	政府给政策、资源	
30%	社会化/招商引资		项目收益

2004 年 12 月 5 日,香港地铁公司、北京市基础设施投资有限公司与北京首都创业集团有限公司在京共同签署了投资原则性协议,决定以公私合营(PPP)模式,合作投资、建设及运营北京地铁 4 号线。根据三方达成的投资原则性协议,注册资本约 15 亿元人民币,香港地铁和首创公司各占 49%,北京市基础设施投资有限公司负责剩余 2%的投资额。北京

市政府将通过北京市基础设施投资有限公司负责征地拆迁和土建工程等方面的投资建设,香港地铁等三方的合作公司则负责列车及机电设备的投资建设和地铁4号线的运营。

(2)其他在建项目融资模式

北京市正在积极推动地铁5号线、9号线和10号线的社会化融资工作,2004年12月15日,北京市发改委有关领导率团赴加拿大魁北克省,举办"中国—加拿大经济论坛暨奥运经济市场推介会",推介会上涉及的轨道交通线路主要有北京地铁5号线、9号线、10号线项目。

三条不同线路主要采取两种模式分别进行社会化融资,整个工作于2005年1月1日开始。5号线和10号线由于已经全面开工,分别计划于2007年、2008年建成运营,为保证工期,社会投资者现只限于在运营期介入。这两条线在由政府投资方建成后,拟采用经营权转让或资产租赁的方式进行招商。两条线可以分别招商,也可以作为一个项目整体招商。

经营权转让方式是北京地铁5号线、10号线的业主单位把整个地铁工程建设完毕后,通过将未来20年运营权一次性转让的方式,吸引投资者。投资者成立特许公司在经营期内负责地铁系统的运营、维护、更新服务,并通过票款收入和其他相关的商业开发收回投资。特许经营期内,业主单位负责地铁系统的升级改造。经营权转让费具体的支付方式根据每条线路的客流特征以及生命周期成本的实际情况而定。

资产租赁的方式是业主单位将地铁系统的资产以租赁的形式出租给社会投资者成立的特许公司。租赁期间由特许公司负责地铁系统的运营和维护,通过票款收入和其他相关的商业开发收回投资;业主单位负责地铁系统的更新与升级改造。租金按年支付,具体支付方式视每条线路具体情况而定。

地铁9号线将采用DBFO(设计—建设—融资—运营)的运作方式,由社会投资者在特许期内负责项目的设计、建设、融资和运营。为使项目具备财务可行性,部分建设资金由政府投资方负责筹集,并考虑沿线土地开发利用与线路的投资建设有机结合。

根据地铁9号线可行性研究报告估算,9号线工程项目总投资约80

亿元。按北京市政府确定的 7:3 比例,将 9 号线的总投资划分为 A、B 两部分。A 部分资金由拟成立的 9 号线投资公司为政府投资方筹措,约 56亿元;B 部分资金由社会投资者负责筹措,约 24 亿元。

为促进轨道交通与沿线土地的综合开发,由政府有关部门对 9 号线沿线一定范围内的土地资源控制起来,结合 9 号线线路走向和站点分布及出入口位置,进行有针对性的控制性详细规划,土地出让的增值收益作为政府投资方对地铁 9 号线建设的投入资金。

综上所述,北京地铁 4 号线、9 号线、5 号线和 10 号线所采用的融资模式都属于 PPP 模式,但由于每条线路的特点不同,在这四条线上所采用的三种融资模式,在具体操作细节上存在一定的差异。近年来,北京市对城市轨道交通社会化融资方面开展了大量的工作,进行了有益的探索,4 号线 PPP 融资模式的成功实施,是城市轨道交通项目融资模式的重大突破。北京市在地铁 4 号线、9 号线、5 号线和 10 号线等新建轨道交通线路上融资模式的探索和尝试值得我们学习和借鉴。

(五)香港城市轨道交通投融资模式分析

香港的城市轨道交通项目在建设初期采用政府债务融资、政府经营的模式。香港地铁在建设初期,债务融资都由香港政府提供担保,如1975 年获得第一笔总值 4 亿美元,年期 7 年的银团贷款,政府提供全部担保,项目建成后,由香港政府独资的地铁公司负责经营运作。这种模式的优点是:筹措资金操作简便,资金充足,到位快,可以大大缓解轨道交通建设投资对地方的压力。其缺点:一是融资成本高,巨额债务进一步加大了企业和政府的财务负担,尽管可以缓解政府即期的财政压力,但是政府必须提供持续的补贴,以保证运营的顺利进行;二是投资主体单一,不利于运营及服务质量和效率的提高;三是不利于企业引入多元化的投资体制,无法从根本上减轻政府负担。

2000 年 10 月,香港地铁公司实行部分私有化,在香港上市,77% 的股份由特区政府持有,其余 23% 由公共持有,股票融资达到 94 亿元,转变为投资主体多元化的市场运作模式。具体方式是对国有地铁企业进行股份制改造或组建股份公司,通过存量或增量发行股份来实现投资主体的多元化。政府在实现投资主体多元化的过程中,通过出售部分股份收回资金,从而一定程度上充实了政府继续投资的实力,政府和企业之间建立了市场化的委托代理关系。

这种模式的优势:一是通过投资主体的多元化和经营运作的市场化,可以充分改善轨道交通投资和经营的效率;二是投融资主体多元化格局的形成,会逐渐改善市场化运作环境,从而推动其他领域的市场化进程。但是,由于社会资金的进入,对短期利益的过分追求,容易导致企业目标与政府目标出现矛盾,必须建立相应的激励和约束机制来保证。该模式是实现地铁产业市场化的高级阶段。

香港地铁建设资金来源如下:

香港地铁荃湾线、观塘线与港岛线总建设费用约 260 亿港元,建设资金主要有三个来源:政府以股本形式投入约占两成;发展房地产约占一成半;其余来自借贷。除了股东资金外,尚有出口信贷、债券、银团贷款、利率和信贷置换融通、商业票据、银行透支便利等。

1. 政府注入的股本资金

香港地铁私有化之前,香港政府通过"政府财库管法团"成为地铁公司的唯一股东,并且同意地铁公司以发行股票方式替代向政府交税和收购地价的费用。最初注入股本为 8 亿港元,法定股本为 20 亿港元。政府每年都向地铁公司注入新股本资金,藉以提高地铁公司的实收股本数额。法定股本也作了 3 次大幅度提高,1981 年由 20 亿港元提高到 55 亿港元;1985 年增到 110 亿港元;1988 年扩大到 115 亿港元,实收股本 85 亿港元,其余 175 亿港元来源于各类融资,包括债券、贷款、浮息、票据等。

香港政府决定扩大地铁公司的法定股本,并注入资金,认购新股,使地铁公司的资本结构更稳健,财务基础更加健全的保证,同时也免除了地铁公司的负债超越资产总值的危险。

2. 出口信贷

地铁建设分段公开向全世界招标,投标规定工程承包商必须获得所属国提供的优惠借贷条件的出口信贷,所有的出口信贷都是由香港政府提供担保的。

3. 组织银团贷款

银团贷款具有金额大、年期长的特点,地铁公司集中在港元银团贷款市场筹资,银团贷款占相当的比例。

4. 发行票据和债券

除了定息港元债券外,地铁公司还发行了一系列的港元浮息债券以及其他币种的债券。到 1986 年底,集资 52 亿港元。发行商业票据是地铁公司获得成本较低的短期资金的主要来源。商业票据是一种以公司名义发行的、无保证的短期流通票据,通常以折扣方式出售,年限不超过 9个月。折扣后比银行的短期信贷利率低 1%～4%,甚至更低。

机场快线总投资 340 亿港元,主要来源有三个:政府提供的资金 237亿港元、发展房地产与车费等收益、借贷。车费收益是地铁公司的主要收入来源,占全部收入的 80%,它的增加:一是来自车费在一定时期内随通货膨胀的调整而上调,即所谓"无实质增长的长期票费政策";二是乘客使用率提高。

三、滨海新区城市轨道交通的发展现状及前景展望

(一)滨海新区轨道交通发展现状

滨海新区现有轨道交通线路一条,即津滨轻轨工程。津滨轻轨项目由东段工程和西段工程组成。先期建设的东段工程西起市内中山门,东至开发区第八大街东海路,全长 46 公里,共设 14 个车站,设停车场、车辆基地、控制中心各一个。总投资 56 亿元,具体包括土建 24.5 亿,车辆 7亿元,设备 15.2 亿元,动拆迁 9.3 亿元。2001 年 5 月 18 日开工建设,2003 年 9 月 30 日实现"三通",仅用了 1000 天的时间就建设完成了我国目前线路最长的轻轨工程。

津滨轻轨东段成功投入运营后,立即投入到轻轨西段工程的建设中。西段工程东起天津站后广场,在中山门与东段工程相连。计划全长 7.53公里,预算投资 38 亿元,共设天津站、七经路、十一经路、大直沽西路、东兴路 5 座地下车站,2004 年 11 月 6 日开工建设。截至目前,高架桥段、路基过渡段、入地段、明挖段施工已全部完工。2006 年 4 月 18 日,东兴

路站至光华路段盾构工程开工。预计 2008 年通到南站七经路、2010 年全线建成通车,与天津地铁 2 号线、3 号线、京津城际列车在东站接驳。

(二)滨海新区发展城市轨道交通的总体思路

我们认为,"政府主导、规划先行、体制创新、资源整合"是滨海新区的城市轨道交通事业取得大发展的原则和指导方针。

1. 政府主导是滨海新区轨道交通发展的根本保证

城市轨道交通对于解决城市交通难题,引导城市布局发展和促进经济持续快速健康协调发展具有巨大的作用,同时可以保护环境、节约资源,实现城市的可持续发展。但是,由于轨道交通项目投资大、建设周期长,投资回收慢,同时作为具有很强公益性的城市基础设施,其社会效益远远大于项目本身的经济效益。其本身存在的巨大的外部性在目前国内转移支付机制还未确立之前,仅仅运用市场机制是无法完成轨道交通项目的建设和运营的。因此,在滨海新区,如果没有政府强有力的主导作用,轨道交通产业的发展在规划、资金、建设、用地等方面就难于真正得到落实。

2. 规划先行是滨海新区轨道交通发展的前提条件

制定科学合理的轨道交通战略规划是城市轨道交通在滨海新区取得大发展的前提条件。交通基础设施与城市发展是互动的,交通方式影响着公众出行习惯,为公众居住、就业、办公、购物、休闲、娱乐提供便利条件,城市的扩展、功能划分、布局调整,又促进了交通资源重新配置。

滨海新区发达完善的轨道交通体系的建设过程是与滨海新区的城市发展战略密切相关的。城市是一个巨大的、由多种要素构成的动态综合系统,只有通过城市规划才能充分体现城市发展战略理念,解决城市重大战略问题,达到统筹规划城市功能,合理配置交通资源,有效调控交通流量与流向,降低社会总成本,提高交通系统效率的目的。

城市轨道交通规划要成为城市整体规划的有机组成部分,要运用TOD 的概念加强轨道交通对城市发展的引导作用,重点对轨道交通沿线周边地区的用地性质及规划作出相应的调整,为促进城市合理布局创造条件。加强对沿线土地的控制有利于把轨道交通所带来的土地升值部分直接转化到轨道交通的建设中去。

3.机制创新是滨海新区轨道交通发展的未来方向

通过对国内外诸多城市轨道交通运作的模式研究,结合天津滨海新区的实际情况,我们认为机制创新是轨道交通在滨海新区取得大发展的方向和出路,只有通过机制创新才能够创造出良好的市场环境和政策环境,加快轨道交通的建设速度,增强运营能力,提高服务水平,也只有通过机制创新才能够使其更好地创造地社会效益,引导城市布局和资源配置,促进经济社会全面协调发展。同时,以推进轨道交通事业的机制创新作为滨海新区建设综合改革实验区的切入口,为新区进一步深化改革扩大开放,积累经验,提供借鉴。

(1)建立配套的投融资机制

首先,建立健全轨道交通建设的投融资评价体系,进一步完善轨道交通项目建设的经济政策、优惠条件、扶持政策等。其次,对轨道交通项目引入外资,应制定专项引资政策。最后,建立与政策相适应的投融资体制,实施发行"城市基础设施长期债券"政策;系统建立"城市轨道交通建设基金";拓宽投融资渠道、建立结构化融资模式,规范投融资标准。

(2)建立合理的投资回报机制

尽快建立轨道交通建设运营的效益返还机制,将轨道交通外部性特征带来的增值部分以一定的方式返还给轨道交通的投资者和经营者。在效益返还机制尚未建立的情况下,政府应以一定的方式对轨道交通建设和运营的成本与收入之间的差额予以补贴,以保证轨道交通企业的正常运营。

(3)建立合理的票价定价机制

轨道交通行业的票价管制水平不仅与运营企业的利润水平密切相关,而且会直接影响投资者对投资轨道交通项目的预期利益。而票价管制政策也是滨海新区轨道交通体制创新的核心内容之一。在保证社会福利和维护运营企业发展潜力的前提下需要给予企业更多的经营自主权,做到合理定价。

（4）建立轨道交通与土地开发的一体化机制

政府要将城市轨道交通建设产生沿线土地增值部分转化为政府土地收益增值,然后通过转移支付方式投入轨道交通建设,将轨道交通的建设与沿线土地开发结合起来,需注意以下几点:①政府提前对城市轨道交通沿线相关地块进行总体规划,利用 TOD 模式提高土地集约化程度,提升沿线土地增值潜力。②在城市轨道交通沿线土地增值前控制土地使用权,委托土地管理部门储备、控制和运作土地,委托规划部门进行沿线土地属性调整、结构优化、集约利用。③在土地上市拍卖和挂牌出让时,轨道交通单位所属房地产企业参与竞标过程。如由其他房地产开发商中标,则拍卖的土地收益和土地收益增值由政府作为资本金投入轨道交通建设。如由轨道交通单位所属房地产公司在底价和底线内摘牌,则该房地产公司交纳土地出让金,作为政府资本金注入轨道交通建设。房地产公司再以土地抵押贷款进行房地产开发,所获利润支持轨道交通建设。④政府通过合理调整税费,将土地使用者多占有的土地收益增值部分收回。

4.资源整合是滨海新区轨道交通发展的现实出路

城市轨道交通资源的多样性为其资源整合、综合开发提供了坚实的物质基础。因此,在未来滨海新区的城市轨道交通规划、建设、开发和经营管理过程中,要坚持资源整合、综合开发、多元化经营的原则,全面开发轨道交通特有的固有资源和衍生资源、有形和无形资源,构筑完善的轨道交通产业体系,以多种经营的收益弥补公益性运营收益和建设资金的不足,逐步形成自我发展、自主经营、摆脱政府补贴的公共产业。

滨海新区轨道交通发展的资源整合还体现在降低整体线网成本,控制整体工程造价方面。我们需要利用资源整合理念,打破每条线都要有独立的车辆段、控制中心和主变电站等"小而全"的传统思维。以车辆段为例,一个车辆段的维修工艺设备往往需要几千万的投资,有些几百万一台的设备仅仅服务于一条线路,根本无法充分发挥其能力。

最后,滨海新区轨道交通的发展还应体现在官、产、学、研各个利益相关主体之间的资源整合上。城市轨道交通是朝阳产业,在国内近几年才刚刚得到迅猛发展。如何发展城市轨道交通,对于政府、企业、学界而言都是一个具有重要意义的课题。在这样一个新兴产业中,经验曲线和学习曲线是非常重要的。那么,在新区轨道交通建设的起始阶段,就将有建设和运营经验的企业整合到的政策研究、规划设计的全过程中是非常必要的。

(三)滨海新区城市轨道交通投融资模式创新建议

根据城市轨道交通产业的经济特性,其线路部分存在自然垄断性,而运营部分存在非自然垄断性。由此,政府应明确轨道交通准公共产品的定位,承担公共品部分的投资、建设并拥有所有权,将经营权通过租赁、承包等方式交给企业,由企业进行市场化运作。具体来说,新区可以从以下几方面考虑:

参照国内外先进城市的经验,结合滨海新区的实际情况,明确政府对轨道交通项目的出资比例,并根据发展规划形成稳定的资金来源。

创造并形成良好的轨道交通投融资体制,营造出一个较为宽松的轨道交通建设投资环境,采用各种创新的金融工具,协调各参与者的动机,吸引社会各方面资金。

根据轨道交通产业存在巨大的外部性,制定适合我国国情的轨道交通效益返还的具体政策,实行轨道交通沿线单位有偿受益原则,将轨道交通建设带来的增值部分以一定的方式返还给轨道交通的投资者和经营者。

在轨道交通的效益返还机制尚未建立的情况下,根据受益者支付原则,政府作为市民利益的代表者,支付享受社会产品所需的费用。政府要通过一定的手段对轨道交通的成本和收入之间的差额进行补贴,以保证轨道交通企业实现正常运营。

城市轨道交通规划要成为城市整体规划的有机组成部分,要运用TOD 的概念加强轨道交通对城市发展的引导作用,重点对轨道交通沿线周边地区的用地性质及规划作出相应的调整,为促进城市合理布局创造条件。

建立轨道交通与土地开发一体化机制:将沿线土地增值部分转化为政府土地收益增值,通过转移支付投入城轨建设,将城轨建设与土地开发结合起来。

具体的操作方法如下:

1. 在城市轨道交通沿线土地增值前控制土地使用权,委托土地管理部门储备、控制和运作土地,委托规划部门进行沿线土地属性调整、结构优化、集约利用。

2.新线建设前期预测新线建设运营的全过程、全成本,在明确投资来源和确保运营业务有一定的利润率的前提下,测算资金缺口。

3.沿线地块选址并预计增值收益,确认增值收益能够弥补轨道交通建设资金缺口,并与政府签署预计地价合同。

4.政府根据轨道交通工程进展的资金需求,在特定时段对拟定地块使用权通过招拍挂进行出让,最终出让价格高于原预定价格的增值部分作为资金补贴投入轨道交通建设。

示例如下:

滨海新区新建某线路全长 50 公里,高架线路,经营期 30 年,项目利润率 5%,全部投资 100 亿元(含建成后运营成本)。根据经营性和非经营性资产的划分,政府应出资 85 亿元用于土建等非经营性资产的购置,企业自筹 15 亿元用于车辆等经营性资产的购置。如果能够采取土地增值收益补贴轨道交通建设的模式,政府只需要出资 35 亿元,加企业自筹 15 亿元,即可满足 50% 资本金的门槛进而启动项目。随着项目进展,沿线土地不断升值,在适当时机再出售拟定地块,将土地增值补贴投入轨道交通建设(见图 7)。

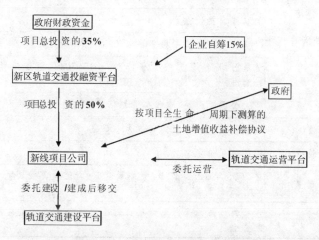

图 7　滨海新区轨道交通投融资模式示意图

如此操作,政府通过投融资领域的创新,只使用了 35 亿元就撬动了一个 100 亿元的项目。而随着项目的建设,沿线更多的地块都将随之受益,地价上涨使政府受益多多。

四、滨海新区城市轨道交通资产证券化设想

(一)城市轨道交通资产证券化相关案例分析

1.收费权 ABS——莞深高速

(1)基本信息

表 8 莞深高速公路收费收益权专项资产管理计划

项目	计划内容
计划管理人	广发证券
基础资产	东莞控股所有的莞深高速(一、二期)公路收费权中自专项计划成立之次日起十八个月合计为人民币 6 亿元的收益权
募集规模	人民币 5.8 亿元
预期收益率	预期年收益率为 3.0%～3.5%
信用增级	中国工商银行提供不可撤销的连带责任担保
注册登记	中国证券登记结算公司登记
流动性安排	计划份额通过深圳证券交易所大宗交易系统转让 采取协议转让方式 以全价交易方式申报 交易时间:每个交易日的 15:00－15:30(以深圳证券交易所公告为准)
信用评级	经大公国际评定,本收益计划信用级别为 AAA 级
面值	每份收益计划份额的面值为 100 元
发售价格	按面值平价发售
产品期限	自 2005 年 12 月 27 日(计划设立日)开始计算投资收益,2007 年 6 月 27 日到期
本利支付	专项计划每六个月向专项计划份额持有人支付当期专项计划分配资金

注:专项计划份额持有人收益分配资金＝专项计划分配资金÷专项计划总份额×持有份额

（2）交易结构

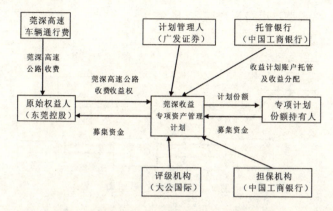

图8　莞深高速专项资产管理计划交易结构

（3）借鉴之处

总体来说，我公司可将每年的票务收入打包进行资产证券化。但是从短期来看，按照目前的票务收入情况，总量不是很大，无法将未来的票务收入进行资产证券化；从长期来看，一旦轨道交通形成网状连接，票务收入将会是一个优质的、持续的现金流奶牛。因此，随着津滨轻轨西段、北延线、津港线的相继建成，票务收入可作为资产证券化的基础资产。

2.轨道交通存量资产 ABS——重庆轻轨

（1）基本信息

重庆 2007 年 3 月获准率先在全国银行间市场试点发行 50 亿元的"市政资产支持证券"。重庆这一创新操作拓宽了市政建设的融资渠道，同时融资成本比同期银行贷款利率降低 1.5 至 2 个百分点。具体说来，重庆结合市政资产和建设资金需求状况，决定通过"政府采购、分期付款"的方式对"特定的市政资产"进行证券化操作，在银行间市场定向发行资产支持证券，从而取得 50 亿元融资。作为此次重庆市政资产证券化的标的资产，"特定的市政资产"包括：重庆市开发投资公司（以下简称开投公司）下属重庆市轨道交通总公司（以下简称轨道公司）所拥有的轻轨 2 号线扣除日元贷款部分后剩余的轻轨资产约 27 亿元、轻轨 3 号线已建设部分资产约 3 亿元;重庆市城市建设投资公司(以下简称城投公司)所拥有的部分主城区市政道路资产约 20 亿元。

(2)交易结构

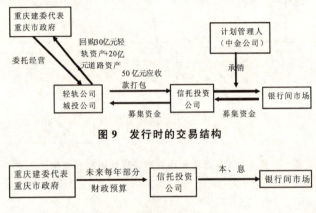

图 9 发行时的交易结构

图 10 还款时的交易结构

(3)借鉴之处

重庆轻轨资产证券化案例对于天津发展城市轨道交通具有重大借鉴意义,即通过政府回购轨道交通企业的非经营性资产部分,来构造一个现金流,并将其资产证券化。

通过出售存量资产虽然能够构造出未来的现金流,但是伴随着出售的过程,交易成本会加大(如需交纳印花税、营业税、所得税等),这会影响资产证券化产品的收益情况,进而影响其发行的成功率。因此,我们应当通过政府力量将这些交易成本降到最低,才能保证该产品的吸引力。

3.BT 项目 ABS——浦东建设

建设-移交模式,是一种项目融资方式,是指在公共基础设施项目运作过程中,政府与企业就基础设施项目签订协议,由企业进行投融资及建设;项目建成后,由政府一次回购该项目资产,并按双方认定的回购原则向企业支付回购款。

一般来说,政府与企业签订的 BT 项目回购合同会约定,BT 工程完工验收后,经过审计,政府进行回购并分期支付回购款项。此时,投资企业在资产负债表上将其确认为对政府的长期应收债权。企业将 BT 项目资产证券化需要两个操作要件:作为回购方的地方政府需要具备较强的财政实力和信誉;只有 BT 项目完工验收后才能进行专项计划操作。

(1)基本信息

作为国内首只 BT 项目资产证券化产品,同时也是首只向基金公司发售的资产证券化产品,"浦建收益"在国内首开先河,以市政基础设施项目作为标的进行企业资产证券化项目,从 2006 年 6 月 22 日正式成立时就受到市场的广泛关注。

这个专项计划由国泰君安证券发起设立,上海浦东建设股份有限公司(简称浦东建设)(600284. SH)绝对控股的上海浦兴投资发展有限公司(简称浦兴投资)和无锡普惠投资发展有限公司(简称普惠投资)作为原始权益人,将其所拥有的 13 个市政道路 BT 项目的回购款合同债权组成资产池并转让给国泰君安"浦建收益计划",并由后者设立专项资产管理计划募集资金。

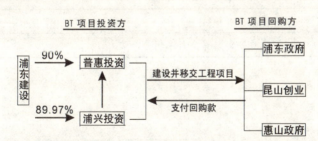

资料来源:国泰君安证券《浦东建设专项计划优先级受益凭证推介》报告

图 11　浦东建设 BT 项目投资关系图

该计划发售总规模为 4.25 亿元,其中优先级受益凭证 4.1 亿元,期限为 4 年,预期收益率达 4%,次级受益凭证 1500 万元,由浦兴投资和普惠投资认购,并在计划存续期内不得转让,以回购款现金流向投资者支付本金和收益,并合理采用了优先/次级结构和外部担保进行信用提升。

产品全称	浦东建设 BT 项目资产支付受益凭证		
产品简称	浦建收益	证券代码	119005
基础资产	浦兴投资和普惠投资依据十份回购协议所合法享有的十二个 BT 项目自专项计划成立次日起四年内对项目回购方拥有的全部回购款的合同债权及其从权利		
产品类别	优先级受益凭证		次级受益凭证
产品规模	11000 万元		1500 万元
成立日	2006 年 6 月 22 日		
到期日	2010 年 6 月 22 日		
预期收益率	4%		无预期收益率
支付方式	每年还本付息一次		第四年偿还
担保安排	上海浦东发展银行为专项计划专用账户在专项计划存续期内每十二个月累计收到的划款金额或在约定日期存款余额达到约定数额,提供无条件的不可撤销的保证担保		无
流动性安排	通过深圳证券交易所大宗交易系统转让		不得转让
管理人	国泰君安证券股份有限公司		
托管人	上海浦东发展银行		
登记机构	中国证券登记结算公司深圳分公司		

(2)交易结构

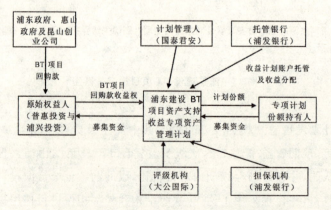

图 12 浦东建设项目资产支持收益专项资产管理计划

（3）借鉴之处

轨道交通企业可与政府签订轨道交通非经营性资产 BT 项目回购合同，BT 工程完工验收后，经过审计，政府进行回购并分期支付回购款项。通过将政府的分期回购款项资产证券化，可以缓解政府与企业的出资压力。

（二）滨海新区城市轨道交通资产证券化初步设想

1. 对既有线路的设想

根据城市轨道交通产业的经济性质将其区分为经营性资产和非经营性资产。津滨轻轨东段项目土建资产约 30 亿元人民币可划归为非经营性资产，包括场站、基桩、线桥、轨道等；设备和车辆共计约 20 亿元人民币可划归为经营性资产。

由政府回购津滨轻轨东段项目的非经营性资产，并与滨海快速公司签署资产租赁合同，由公司每年支付一定数额的资产使用费给政府，而经营性资产继续留在企业内。滨海快速公司将政府回购产生的应收款进行资产证券化操作。对于回购时交易成本过高的问题，我们建议可借滨海新区的先行先试政策，减免相应的税收，从而使得该项交易顺利完成。

政府与滨海快速公司签订运营管理合同，结合对未来客流的预计，明确双方的责任、权利和义务，根据津滨轻轨目前的运营情况设计经营、管理、服务、安全等方面的考核指标，以及补贴的计算。

随着滨海新区开发开放的深入进行和津滨之间的经济社会联系的日益密切，初步估计今后几年每年客运收入将以超过 20％的速度增长。特别是津滨轻轨西段工程的通车和天津站枢纽工程的建成，以及中期的津港线、北沿线的相继建成，新区的轨道交通将成网状分布，未来客流将呈现突破性增长，津滨轻轨将逐步摆脱对政府补贴的依赖，走上自身造血的良性循环。图 13 为 2007～2020 年滨海新区轨道交通网络运营情况展望。

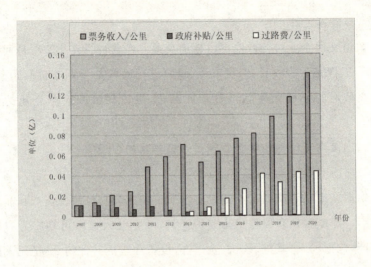

图 13 2007～2020 年滨海新区轨道交通网络运营数据预测

随着轻轨线路成为网状后,单公里票务收入将会持续增长,而政府对单条线的补贴则会逐渐减少,同时企业上缴的过路费也会逐年增加。经预测,到 2020 年,轻轨公司可以上缴过路费 18 亿元。随着滨海新区产业的发展、生活基础设施的完善,以及路网更加密布,上缴政府的过路费将会更大程度的增长,最终使政府收回投资。

表 9 即为 2007～2020 年轻轨运营时期,单公里票务收入、补贴与过路费的预测情况。

表 9 2007～2020 年滨海新区轨道交通网络运营数据预测

	2007	2008	2009	2010	2011	2012	2013	2014	2015	2016	2017	2018	2019	2020
运营														
东段														
票务收入	0.50	0.63	0.94	1.13	2.19	2.63	3.15	4.10	4.92	5.90	7.67	9.21	11.05	13.26
政府补贴	0.5	0.5	0.4	0.3	0.1		0	0	0	0	0	0	0	0
过路费	0	0	0	0	0	0.1	0.2	0.4	0.8	1.2	1.8	2.5	3	3.5
西段				建设期										
票务收入					0.40	0.48	0.58	0.86	1.04	1.24	1.62	1.94	2.33	2.79
政府补贴					0.4	0.3	0.2	0.1	0	0	0	0	0	0
过路费					0	0	0	0	0.1	0.2	0.4	0.8	1.2	1.8
津港							建设期							
票务收入								0.50	0.60	0.72	0.94	1.12	1.35	1.62
政府补贴								0.35	0.25	0.15	0.05	0	0	0
过路费								0	0	0	0	0.1	0.2	0.4
北延						建设期								
票务收入											0.60	0.72	0.86	1.04
政府补贴											0.3	0.2	0.1	0
过路费											0	0	0	0.1
票务收入/公里	0.0108696	0.0136	0.0204	0.0245	0.0489	0.0586	0.0704	0.053	0.0637	0.076	0.0814	0.0977	0.1172	0.1407
政府补贴/公里	0.0108696	0.0109	0.0087	0.0065	0.0094	0.0057	0.0038	0.0044	0.0024	0.001	0.0026	0.0015	0.0008	0
过路费/公里							0.0043	0.0087	0.0174	0.026	0.0415	0.033	0.0427	0.0436

2. 对新线建设的设想

津滨轻轨东段土建资产进行证券化操作所融资金将投入到津滨轻轨西段的建设资金中(西段预计投资 38 亿元,目前大部分资金尚未落实)。

待津滨轻轨西段工程建成完工后还可采用上述资产证券化操作,并将融来资金投入到滨海新区新线的建设。建议新线的建设模式采用 BT 模式,等工程完工验收后,滨海快速公司即可进行政府 BT 项目的资产证券化,以此滚动操作,示意图如下:

	投资总额(亿)	2008	2009	2010	2011	2012	2013	2014	2015	2016	2017	2018	2019	2020
建设														
西段	40				西段BT	16								
启动资金		6	6	6										
企业通过银行贷款		2	2	2										
后续现金支出					3.2	3.2	3.2	3.2	3.2					
津港	100								津港BT	40				
启动资金				11.25	11.25	11.25	11.25							
企业通过银行贷款				3.75	3.75	3.75	3.75							
现金支出								8	8	8	8	8		
北延	60					建设期				北延BT	24			
启动资金						6.75	6.75	6.75	6.75					
企业通过银行贷款						2.25	2.25	2.25	2.25					
现金支出										4.8	4.8	4.8	4.8	
政府每年支付的BT款		0	0	0	3.2	3.2	3.2	11.2	11.2		12.8	12.8	4.8	4.8
NPV	￥41													

此示意图为 2008～2020 年的新线建设采用 BT 方式的投资安排。其中每条线投资比例为:政府 85％,剩余 15％由企业通过银行贷款出资。其中出资时序为:在建设期,政府需要出资项目投资总额的 45％作为项目的启动资金(按照国务院办公厅 2003 年"关于加强城市快速轨道交通建设管理的通知"规定,轨道交通项目的资本金须达到总投资的 40％以上),企业为政府先期垫资投资额的 40％,待工程验收后,政府将项目投资额的剩余 40％支付给企业。通过这种方式,企业可将 BT 回款作资产证券化融资进行下一条线的建设。

新线建设采用 BT 模式,政府可将现金支出期限延长,经测算,政府的年现金支出折现到 2008 年为 41 亿元(折现率为 7％)。如果不采用 BT 项目资产证券化方式,则政府的现金支出折现到 2008 年为 58 亿元。

课题组负责人:郝寿义(天津市滨海新区管委会、南开大学城市与区域经济研究所、天津滨海综合发展研究院)、刘宁(天津市政府金融办)、王

南利(天津市委财经办)、张金立(天津滨海快速交通发展有限公司)、徐志强(天津滨海快速交通发展有限公司)

课题组成员:刘炽(天津滨海快速交通发展有限公司)、王金虎(天津滨海快速交通发展有限公司)、尚晓昆(天津滨海综合发展研究院)、赵锋(天津滨海快速交通发展有限公司)

课题执笔人:刘炽、王金虎

课题报告完成时间:2007 年 12 月

参考文献

[日]古川令治,张明.资产证券化手册[M].中国金融出版社,2006

蔡蔚.城市轨道交通的基本属性对投融资的启示[J].城市轨道交通研究,2007(1)

程工,张秋云等.转轨时期基础设施融资研究[M].社会科学文献出版社,2006

戴晓凤.我国基础设施资产证券化变通模式的分析与选择[J].财经理论与实践,2006(2)

党明灿.资产证券化:基础设施建设资金来源的新途径[J].新乡教育学院学报,2005(1)

范俊毅.对我国城市轨道交通建设投融资问题的思考[J].铁道工程学报,2004(3)

冯泽驹.基础设施资产证券化[J].农村金融研究,2006(2)

关继发.轨道交通投融资模式研究分析[J].集团经济研究,2007(21)

郭凤平.基础设施建设项目融资中资产证券化的应用和运作模式研究[J].城市,2006(1)

郭涛.城市轨道交通与可持续发展[J].城市公共交通,2006(4)

黄鹤群.发展城市轨道交通是促进大城市可持续发展的必由之路[J].理论学习与探索,2007(2)

黄嵩,何小锋.论资产证券化的理论体系[J].经济界,2003(2)

黄正新.我国基础设施资产证券化的障碍与对策[J].特区经济,2007

（5）

　　金卫忠.上海轨道交通建设投融资模式探讨[J].中国市政工程,2006
（4）

　　金正彪.日本城市轨道交通[J].城市公共交通,2002(3)

　　李程垒.TOD与城市发展的探讨[J].交通标准化,2006(11)

　　李连成.城市轨道交通投融资模式初探[J].综合运输,2007(1)

　　李琳.基础设施资产证券化融资模式分析与选择[J].华东经济管理,
2005(1)

　　李娜.城市轨道交通与城市可持续发展[J].科技信息,2007(3)

　　李素莹."长三角"区域轨道交通投融资模式初探[J].城市轨道交通
研究,2004(4)

　　林艳.以公共交通为导向的城市用地开发模式(TOD)研究[J].交通
运输工程与信息学报,2004(4)

　　马泽平.资产证券化基础设施项目融资另辟蹊径[J].中国投资,2006
（8）

　　孟庆福.轨道交通变革房地产开发——以日本铁路经营与房地产开
发的结合为例[J].城市开发,2007(16)

　　苗启虎.城市轨道交通的外部性及其盈利模式探讨[J].城市轨道交
通研究,2004(5)

　　莫初明.论基础设施收费证券化的资产转移方式[J].江西金融职工
大学学报,2007(5)

　　钱林波.以快速轨道交通支撑和引导城市发展——日本东京都市圈
的实践与启示[J].现代城市研究,2001(6)

　　钱耀忠.上海城市轨道交通网络投融资模式[J].现代城市轨道交通,
2007(4)

　　史国庆."准市政债券"和基础设施资产证券化研究[J].改革与战略,
2006(9)

　　宋效军.国内城市轨道交通投融资研究[J].投资研究,2004(12)

　　孙成龙.我国城市轨道交通投融资研究[J].科技创业月刊,2004(3)

孙壮志.日本城市轨道交通的相关制度[J].铁道工程学报,2002(4)

天津城市规划设计研究院.天津滨海新区综合交通规划——轨道交通系统专向规划,2006

王灏.关于北京轨道交通投融资问题的研究与建议[J].都市快轨交通,2003(1)

王玉国.城市轨道交通投融资模式比较及演变[J].北京交通大学学报(社科版),2004(4)

吴弘,许淑红,张斌.不动产信托与证券化法律研究[M].上海交通大学出版社,2005

杨波.我国城市基础设施收费资产证券化的模式设计[J].特区经济,2006(3)

杨亚西.我国城市基础设施的融资困境及其解决途径——城市基础设施收费资产证券化[J].新金融,2005(11)

杨亚西.我国城市基础设施收费资产证券化可行性分析[J].北方经贸,2006(4)

叶霞飞.日本城市轨道交通建设融资模式与成功经验剖析[J].中国铁道科学,2002(4)

于凤坤.资产证券化:理论与实务[M].北京大学出版社,2002

俞洁.基于 TOD 模式的成长型城市公共交通规划[J].交通运输工程学报,2007(3)

张淑杰.我国轨道交通建设投融资渠道及策略分析[J].财贸研究,2005(5)

张晓君.中国基础设施建设的资产证券化融资模式[J].重庆大学学报,2007(4)

赵鹏林.日本轨道交通与土地的综合开发[J].中外房地产导报,2003(8)

赵有明.城市轨道交通产业可持续发展的技术保障[J].中国铁路,2006(11)

滨海新区其他改革

滨海新区管理体制创新研究

【摘要】 在探讨行政管理体制改革内涵的基础上,通过分析区域经济发展与管理体制创新的相互作用,整理了我国区域发展管理体制方面的改革探索,重点对滨海新区管理体制的创新实践进行深入研究,在行政体制改革的现实意义、改革的目标思路、历史沿革、主要做法、取得成效等方面做细致分析,并通过借鉴对比上海浦东新区、深圳经济特区及其他主要综合配套改革试验区在行政管理体制改革领域的经验,提出对滨海新区行政管理体制改革的展望。

推进滨海新区行政管理体制改革,是全面落实科学发展观、构建社会主义和谐社会的内在要求,是顺应国家行政管理体制改革趋势、符合滨海新区发展实际的创新任务。本研究就是以建立综合配套改革试验区为契机,在我国全面建设小康社会和构建社会主义和谐社会的新形势下,用新的思路和发展模式推进天津滨海新区的开发开放,用新思路、新体制、新机制推动新区不断提高综合实力、创新能力和国际竞争力,探索新的区域发展的行政管理体制。

一、行政管理体制的基本内涵

体制是在行政管理理论中经常提及的词汇。目前,对于体制的具体含义并没有一个准确统一的定义。在现代汉语词典中,体制被定义为"一是国家机关、企业、事业单位等的组织制度,另一种含义是文体的格局和体裁"。① 两种含义都有"规范和格局"的意味。很显然,在制度研究范畴内,第一种含义具有普遍应用意义。对于行政管理体制改革的基本概念和内涵而言,学术界并没有达成统一的共识或得出一个基本结论,但一个最通俗最普遍的有关行政体制内涵的理解是,行政系统内部围绕权力划分和运行所形成的一种制度化的关系模式,是行政责权划分、行政组织结构、行政管理制度与方式、行政运行机制的综合。② 其基本内涵包括以下几个因素:

(一)行政权力的责权划分

有了行政权力,才有实施管理的依据。权责明晰,是行政管理体制的应有之义。综观整个国家的行政管理体制,有中央和地方的分权制,有各级政府各职能部门的权力划分,有同一性质的行政权力在不同级别职能部门间的划分,这些无不体现着事权划分的思想。而根据责权一致原则,权力多寡与责任大小要相适应,赋予权力的同时必须明确具体责任,防止有权无责或有责无权的现象。行政权力的划分是行政体制的核心,行政权力划分是否合理与科学,也是行政体制是否优良的首要标准。③ 不同国家根据不同的行政体制与宪政法律,行政权力的划分方式也各有不同。

(二)行政职能的有效转变

政府职能,亦称行政职能,是国家行政机关依法对国家和社会公共事务进行管理时应承担的职责和所具有的功能。政府职能反映公共行政的基本内容和活动方向,是公共行政的本质表现。④ 行政管理体制改革的

---

① 《现代汉语词典》,商务印书馆出版,1983年,第1130页,2002年修订版沿用这一定义。
② 陈泰锋.WTO与新一轮行政管理体制改革.人民出版社,2006
③ 陈泰锋.WTO与新一轮行政管理体制改革.人民出版社,2006
④ 百度百科:http://baike.baidu.com/view/113120.htm

基本内容就是如何更加合理科学地界定政府行政职能,并如何更加准确高效地行使,或者说如何积极转变政府职能成为行政管理体制改革的重中之重。合理优化政府职能,推进政企分开、政资分开、政事分开、政府与中介组织分开,把不该不能由政府管理的事务交给市场,交给社会,提高政府的社会管理和公共服务职能,达到建设服务政府、责任政府、法治政府和廉洁政府的要求。

(三)行政机构的优化配置

行政机构就是依法可以享有行政权力、行使行政职能的国家机构。根据不同划分标准,行政机构也可划分为不同种类。根据行政权力级别,可以划分为国家行政机构和地方行政机构;根据行政职能不同,可以划分为监督机构、办公机构、咨询机构、职能机构等。行政机构是行政权力运行与行政职能履行的载体,其设置是否合理,机构间的运作是否顺畅,是保证行政职能是否高效履行的重要标准。行政机构的合理设置和优化配置,形成相互配合的协调运转体系,也是行政管理体制改革的重要内容。

(四)行政运行机制的协调高效

作为有效运行的体制,就要有行为主体在行为时应遵守的行为规范和规章制度,使一切行政行为在制度框架内有章可循。从行政机关行使行政权力的角度而言,行政主体权力的行使应遵循内外两种规范的约束:对于行政权力外部的行使,一是外部行为规范,即对行政相对人行使行政权限,行政主体就要依据行政法律和规章以及各种规范性文件来有效地约束自己的行政管理行为;二是内部行为规范,即对于行政权力的内部行使,就是在行政机关之间和行政机构内部保障行政机构运行有序、权力行使畅通高效的程序规则。

二、区域经济发展与管理体制创新

当今世界,经济和全球化区域经济一体化成为不可阻挡的发展潮流,这是生产区域化与资源配置全球化的必然结果。为适应这一大趋势,我国也进入了区域经济迅猛发展的时代。长江三角洲、珠江三角洲、环渤海经济区域成为带动我国区域经济发展的典型地区,深圳经济特区、上海浦东新区、天津滨海新区成为带动区域经济发展的增长极。此外广西北部湾地区、重庆两江新区等内陆地区也加速区域经济发展进程。一方面,依经济地理特性而展开的区域经济快速增长,创造了以行政区划为单位的计划经济时代无法想象的增长奇迹;另一方面,也产生了经济区域与行政区划不一致、相互摩擦的现象。如何通过区域管理体制的改革与运行机制完善,突破行政区划的体制障碍,促进区域内经济资源整合和要素流通,提升区域经济发展速度和水平,成为区域经济一体化形势下行政管理体制改革的重要问题。

(一)区域经济发展要求创新行政管理体制

行政区是国家进行政治统治和执行行政管理职能而设立的,其形成具有历史、地理、政治、经济以及自然条件等多方面原因,而且一经形成便具有相对的稳定性。经济区是根据经济发展的客观规律和自然经济联系趋向性表现出来的界限划分,是按照经济内在联系和社会发展需要而形成的在生产、流通等方面紧密联系、互相协作、集聚性强和地域特点突出的地域经济综合体。在我国当前市场经济发展还不充分的情况下,政府的职能还存有较多计划经济色彩,所以在行政区划和经济区域不一致,且行政管理又以行政区政府为主的情况下,不可避免地存在一些行政管理方面的体制障碍:

1.行政区政府职能转变不到位妨碍统一市场的建立

区域经济是以资源和产品自由流动和市场主体按照市场经济规律自由发展为特点,基本要求就是提高市场的关联程度,建立统一市场,使生产要素在区域范围内自由流动,达到资源的自由配置和优化整合。但是,传统的行政区划由于存在各自的政府主管经济,具有各自的政治经济利益,"块块"之间的经济联合被"条条"的行政管理束缚,在区域范围内难以建立统一市场。

2.行政区政府管理经济与经济区域内部的调节机制产生矛盾

经济区的形成符合经济发展同质性、关联性和管理合理性的要求,能大幅增加聚集效应。但我们也应看到,行政区域的连片发展必然受到传统行政区划的诸多限制。因为发展经济也是行政区政府的传统职能,地方利益的保护也是行政区政府不自觉的本能。利益取向的不同和行政的地理分割,使区域整体规划发展难以在区域经济体内部有效地贯彻实施,削弱了区域协调发展力度和整体经济水平,从而难以发挥区域经济发展的内在优势。

(二)行政管理体制改革促进区域经济发展

当人类的经济活动冲破地域疆界和国度而呈现区域一体化趋势,拥有大量制造业门类的区域能为中间性商品提供更广阔市场并使这些国家和地区趋向于区域一体化的时候,行政管理体制创新的迫切性便日益突出。从一般意义上讲,按照自然地域经济内在联系、商品流向、民族文化传统以及社会发展需要而形成的具有地方特色的地域经济综合体的形成和发展需要政府的扶持。当经济区与行政区不一致的时候,政府一般采取转变行政管理职能的办法,减少对经济的干预,不妨碍区域经济的发展;或者做出新的制度安排,建立区域经济管理部门和机制,把部分经济职能从行政区转移到经济区的管理部门,以保障经济区的持续发展。

(三)有关经济区域行政管理体制创新的实践

世界各国都程度不同地存在经济区域包括若干行政区划,需要理顺行政区与经济区关系的问题。区域经济的发展,因其诸多的优越性而成为不可阻挡的大趋势,同时区域经济的发展要求改变行政区划管理体制也成为特殊经济区的共同选择。通过行政管理体制改革,可以打破行政限制,积极有效地推动区域经济的健康发展。在我国,随着区域经济的蓬勃发展,这种协调经济区与行政区发展的新模式亟待创新,适应区域经济发展的区域治理组织也呼之欲出。

在这一背景下,随着管理科学的发展,职责分明、精简高效的"扁平化"管理模式,为最终解决经济区域与行政区划的矛盾、协调政府管理与区域经济发展的矛盾提供了科学依据。党的十六届三中全会通过的《中共中央关于完善社会主义市场经济体制若干问题的决定》中指出,"按照中央统一领导、充分发挥地方主动性积极性的原则,明确中央和地方对经济调节、市场监管、社会管理、公共服务方面的管理责权。属于全国性和跨省市的事务,由中央管理,以保证国家法制统一、政令统一和市场统一。

属于面向本行政区域的地方性事务,由地方管理,以提高工作效率、降低管理成本、增强行政活力"。这些重大的理论探索和改革实践都充分证明了区域经济发展促进行政管理体制创新的合理性,为我们今后进一步转变政府职能、创新管理体制提供了坚实的理论基础。

三、我国在区域发展管理体制方面的改革探索[①]

在我国,经济功能区是国家有关部门批准,在特定区域范围承担特定发展任务和开发功能、享受特殊优惠政策的区域,主要表现形式为开发区、保税区、高新区、创新科技园区、自由贸易园区等。任何突破都源于障碍的存在,从 20 世纪 90 年代中期开始,中国的功能区走上了变革之路,管理体制不断创新。深圳特区、上海浦东新区、广州开发区、苏州工业园区等在这方面具有典型和示范意义,分别形成了各具特点的管理体制。

(一)政府主导型体制

此体制的特点为由传统的行政区划的政府对该经济功能区域进行统一规划、建设、经营和管理。深圳是我国最先创办、取得最大成功、在世界上最具影响的经济特区。深圳经济特区本身是计划单列市,建立有市委、市人大、市政府和市政协四套班子,由政府对经济发展、社会管理进行全面的组织领导,其特点就是推行"小政府、大社会"模式。上海浦东新区也是一个综合性功能区,是国家批准的国内首个综合配套改革试点地区。浦东新区开发之初由上海市政府成立浦东新区领导小组,1992 年撤县建制成立新区工委管委会,后根据发展需要,特别是功能区发展到一定阶段对于社会职能的需要,浦东复归到传统的政府主导体制。2009 年 5 月,南汇区并入上海市浦东新区,浦东新区对其政府机构和人员进行重新整合。

(二)"四合一"开发模式

这是广州开发区创建的管理体制模式。广州开发区于 2002 年在全国首创不同功能区的合并,即将开发区、保税区、高新区和出口加工区合

---

① 邢春生.我国功能经济区的发展变革与滨海新区的体制创新.求知,2007(10):35

并成一个实体,四块牌子,一个机构,统称广州开发区,以扩大开发区的发展空间,集成功能区的综合优势。2005 年与周边街镇合并成立萝岗区,以实质性保留功能区管委会的高效率。

(三)开发公司模式

此种模式是由开发公司作为功能区的管理和建设主体,负责区域内的行政领导和事务管理,类似于用一种经济组织的方式管理经济功能区的体制。上海金桥开发区在早期阶段也采取这种方式。

四、滨海新区行政管理体制改革创新实践

调整滨海新区行政区划,是推动滨海新区管理体制改革的重大部署,标志着滨海新区开发开放进入一个新阶段。国家要求要下大气力推进体制创新,全面落实滨海新区行政管理体制改革方案,转变政府职能,提高行政效能,为又好又快建设滨海新区提供体制保障。

(一)滨海新区行政管理体制改革的现实意义

国务院批准天津滨海新区为国家综合配套改革试验区,是新世纪新阶段从我国经济社会发展全局出发作出的重要战略部署。经过十几年的开发建设,滨海新区从寸草不生的盐碱荒地发展成为中国北方环渤海地区重要的经济增长极。以建立综合配套改革试验区为契机,探索新的区域发展模式,为全国发展改革提供经验和示范,是推进天津滨海新区开发开放的主要任务。在行政管理体制上取得突破和创新,也成为新区综合配套改革的主要任务之一。

1. 推进行政管理体制改革是实现国务院对滨海新区功能定位的制度保障

滨海新区的综合配套改革紧密围绕国家对新区功能定位的要求,用新思路、新体制、新机制推动新区开发开放和改革发展进程。其中,根据《国务院关于推进天津滨海新区开放开放有关问题的意见》的精神,推进管理创新,建立统一、协调、精简、高效、廉洁的管理体制成为新区综合配套改革的重要任务之一。天津市制定的《天津滨海新区综合配套改革试验总体方案》也明确指出,滨海新区综合配套改革的五项重点内容之一就

是推进行政管理体制改革,转变政府职能,建立既集中统一领导又发挥各方优势、充满生机与活力的管理体制。搞好综合配套改革,不断推进行针管理体制的创新,为新区经济的发展和功能定位的实现提供体制保障与制度支持。

2.推进行政管理体制改革是新区发展过程的必然选择

从滨海新区开发建设初始,其行政管理体制和机构建立就体现了与一般行政机构设置的不同和自身的灵活性。滨海新区管理委员会的筹划建立,适应了新区"特殊经济区"发展定位对于行政管理机构进行区域管理灵活性和高效性的要求,不搞"大一统"的区域整合,有效地推进和开展了新区土地开发建设和社会经济发展,促进了政府职能转变、行政效率提高及管理水平提升,为实施国家发展战略提供了坚实有力的载体,为加快滨海新区开发开放提供了体制保障,对新区经济发展起到了促进区域快速发展的积极作用。随着新区经济的高速发展和开发开放不断深入,现行行政管理体制已不能完全适应新区经济发展的需要,行政体制改革势在必行。

(二)滨海新区调整行政区划前的现状

在滨海新区成为建制的行政区前,它既不是行政区,也不是功能区,而是一个包含三个正式地方建制的行政区和若干经济功能区的经济区,从本质上说它并不是一级行政区划,不拥有完整的行政职能。所以,从滨海新区开发建设初始,其行政管理体制和机构建立就体现了与一般行政机构设置的不同和自身的灵活性,这对于加快行政效率,促进经济开发的建设力度和管理水平起到了巨大的推动作用。根据《天津滨海新区条例》赋予的职权,对新区各单位经济工作进行宏观协调和指导,新区自建立以来取得了瞩目的发展成就,但是,也暴露出现行体制存在的问题:

1.行政主体多元,管理权限划分不明

滨海新区调整行政区划前,是一个包含三个行政区和若干功能区的经济区,行政主体包括作为市政府派出机构的滨海新区管理委员会,塘沽区、汉沽区、大港区等三个基层行政区政府,开发区、保税区、东疆保税港区等国家级功能区管理委员会及临港产业区、中心商务区等所属各区的功能区管委会。区域构成多元和行政主体并存,造成管理权限划分不明,管理职能交叉重叠、政出多门或者社会管理职能部分缺失,新区各组成单位之间的联合、互动与共赢空间有限,不利于新区全面和谐发展。

2.区域资源统筹力度有限,无序竞争已现端倪

新区管理体制创新的过程,就是对区内各功能区和行政区的资源进行整合以提高系统整体功能的过程,但从新区实际运行的效果看,尚未实现资源的有效整合和发挥系统的整体效应。各行政区和功能区以自身区域发展考虑,制定各自的区域发展计划,区域利益难以协调统一,使新区整体统筹效率降低,造成了新区范围内的重复建设现象发生,产业布局思路不统一,资源配置不合理,社会事业发展不平衡,影响新区的总体发展战略的实现。

3.新区经济管理职能缺位,行政区与功能区发展趋同

新区统一的经济管理职能缺位,统筹能力有待加强,新区范围内的生产要素不能自由流通,经济资源难以优化配置,新区总体规划的制定也难以协调统一,难以有效落实。而新区内行政区不断增强经济职能,功能区也花费很大精力发展社会事业,二者功能趋同,重复建设难以避免,影响新区开发的整体效率。

4.新区财政调控能力较弱,缺乏统一的公共财政体系

由于管委会不是一级政府,财政来源主要依靠新区各组成部分的财政提留,因此其无法采用转移支付的手段对新区整体经济建设进行调控和引导。同时,行政区政府财力也不能同时满足促进经济与社会管理两种职能要求,有碍于滨海新区整体优势的发挥。

(三)滨海新区管理体制改革的目标和思路

1.改革目标

《国务院关于推进天津滨海新区开发开放问题的意见》([国发 20号])明确要求滨海新区,"要推进管理创新,建立统一、协调、精简、高效、廉洁的管理体制"。

2.创新发展与思路延伸

根据党的十六大精神,要求深化行政管理体制改革,解决行政管理体

制存在的突出问题,消除阻碍生产力发展的体制性障碍,增强行政管理的活力。国家对滨海新区的开发开放和管理体制改革高度重视,要求滨海新区进一步推进改革开放,深化行政管理体制改革,要下大气力推进体制创新,转变政府职能,提高行政效能,更好地发挥新区的服务功能,为又好又快建设滨海新区提供体制保障,成为深入贯彻落实科学发展观的排头兵。市委市政府也提出天津滨海新区的管理体制改革要切实构建精简高效的管理机构,减少管理层级,解决机构重叠、职能交叉的问题,显著提高行政效能,充分发挥整体优势。要切实转变政府职能,理顺职责关系,形成统一领导的管理体制,打破各自为政的体制障碍,充分发挥市场在资源配置中的基础性作用,充分发挥政府经济调节、市场监管、社会管理和公共服务的作用。

2006 年 5 月,国务院 20 号文件正式批准天津滨海新区为国家综合配套改革试验区,并明确提出要"建立统一、协调、精简、高效、廉洁的管理体制"。2008 年,《天津滨海新区综合配套改革总体方案》明确指出要"推进行政管理体制改革,转变政府职能,建立既集中统一领导又发挥各方优势、充满生机与活力的管理体制"。2009 年,国务院下发《关于同意天津市调整部分行政区划的批复》,滨海新区行政管理改革方案随之出台。

(四)新区行政管理体制沿革

滨海新区是一个城市型行政辖区内的经济区。它含有天津港、开发区、保税区三个功能区和塘沽、汉沽、大港三个行政区,以小见大地反映了经济区域与行政区划的体制矛盾,所以滨海新区的管理体制创新具有非常重要的普遍意义,从滨海新区一创建,就相伴进行了行政管理体制的改革。

滨海新区从建区至今,行政管理体制改革已历经四个阶段:

1. 第一阶段——创建新区阶段

1994 年 4 月,天津市委市政府决定开发滨海新区时,直接借用了市政府的权威,设立了市滨海新区领导小组,下设办公室。开发主体为三个功能区和三个行政区。这一体制的启动负担轻,但缺乏区域开发的统筹力度。

2.第二阶段——推进开发阶段

2000 年 9 月,天津市委市政府决定撤销领导小组和办公室,成立新区工委管委会,专门负责新区的规划、产业布局和基础设施建设等,增加了统筹的力度,但是没有改变三个功能区和三个行政区为开发主体的格局。此阶段最有价值的探索是:制定并实施了我国第一部以经济区为适用对象的行政法规——《天津滨海新区条例》,通过该法规,将部分行政区管理经济的职责让渡给经济区管理机构——滨海新区管委会。

3.第三阶段——战略提升阶段

在滨海新区上升为国家发展战略之后,市委市政府批准建立了滨海规划分局、土地分局、统计分局、环保分局等市属职能部门驻新区的分支机构,还下放给新区土地整备权和土地出让收益的支配权,进一步增强了滨海新区的资源配置和经济管理职能,在管理体制改革方面又向前迈了一步。市委市政府成立加快滨海新区开发开放领导小组,调整相应行政机构设置,增强部门管理职能。

4.第四阶段——全面实施阶段

2009 年 11 月,国务院下发的《关于同意天津市调整部分行政区划的批复》,滨海新区行政管理体制改革方案正式颁布,撤销滨海新区工委、管委会,撤销塘沽、汉沽、大港现行建制,建立滨海新区行政区调整行政区划,成立新区党委、政府、人大、政协,新区的行政管理体制改革正式进入实施阶段。

(五)滨海新区行政体制改革主要实践

自滨海新区行政体制改革方案颁布实施及新区政府成立以来,在市委市政府的领导下,成立滨海新区管理体制改革工作领导小组,按照率先建立健全充满活力、富有效率、更加开放、有利于科学发展管理体制的目标要求,在创新管理实践和开发体制运行上大胆尝试,积极探索,勇于创新,初步形成了具有滨海特色的行政体制改革模式。

1.探索建立协调统一的管理体制

滨海新区调整行政区划,成立滨海新区行政区;整合区域行政资源,撤销原滨海新区工委管委会及塘沽、汉沽、大港三区政府,建立滨海新区

"党委、人大、政府、政协"领导班子,由滨海新区区委区政府统一行使新区规划、土地、公共管理等职权,打破新区长期以来各自为政的体制障碍,加强了政府的宏观指导和统筹协调,充分发挥体制改革后滨海新区的整体优势。

2. 探索建立经济职能与社会职能相对分开的管理模式

滨海新区积极探索事权划分的做法,在全国率先开展经济开发与社会管理职能的相对分离的管理模式,为政府职能转变奠定基础。在撤销原塘沽、汉沽、大港行政区后,组建两类区委区政府的派出机构,一类是城区管理机构,成立塘沽、汉沽、大港三个工委和管委会,主要行使社会管理职能,保留部分经济管理职能,强化教育、卫生、文化、社会保障等工作;另一类是功能区管理机构,成立九个功能区党组和管委会,主要行使经济发展职能,集中精力搞产业开发、抓经济建设,开创滨海新区统筹管理全区的经济社会发展,城区管理社会及功能区主抓经济的新局面,实现了经济职能和社会职能的各有侧重、互补协同的新型管理模式。

3. 探索建立精简高效的行政管理机构

有效整合现有管理机构,以职责定机构,以岗位定编制,按照精简、统一、效能的原则,积极探索建立大部门管理体制。在机构设置上,采取"合并同类项"的方式,高度精简机构,科学配置职能,合理压缩编制。调整和精简机构数量,改革后机构数量比浦东新区政府部门还少一个。在人员编制上,新区机关工作人员编制、改制后"塘汉大"管理机构所需的行政编制,完全在原滨海新区工委管委会和"塘汉大"行政编制内统筹解决,新区部门干部从原有对口部门抽调,既满足开展工作的需要,又维持了干部队伍的稳定。

4. 探索建立"新区的事在新区办"的运行机制

在滨海新区行政体制改革中,天津市委市政府赋予滨海新区更大的自主发展权,自主改革权,自主创新权,探索形成"新区的事在新区办"的运行机制。新区有关部门积极与市职能部门沟通衔接,详细梳理审批事项,通过审批事项下放新区、审批部门进驻新区等多种形式,已承接第一批共计110项天津市下放的审批事项,其中直接下放的市级行政审批事项 38 项,主要包括高新技术产业化项目认定、新建住宅商品房准许交付使用审批等事项;扩大滨海新区行政审批实施权限的事项 72 项,主要包括企业投资项目核准与备案、外商投资项目核准、国民经济和社会发展中长期规划审批等事项。此外市行政许可服务中心在滨海新区行政服务中心窗口延伸服务的行政审批事项已有 18 项。① 行政审批权限的下放和扩大,进一步增强了滨海新区的投资优势,优化了投资环境,保证新区具有率先改革、率先发展的体制机制优势。

5.探索建立"一级政府、分类服务"的管理服务体系

进一步明确区政府与塘汉大管委会、各功能区、各街道的关系。区政府对规划、土地、环保、行政审批等事项进行集中统筹。塘沽、汉沽、大港管委会重点加强社会管理职能,同时重点推动街镇经济、农村城市化和城镇化进程。各功能区管委会按照各自发展定位一门心思搞经济建设。各街镇启动实施"强街强镇"计划,重点强化经济职能、社会管理职能和公共服务职能。同时,建立全区统一的行政审批服务中心和分中心,合并审批事项、压缩审批时限、提高审批效率,提供"保姆式"服务;各街镇建立便民服务中心,加强社区公共服务,从而形成"一级政府、分类服务"的管理服务体系。

6.探索建立基层管理体制新模式

着力推行"强街强镇"计划,在加强街道管理服务职能上,科学调整街道建制,统筹规划调整街镇布局和社区布局,加大街镇社区服务中心和社区服务站的改造建设力度,统一建设便民服务中心,每个街道规划建设 6500 平方米社区服务中心,内设 1000 平方米便民服务大厅,内设与人民群众生产生活密切相关的工商服务、财税服务、劳动就业、民政救助、信访调解、计划生育管理等服务窗口,实行"一窗口受理,一条龙服务,一站式办结",做到群众日常生活服务"不出街镇",真正实现便民服务零距离,形成覆盖全区的行政服务网络。新区已在新港街、寨上街、解放路街、新北

---

① 《关于第一批向滨海新区下放市级行政审批事项及扩大滨海新区行政审批实施权限的通知》,津政办发〔2011〕10 号,天津市人民政府网站。

街、迎宾街等 5 个街道率先开展"扩权强街强镇"改革试点,区政府将面向社会、企业和群众等 90 多项行政审批事项,通过派驻、委托、交办等多种形式,逐渐尝试下放至街道,并在滨海新区 27 个街镇推行。根据《滨海新区关于促进街道发展的意见》,在推进街道经济发展上,支持鼓励发展总部经济、楼宇经济、"飞地"经济、社区经济、文化经济等特色经济;充分发挥街道自身优势,扩大街道招商引资力度;建立健全街道财政所,成立街道税收征稽处,培育街道税源经济。对于鼓励发展的街道经济,通过税收返还、匹配专项资金、留成奖励等形式提供财政资金支持。在发展社会管理和公共服务职能上,通过开展社区社会组织试点、规范社区服务设施、加强环境综合整治、推动街道文化建设等工作,提升基层管理服务水平。

7. 探索创新区域开发模式

滨海新区坚持科学策略方法,积极推进区域"十大战役"开发建设,已经形成从南到北整体布局、从东到西统筹推进的大规模开发建设的整体布局。在区域内开发管理体制上,新区积极探索创新,建立了"指挥部＋管委会＋平台公司"三位一体的管理架构。指挥部根据"十大战役"负责统筹区域发展战略和决策部署区内开发项目。管委会根据指挥部的统一规划和部署,负责具体实施指挥部的重大决策和区域内行政管理服务;平台公司具体进行大型基础设施建设和公共设施建设,从而形成了统一指挥、高效运转、强力推进的管理体制和工作机制,极大加速了"十大战役"开发建设的速度,提高了开发建设水平,成为确保"十大战役"顺利进行和加快纵深发展的坚实保障。

8. 探索廉政法治齐头并进的体制保障机制

"廉洁"是滨海新区管理体制改革的目标之一,也是应有之义。新区纪委和监察局合署办公,并在所有新组建行政机构中率先挂牌成立,以确保行政机构建立和权力行使的监督与透明。新区坚持制度防腐,在全区开展反腐倡廉"筑堤行动",加强党风廉政建设和干部队伍作风建设,通过干部自律和权力制衡,激励新区党员干部廉洁从政、干事创业,形成行为规范、运转协调、公正透明、廉洁高效的行政管理体制,以最廉洁的行为从事最开放的事业。新区坚持"依法治区",加强法律体系建设和开展《天津滨海新区条例》修订工作,融汇各界立法需求,将新区体制改革成果制度化、法律化。新区"廉政"和"法律"两架马车齐头并进,为加快推进新区又好又快发展提供坚实的体制保障。

(六)行政体制改革主要成效

在天津市委市政府的坚强领导和精心部署下,在滨海新区的认真组织和周密筹备下,新区行政体制改革各项工作有条不紊地顺利推进,取得突出成效,成为促进滨海新区开发开放的强大动力。

1.解决了制约发展的体制障碍

通过这次管理体制改革,打破了新区内部长期以来条块分割、各自为战、产业布局相对分散的局面,改变了全区过去协调乏力、统筹困难的状况,进一步理顺了区政府、各城区(功能区)管委会、各街镇的权责关系,明确事权财权划分,实现了新区各城区、功能区的统一规划、全面统筹、经济社会和谐发展;实现了整合区域资源,通盘考虑,科学分配和使用各种人财物资源;实现了统一产业布局,合理项目摆放,提升产业集聚效应。通过体制管理格局的重新调整和区域资源的优化整合,从根本上解决了长期以来制约新区更好发展的体制障碍,为新区的开发开放创造了更为广阔的发展空间和更为宏远的发展前景。

2.促进了经济的持续快速发展

坚持改革与发展两手抓、两不误、两促进,以管理体制改革激发创新发展活力,用经济建设成果检验管理体制改革成效。2010 年是滨海新区区划调整后行政管理体制改革具体实施的第一年。面对更新的发展形势和更强的区域竞争,新体制发挥了巨大的经济促进作用,使在探索中求突破,在创新中筑优势,经济社会发展实现了新跨越,主要指标增幅创历史最好水平。去年全区生产总值 5030.1 亿元,比上年增长 25.1%;工业总产值 10653.6 亿元,增长 33.2%;财政收入 1006 亿元,增长 36.1%,其中地方财政收入 623.2 亿元,增长 36.8%;全社会固定资产投资 3352.7 亿元,增长 34%;社会消费品零售总额 567.4 亿元,增长 23.8%;城镇居民人均可支配收入 26800 元,增长 11%;农民人均纯收入 12600 元,增长

10.5％；节能减排完成市下达的目标任务。[①] 今年，滨海新区再接再厉，各项指标都呈现出一月好于一月的良好发展态势。

3. 提高了政府行政管理服务效能

滨海新区初步建立了职能协调、管理顺畅、机构精简、运转高效的大部制运行机制，极大地降低了行政成本，提高了行政效率。通过职能归并和科学配置，新区建立并完善了管理架构，比较彻底地消除了职能部门重叠、管理权限交叉的问题，制定统一的发展政策，实施统一的规划纲要，在全区统一调配力量发展经济，使新区各项工作顺利有效推进。新区全面部署实施 20 项民心工程，让改革成果惠及全区人民。新区行政服务中心正式启用，并在权限下放、服务下沉、模式创新三个方面先行先试，集行政许可、政务公开、招商引资、资源交易、效能监察、社会服务等六大功能于一体，在审批职能归并、网路系统化建设开发上达到领先水平，极大提升了管理服务的水平与效率，得到企业与居民的交口称赞。

4. 推进各项改革的持续深化

以管理体制为契机，滨海新区在"行政审批、土地管理、住房保障、医疗卫生"等其他四大改革上取得重大突破。在行政审批上，新区行政服务中心成立并正式运行，全面推进"职能归并"，推行优质"保姆式"服务，建立全市首家公共资源交易中心和街道行政服务中心，获得全市行政审批管理改革创新奖。在土地管理上，成立土地管理委员会，土地征转分离、集中交易等改革取得实效，提升了土地供应调控能力和土地资源配置效率。在住房保障上，确立了经济适用房、定制商品房、公共租赁房、蓝白领公寓等住房保障模式，满足大企业、大项目不断增加的员工居住需求。在医疗卫生上，各项试点工作顺利启动，医疗重组计划顺利实施，构建了新型医疗服务模式。此外新区还在新形势下完善工会组织、优化企业用工管理环境、建立和谐劳动关系的方法和机制、创新文化体制等方面进行了积极探索。

---

① 天津市滨海新区 2011 年政府工作报告。

五、上海浦东新区与深圳经济特区行政管理体制改革的经验借鉴

浦东新区作为全国首个综合配套改革试验区,在 2008 年出台综合配套改革方案,确定政府管理体制改革是整个经济体制改革的重要环节,其改革重点举措如下:

(一)上海浦东新区行政管理体制改革的重点分析

1.行政区划调整

2009 年 5 月国务院批复上海市《关于撤销南汇区建制将原南汇区行政区域划入浦东新区的请示》,同意撤销上海市南汇区,将其行政区域并入上海市浦东新区。合并后浦东新区不仅拥有陆家嘴、外高桥、金桥、张江四大传统国家级开发区,同时又增加了洋山保税港区、上海临港新城等正在快速发展的新的国家重要产业集聚区。

(1)两区合并,是整合区域资源,形成经济成片联动发展格局的需要。根据《国务院关于推进上海加快发展现代服务业和先进制造业建设国际金融中心和航运中心的意见》的要求,"要在发展中优化经济结构,优先发展金融、航运等现代服务业以及以高端制造和研发为主的先进制造业,不断增强服务功能,提高核心竞争力;要在发展中发挥比较优势,努力完善区域分工,不断扩大辐射带动效应,提高专业分工和协作水平",行政区划的分割和产业发展竞争与重叠,成为制约"两个中心建设"的突出瓶颈。将南汇区并入浦东新区,形成"新浦东"的统一区划,将"国际金融中心建设"和"国际航运中心建设"在区域空间和产业基础上有机统一,整合区域资源,通过两区政策、规划和产业等上的联动实现区域经济发展的成片化与一体化,促进区域的整体开发建设。

(2)两区合并是拓展发展空间,突破环境承载力制约的需要。经过19 年的开发建设,陆家嘴、张江、金桥、外高桥等四大土地储备公司原始的土地资源所剩不多,可供开发利用的土地存量十分有限,陆家嘴金融城东扩、世博园和迪斯尼乐园建设,以及现代服务业的发展,都需要巨大的土地资源。浦东现有的土地存量已经无法承载区域进一步发展的需要,

充足的建设用地资源成为浦东新区发展的强烈需求之一。南汇区面积 677.66 平方公里,具有丰富的土地资源,行政区划调整后的浦东新区,面积将达到 1210.41 平方公里,是原有面积的两倍,可以有效解决土地资源瓶颈制约问题,拓展了区域发展空间,极大提高产业发展的环境承载力。

(3)两区合并是发挥综合配套改革的政策优势,放大政策效应的需要。浦东新区是我国首个综合配套改革试点地区,是全国享受优惠政策最多的地区之一。通过两区合并,综合配套改革"先行先试"的优惠政策和两税合一后的"五加一"税收优惠政策,将延伸至扩区后的整个区域,使享受优惠政策的区域扩充至原浦东新区面积的两倍,使浦东在更大的空间范围内充分强化政策优势,这为浦东吸引投资、高端服务业的发展和两个中心建设形成了巨大的政策效应,无形中优化了投资软环境,为浦东新区的开发建设提供了巨大的政策推动力。

2. 行政审批体系改革和市民中心建设

转变政府职能、建设公共服务型政府,是政府行政管理体制改革的核心内容,是浦东新区综合配套改革的重点任务之一。自 2001 年以来,浦东新区已经完成了四轮行政审批制度改革,并建设完成了市民中心。以行政审批制度改革为抓手和切入点,减少审批环节、缩短审批时限、优化审批流程,推进权力公开透明运行,成为浦东新区行政管理体制改革的重点内容和突出成果。

2008 年 6 月,浦东新区以市场准入、基本建设审批程序、投资项目审批和行政事业性收费四个领域为重点,推进新一轮行政审批制度改革,围绕政府制度创新,在政府监察制度上有所突破,探索建立了体制内监察、体制外投诉、社会化评估、自上而下问责的四项制度。与此同时,为加强权力运行的公开透明,探索建立了权力责任机制、运作规范机制、网上运行机制和监督问责机制,并在决策机制创新方面,建立"听证于民、问计于民"的市民议政制度。2010 年 10 月,浦东新区的 263 项行政审批事项有了自己的编码"身份证",它们将全部纳入一个建设中的数据库,接受电子信息化管理。这意味着浦东所有的行政审批项目从设立到运行的全过程都将透明可控。①

浦东新区行政管理体制审批改革和市民中心建设,究其背景原因有以下两点:

(1)产业结构升级对政府服务提出更高要求。上海是我国经济发展的中心和金融中心,浦东新区经过近二十年的发展,城市综合功能显著提升,大力发展以金融为核心的现代服务业和以自主创新为核心的高新技术产业,加快生产型经济向服务型经济发展,发展以微电子、软件、生物医药为先导的国内最大的高科技产业体系,发展包括金融、贸易、航运物流、国际会展等为代表的高端服务业,不断优化产业结构,提升产业层次和水平。面对经济发展的现实要求,必须积极转变政府职能,完善行政审批的效率和服务水平,以满足不断增长的产业发展需求。

(2)精英文化与市民意识对政府服务提出更高要求。面对浦东新区经济的飞速发展和产业功能的迅速提升,对于高技能、高素质、复合型人才的需求日益增强。浦东已经成为新世纪高端人才的聚集高地,精英文化和市民意识逐渐形成,民主、科学、参政议政的能力和水平逐步提升,这就要求政府提供更加快捷、优质的服务,提供市民参与治理的机会。市民中心的成立和市民议政制度的推定就是上述需求的集中体现,形成了政府社会互动、群众参政议政的平台和各种社会组织及个人互动的平台,是政府、市场、社会"三位一体"互动和建设服务政府、法治政府、责任政府的全新形式。

3."区镇合一"管理模式的探索

浦东新区政府下辖陆家嘴、金桥、张江、外高桥、三林世博、川沙六个功能区管委会和 23 个街镇与社区。从 2004 年开始浦东新区探索"区镇联动"与"区镇合一"模式,即将街道的招商引资和经济开发职能逐步转移至功能区,保留其社会管理功能,六大功能区管委会作为浦东新区的派出机构,统一进行功能区内的经济建设职能,形成功能区主要具有经济功能

---

① 上海浦东行政审批事项装电子身份证,全程透明。搜狐网,http://news.sohu.com/20101221/n278433621.shtml

事权,街道主要行使社会管理和公共服务职能的新模式,最终的行政格局是:浦东新区—六大功能分区—23 个开发区、乡镇(街道),六大功能区将统一协调的发展自己的主导产业。

浦东新区在行政管理模式上的探索,是理顺行政管理事权、提高行政效率的必然要求。功能区内的产业发展与周围乡镇的产业无法实现有效对接,二者之间的经济差距日益明显,势必要求理顺事权,优化政府职能,提高行政效率。在南汇区并入浦东新区后,大浦东的格局为行政管理体制的格局调整提出了新的要求,着手进行行政机构调整和管理模式探索。

(二)深圳行政管理体制改革的重点分析

1.深圳行政管理体制改革的重点举措

纵观深圳行政管理体制改革的进程,其重点进行了以下几个方面的改革:

(1)探索行政机构运行机制改革

为适应市场经济发展要求,深圳积极推行行政机构运行机制改革,完善大部制部门建设。借鉴新加坡、香港等城市的政府管理体制经验,以建设公共服务型政府为目标,按照精简、统一、效能的原则,全面创新政府组织体系,形成决策、执行、监督既相互制约又相互协调的政府架构。在《珠江三角洲地区发展规划纲要(2008-2020)》中,也明确提出"进一步优化政府组织体系和运行机制。支持深圳市等地按照决策权、执行权、监督权既相互制约又相互协调的要求,在政府机构设置中率先探索实行职能有机统一的大部门体制,条件成熟时在珠江三角洲地区及全省推行"。在国务院批复的《深圳综合配套改革总体方案》中,深化行政管理体制改革,率先建成公共服务型政府被摆放在突出的首要位置,而"转变政府职能,完善管理体制,按照职能有机统一的原则,优化政务流程,整合政府机构,完善大部门管理体制,实现政府职能、机构与人员的合理配置。建立健全决策、执行、监督既相互制约又相互协调的权力结构和运行机制。实现决策相对集中,执行专业高效,监督有力到位"是行政管理体制改革重中之重。

在接下来的改革中,理顺职权、整合机构、提高效率是行政管理体制改革的基本着眼点和核心价值所在。深圳计划用五年的时间完成此项改革,到 2013 年建成全新的公共服务型政府,比全国提前 7 年完成。具体实施步骤准备分为三个阶段:第一阶段,重新界定设置政府职能,整合调整政府机构;第二阶段,创新政府运行机制和模式,完善决策执行监督的运行机制,大力培育发展社会组织;第三阶段,彻底理顺市、区、街道事权,逐步将区和街道全部变成政府派出机构,实行一级政府三级管理。①

(2)事业单位改革②

在《深圳综合配套改革总体方案》中,对事业单位改革的要求是"在事业单位分类改革的基础上,进一步推进政事分开、管办分开,规范政府提供公共服务的领域、标准和方式,深化事业单位人事制度、社会保障制度和收入分配制度改革,创新事业单位内部管理制度和运行机制,开展事业单位法定机构改革试点"。在实践中,深圳探索事业单位的分类改革,合理配置政府公共服务资源,采取"花钱买服务"、"养事不养人"的方法,按照政企分开、企事分开的原则,将 500 多家事业单位分为监督管理、经营开发和公共服务三大类,将 28 家事业单位改为政府部门,把属于政府的监督管理职能收回政府;将 120 多家属于经营开发类的事业单位转变为企业,连同 200 多家党政事业办的企业共 380 家企业一并纳入国有资产管理体系。与此同时,积极完善事业单位法人治理结构,创新事业单位内部运行机制。

(3)行政区划改革

设立光明新区。2007 年 6 月,深圳市正式设立光明新区,同时成立深圳市光明新区管理委员会、中共深圳市光明新区工作委员会,管理光明产业园区和光明、公明两个街道办事处,全面负责光明新区经济发展、城市建设和社会公共管理。同时,理顺光明新区与宝安区的关系,即光明新区负责辖区经济发展、城市建设和管理、社会事务管理,宝安区依旧承担

---

① 深圳 5 年内取消区级政府 实行一级政府三级管。腾讯网 http://news. qq. com/a/20081120/001476. htm

② 此部分关于深圳改革的具体举措材料来自深圳综合开发研究院 2007 年的综合配套改革年度研究报告及《建设中国特色社会主义示范市——深圳市 2008 年综合配套改革年度报告》。

人大、政协、法院、检察院、人民武装等方面职责。① 2007 年 8 月,深圳市下发《关于支持光明新区管理委员会工作的意见》,以法令的形式公布《深圳市光明新区管理暂行规定》,明确光明新区的管理责任和权限。

扩区。《深圳综合配套改革总体方案》积极研究将经济特区范围延伸至深圳全市,解决"一市两法"问题。《深圳市综合配套改革三年实施方案(2009~2010)》(送审稿)将"拟定专项方案,向国家申报争取将经济特区范围延伸至深圳全市"列为 2009 年的改革重点。目前深圳市辖六区,分别为福田、罗湖、南山、盐田、宝安和龙岗,其中前四区属于经济特区,如将现行特区扩至全市六区,特区面积将由目前的 395.81 平方公里骤增至1952.84 平方公里,为深圳的发展提供了巨大的发展空间。

2. 深圳行政管理体制改革的内生含义

深圳作为国家改革开放的前沿和经济特区,其行政管理体制改革有其深刻的原因及含义。

(1)行政管理体制机制改革势在必行。深圳在 2005 年,就面临四个"难以为继"的发展瓶颈,体制机制再造成为深圳改革的重点。深圳从2003 年开始就探索"决策、执行、监督"的行政三分体制,《珠江三角洲发展纲要》和《深圳市综合配套改革总体方案》都将建立决策、执行、监督既相互制约又相互协调的组织架构和运行机制与探索实行职能统一的大部门体制作为行政管理体制改革的突出重点。在行政管理体制改革方面,市场经济条件下政府职能定位的不够清晰,政府缺位、错位和不到位的情况仍然存在,市区街道事权划分模糊等问题使行政效率降低,深圳行政管理体制的改革势在必行。

(2)自上而下的创新氛围是改革的巨大推动力。深圳从一个渔港小城发展成为我国最具潜力和活力的代表城市之一,"创新"一直是其发展的灵魂和永恒主题。深圳坚定不移地把自主创新作为城市发展的主导战略,提出要创建国家创新型城市,建设和谐深圳、效益深圳。2006 年 1

---

① 深圳光明新区正式揭牌运作,下辖公明光明。深圳 160 信息网 http://www.sz160.com/news/2007821/32709_2.shtm

月,深圳市委市政府发布了《关于实施自主创新战略建设国家创新型城市的决定》以及 20 个配套文件,全面启动深圳市的改革新进程。这些改革措施具体涉及经济体制创新、法律制度建设、社会管理体制创新和行政体制和机构设置等多个领域。2008 年 6 月 12 日,国家发改委批准了深圳创建国家创新型城市的申请,至此深圳成为第一个被中央批准的创新型试点城市。不断自主创新,成为深圳继续发展的内在推动力。

(3)行政区划扩大蕴含深意。深圳实施扩区计划,一是进一步拓展区域发展空间。在特区内部发展空间已极其有限的情况下,将宝安、龙岗两区划归特区,区域面积将是原特区面积的五倍,为深圳的进一步发展提供了重组的土地资源和发展空间。二是进一步扩大政策效应。通过扩区,可以《国务院关于经济特区和上海浦东新区新设立高新技术企业实行过渡性税收优惠的通知》(国发[2007]40 号),使深圳全市都享有作为经济特区才享有的过渡期内的税收优惠政策,放大了深圳享有优惠政策效应,成为深圳招商引资、发展产业的突出优势。三是进一步解决法治发展障碍。根据 1992 年的《关于授权深圳市人民代表大会及其常务委员会和深圳市人民政府分别制定法规和规章在深圳经济特区实施的决定》,深圳特区享有"特区立法权",可根据特区范围内的发展需要制定法规,而深圳市作为一级政府,其人大也享有覆盖深圳全市的立法权,形成"一市两法"局面,难免出现法律规定上的矛盾和冲突,扩区后,立法权限可以得到有效统一,通过整合各种法规和规范性文件,基本解决"一市两法"问题。四是推进深港一体化纵深发展。深圳是香港与珠江三角洲合作的重要节点,深圳扩区意味着深港合作具有更加广阔的空间,推进香港经济影响在内地的纵深延展,加速深港一体化进程。

六、滨海新区与深圳经济特区、上海浦东新区等主要综合配套改革试验区行政管理体制改革的比较分析

为贯彻落实党的十七大精神,2008 年 3 月,中央通过《关于深化行政管理体制改革的意见》,从深化行政管理体制改革的重要性和迫切性,改

革的指导思想、基本原则和总体目标，加快政府职能转变，推进政府机构
改革，加强依法行政和制度建设，做好改革的组织和实施工作等六个方面
对全国行政管理体制改革工作提出新的要求。而国家的主要综合配套改
革试验区对于行政管理体制改革的探索一直没有停止，在贯彻中央精神
和结合地方特点的基础上，开展了多种创新与尝试，各地的举措也呈现不
同特点。

(一)调整行政区划,拓展发展空间

滨海新区于 2009 年 11 月正式拉开行政管理体制改革区划调整的序
幕。根据国务院下发的《关于同意天津市调整部分行政区划的批复》，滨
海新区建立统一的行政架构，撤销滨海新区工委、管委会，撤销塘沽、汉
沽、大港现行建制，建立滨海新区行政区，辖区范围包括塘沽区、汉沽区、
大港区全境。东丽区和津南区的部分区域不划入滨海新区行政区范围，
仍为滨海新区产业规划区域。

浦东新区根据 2009 年 5 月国务院对上海市《关于撤销南汇区建制将
原南汇区行政区域划入浦东新区的请示》的批复，将南汇区并入上海市浦
东新区。

深圳在其综合配套改革方案中明确指出要探索城市行政区划及管理
体制改革，并适当调整行政区划。深圳已经开始扩区的探索，2009 年 6
月 30 日，正式挂牌设立深圳市坪山新区，这是深圳继 2007 年 6 月设立光
明新区之后的第二个采用功能区模式管理的区域。在特区外的行政区划
内建设功能区并尝试管理体制改革，是深圳进一步探索更大发展空间的
积极举措。

由各地进展可以看出：滨海新区的行政区划调整是对原有行政区划
的重新整合，更好地解决区域统筹规划和统一开发建设。上海浦东新区
扩区是原有区域面积的增加，南汇区并入后，进一步扩大了浦东新区的开
发空间，解决了土地资源供给矛盾，并为上海两个中心建设特别是国际航
运中心建设提供行政管理和统筹开发的便利。深圳特区的区划调整改革
实践并没涉及大规模的区域整合和面积扩大，而是在原区域中划出一部
分成立功能区，在此区域内探索新的管理模式。

（二）完善区域行政机制，探索区域管理制度

滨海新区在综合配套改革总体方案中提出建立有利于发挥滨海新区整体优势和共同发展的管理制度。新区在成立行政区后，成立新区政府、党委、人大和政协，撤销行政建制，成立城区管委会和功能区管委会。城区管委会加强社会管理职能，功能区管委会主抓经济开发建设，各街镇加强行政服务中心建设，实施"强街强镇"计划，提升社会管理和公共服务职能。

浦东新区在综合配套改革总体方案中提出进一步完善市、新区两级管理体制。理顺市与浦东新区的关系，赋予浦东新区更大的自主发展权，探索建立条块互补、职能整合的行政管理体制，形成市、新区、功能区域、街镇职能互补的结构。进一步明确功能区域的定位，逐步完善功能区域职能和事权，做实功能区域，实施扁平化管理，完善浦东新区"浦东新区—六大功能分区—23 个开发区、乡镇（街道）"的行政管理层级。

深圳特区积极推进精简行政层级改革试点，缩短管理链条，提高行政效率，在功能区管理体制上不断探索，先后成立光明新区和坪山新区。新区管委会将行使区级政府的管理权限，全面负责辖区经济发展、城市建设和城市管理、社会事务管理工作，人大、政协、法院、检察院、人民武装等方面职责仍由原所属行政区负责，①由此实现"一级政府、三级管理"。

从各地进展可以看出：由于滨海新区行政管理体制改革正在开展，改革重点之一就是加强街镇建设，建设街镇、社区的便民服务中心，完善基层行政机构的公共服务职能。浦东新区是进一步增强功能区的管理职能，探索"二级市"的运作模式。深圳特区是通过光明新区和坪山新区的试点，不断探索功能区管理体制新模式，总结经验，不断完善。

（三）完善运行机制和机构设置，构建"大部制"管理体制

滨海新区成立行政区，建立统一的行政架构，撤销滨海新区工委、管委会，成立滨海新区党委、政府、人大、政协。组建新的政府机构，缩减塘

---

① 深圳市坪山新区正式成立。新浪网，http://news. *sina*. com. cn/o/2009－07－01/073315878826s. shtml

沽、汉沽、大港,按照大部制的发展要求,同级机构比原有三个行政区大幅精简;根据精简、效能原则,设置新区区委、区政府的职能机构,争取成为全国最精简的行政机构和管理模式。

浦东新区在南汇区并入后,重新调整了行政机构的设置。新的区级机构充分体现了"小政府"特色、突出服务经济特征、突出社会建设。浦东新区的政府工作部门(计入机构个数)从原来的 13 个,增加到了 19 个,按照"大部制"构想,对原有部门进行了撤并整合。特别是为适应上海国际金融中心建设和国际航运中心的要求,新组建了金融服务局,建立推进航运服务工作的有关领导小组,下设航运服务办公室作为其办事机构。

深圳经济特区按照职能有机统一的原则,优化政务流程,整合政府机构,完善大部门管理体制,实现政府职能、机构与人员的合理配置,实现决策相对集中,执行专业高效,监督有力到位。在新一轮的改革中,将政府原来的 46 个工作部门减少到 31 个,设立发展和改革委员会、科技工贸和信息化委员会等七个委员会,建立起"委"、"局"、"办"的政府架构,其中"委"主要承担制定政策、规划、标准等职能,并监督执行;"局"主要承担执行和监管职能;"办"主要协助市长办理专门事项,不具有独立行使行政管理职能,①这是深圳建立健全决策、执行、监督既相互制约又相互协调的权力结构和运行机制的突出实践。

从各地进展可以看出:大部制改革是各综合配套改革试验区行政管理体制改革特别是机构该改革的主导趋势。滨海新区、浦东新区和深圳经济特区都进行了大部制改革的实践,滨海新区和浦东新区都是在行政区划调整后组建的新机构,深圳特区是在原有基础上的机构职能整合和人员调整,并在机构内部运行机制上更进一步,通过"委"、"局"、"办"职能界定来推行决策、执行、监督既相互制约又相互协调的权力结构和运行机制。

(四)积极转变政府职能,建设服务型政府

滨海新区由于行政机构重新整合建立,需要积极转变经济增长方式,

---

① 中央编委批准《深圳市人民政府机构改革方案》,新浪网。

统一区域规划,统一土地开发利用,统一产业布局和项目摆放,增强新区政府的领导和统筹能力以及社会管理和公共服务能力。城区管委会加强社会管理职能,强化教育、卫生、文化、社会保障等部门,并推动农村城市化和城镇化进程。功能区管委会主抓经济开发建设,在卸掉社会事务包袱后,专心搞建设。各街镇实施"强街强镇"计划,提升社会管理和公共服务职能。

浦东新区以深化政府管理体制改革和转变政府职能为重点,推动政府转型,加快建立公共服务型政府。在转变政府职能方面突出的实践就是实行社区建设实体化和管理网格化,优化行政组织的社会管理和服务功能,加强对民间组织服务和专业社会工作队伍的培育与管理。2006年10月正式运行的浦东新区市民中心,通过建设服务政府、法治政府和责任政府窗口,政府、市场和社会"三位一体"互动的窗口,以及政府服务的平台,政府与社会组织合作的平台,市民与市民、社会组织与社会组织交流的平台,市民自我服务的平台,市民事务重组的平台,政府体制内自我监察的平台等六个平台,强化了政府服务的公共性,推进了政府与社会、市民三者之间的合作与和谐,提高了政务服务效率。

深圳特区积极促进政府职能向创造良好发展环境,为社会提供优质公共服务方面的转变。把将政府的部分社会管理职能剥离出来,交给社会和市场解决,通过以事定费和政府购买服务等方式,公平配置公共服务投入。分步分类实施事业单位改革,推动事业单位体制机制改革创新。积极转变政府职能,特别加强行业协会管理体制改革,积极探索社会组织管理制度改革,在登记管理体制方面,对工商经济等三类社会组织直接登记。①

成都依法探索将部分县级行政管理职能和社会管理权限向乡镇延伸,强化社会管理和公共服务的职能,正在进行锦江区和武侯区街道办事处职能转变的工作。郫县的改革也积极探索城乡公共服务均等化的改革,从公众对公共产品的实际需求出发,将公共服务体制改革与转变政府

---

① 《深圳提出建设公民社会,欲为社会组织立法》,新浪网。

职能、事业单位分类改革相结合,将公益性服务与经营性服务分开,养事与养人分离,公共产品的管理与生产脱钩。同时将公共服务分为纯公益类服务、准公益类服务和经营类服务,明确了不同的服务主体,公共服务的供给由原来的单一模式转变为政府主导、多方参与的模式①。

重庆构建统筹城乡行政管理体系,实现政府管理和服务对农村工作的全覆盖。在乡镇机构改革中,围绕农民需求因事设岗,合理划分公益性职能与经营性活动,让机关干部"背着职责下乡",在乡镇设置公益性事业机构,实行"专人、定时、限期、免费"的全程代办服务制度,强化公益性事业单位公共服务功能。②

从各地进展可以看出:各地区都将此项内容作为重要部分。涉及内容包括推进政企分开、政资分开、政事分开、政府与市场中介组织分开,以及政府公共服务和社会管理职能的提升、公共服务事业发展和完善公共服务体系、事业单位改革等。滨海新区主要涉及行政区与功能区职能的调整与互补延伸,是对区域内部不同行政主体之间职能的相对分离。浦东新区提出依法探索将部分县级行政管理职能和社会管理权限向街镇和社区延伸,实行社区建设实体化和管理网格化,推进社区信息化建设,强调政府与市民之间的互动与沟通,强化社会管理和公共服务的职能。深圳特区将事业单位改革和公务员制度改革囊括其中,如创新事业单位内部管理制度和运行机制,开展事业单位法定机构改革试点,实施公务员职位分类管理等,在政府内部职能和对外服务方面的改革更为深入。重庆和成都将管理体制改革重点放在城乡管理体制的统筹,特别是加强乡镇等基层行政机构的服务职能转化。

(五)深化行政审批制度改革,提高公共服务水平

滨海新区积极进行行政审批与公共服务体系的建立与改革创新。推进行政审批制度改革,承接下放的市级审批权限,实现"新区的事在新区

---

① 成都市在郫县试点改革推进城乡服务均等化。四川省人民政府网站 http://www.sc.gov.cn/zwgk/zwdt/szdt/200903/t20090313_629542.shtml

② 重庆市乡镇机构改革取得实效,推动政府职能转变。新浪网 http://finance.sina.com.cn/roll/20090531/09312866929.shtml

办",形成"一级政府、分类服务"的行政审批与公共服务体系建设滨海新区行政许可中心,建设全区统一的行政审批服务中心和分中心,实行"一窗接件、帮办领办、网络链接、限时监督"四位一体的运行模式,并特别为新建功能区开辟专门窗口,创建合并审批事项、压缩审批时限、提高审批效率,提供"保姆式"服务。

浦东新区探索建立面向企事业法人和市民两个方面的行政服务体系,推进政府事务的重组,提高行政审批和市民政务服务效率。浦东市民中心已经成为高效能的行政审批中心,统一管理浦东新区内审批事项和公共服务,并将部分事权下放至功能区域,各街镇均有 3～4 个社会服务中心,主要负责对自然人的政务服务。开发区则负责法人审批事项,其中涉及行政审批的事项必须到功能区域的审批服务中心和市民中心办理,对自然人的政务服务则可就近在街镇的社会服务中心办理。在前四轮改革基础上,浦东新区以市场准入、基本建设审批程序、投资项目审批和行政事业性收费四个领域为重点,推进新一轮行政审批制度改革。①

深圳特区先后开展四轮行政审批制度改革,改革对象从行政许可审批制度过渡到非行政许可审批制度。清理减少行政审批事项,集中力量对各政府的非行政许可审批事项进行规范。大部制改革后,深圳政府部门将取消、调整、转移行政审批事项和政府职责近 300 项。建立覆盖全市所有行政许可项目、监督审批活动全过程的行政许可电子监察系统等。

成都行政审批体制改革的突出特点是在全国率先成立"审批局"。成都武侯区在四川省率先实行"行政审批集中委托制",出台了《武侯区行政审批委托试行办法》,将发改局、物价局、建设局、商务局等二十余个区级部门所承担的行政审批职能全部划转到区行政审批局。审批局对划转的审批职能依法履行行政审批职能,原职能部门主要承担相应的监督和管理职能,实行全新的审批与管理相分离的行政管理体制。②

从各地进展可以看出:滨海新区的行政审批体制改革的重点工作之

---

① 上海社会科学院,浦东综合配套改革试点的推进情况与下一步设想,2008 年 10 月。

② 成都武侯区:成立行政审批局推进政府职能转变。

一在于着手承接审批权和理顺新区政府与功能区(城区)的行政审批权限关系,并建立全区统一的审批中心和街镇便民服务中心。浦东新区和深圳特区的审批体制改革已经进行地非常深入,都先后进行了四轮改革。成都武侯区的改革力度最大,成立了审批局,将审批职能从政府部门中剥离出来,实现审监分离。

(六)完善政务平台建设,提高工作效率

滨海新区因为行政区划的调整,在此方面还没有统一的改革举措。开发区数字城管系统于 2009 年 5 月 14 日通过国家住房和城乡建设部的专家验收,正式投入使用。塘沽区、汉沽区、大港区都加紧建设数字化城市管理系统,使功能区能够集中开展企业投资项目综合服务,吸引更多好项目、大项目积聚落户。

浦东新区推进政府办公网络化和信息化建设,逐步建立政府与公众之间的互动回应机制。进一步推进政务信息公开,推进政府信息网上公布制度化。探索推进政府行政程序简单化、统一化改革,推进政府业务网络化,通过电子化渠道实现政府内部的相互沟通,提高政府内部运作效率。在具体改革实践中,对进驻市民中心的 93 个审批和办事项目实现电子监控。围绕政府制度创新,在政府监察制度上有所突破,探索建立了体制内监察、体制外投诉、社会化评估、自上而下问责的四项制度。为加强权力运行的公开透明,探索建立了权力责任机制、运作规范机制、网上运行机制和监督问责机制,并在决策机制创新方面,建立"听证于民、问计于民"的市民议政制度。[①] 运用现代信息技术手段建立网格化服务中心,加强对市容市貌、乱拆乱建、违章用地等的现场监督,及时、准确地处理相关的城市管理事务。

深圳特区已启用新版市政府网上办公系统和党政机关电子公文交换系统,实现跨部门文件传输和文件办理业务协同,并引入督察和任务管理子系统,制定了违反行政许可的责任追究制度,建立覆盖全市所有行政许

---

① 上海社会科学院,浦东综合配套改革试点的推进情况与下一步设想,2008 年 10 月。

可项目、监督审批活动全过程的行政许可电子监察系统。① 此外,大力推进阳光政府建设,加强电子政务建设,完善网上行政审批、网上行政执法、网上公共资源交易、网上公共服务和网上监控等五大系统。②

从各地进展可以看出,浦东新区和深圳特区都在大力推进电子政务建设,特别集中在行政审批监察、政务信息公布、政府市民互动等方面。

(七)加强法制建设,保障改革推进

滨海新区积极加强法制建设,加强法律政策的规范和整理工作,启动《天津滨海新区条例》修订工作,专门召开专家论证会,研究制定符合新区实际、促进新区开发开放的行政法规。新区政府专门出台《关于建设法治政府的实施意见》,加强新区法治建设。

浦东新区根据上海市人大常务委员会制定出台的《关于促进和保障浦东新区综合配套改革试点工作的决定》,使浦东新区对区域开发建设具有更大的自主权。在依法治区方面,积极用好国家部门的规章政策,与国家部委合作,推动外汇、工商、科技创新等领域的先行先试。浦东新区综合配套改革前两年,政府及所属部门就先后出台了 70 余件行政规范性文件,内容涉及企业管理、政府管理、财政体制、创业鼓励、公共服务等多个领域,③保证政府决策科学化、民主化、法制化。

深圳特区致力于打造法治城市。在 2008 年出台《深圳市法治政府建设指标体系》,力争用 3 年左右的时间在我市初步实现法治政府建设的目标。《深圳市行政服务管理规定》于 2010 年 5 月 1 日起正式施行,对行政服务中"不作为"、"乱作为"的现象进行责任界定。市法制办 2010 年 4 月开始起草《关于开展我市行政服务法治化的工作方案(草案)》。

重庆市一直坚持建设法治政府,2009 年 11 月 26 日,国务院法制办与重庆市政府签订《关于推进重庆市加快建设法治政府的合作协议》,合作协议期限是 3 年。此举旨在加快推进重庆市依法行政进程,实现在西

---

① http://wenwen.soso.com/z/q136678639.htm

② 深圳发布示范市意见,将发展社会主义民主政治,人民网,http://politics.people.com.cn/GB/14562/7420846.html

③ 《浦东新区人民政府推进依法行政白皮书》,2007 年 12 月。

部地区率先建设法治政府的目标,为重庆市统筹城乡改革和发展提供有力的法治保障。①

从各地进展可以看出,滨海新区重点在于梳理现有法规政策,为适应行政管理体制改革要求,理顺新区政府与功能区、城区的关系,尽快修订或完善现有法规政策中的不适应发展要求之处。浦东新区重点是推进司法体制改革,按照中纪委、监察部对浦东新区开展依法监察试点的要求,健全行政监督机制等内容。深圳经济特区重点是探索建设法治政府的有效途径,包括建立法治政府考评指标体系,加强行政服务等方面。

七、关于滨海新区行政管理体制改革的展望

滨海新区抓住管理体制改革的契机,探索现有行政制度框架下开发建设特殊经济区的新模式、新路径,加快推进综合配套改革和区域开发开发开放。

(一)滨海新区行政体制改革需要持续深入推进

今年是国家国民经济和社会发展第十二个五年规划(简称国家十二五规划)的伊始之年,"国家十二五规划"明确要求在推进行政体制改革上,按照转变职能、理顺关系、优化结构、提高效能的要求,加快建立法治政府和服务型政府。自滨海新区管理体制改革全面实施以来,对促进区域开发建设,加快推进滨海新区开发开放起到了不可替代的保障作用。在"十二五"伊始之际,滨海新区开发开放发展势头更加强劲,"十大战役"形成大规模开发建设的恢宏气势,十大改革持续深化,各项社会事业蓬勃发展,这些都标志着滨海新区迈入了更新的发展阶段。新的发展对管理体制改革提出新的要求,持续深入推进管理体制改革也成为新形势下加快转变经济发展方式、促进区域更好发展的必然需求。

1.深化行政体制改革是落实科学发展观排头兵的内在要求

加快推进滨海新区开发开放,成为贯彻落实科学发展观的排头兵,是

---

① 建设法治政府,重庆、湖北、深圳三地率先试点。新浪网 http://news. sina. com. cn/o/
2009－12－08/102616736753s. shtml

滨海新区推进体制改革的重要任务。国家要求滨海新区下大气力推进体制创新,全面落实滨海新区行政管理体制改革方案,转变政府职能,提高行政效能,为又好又快建设滨海新区提供体制保障;要求滨海新区用新思路、新体制、新机制,推动新区既快又好地发展,要适应新形势、新任务和新要求,改革和完善管理体制。深入落实科学发展观,要求继续深化改革开放,提高改革决策的科学性,增强改革措施的协调性,推进各方面体制机制创新,着力构建充满活力、富有效率、更加开放、有利于科学发展的体制机制。深化管理体制改革正是进一步破除体制发展障碍,解决制约发展的深层次矛盾与问题,创造发展活力与动力的关键举措和贯彻落实科学发展观的内在要求。

2.深化管理体制改革是加快转变经济发展方式的制度保障

转变经济发展方式是国家十二五时期发展建设的主线,"坚持把改革开放作为加快转变经济发展方式的强大动力,坚定推进经济、政治、文化、社会等领域改革,加快构建有利于科学发展的体制机制"是"国家十二五规划"提出的具体要求。经济发展方式的转变要求继续深入推进行政管理体制改革,要求通过公共权力的结构调整和运行机制的框架完善来满足和适应外部经济增长与发展方式的变化,建立完善与之相适应的管理体制,为经济发展提供制度保障。十二五时期是滨海新区率先转变经济发展方式,努力成为贯彻落实科学发展观排头兵的关键时期,也是十大战役推进全面发展、全力打好开发开放攻坚战的关键时期,需要新区在提高高端制造功能、提升自主创新能力、提升区域服务功能、改善民计民生、推进文化大发展大繁荣、构建科学合理的空间发展格局等十几个方面大力发展,责任更加重大,任务更加艰巨,而且不适应经济发展的体制机制的矛盾日益凸显。这就要求新区持续深化行政管理体制改革,进一步理顺新区各部分的权责关系,加强行政管理职能和统筹协调能力,为率先转变经济发展方式提供制度保障。

3.深化行政体制改革是持续推进综合配套改革的应有含义

综合配套改革不仅仅是经济发展方面的改革,而是包含经济体制、行政管理、文化制度、社会建设等多领域内容的改革。作为国家综合配套改革试验区,滨海新区在十二五时期的改革任务更加艰巨,立峰书记明确要求"要紧紧围绕争创改革开放先行区这一目标,进一步抓好重点领域和关键环节的改革。在继续深化'五大改革'的同时,加快推进新'五大改革',增创体制机制新优势,并为天津和全国的改革提供借鉴"。"要用足用好用活先行先试的政策优势,在事关上层建筑的改革上着力取得新突破"。加快建立"统一、协调、精简、高效、廉洁的管理体制",是滨海新区综合配套改革的重要任务之一,所以深化行政管理体制改革,转变政府职能,提高行政效能,充分发挥整体优势,使之与经济发展水平相适应,是滨海新区完成改革重大使命的应有含义。

4.深化行政体制改革,新区行政体制发展的必然举措

从滨海新区开发建设初始,其行政管理体制和机构建立就体现了与一般行政机构设置的不同和自身的灵活性,滨海新区管理委员会的筹划建立,适应了新区"特殊经济区"发展定位对于行政管理机构进行区域管理灵活性和高效性的要求。滨海新区调整行政区划,建立区委区政府以来,加强新区整体的统一领导能力,建立精简高效的管理机构,探索"新区的事在新区办"的运行机制,建立"一级政府、分类服务"的管理服务模式,整合了区域各类资源,促进政府职能转变、行政效率提高及管理水平提升,极大提高了新区开发开放的整体优势,为加快新区开发建设凝聚了强大合力。虽然新区管理体制改革取得了显著成效,但目前还出于新旧体制接轨、新机制运行的磨合时期,滨海新区城区与功能区及街镇之间的权责关系还需进一步理顺,行政服务意识与效能还需进一步提高,排除体制机制障碍加快经济发展方式转变的力度还需进一步加强,继续深化行政体制改革成为新区发展必然举措。

(二)滨海新区行政管理体制改革亮点

综观滨海新区的行政管理体制改革实践,有以下几个亮点:

1.尝试行政区与特殊经济区的协调融合

滨海新区的行政管理体制改革,是在我国现阶段行政管理框架下,将行政区与特殊经济区重合,利用行政资源的优化整合,推进特殊经济区的开发建设。新区调整行政区划,建立滨海新区行政区,理顺职责权限,通

过统一行政机构的设置和职能的行使,加强统一领导和统筹协调,优化配置生产要素和整合资源供给,更切实有效地转变经济增长方式,有利于为新区下一步发展提供制度创新空间,谱写新区开发开放的新篇章。

2.尝试经济管理职能与社会服务职能相对分离

长期以来我国政府和行政管理机构充分发挥着经济调节、市场监管、社会管理和公共服务的职能,特别是发展地方经济成为地方政府的首要职责。滨海新区根据自身区域实际,调整行政区划,整合区域资源,转变政府职能,积极探索行政区管理机构主抓经济、城区管理机构主抓社会管理和公共服务的新模式,尝试在全国率先开展经济开发与社会管理职能相对分离的管理模式,突破政府和行政管理机构传统职能限定,真正实现政府管理职能的调整到政府服务职能的转换。

3.尝试社会管理与公共服务职能下放基层

传统的地方政府强调对地区的统治和经济的干预,现代政府则把“服务”放在首位,滨海新区在管理体制改革中贯彻落实科学发展观“以人为本”理念,创新基层管理方式,强化基层行政机构的社会管理和公共服务职能,推行强街强镇战略,将面向社会、企业和群众等90多项行政审批事项下放街镇,建设街镇服务中心,做好关系民计民生的各项服务,充分践行“小政府、大社会”的行政服务理念,充分提升基层社会管理和公共服务水平,实现从“管理型”政府向“服务型”政府的转变。

4.尝试功能区开发管理模式的创新

“十大战役”是涵盖滨海新区开发与建设、经济与社会等方方面面的重要载体,统筹区内所有功能区的资源和需求,是滨海新区打好开发开放攻坚战的核心与关键,是对经济发展方式的运用和实践。其“指挥部＋管委会＋开发公司”的“三位一体”运行机制,以指挥部为统筹决策中枢、以管委会为组织编制架构、以开发公司为战役主力,充分发挥了政府决策、企业运行的职能作用,特别是充分发挥国有大型企业在开发建设中主力军作用,加大项目推进力度。量身定做管理服务方案,开展“保姆式”服务,成为区域开发和项目建设的服务平台。

(三)深入推进滨海新区行政管理体制改革的展望

任何改革都是格局的调整,任何创新都是制度的再造。滨海新区的行政体制改革基本完成并已经取得阶段性重大突破,为加快推进滨海新区开发开放发挥了重要的体制保障和促进作用。作为国家综合配套改革试验区,滨海新区的行政体制改革,涉及面广,探触层次深,调整力度大,社会影响大,使命神圣,任务艰巨。进一步发挥先行先试的创新精神,保持锐意进取的精神风貌,深化各项改革措施,继续为滨海新区又好又快发展增加强劲动力。

1. 以行政管理体制改革加速经济发展方式转变

改革不是目的,而是实现发展的方式。当经济发展对管理体制提出新的发展要求时,应通过上层制度的改革促进经济的发展。在十二五时期,滨海新区面临更大的机遇与挑战:一方面国际金融危机带动新兴产业发展,滨海新区凭借良好的发展基础、先行先试的改革优势以及管理体制改革带来的整体统筹能力,可以大力规划统筹布局,发展战略性新兴产业,促进产业结构优化升级;另一方面,世界经济发展的不稳定因素仍然较多,今年上半年全球经济增长放缓,国内通胀持续走高,且国内区域发展竞争更加激烈,滨海新区发展压力更加突出,也对新区如何以更加协调高效的管理体制来统筹区域管理提出更高要求。为此新区要充分认识在管理体制改革上的成就与不足,进一步理顺市与新区及新区与各组成部分之间的权责关系,加强政府职能转换,进一步增强统筹整合区域资源的能力与水平,始终保持管理体制改革适应经济发展的要求,加速经济发展方式转变。

2. 增强社会服务职能,加强社会管理创新

改革不仅仅是经济的改革,也是经济表象背后的发展方式和管理制度的改革。任何改革都必须是经济与社会相辅相成。社会发展程度必须与经济发展速度相匹配,才能实现区域的发展与和谐。滨海新区是国家综合配套改革试验区,伴随着经济发展,社会职能需求逐渐凸显,社会管理成为区域和谐稳定的关键因素之一,推进社会管理创新成为管理体制改革中重要的组成部分。当前,作为推进全国社会管理创新综合试点区,

滨海新区要完善制度建设和公共服务体系,在加强街镇服务职能、加强社会组织培育与管理、构建和谐劳动关系等方面制定和出台相关政策法规,提高社会管理能力,创新社会管理体制机制,加快服务型政府建设,在服务中实施管理,在管理中体现服务,着力解决影响社会和谐稳定的源头性、基础性、根本性问题,建立与构建和谐社会相适应的社会管理新格局。

3.深化行政审批制度改革,增强新区改革活力

滨海新区积极探索形成"新区的事在新区办"的运行体制,扩大自主发展权、自主改革权、自主创新权。充分发挥滨海新区区委区政府的统一领导和公共服务能力,深化行政审批制度改革,落实滨海新区行政审批改革创新方案,明确市有关部门与新区政府及各职能部门的行政审批权限关系,进一步推动事关新区开发开放式审批事项的下放与承接,加快建设全区统一的行政审批服务中心和分中心,落实"新区的事在新区办"的管理体制。

4.完善行政机构职能运行,提高行政管理效能

滨海新区初步建立了职能协调、管理顺畅、机构精简、运转高效的大部制运行机制,通过职能归并和科学配置,滨海新区建立并完善了管理架构,极大地降低了行政成本,提高了行政效率。但也应看到,滨海新区的机构职能整合和人员调整尚在进行,各职能部门的工作衔接仍需完善,一些干部的传统区域意识和工作思维仍需调整。滨海新区要以改革创新的精神,切实转变政府职能,科学界定新区政府机构内部的职能,加强行政人员的职业培训和服务意识,提升工作能力和行政水平。

5.继续加强廉政法治建设

进一步增强滨海新区民主法制工作,做好干部的思想教育和工作管理,加大对重点工程、重点领域、重要环节的审计和监察力度,严格执行反腐倡廉各项规定,落实廉政建设责任制,加强预防和惩治腐败制度建设,做好《天津滨海新区条例》的修订工作。

课题组负责人:何艳维(天津滨海综合发展研究院)

课题组成员:吴敬华(天津市委办公厅)、曹达宝(天津市委办公厅)、

郝寿义(天津市滨海新区管委会)、朱振华(天津市发改委)、王恺(天津经济技术开发区管委会)、冯卫华(天津市委研究室)、贾家琦(天津市委财经办)、李立(天津市发改委)、邢春生(天津市滨海新区管委会)、孙兵(南开大学)

课题执笔人:何艳维

课题报告完成时间:2011年9月

参考文献

陈泰锋.WTO与新一轮行政管理体制改革[M].人民出版社,2006

李中和,陈广胜.西方国家行政机构与人事制度改革[M].社会科学文献出版社,2005

邢春生.我国功能经济区的发展变革与滨海新区的体制创新[J].求知,2007(10)

深圳综合开发研究院.建设中国特色社会主义示范市——深圳市2008年综合配套改革年度报告[R]

深圳综合开发研究院.2007年综合配套改革年度研究报告[R]

浦东新区人民政府推进依法行政白皮书[Z].2007

上海社会科学院.浦东综合配套改革试点的推进情况与下一步设想[Z].2008

中共中央关于深化行政管理体制改革的意见,中发[2008]5号文[Z]

天津市滨海新区人民政府.天津市滨海新区国民经济与社会发展第十二个五年计划纲要[Z]

天津市滨海新区2011年政府工作报告[Z]

珠江三角洲地区发展规划纲要(2008~2020)[Z]

关于第一批向滨海新区下放市级行政审批事项及扩大滨海新区行政审批实施权限的通知,津政办发〔2011〕10号[Z].天津市人民政府网

中央编委批准.深圳市人民政府机构改革方案[Z].新浪网

深圳提出建设公民社会,欲为社会组织立法[Z].新浪网

上海取消和调整950个行政审批事项[Z].腾讯网

上海浦东行政审批事项装电子身份证 全程透明[Z].搜狐网

深圳 5 年内取消区级政府,实行一级政府三级管理[Z].腾讯网

深圳光明新区正式揭牌运作,下辖公明光明[Z].深圳 160 信息网

深圳市坪山新区正式成立[Z].新浪网

重庆九龙坡启动大部制改革,整合撤销 13 部门机构[Z].中国新闻网

成都市在郫县试点改革推进城乡服务均等化[Z].四川省人民政府网

重庆市乡镇机构改革取得实效,推动政府职能转变[Z].新浪网

成立行政审批局推进政府职能转变[Z].搜狐网

深圳发布示范市意见,将发展社会主义民主政治[Z].人民网

建设法治政府,重庆、湖北、深圳三地率先试点[Z].新浪网

滨海新区法制建设研究

【摘要】 本课题全面分析滨海新区加强法制建设的重要作用,学习借鉴深圳特区、浦东新区等先进地区法制建设的主要做法与成功经验,回顾总结滨海新区法制建设取得的成绩,深入研究和探讨新形势下滨海新区法制建设面临的新情况、新问题、新任务,按照滨海新区功能定位的要求,从全面落实国家发展战略的高度,有针对性地提出加快滨海新区法制建设的对策和建议,积极推进依法治区,努力为滨海新区开发开放创造良好的法制环境和法律保障。

滨海新区开发开放,关系到天津的前途命运,牵动着区域协调发展的全盘,影响着国家发展的大局。加强滨海新区法制建设的研究,依法保障和促进滨海新区的开发建设,对于落实滨海新区要成为深入贯彻落实科学发展观的排头兵的要求,更好地发挥滨海新区在区域发展中的引擎、示范、带头和服务作用,加快推进滨海新区开发开放,具有十分重要的意义。

一、重点区域开发开放必须加强法制建设

中国特色社会主义市场经济是法制经济。社会主义市场经济的发展过程,也是社会主义法制的完善过程。经过改革开放三十多年的实践,我

国已经形成中国特色社会主义法律体系。深入学习科学发展观,加快推进重点区域的开发开放,必须进一步加强法制建设,不断优化法制环境,切实做到率先实现法治。

(一)中国特色社会主义市场经济是法治经济

市场经济是法治经济,没有完备的法制保障就没有成熟的市场经济。自由公平的竞争秩序是市场经济存在和发展的基本前提,市场经济的显著特点,就是在生产、流通、分配、消费等经济运行的各个环节,通过法制形成和维持的经济秩序。没有完备的市场经济法律体系,市场经济就无所遵循、无法运行。中国特色社会主义市场经济作为市场经济的一种,自然也是法治经济,必须在改革开放和现代化建设中不断建立和完善社会主义法制。

1.法制的基本内涵与法制建设的基本要求

所谓法治,目前比较公认的定义是:运用法律治国的方式,依法办事的社会状态,一种价值取向或一种政治制度。而社会主义法治是指,社会主义国家依法治国的原则和方略,即与人治相对的治国理论、原则、制度和方法。其基本内容包括:健全民主制度;加强法制建设;推进机构改革;完善民主监督制度。

所谓法制,是一国法律制度的总和,它包括立法、执法、司法、守法、法律监督的合法性原则、制度、程序和过程。董必武同志曾经说:"我们望文生义,国家的法律和制度,就是法制。"社会主义法制是指由社会主义国家制定或认可的,体现工人阶级领导下的全体人民意志的法律和制度的总称,是社会主义立法、守法、执法、司法、法律监督各环节的统一,核心是依法办事。

法制与法治的基本关系是:法制是一种手段,而法治则不仅是一种治国方略,而且也是一种价值选择。法制是法治的重要前提。没有健全的法律和制度,没有依法办事的体制,法治是不可能实现的。

社会主义法制的基本要求为"十六字方针",即"有法可依,有法必依,执法必严,违法必究"。所谓"有法可依"是健全社会主义法制的前提条件,是对立法工作提出的要求,它要求国家社会生活的各个方面和领域都要纳入法律的轨道,都要有法律,都要有章可循。所谓"有法必依"是对守法提出的基本要求,它要求一切国家机关、社会团体、企事业单位、党派、武装部队,以及全体党员干部和群众都要严格遵守法律,都要严格依法办事。"执法必严,违法必究"是加强社会主义法制建设的关键,是对执法机关和执法人员提出的基本要求,它要求执法机关和执法人员要严格、严肃执法,要正确行使人民赋予的执法权力,尽职尽责地坚决打击和制裁一切违法犯罪行为。

2.建立和完善法制是发展社会主义市场经济的内在要求

市场经济需要法制建设的保护和保障、配合和协助。没有完备的法制,既不可能有完善的市场经济体制,也不可能有健全的市场经济。

第一,必须用法律确认和保障市场主体的地位。市场主体是多元的、复杂的,既有公民个人,也有各种法人组织。市场经济是自主经济,必须用法律确认市场主体资格,规定市场主体的权利和义务,尊重和平等保护各类市场主体的财产权及其意志自由;市场经济主体之间的关系是一种平等的契约关系,必须通过法制来加以保障;市场经济主体的行为受经济利益的驱动,必须依靠法制来保护彼此的利益。

第二,必须用法律规范约束政府与企业的行为。市场经济是竞争的经济,竞争必须是公平的竞争,否则市场机制就可能失灵或扭曲。为此,必须依靠法律维护市场秩序,促进企业通过加强管理、提高技术等开展正常竞争。同时,必须依法规范政府管理行为,通过依法行政更好地发挥市场机制在资源配置中的基础作用。

第三,必须用法律调解和处理社会矛盾与纠纷。在现实生活中,由于主观和客观上的原因,各种经济主体之间的矛盾和纠纷是难免的。各种经济主体之间产生的矛盾与纠纷,应由仲裁、法院等法律机构依据国家的法律、法规来解决,切实做到公正、合法、合理。

第四,必须用法律维护和促进市场的统一与开放。市场是各种经济主体进行交换的重要场所,保证市场的统一、开放,对于维护平等竞争至关重要。为此,必须用法律形式把市场规则固定下来,并确保得到遵守,以冲破对市场人为的分割、封锁和垄断,保证各种经济活动的顺利进行。

(二)重点区域加快开发开放必须以法制建设作支撑

重点区域在国家现代化进程中将始终扮演"排头兵"和"试验区"的角色,必须在开发开放、制度创新方面先行先试。新时期重点区域的开发开放,正在由政策主导阶段向市场化推进阶段转变,由倚重形态开发向注重功能开发和软件开发的转变。在这种形势下,重点区域开发开放必须面对两大问题:一是必须通过优化发展环境和发挥市场机制作用,来巩固和强化既有优势,更好发挥排头和引领作用。二是通过推进综合配套改革,积极稳妥地进行上层建筑领域的改革,进一步完善社会主义市场经济体制,破除制约科学发展、和谐发展、率先发展的体制性机制障碍。其中应有之义,就是牢固树立社会主义法治理念,切实加强法制建设。

1.加强法制建设有利于重点开发开放区域更好地落实科学发展观

重点开发开放区域实践科学发展观,就必须在推动经济社会又好又快发展的同时,切实加强法制建设,形成科学发展的强大内生动力和社会共同意志,确保科学发展观真正落到实处并长期坚持下去。从科学发展的价值取向出发,必须牢固树立以人为本的理念,更加注重把以人为本的要求贯穿于社会主义法治建设全过程,切实维护好公民的基本权利和根本利益。从科学发展的实践主体出发,必须牢固树立人民群众是科学发展的推动者和受益者的理念,更加重视和善于依靠法律手段保障和促进人民群众参与和推动经济社会发展的全过程。从改善科学发展的软环境出发,牢固树立软环境建设是科学发展的基础和保障的理念,更加重视全面推进区域法制建设和创造良好区域法治环境,增强区域科学发展的能力和后劲。

其一,法制建设是实现又好又快发展的重要保障。科学发展的第一要义是发展,良好的区域法制环境是重点区域在开发开放中实现科学发展的关键因素。良好的法制环境是区域核心竞争力的基本因素,法律的规范性保证市场的安全,法制的透明度能保障利益的预期,高效的仲裁机制能有效地裁断经济纠纷,公正的司法制度有利于平息经济社会矛盾。因此,良好的法制环境是推动干事创业、促进招商引资的前提条件和重要保障。

其二,法制建设是实现发展和维护人民群众根本利益的重要保证。科学发展观的核心是以人为本,良好的区域法制环境是重点区域在开发开放中坚持以人为本,构建社会主义和谐社会的基本要求。重点区域加强法治环境建设,有利于调节区域开放开放过程中复杂多样的利益关系,不断提高区域内人民群众的法律素质和参与水平,充分调动区域干部群众的积极性和创造性,普遍提高区域政治文明水平和社会和谐有序程度。

其三,法制建设是实现全面协调可持续发展的重要保证。科学发展观的基本要求是全面协调可持续。落实科学发展观,必须变革现有的行为模式和激励政策,触动部分群体的既得利益和调整社会生活的既有格局。良好的区域法制环境通过将区域科学发展战略和政策定型化、法规化,使统筹城乡发展、经济社会发展、人和自然和谐发展纳入法制化轨道,保证政策的长期性和稳定性。

2.加强法治建设有利于重点区域推进综合配套改革

推进综合配套改革必须依靠国家必要的法律保障和支持,必须依靠区域法制建设的健全和完善。以授权立法为主要标志的经济特区法制建设在推动和保障当地经济社会体制改革顺利进行中起到至关重要的作用。这是因为,综合配套改革需要在现有法律规定的基础上进行调整和完善,甚至可能否定部分既有规定而"杀出一条血路",实现"否定之否定",这就对法制建设提出了新的更高要求。

其一,进行广泛复杂而深刻的体制改革必须加强法制建设。我国经济体制改革处于攻坚阶段,触及面广,涉及利益复杂的深层次改革增大了经济体制改革的复杂艰巨性。重点区域要进入改革的深水区,必须通过法制建设构建激发市场主体能动性的安全网,形成保障个体合法利益的稳定剂,筑造维持总量经济活力和潜力的推进器。而改革的综合性和全面性,则要求通过法制建设实现从有制度框架下的妥善突围,更好地协调和配置社会综合配套改革所要求的众多资源。

其二,全面提升对外开放的层次和水平必须加强法制建设。综合配套改革必须考虑重点区域开发开放的功能定位和战略价值,积极与世界贸易组织规则接轨,形成与国际通行法相衔接的经济运行环境。

其三,实现综合配套改革的示范效应和推广价值必须加强法制建设。一方面,综合配套改革需要形成有利于破解我国改革深层次矛盾和体制性障碍的发展环境和治理水平,需要逐步形成与国际通行做法相衔接的经济运行法规体系和制度环境。这就必须对现行法律进行变通和修正,对现有机制进行突破和改造,并打造法治政府、构建法治社会。另一方面,综合配套改革必须考虑其区域内举措对周边区域的影响和冲击以及在国家层面内的推广和示范,这种全局性、长期性和稳定性的最高形式就是法制。

3.加强法制建设有利于重点区域提高政府依法治理水平

区域政府既是推动社会进步,实现区域现代化的关键力量,又是接受现代化过程冲击和考验的主要客体。区域发展不仅需要基础建设的有利支持,更需要"善治"政府的强大支撑。实现治道变革,提高治理水平,加强法治建设,坚持依法行政是重点开发开放区域的地方政府必须长期努力的方向。

其一,加强法制建设是重点地区积极推进依法行政、建设法治政府的内在要求。法治政府要求按照建设人民满意政府的要求,从完善体制、机制和制度入手,着力规范和约束行政权力,完善运行机制,强化法律责任,严格责任追究,促进政府职能向创造良好发展环境、提供优质公共服务、维护社会公平正义的根本转变,促进行政运行机制和政府管理方式向规范有序、公开透明、便民高效的根本转变。一是积极改善政府决策的过程和质量。必须加强和改进政府立法,坚持以人为本,完善科学民主决策机制,推进政府决策的科学化、民主化和法治化,确保重大决策真正体现科学发展观的要求,真正体现人民群众的意愿和诉求。二是促进规范行政,降低管理成本。加强和改善行政执法,改革行政执法体制,健全执法机制,严肃执法纪律,确保严格执法、公正执法、文明执法,切实维护社会公平正义。同时必须强化行政监督,及时纠正违法和不当的行政行为。

其二,加强法制建设是重点地区推动社会有序参与、提高政府治理水平的内在要求。法治建设将公民参与公共事务制度化和法律化,提供充分而有效的渠道,准备了明确而可靠的程序,使公民在政府制定和实施与公民切身利益密切相关的公共政策时,能够比较充分地表达自己的意愿。此外,法制建设有利于促进政府和社会的互动,使得政府、企业、市场、社会、社区多个层面的行动主体通力合作,有效有序地参与社会治理。

(三)必须全面加强重点开发开放区域的法制建设

重点开发开放区域加强法制建设的理想目标是构建以服务发展为基本使命,以依法治理为核心内容,以执法为民为本质要求,以公平正义为价值追求的良好法治环境,更好服务于重点区域,全面落实科学发展观和建设社会主义和谐社会,为其他区域全面建设小康社会和社会主义现代化建设提供更加鲜活的示范和借鉴。

重点开发开放区域加强法治建设,要敢于学习借鉴国际先进经验,要勇于领全国风气之先,瞄准差距努力提升,重点在法律体系的完善程度、政府依法行政、司法公正严格、市民法律意识等取得较大突破。为此必须在开发开放中加强地方性法规和规章建设,在立法权限范围内构建水平较高、质量较好的立法体系;建设高效廉洁、服务亲民的地方法治政府;加强司法体制和工作机制建设,创置崇尚法律、公平正义、程序中规的司法环境。

1.切实加强立法建设,进一步完善区域立法体系

其一,提高立法质量,健全法规规章。按照法律规定,依据区域实际,着眼于实现重点开发开放区域排头兵定位,提高地方立法的及时性、可行性和有效性,不断完善推进重点区域在开发开放中实现科学发展、和谐发展、率先发展所需要的法制保障。重点研究市场主体、产权、市场交易、信用等方面的立法,及时总结规范重点区域开发开放过程中的配套措施,巩固和发展区域体制机制优势。重点研究自主创新尤其是与高新技术产业发展相关的风险投资机制、知识产权保护、跨区高科技产业带等方面的立法建规,重点研究促进和发展服务业、非公经济等方面的立法建规,推动结构调整和发展方式转变。重点研究如何在与全球市场相融合、与国际惯例相衔接的立法方面大胆引进和试验,推动涉外金融贸易有序快速发展,促进国际合作领域和谐共赢。重点研究生态环境保护、资源节约和循环经济等方面的立法,实现经济社会又好又快发展。重点研究新农村建

设、新区规划建设等领域的立法,推进城乡统筹发展。重点研究建立有效行政约束机制、加强民主监督机制等方面的立法,增强政府的公开透明。重点研究劳动就业、社会保障、安全生产、危机管理、社会维稳等方面的立法,促进和谐社会建设。按照法治统一的要求,坚持立、改、废并重,增强立法的针对性和可操作性,确保各项法规和规章明确具体、科学规范、切合实际,力争形成一套符合国家法律法规、对接国际管理做法、服务区域开发开放的法制体系。

其二,大胆先行先试,突出实用创新。重点开发开放区域立法要体现创新先行性,即在国家相关法律法规尚未制定的情况下,本着服务发展和尊重实践的态度,敢试敢闯,正确把握变通的尺度,把握填缺的空间,把握创制的时机,在立法过程中勇于开拓创新,大胆立法试验。重点开发开放区域立法要体现领先兼容性,即在立法过程中大胆探索,突出立法法规的规范作用、立法理念的指导作用和思想解放的推动作用,注重借鉴国内先进的法律构想、世界优秀的法律文化、发达国家和地区立法的成功经验,适当超前立法,率先予以规范,把握适度超前与现实需要的关系,加快制定和完善有利于区域参与国际竞争的法规规章,服务于重点开发开放区域的中长期发展。重点开发开放区域立法要体现补充完善性,即各项法规在深入开发开放的过程中不断修订,及时完善,甚至废止原定法规,使法规体系与发展实际更加紧密的结合。

其三,完善立法机制,实现科学民主。加强立法机制建构的创新,坚持以科学化和民主化为核心完善立法机制。建立多元化的起草机制,整合与重点区域开发开放相关的立法资源,完善向社会公开征集立法项目制度,建立健全立法听证制度、专家咨询论证制度以及公开征求意见、听取和采纳意见情况说明制度,完善法规审议和表决程序,坚持法规实施后效果评估检讨制度。完善重点开发开放区域所属地方党委和重点开发开放区域党工委领导地方立法的工作制度,适时向具有立法权限的机关提出立法建议。根据战略实施的需要,用足用好地方立法权,把立法决策和改革发展决策紧密结合起来,善于把党的方针和发展政策通过法定程序转化为地方性法规和政府规章,把实践证明行之有效的工作举措以法规、规章形式加以规范,把有关政府规章和行政规范性文件转化为地方性法规。

2.切实加强依法行政建设,进一步打造区域法治政府

其一,依法深化行政体制改革。一是调整与理顺重点开发开放区域与原有行政区划的关系。坚持积极稳妥、因地制宜、循序渐进的原则,合理划分和依法规范重点区域开发开放管理机构与各级政府的职责权限,条件成熟时果断推进层级精简和功能合并,实现重点开发开放区域政府层级、职责、机构和编制的法定化。二是依法转变政府职能,打造有限透明政府。按照职权法定、依法行政、有效监督、高效便民的要求,积极推进重点开发开放区域全面履行经济调节、市场监管、社会管理和公共服务职能。全面实行政务(信息)公开,重点加大对财政收支、行政审批事项、国有资产管理、重大建设项目等领域的公开力度。三是依法规范和强化政府应有效能。深化投资体制改革,合理界定政府投资范围,建立健全政府投资决策责任制度和投资项目后评价制度。切实加强对民众关心的环保、土地、社保等领域法规的实施和执法的改进,及时排查和妥善处理社会矛盾,着力改善重点区域开发开放软环境。

其二,全面严格推进依法行政。一是依法规范政府的行为,严格按照法定权限和程序行使职权、履行职责,保证决策规划的科学化、民主化和规范化。完善行政决策的规则和程序,健全与群众利益密切相关的重大事向社会公示制度和听证制度,完善重大决策专家咨询制度,实行决策的论证制和责任制。二是继续深化行政审批制度改革,探索相对集中行政许可权,建立和完善行政许可统一受理申请、审查、告知意见、听证以及评估评价等制度。改革和完善行政执法体制,严格依照法定权限和程序行使职权、履行职责,健全行政执法责任制、行政执法评议考核机制和责任追究制度,推进综合执法和相对集中行政处罚权工作。推行行政执法公示制,提高行政管理的透明度。三是行政监督依法加强。完善行政监督制度,创新层级监督机制,强化社会监督,完善行政投诉处理机制。四是保证公职人员依法行政。建设一支政治合格、懂法守法、严格依法行政的公务员队伍,增强公职人员特别是领导干部依法执政和依法行政的

能力。

3. 切实加强司法建设,努力完善区域司法体制

其一,切实有效规范依法行为。坚持实体公正与程序公正并重,保障公民、法人和其他组织的合法权益,认真解决执行难问题。健全司法纠错机制,依法及时纠正司法过错行为,切实维护司法权威。建立涉外诉讼投诉协调机制,有效地解决外商投诉问题。强化执法责任制、公示制、督察制以及错案和执法过错责任追究制,依法规范和制约司法和执法人员的行为,防止滥用权力,努力达到执法权限法定化,执法程序公开化,执法行为规范化,执法责任明晰化,执法监督制度化。

其二,深化司法人事制度改革。深化司法工作机制改革,优化司法职权配置,完善司法机关的机构设置、职权划分、监督体制、保障机制和管理制度。完善法官、检察官遴选制度和评价体系,建设一支高素质的司法队伍。逐步实现司法审判和检察与司法行政事务相分离。加强对司法工作的监督。

其三,不断改进法律服务水平。要贯彻司法为民理念,推广法律援助进家庭活动,加大对弱势群体的司法救助力度,让全体人民群众平等便捷地享受到司法资源。加强专业法律服务人员的培养和队伍建设。制定有利于法律服务市场发展的政策措施,吸引更多的境外知名律师事务所、会计师事务所落户。有效整合本地的法律服务资源,提升服务水平,培育和发展法律高端服务市场,为重点区域开发开放提供高水平的专业人才和完善的法律服务体系。

二、上海浦东、深圳经济特区法制建设的基本做法及经验启示

(一)浦东新区法制建设的基本做法

上海浦东新区的开发开放是上世纪 90 年代国家区域经济发展的重要战略,经过近二十多年的发展建设,浦东新区取得了巨大的发展成就,成为集金融发展、科技创新、高新技术产业、现代服务业、港口物流业等综合发展的经济区域,成为继深圳经济特区后中国改革开放的又一新坐标。

浦东新区在开发开放和综合配套改革进程中坚持"法制先行",充分发挥法律的规范、保障、引导和促进作用,这是浦东新区在长期的开发建设中坚持的基本原则,也是改革实践中积累的宝贵经验。

1. 通过"授权"立法为区域发展提供法律保障

2005 年 6 月,国务院批准浦东新区进行综合配套改革试点。2007 年 4 月 26 日,《关于促进和保障浦东新区综合配套改革试点工作的决定》由第十二届上海市人大常委会三十五次会议审议通过,标志着上海浦东拥有了上海市人大的"授权立法",对浦东的改革开放拥有了更大的"自主权"。

此项《决定》做出三项规定:

一是确定浦东新区改革的三个"着力点"和坚持的基本原则,积极探索,推进制度创新,率先建立起完善的社会主义市场经济体制,即"着力转变政府职能、转变经济运行方式、改变二元经济与社会结构,把改革和发展有机结合起来,把解决本地实际问题与攻克面上共性难题结合起来,把实现重点突破与整体创新结合起来,把经济体制改革与其他方面改革结合起来"。

二是明确保障浦东新区的"先行先试权",规定程序要求,即"市人民政府和浦东新区人民政府可以就浦东新区综合配套改革制定相关文件在浦东新区先行先试,并报市人民代表大会常务委员会备案;浦东新区人民代表大会及其常务委员会可以就推进浦东新区综合配套改革试点工作做出相关决议、决定,并报市人民代表大会常务委员会备案"。这是本决定的核心条款,赋予了浦东新区制度创新的合法性,也以法规的形式赋予了更大的改革权限。

三是对其他需要制定法规的情况,可以由市人大常委会根据实际需要制定地方性法规,进一步用法律保障浦东新区综合配套改革顺利推进。

2. 发挥法治功能,全方位推进法制建设发展

浦东新区在 2009 年出台的法规政策中,规范涉及的领域非产广泛,包括了金融业的发展、高新技术产业、鼓励支持人才、现代服务业、文化产业发展、行政许可、物流产业发展、水域环境卫生管理、科技发展基金管理

等法规政策。而且,浦东新区在制定和执行政策时,实施合法审查措施。浦东新区综合配套改革的前两年,新区政府及所属部门先后出台了 70 余件行政规范性文件,内容涉及企业管理、政府管理、财政体制、创业鼓励、公共服务等多个领域,①保证政府决策科学化、民主化、法制化。

3. 积极推进依法行政②

2004 年 3 月,根据国务院发布《全面推进依法行政实施纲要》中建设法治政府的目标,上海市政府提出了建设"服务政府、责任政府、法治政府"的目标,于 2004 年 9 月发布《上海市关于贯彻国务院〈全面推进依法行政实施纲要〉的意见》,贯彻《行政许可法》,大力推进依法行政,并出台了《浦东新区人民政府推进依法行政白皮书》,总结浦东新区依法行政的举措,探索法治建设的新做法。在这本《白皮书》中,浦东新区创新行政方式,提高行政水平,转变政府职能,在努力建设法治政府、强化公共服务和社会管理职能建设公共服务型政府、建设公开透明政府、建设效能政府、构建"小政府、大社会"格局、建设责任政府等方面取得突出进展,并在进一步率先实行城管领域的综合执法体制改革、行政审批制度改革、创新行政复议工作等方面都取得了突出成效。

4. 争取国家部门的政策规章支持

浦东新区积极加强与中央部委、直属机构进行部、区合作的改革试点,在浦东新区成为综合配套改革试点地区后,国家外汇管理局、工商总局、海关总署、监察部、人事部、科技部等国家部委分别通过签署合作协议、出台支持政策等方式支持浦东新区改革,内容涉及跨国公司外汇资金管理、外资金融机构经营人民币业务、通关、电子行政效能监察、科技创新改革等多个方面。在积极争取国务院及其有关部门对浦东新区先行先试的法律支持的同时,上海市也颁布了《上海市鼓励外商投资浦东新区的若干规定》、《上海市鼓励外地投资浦东新区的暂行办法》等规章,给予外资、外地机构投资浦东新区的政策引导与支持,将改革措施转化为新制度。

---

① 《浦东新区人民政府推进依法行政白皮书》,2007 年 12 月。
② 《浦东新区人民政府推进依法行政白皮书》,2007 年 12 月。

5. 以法律保障主要金融产业发展

金融业是上海的支柱产业,上海极力打造的四个中心之一就是建设国际金融中心。上海浦东新区本身就具备良好的金融产业基础,驻区的中外金融机构达到 530 多家,金融交易频繁,往来数额巨大。2006 年以来,浦东新区法院共受理各类金融民商事案件涉及银行借款、信用卡、担保、证券、期货、保险等各个领域,涉案标的总金额近 20 亿元,总体上呈现案件数量迅速增多、涉案标的不断提高的趋势。① 2007 年底上海金融仲裁庭在浦东新区陆家嘴成立,全国第一个基层法院金融审判庭——上海浦东新区人民法院金融审判庭于 2008 年底成立,金融审判庭只负责包括证券、银行、基金、信托等金融商事案件,并将司法职能与调研职能紧密结合,将对浦东金融创新中出现的新型案件进行研究。浦东新区金融政策的不断完善和司法机构的不断健全,对规范金融秩序、防范金融风险、促进金融业发展具有多重功效。

(二)深圳法制建设的基本做法

深圳是我国最早设立的经济特区,也是我国第一个被全国人大授予立法权的特区城市。深圳经济特区取得的举世瞩目的发展成就成为中国对外开放的缩影,在市场经济发展和社会制度建设等不同领域为国家整体的改革提供了示范借鉴。特别是"特区立法权"的诞生和实践,开创了不同领域的法律创设的先河,为深圳特区的迅速发展保驾护航,也使深圳特区形成了富有经济发展特色的法律体系。

1. 开发建设初期政策先行

1980 年 8 月全国人大常委会颁布了《广东省经济特区条例》,深圳经济特区正式成立。作为社会主义的新生事物,深圳经济特区成为改革开放的窗口和试验田。在上个世纪 90 年代初,深圳已经开发建设了 10 年,国内生产总值达到 174.46 亿元,平均每年递增 45.4%,②"深圳速度"已

---

① 中国经济网 http://www.ce.cn/xwzx/gnsz/gdxw/200811/13/t20081113_17375097. shtml

② 方兴业.法规基石铺设繁荣发展路——深圳市人大及其常委会 15 年立法纪实.深圳特区报,2007-7-24。http://fzj.sz.gov.cn/szlaw15/2.asp,深圳人民政府法制办公室网站

经成为改革开放时代下新经济的代名词。但是,改革开放初期,与国际接轨发展外向型市场经济遇到了很多新问题,新旧经济体制之间的碰撞也出现了前所未有的局面,如何解决这些新情况、新问题,并将解决和规范机制专业化、制度化,成为特区急需解决的障碍。经济的发展为法律制度的建设提出了迫切而强烈的要求,而当时深圳特区的法律体系尚不健全,政策制定是解决开放过程中问题的主要方式。深圳市政府颁布多件红头文件作为经济发展的保障,在一定程度上解决和缓解了经济发展与法制缺失的矛盾障碍,但政策是不具备法律效力的,不能作为解决争端的司法依据,不能给予投资者长久信心和稳定保障。① 制定符合实际发展需要,规范市场行为,保障投资者和市场主体权益的法律体系势在必行。1988年,深圳提出了拥有特区立法权的建议。②

2."特区立法权"推动深圳开发开放

市场经济是法制经济。在深圳经济的历史发展中,法律制度建设一直是推动开发开放的引擎之一。1992年7月,七届全国人大常委会第26次会议做出了《关于授权深圳市人民代表大会及其常务委员会和深圳市人民政府分别制定法规和规章在深圳经济特区实施的决定》,正式授予深圳经济特区"地方立法权",这是我国首次将立法权授予一个省辖市。2000年3月,九届全国人大三次会议通过的《中华人民共和国立法法》赋予经济特区所在地的市以较大市的立法权,深圳市又拥有了"较大市立法权"。双重立法权的获得,使得深圳特区的发展如虎添翼,自1992年7月至2010年1月,深圳市人大及其常委会共通过法规及有关法规问题的决定332项,成为我国地方立法最多的城市,③立法范围覆盖了全市经济社会的方方面面,形成了规范、推进深圳经济社会发展的法制框架。在

---

① 方兴业.法规基石铺设繁荣发展路——深圳市人大及其常委会15年立法纪实.深圳特区报,2007-7-24. http://fzj. sz. gov. cn/szlaw15/2. asp,深圳人民政府法制办公室网站

② 深圳特区政策优势式微,专家称立法权仍有空间.法制日报,2007-11-26

③ 《深圳十大法治事件》,载于新浪网. http://news. *sina*. com. cn/s/2010－04－21/073517403153s. shtml

2007 年深圳人均 GDP 就已达到 8815 美元,[①]特区的立法优势以及由其衍生的法治优势,是特区经济取得辉煌的重要因素之一,特区立法权已经成为深圳现有的最大政策优势。

3．"立法"先行先试,为全国性法律的出台提供经验示范

"急用先立,先行先试"是深圳立法的重要原则,创新与突破是深圳改革和法制工作的根本。从 1993 年起,深圳特区就尝试制定和实施规范公司行为的一系列条例,如股份有限公司条例、有限责任公司条例、商事条例、合伙条例、企业破产条例等,为国家公司法的制定提供了实践经验。在这之后的律师条例、深圳特区公民无偿献血及血液管理条例、政府采购条例、行业协会条例等都开了我国有关领域立法先河。[②] 可以说,深圳在立法方面一直走在全国的前列,约有 1/3 的特区经济法规是在国家相关法律法规尚未制定的情况下,借鉴中国香港及国外优秀法律文化先行先试的。[③]

4．立法的主导方向体现区域发展价值取向

法律是社会经济关系的集中体现,体现了一个经济区域在不同时期的发展过程中的价值取向。在深圳成立之初,要摆脱计划经济的束缚,按照国际经济市场要求和国际惯例建立市场体系,确立新型经济关系并将之固定化,需要用法律的权威性和制度化来保障新兴市场经济的有序运行。所以,在深圳获得立法权后,一系列适应改革初期市场行为要求的法规、条例应运而生。随着经济的不断发展,深圳更加注重对人的权利的保护,注重社会环境的保障,充分体现以人为本的思想,如对外来务工者的保护性法规条例。现在,深圳正在积极进行综合配套改革,法规条例的制定更加注重综合制度的全方位推进,特别是在转变政府职能、发展社会事业方面继续先行先试,走在全国前列。如特别制定了《深圳经济特区改革创新促进条例》《深圳市公用事业特许经营条例》等。在深圳立法的背

---

① 《特区立法权是深圳现有最大优势》,载于新浪网。http://news.sina.com.cn/o/2007 −07−24/040012258092s.shtml
② 深圳特区政策优势式微,专家称立法权仍有空间.法制日报,2007−11−26
③ 深圳特区政策优势式微,专家称立法权仍有空间.法制日报,2007−11−26

后,体现了从单纯发展经济,到以人为本的权利保护,再到转变政府职能、完善社会事业等综合配套制度发展的价值体现。

5.制定专门法律保障改革创新发展

2006 年,深圳经济特区制定出台《深圳经济特区改革创新促进条例》,这是全国首个专门促进改革创新的专门法规。该《条例》从总则、工作职责、基本程序、公众参与、激励保障、监督措施、附则等 7 个领域为改革提供法律制度保障。其中特别规定改革创新事项属国家法律法规或政策未予规定事项时制定规范性文件的先行先试权,以及对于改革创新的激励、监督与免责,更大地激发改革创新主动性和积极性,为加快促进区域发展提供法制保障。

6.规划法治城市建设

成为法治城市,是深圳希望打造的城市特色之一。深圳市政府特别出台了《加快建设中国特色社会主义法治城市实施纲要》,从完善立法机制、完善法规建设、加快建设法治政府、完善执法机制、深化司法体制改革、完善监督机制、完善法律援助机制、加强公民法治教育等八个方面,对全市的法治建设工作开展做出了基本的设想与部署。

(三)上海浦东新区与深圳经济特区法制建设的经验启示

市场经济是法治经济。通过法律,制约行政权力、规范市场行为、保障公众权利,发展社会经济,已经成为促进区域经济发展的重要方式,更是保障整个市场经济持续稳定快速运行的重要手段。上海浦东新区和深圳经济特区在法制建设与区域发展、依法治理与改革创新方面积累了宝贵经验和有益借鉴。

1.建立健全法律体系是区域经济发展中不可或缺的重要制度建设

法制环境是制度建设,属于上层建筑范畴。经济发展的客观需求是法律制度产生的条件,而法律对经济的发展也产生反作用。当区域经济发展到一定阶段,产生了客观的外部条件支持和制度保障的要求时,健全有效的法律体系和良好法律环境会解决经济发展过程中制度瓶颈障碍,促进经济发展;在经济发展产生上述需求,而法律制度缺失不健全,将会极大阻碍或延缓经济发展进程。在上海浦东新区和深圳经济特区的发展历程中,法制建设和依法行政都对区域发展到了不可忽视、不可替代的作用,促进和保障了区域经济的发展。

2. 坚持改革创新与法制建设并举

改革不再是集中于某一领域的单一改革,而是综合配套改革,并在全方位多领域向纵深发展。制度再造和体制创新已经成为改革的代名词。在加快区域经济的发展中消除原有制度瓶颈与约束,先行先试各种有利于改革的举措,是健全完善的社会主义市场经济、保持经济又好又快发展的先决条件和必要保障。有些创新举措有利于改革,有利于创造最大的经济效益,有利于公众分享更多的改革成果,但是和旧有制度存在冲突,或者在现今的制度建设领域还是空白,这就需要法律将体制机制创新合法化,保障改革成果的不断积累和推广。改革创新与法制建设并举,就是上述两个地区一直处于全国经济发展前列的重要经验。抓住综合配套改革契机,创新法律建设,深圳经济特区出台了《深圳经济特区改革创新促进条例》,上海浦东新区出台了《关于促进和保障浦东新区综合配套改革试点工作的决定》,为改革者提供良好的创新环境和法律保障,并使创新制度合法化,保障改革的顺利进行。

3. 注重立法研究与工作调研的结合

法律的产生是社会经济关系发展客观要求的结果。判断法律是否切实发挥实际效用,就要看法律的制定是否符合经济社会发展的客观情况,是否规范和调整了主要的经济社会关系。立法必须进行实际需求研究与工作调研,才能起到保障和促进经济发展的作用。深圳经济特区依托毗邻香港的地理优势和语言及地域文化的依存度,注重借鉴先进地区的法制建设经验和成熟的法律治理模式,并加强立法研究。上海浦东新区金融审判法庭也是根据金融业发展的实际需求专门设立的,通过金融案件数据统计和案例分析,对金融机构提出有针对性的司法建议,定期对外发布典型金融案例,为规范市场主体行为提供指引,并对当前金融领域中存在的风险隐患及形成原因进行深入分析,在此基础上提出预防和化解金融风险的建议和对策,①更好地为浦东金融经济发展服务。

4.积极转变政府职能,增强依法执政能力

从浦东新区和深圳特区的立法历程来看,体现了两个转化,即从单纯经济立法向经济立法与行政立法相结合的方向转化,从单纯的调整社会经济关系向保障权力主体的合法权益、将政府职能纳入法制轨道来制约和保障的方向转化。在浦东新区和深圳特区的综合配套改革试点中,转变政府职能、依法行政都是改革的着力方向,规范行政主体的行政行为,依法管理社会公共事务,依法做出行政决策,从而健全行政组织法律制度,为社会经济各方面的运行提供行政法律依据。上海浦东新区专门发布《依法行政白皮书》,深圳经济特区在所立的法规中,有 1/3 属于为加强行政法制、环境保护、城市管理以及精神文明建设需要而制定的。②

三、滨海新区法制建设现状分析

(一)滨海新区法制建设所取得的成绩

多年来,滨海新区始终坚持"法制先行"的理念,着眼于经济社会发展的客观需要,大力加强法律制度建设。从建设之初,市人大常委会制定《天津经济技术开发区条例》和《天津港保税区管理条例》,到 2002 年实施《天津滨海新区条例》这一创新性区域立法,再到纳入国家发展战略后,接连出台《天津东疆保税港区管理规定》、《中新天津生态城管理规定》以及滨海新区八个政策意见,新区法制走过了一条"探索先行—逐步建立—不断完善"的发展之路,取得了显著的成绩。

1.经济功能区法制体系日趋完善

1984 年天津建立经济技术开发区,在对外招商过程中,一些外商以政策多变、靠不住,需要提供法制保障为由拒绝投资。③ 为适应经济发展形势,市人大常委会组织专门人员在全面考察深圳经济特区立法经验基

---

① 《我国首家基层法院金融审判庭在上海成立》,http://www.ce.cn/xwzx/gnsz/gdxw/200811/13/t20081113_17375097.shtml 中国经济网

② 《深圳特区立法在全国最多,市长权力小于许多内地城市》,来源于新华网。

③ 引自张秉银《关于环渤海区域经济发展与法律制度建设的思考》(2007 年 4 月 7 日)。

础上,于 1985 年制定了《天津经济技术开发区管理条例》。明确了经济技术开发区的法律定位,加强了有关政策的稳定性和连续性,使开发区的招商引资面貌焕然一新,这也成为天津开发区一直走在全国前列的制胜一招。在此基础上,1993 年制定了《天津港保税区管理条例》,2007 年出台了《天津东疆保税港区管理规定》,2008 年颁布了《中新天津生态城管理条例》,《天津高新技术产业园区条例》也正在制定完善中。这些法规和规章,从法律层面上,确立了经济功能区的法律地位,规定了功能区管委会的行政管理职能,厘清了与市有关部门的关系,明确了鼓励支持发展的领域和产业,强化了有关投资促进的政策措施,为经济功能区的开发建设提供了强有力的法制保障。

2.区域立法迈出创新步伐

市人大常委会根据新区的发展特点和现实需要,于 2002 年颁布实施《天津滨海新区条例》。[①] 这个条例的制定,突破了单纯经济功能区的概念,将调整的对象从功能区扩展到行政区以及各种类型的区内企业。这是经济功能区立法向区域经济立法的一次飞跃,是一项重要的创新举措。回顾新区的发展历程,应当说现行《天津滨海新区条例》符合滨海新区起步阶段的发展要求,对滨海新区开发开放起到了积极的促进作用。具体体现在以下几个方面:一是以地方法规的形式赋予新区法律地位,为新区的开发建设提供了强大的法制保障。二是界定了区域范围,为新区纳入国家发展战略提供了依据和遵循。三是规定了新区的功能定位,明确了今后的发展方向。四是确定新区为多类型区域共存的经济区,丰富了新区的发展形式,完善了新区的综合功能。五是确立多个行政主体并立、新区管委会进行指导与协调的体制框架,既充分调动了各方面的积极性,激发了经济活力;又保持了新区的稳定发展,实现了行政运行的低成本。六是明确了新区鼓励投资的领域和产业,提出了政府在加强基础设施建设、提升社会服务功能、推进多方面制度创新等方面的职责和任务,为招商引资营造良好的法制环境。

---

① 引自张秉银《关于环渤海区域经济发展与法律制度建设的思考》(2007 年 4 月 7 日)。

3.全方位、多层次的政策体系基本形成

经过多年的发展,新区已基本形成中央、天津市、滨海新区、各行政区各功能区四级组成的较为完善的政策体系,内容覆盖开发开放的各个领域。2006 年 5 月,国务院出台了《关于推进天津滨海新区开发开放有关问题的意见》,批准滨海新区为全国综合配套改革试验区。国家外专局、财政部、国家税务总局、国家外汇管理局、海关总署、国家质量检验检疫总局、国家工商总局、保监会、交通部、铁道部等多个部委分别制定了具体的政策措施,支持滨海新区发展。① 天津市委市政府将加快滨海新区开发开放作为全市工作的重中之重,全力加以推进,从多个方面出台了具体的政策意见。② 滨海新区认真总结多年开发建设的宝贵经验,积极借鉴先进地区的成功经验,不断创造新的经验,从新区整体层面,制定实施了支持企业发展、服务业发展、自主创新等八个方面的指导意见和一系列的资

---

① 国家各部委出台的支持政策主要包括:国家外国专家局《引进国外智力为天津滨海新区开发开放服务的实施意见》,财政部和国家税务总局《关于支持天津滨海新区开发开放有关企业所得税优惠政策的通知》,国家外汇管理局《关于开展境内个人直接投资境外证券市场试点的批复》(附《方案》),国家外汇管理局《关于天津滨海新区外汇管理政策的批复》(外汇七条),国家质量检验检疫总局《支持天津滨海新区开发开放的意见》、《海关总署关于支持天津滨海新区开发开放的总体意见》及《海关总署关于支持天津滨海新区开发开放有关事项的具体意见》,保监会《关于加快天津滨海新区保险改革试验区创新发展的意见》,国家交通部支持滨海新区开发开放政策(会谈纪要),国家铁道部出台政策支持滨海新区开发开放(会谈纪要),国家工商总局支持滨海新区三项措施等。

② 天津市的支持政策主要包括:《中共天津市委关于加快推进滨海新区开发开放的意见》,天津市人民政府批转市滨海委市财政局拟定的《天津市滨海新区开发建设专项资金管理暂行办法的通知》,天津市人民政府批转市滨海委拟定的《天津滨海新区土地出让金管理办法的通知》,天津海关"十一五"期间支持滨海新区开发开放的若干措施,天津市财政局、市国家税务局、市地方税务局转发了财政部、国家税务总局下发的《关于支持天津滨海新区开发开放有关企业所得税优惠政策的通知》及补充规定,天津市国税局出台四项政策支持滨海新区开发开放,《关于加快东疆港区开发建设有关问题的意见》,天津市政府九项政策支持新区人才引进等。

金管理办法,①从财政支持、税收优惠、融资便利等方面形成了一套完整的政策体系。新区各组成单位根据工作实际,在经济和社会发展的各个领域颁布实施了大量的政策文件,内容全面、规定具体,为新区开发开放营造了良好的政策环境。

4. 依法行政全面推进

在加强制度建设的同时,新区大力推进依法行政,在构建法治政府、服务政府、责任政府方面取得了新的进展。加强对领导干部任职前的法律知识考察和测试,建立健全干部学法制度,强化依法行政知识培训,行政机关工作人员依法行政的观念和能力不断增强。坚持重大行政决策集体决定制度,完善重大行政决策听取意见制度,推行重大行政决策听证制度,行政决策水平得到大力提升。贯彻实施行政许可法,着力推进政府职能的转变,实行首问负责、全程代办、一站式服务,行政效率不断提高。新区各行政管理主体的机构数量和公务员人数得到进一步精减,公务员及比照公务员管理的工作人员与全区人口之比优于全国平均比例。对现行规章和规范性文件进行了全面清理,区内政策法规环境更为科学规范。区级单位间网络基础设施基本建成,公文运转基本实现电子化,电子政务建设取得新的突破。城市管理综合执法试点工作全面展开,综合执法机构基本建立,行政执法主体资格制度、行政执法责任制进一步健全,权责明确、行为规范、监督有效、保障有力的行政执法体制机制正在形成。社会中介组织建设初见成效,行业协会基本完成转制工作,市场中介机构建设初具规模。

---

① 八个政策意见具体指:《天津滨海新区鼓励支持企业发展的指导意见》、《天津滨海新区鼓励支持发展现代服务业的指导意见》、《天津滨海新区支持工业东移、嫁接改造传统产业的指导意见》、《天津滨海新区支持和引导个体私营等非公有制经济发展的指导意见》、《天津滨海新区推进自主创新的指导意见》、《天津滨海新区吸引、培育和使用人才的指导意见》、《天津滨海新区加快发展循环经济的指导意见》、《天津滨海新区支持区县经济发展的指导意见》。

资金管理办法主要包括:《天津滨海新区创业风险投资引导基金管理暂行办法》、《滨海新区建设发展资金项目贷款贴息管理办法》、《天津滨海新区开放建设专项资金管理暂行办法》、《天津滨海新区土地出让金管理办法》等。

(二)所存在的问题

在取得成绩的同时,滨海新区还存在一些亟待解决的问题,具体表现在:

1.现行滨海新区条例已不适应滨海新区的发展

随着新区发展规模的不断壮大,改革开放的不断深入,国家对新区的要求不断提高,条例中有些内容已不适应新区的发展,具体有以下几个方面:一是总则的有关内容已明显滞后。如区域组成部分需要增加一些新的产业功能区,功能定位需要根据国务院 20 号文件进行修改,需要在法律方面将新区的发展新模式进行固定等。二是条例相关规定过于原则。如对滨海新区管委会的职责规定得不够明确,新区发展难以得到有效统筹;要求新区管委会对经济建设工作进行指导、协调,由于缺少一些具体条款,导致操作性欠缺,流于形式。三是未理顺新区管委会与市政府职能部门、行政区政府和功能区管委会之间关系,造成事权划分不明确,行政运行成本增加。四是有关投资促进和保障的内容需要进一步完善。应根据当前的发展形势和需要,总结近年来开发实践的经验和成果,进行相应修改,以满足发展的需求。

2.各功能区立法与滨海新区条例之间缺乏衔接

比较典型的如滨海新区条例对新区管委会规定了七条职责,同时确立了各行政管理主体就重要事项须向新区管委会报告的制度,以及新区管委会可以对不符合规划的事项进行纠正的职权。但除了东疆保税港区管理规定第 7 条第 2 款第 1 项规定了新区管委会对港区规划的审核权以外,其余法规和规章并未在法条中予以回应。这也是新区管委会一些重要职责未能在实践中得以履行的重要原因。又如,滨海新区条例第 19 条规定"法律、法规对滨海新区各功能区另有规定的,从其规定"。细加分析,国家法律对各功能区另有规定的,从其规定,这符合下位法服从上位法的原则,但如果开发区、保税区等功能区条例另有规定的,从其规定,则显然与新区条例作为"区域宪法"的地位有悖,有待进一步完善,以增强新区法制体系的科学性、系统性和统一性。

3.有关综合配套改革的立法存在空白

综合配套改革是国家给予滨海新区的最大优惠政策,也是加快推进滨海新区开发开放的关键举措,应当要有相应立法,为改革提供强大的制度保障。但时至今日,我们既没有一部专门立法来保障和促进综合配套改革,也没有在某一部立法中专设综合配套改革章节,只是在《东疆保税港区管理规定》、《中新天津生态城管理规定》两部政府规章的个别条款中有所提及。这一点我们已经远远落后于深圳特区、上海浦东新区等先进地区。2006年3月14日,深圳市人大常委会通过了《深圳经济特区改革创新促进条例》,确立了改革创新的法律地位,明确了各类改革主体的工作职责,确定了推进改革的基本程序,建立了改革创新的激励保障和评价监督机制。2007年4月26日,上海市人大常委会通过了《关于促进和保障浦东新区综合配套改革试点工作的决定》,明确了浦东新区推进综合配套改革的三个"着力点"和坚持的基本原则,确立了浦东新区的"先行先试权",赋予了浦东新区制度创新的合法性。作为全国综合配套改革试验区和新的经济增长极,滨海新区应当充分借鉴先进地区的成功经验,结合新区实际,尽早制定出台有关综合配套改革的立法,依法促进和保障新区综合配套改革的顺利实施。

4.部分专项领域立法缺失

就新区而言,现有法规、规章主要是对区域建设和发展进行规范与调整,各项政策也重在促进投资。而一些重要的专项领域以及改革发展中出现的新情况新问题,却缺乏相应的政策法律来加以保障。比如,产业投资基金、风险投资基金、金融租赁、私募股权基金以及离岸金融业务等新型金融业态,在我国现行法律规范中尚属空白,地方性法规也未做出先行规定,不利于改革发展的推进。比如,保税港区、综合保税区、保税物流园区、出口加工区等海关特殊监管区域,国家虽然有相关的法律规定,但并不完善,且距离国际通行规则还存在一定差距,急需制定地方性法规对一些空白点做出创新规定,制定地方规章进一步细化有关内容,有利于执行。再比如,围海造陆、占用滩涂,必然会影响渔民的收入来源,怎样保障渔民的利益,怎样有力推进建设发展,法律在这方面还没有明确规定。在实践当中,建设单位探索了一些新的做法,但问题的最终解决,还是需要在法律上予以明确,以做到有理有据。另外,知识产权保护方面的立法也亟待加强,项目建设、企业破产兼并和国有资产处置等方面立法也有待完善,劳资纠纷方面的政策法规急需统一、明确,增强可操作性等。

5.立法层次偏低且不统一

这包括即将出台的《天津滨海高新技术产业开发区条例》在内,新区目前共有地方性法规4部,政府规章2部,其余均为规范性文件。在规范性文件中,国家、天津市和滨海新区的政策只占少量比重,大多数都是各行政区和功能区出台的意见措施。应当说,这些政策在实践中发挥了积极的作用,为推动经济社会发展做出了重要贡献。但也直接导致三方面的不利:一是由于规范性文件不是真正意义上的立法,稳定性和确定性不强,影响长远发展。二是由于政策文件制定程序和要求的宽松,各种"越位"、"错位"、"缺位"现象较为普遍。三是由于规范性文件制定主体较多,在缺乏上位法依据的情况下,各单位、各部门公布的规范性文件存在政出多门、相互抵触的问题,这一方面容易导致实践当中的恶性竞争,另一方面也不利于建设统一的法制体系。

(三)问题存在的原因

这些问题的存在,原因是多方面的,归结起来主要是以下四点:

1.行政管理体制不顺

滨海新区管委会作为市政府的派出机构,代表市政府行使滨海新区开发建设的管理权。各功能区管委会和行政区政府对辖区进行全面行政管理,接受新区管委会的指导和协调。这些行政主体均为厅局级,内设机构自成体系,行政隶属关系都直接对市,人事管理与财政税收由市直管。这种多主体、"邦联性"的行政管理体制,使各功能区立法与新区条例不相衔接的现象不可避免,也直接影响新区条例中有关新区管委会职责内容的实现。

2.创新意识不强

作为全国综合配套改革试验区,只要是体现科学发展要求,有利于激发创造活力的,就要大胆试、大胆闯。但在实践当中,立法工作客观存在一些创新意识不强的问题。如过于求"稳",没有随着改革发展的推进,适时立法提供保障;过于求"全",一些立法大篇幅地复述上位法的内容,没有根据区域的实际情况和需要做出具体的、可操作的规定;过于求"正确",没有及时对一些国家立法还存在空白或不完善的新问题、新情况进行规范和调整,导致一些重要领域立法缺失,使地方立法创制性、先行性和试验性的功能没有得到充分发挥。

3.立法理论研究不足

地方法制体系建设,必须要有地方立法理论的指导和推动。深圳特区和浦东新区都高度重视立法理论研究工作,成立了地方立法专家学者咨询机构,定期就一些重大的理论和现实问题开展地方立法理论研究,把好具体立法项目关。武汉也充分利用其高等院校多、法学力量雄厚的优势,多次就武汉城市圈"两型社会"建设召开地方立法理论研讨会,充分发挥立法理论对立法实践的指导作用。但迄今为止,新区还没有建立相应的长效机制,也没有组建专业的研究智库,立法理论研究工作亟待加强。

4.法制机构尚不完善

加强法制建设,必须要有健全的法制机构和高素质的法律人才队伍,但现实状况却不容乐观。从新区各组成单位来看,虽然目前各功能区、行政区的法制机构相对健全,但立法队伍建设还有待加强,人员素质还有待提高。从新区层面来看,还没有成立专门的法制机构,专业法律人才也比较缺乏。从市人大和市政府法制办来看,虽然在工作上给予了一些倾斜和关注,但服务新区发展的专业部门还未成立,专门针对新区法制建设的长效机制还未形成。

四、滨海新区立法工作的对策建议

滨海新区自成立以来,在中共天津市委市政府的正确领导下,以科学发展观为统领,在开展大规模经济建设的过程中,坚持依法治区的理念,在充分考虑区域特点的同时,借鉴国内先进地区的法制建设做法和经验,积极有序地开展相关法律法规建设,并取得较好成效。先后制定、出台了

《天津滨海新区条例》、《天津经济技术开发区条例》、《天津港保税区条例》、《天津东疆保税港区管理规定》、《中新天津生态城管理规定》以及其他地方性法规等，为滨海新区十多年的开发建设，提供了重要的法制保障。在充分肯定新区法制工作业已取得明显成绩的同时，从实现党中央国务院对滨海新区的定位，特别是从落实胡锦涛总书记关于"两个走在前列"的要求高度审视以往工作，我们以为天津滨海新区的法制建设还应该进一步完善与提高。

（一）滨海新区立法工作面临的挑战

1. 滨海新区的地位

党中央国务院把滨海新区的开发建设纳入国家发展规划，天津滨海新区的开发开放，在战略地位上已成为环渤海区域及全国发展战略布局中重要的组成部分。滨海新区不仅是天津市的经济区，也是国家发展战略的重要区域。滨海新区的开发建设负有对全国的改革开放具有提供经验做出先行示范的重任。滨海新区的各项工作，必须立足于新世纪国家发展战略的高度深入研究、科学规划、认真落实，通过坚持不懈地努力，实现国家赋予的中国北方经济中心的龙头带动作用。

2. 滨海新区的功能定位

《国务院关于推进天津滨海新区开发开放有关问题的意见》确定了天津滨海新区的功能定位，即依托京津冀、服务环渤海、辐射"三北"、面向东北亚，努力建设成为我国北方对外开放的门户、高水平的现代制造业和研发转化基地、北方国际航运中心和国际物流中心，逐步成为经济繁荣、社会和谐、环境优美的宜居生态新城区。《意见》正式批准滨海新区作为国家综合配套改革试验区。建立科学完备的法律制度体系，为中央对新区的定位和天津市总体规划对滨海新区确定的总体发展布局的顺利实现提供保障，是立法工作的首要任务与工作目标。

3. 国际金融危机影响逐步显现

由美国次贷危机引发的金融海啸使世界经济增长大幅减缓，负面影响尚未达到谷底，我国作为国际经济社会的成员不能独善其身。积极应对国际金融危机引发的新情况、新问题，填补空白，为有关部门采取行之有效的对策提供相关法律、制度方面的支持,是在新形势下保证滨海新区经济建设快速增长的重要任务。

(二)完善滨海新区立法的主要内容

1. 立法工作的指导思想

(1)从国家发展战略的高度认识法治建设的重要性

滨海新区坚持法治先行的理念,在近十年的开发开放过程中,先后建立、实施了多项法规性文件,法制建设取得了明显进展,为新区的高水平超长发挥提供了重要的制度保障。在充分肯定已取得成绩的同时,我们应该清醒地认识到,在国家将滨海新区纳入国家发展战略的新形势下,对照滨海新区肩负的历史使命和国家定位的客观要求,综观目前法制建设的总体水平、建设力度和措施的实际执行效果,与制度应具有的根本性、全局性地位还不适应。制度供给在质量上、数量上与新区在新形势下的高速发展还不适应。制度执行的自觉性和普遍性权威性与制度应有的权威性还显不足。制度建设的重点是法制建设,滨海新区的制度建设必须从国家发展战略的高度,把握国际国内形势的变化特点,与时俱进,用新的思路和发展模式精心谋划,使法制建设充分体现全局性、基础性、战略性的要求,为实现滨海新区的定位与目标提供坚实的制度保障。

(2)从践行科学发展观的层面确定法制建设的着力点

科学发展观的第一要义是发展,贯彻科学发展观是一场深刻的变革。滨海新区在开发开放过程中,必须立足形势发展的实际,不断革除不利于发展的机制和制度弊端,以科学合理的体制、机制和制度促进生产力和生产关系、上层建筑和经济基础相适应,促进经济与社会的各个环节、各个方面协调发展。我们应该把法制建设作为滨海新区深入贯彻科学发展观的基本方式和重要载体,通过制度供给、制度导向和制度创新,解决发展过程中的制度空白、制度缺陷和制度冲突。通过不懈努力和卓有成效的工作,建立起更加完善、开放、公平、有效的法律法规,从制度建设方面为滨海新区科学快速发展营造应有的法制环境。

(3)从综合配套改革的需要出发营造和谐的法制环境

国务院批准天津滨海新区为全国综合配套改革试验区,"先行试验一些重大改革开发措施,用 5 至 10 年时间,率先基本建立以自主能动的市场主体、统一开发的市场体系、完备规范的法制环境为主要特征的完善的社会主义市场经济体制。为把滨海新区建设成为北方对外开放的门户、高水平的现代制造业和研发转化基地、北方国际航运中心和国际物流中心、宜居生态型新城区提供强大动力和体制保障,为全国改革与发展积累经验"。

滨海新区创建完备规范的法制环境是实现综合改革试验目标,为全国改革与发展提供经验的重要制度保障。我们必须深入学习领会党中央国务院的部署,解读综合配套改革目标要求,理清工作思路,依照法定程序从国家战略的层面和天津滨海新区的实际,对现有法律、法规、规章进行系统的修订与完善,体现新形势下立法工作的科学性、全局性、全面性与前瞻性。

2. 修订完善现行《天津滨海新区条例》

《天津滨海新区条例》(以下简称《条例》)是滨海新区的区域性基本法规。该法规通过对执法主体的确认、行政职责权限的界定、区域经济政策导向和实施程序的制定,将直接关系到新形势下进一步加快滨海新区开发开放步伐,并从法律层面为全面推进综合配套改革提供强大的制度保障。要力求通过修订完善《天津滨海新区条例》推进创新体制和机制创新方面的进展步伐——培育建设体现新区特点的管理体制,建立能充分发挥滨海新区整体优势、实现共同发展的运行机制;加强新区在制定发展规划、统筹产业布局、推动基础设施建设、协调重大问题等方面的职能,进一步提高管理效率和服务水平,更好地发挥组织领导、综合服务的作用;充分发挥功能区和行政区的积极性;加快行政管理体制改革,积极推进政企分开、政资分开、政事分开、政府与市场中介组织分开,加强社会管理和公共服务职能,减少和规范行政审批;加强地方性法规和行政规章建设,全面推进依法行政。

(1)《天津滨海新区条例》的主要内容

《条例》共分为四章,分别是"总则"、"管理机构与行为规范"、"投资促进与保障"、"附则"。

第一章"总则"规定了滨海新区的区域范围、发展目标和功能定位,其中对于区域范围的界定,对 2006 年国务院颁布的国发 20 号文中对于滨海新区区域范围的界定发挥了决定性的作用。

第二章"管理机构与行为规范",规定了滨海新区的行政管理机构及其性质、管理职责,明确各区的土地利用、产业布局、重点投资项目和结构调整等职责将向滨海新区管理委员会报告,使新区管委会的行政管理职能合法化、权威化。

第三章"投资促进与保障",规定了新区鼓励投资的项目领域及可享受的优惠政策,提高完善社会服务功能,改善和提高整体环境质量,为新区发展形成良好的投资环境。

第四章"附则",规定《条例》的适用范围、实施细则制定及生效时间。

(2)修订《天津滨海新区条例》的必要性

2002 年 10 月 24 日天津市第十三届人民代表大会常务委员会第三十六次会议通过《天津滨海新区条例》,明确了滨海新区的区域范围、功能定位和发展方向,确立了滨海新区的管理机构和职责,规定了鼓励投资的领域和政策。它的制定和实施,对滨海新区开发开放起到了重要的法律支持与制度保障作用。但随着滨海新区纳入国家发展战略和行政管理体制改革的有序推进,《条例》需要全面反映和准确体现党中央国务院对滨海新区开发开放的总体要求和市委市政府的战略部署。自 2007 年至 2009 年"《天津滨海新区条例》修订"已连续三年纳入市人大常委会的立法修订计划,《条例》修订的需求尤为迫切。

一是切实落实中央对滨海新区开发开放总体要求的迫切需要。党中央、国务院高度重视滨海新区开发开放,胡锦涛总书记、温家宝总理及中央有关领导多次视察天津滨海新区,对新区开发建设提出了更高要求,要求滨海新区努力成为贯彻落实科学发展观的排头兵,必须坚持率先发展、创新发展、可持续发展、互动发展、和谐发展,争创高端产业聚集区、科技创新领航区、生态文明示范区、改革开放先行区、和谐社会首善区。《条例》要充分体现中央对新区开发开放的总体要求,需要对现行《条例》进行修订。

二是充分反映国家发展战略的迫切需要。2006 年,国务院下发《关于推进天津滨海新区开发开放有关问题的意见》(国函 2006[20]号),明确了新区开发建设的指导思想、主要任务和功能定位,批准新区为全国综合配套改革试验区。新区的开发开放纳入国家发展战略,《条例》要充分反映和体现中央对滨海新区新的定位,需要对现行《条例》进行修订。

三是全力推进综合配套改革的迫切需要。《国务院关于推进天津滨海新区开发开放有关问题的意见》(国函 2006[20]号)批准滨海新区为全国综合配套改革试验区,依据《国务院关于天津滨海新区综合配套改革试验总体方案的批复》,新区要在企业改革、科技体制、涉外经济体制、金融创新、土地管理体制、城乡规划管理体制、农村体制、社会领域、资源节约和环境保护等管理制度以及行政管理体制等十个方面先行试验重大的改革措施。《条例》要体现综合配套改革在关键环节和重大领域先行先试的要求,探索区域发展新模式,需要对现行《条例》进行修订。

四是充分保障行政管理体制改革成果的迫切需要。根据《国务院关于同意天津市调整部分行政区划的批复》(国函[2009]125 号)和市委市政府对滨海新区管理体制改革的总体部署,撤销塘沽、汉沽、大港现行建制,建立滨海新区行政区,整合区内行政、经济和社会资源,建立精简高效的管理机制,明确管理机构的职责权限,充分发挥体制改革的整体优势,建立适应滨海新区发展的"统一、协调、精简、高效、廉洁"的行政管理体制,需要对现行《条例》进行修订。

五是依法体现"新区的事在新区办"运行机制的迫切需要。按照市委、市政府提出的"新区的事在新区办"的原则,要用法规形式进一步明确市委、市政府赋予新区的自主发展权、自主改革权、自主创新权,明确市政府各有关部门与滨海新区的权限划分,包括行政管理权、审批权、资源所有权、资产处置权、资金支配权等,并完善与之相匹配的权利义务关系,使新区的"特事权"具体化、可操作,充分调动新区各方面的积极性、主动性和创造性,切实增强滨海新区的发展活力,需要对现行《条例》进行修订。

六是全面促进滨海新区经济社会又好又快发展的迫切需要。滨海新区作为国家发展战略,已经站在新的起点上,开发开放迈出实质性步伐,改革建设取得重大进展。滨海新区要成为贯彻科学发展观的排头兵,打好开发开放攻坚战,加快新区经济社会又好又快发展,对新区经济发展重点、体制机制创新、社会事业发展、生态城市建设等进行新的规范,需要对现行《条例》进行修订。

(3)修订《天津滨海新区条例》的原则

根据《天津滨海新区条例》修订的指导思想,《条例》修订遵循以下原则:

体现国家战略部署:《条例》修订充分反映国家和市委市政府对滨海新区开发开放的要求与部署,充分体现新区纳入国家发展战略以来的开发建设需求,并通过"立法"方式加以确定,为滨海新区又好又快发展提供法制保障。

依法设定、适度超前:《条例》修订应当遵循法律、行政法规、地方性法规、规章的要求,符合法定权限和法定程序,做到依法设定各项条款规范。修订的内容不仅反映新区发展的现实需求,更要反映任务目标、功能定位和发展趋势,反映新区在各项开发建设领域的规划,以保证法律规范的稳定和新区开发建设的顺利推进。

改革创新、先行先试:新区的开发开放纳入国家发展战略,《条例》要充分反映和体现中央对滨海新区新的定位,体现国家发展战略和综合配套改革在关键环节和重大领域先行先试的要求,探索区域发展新模式。

经济社会全面协调:滨海新区要成为贯彻科学发展观的排头兵,打好开发开放攻坚战,加快新区经济社会又好又快发展,在《条例》中不仅要突出经济发展的需要,也应注重社会发展的需要,对新区体制机制创新、社会事业发展、生态城市建设等进行新的规范,强化社会事业与公共服务方面的法律规范,做到经济社会协调发展。

(4)关于《条例》修订几个重点问题的探讨

关于《条例》的适用范围。新区的《条例》必定适用于滨海新区,但是关于滨海新区的区域范围,存在不同的概念界定,从而导致新区《条例》的适用范围成为亟待探讨的问题。根据现行《天津滨海新区条例》规定:"滨海新区范围包括塘沽区、汉沽区、大港区和天津经济技术开发区、天津港保税区、天津港区以及东丽区、津南区的部分地区。具体界线由市人民政府确定。"这项规定也成为国务院出台的《关于推进天津滨海新区开发开放有关问题的意见》(国发[2006]20号)(以下简称国务院20号文件)中确定滨海新区区域范围的依据,其规定"天津滨海新区包括塘沽区、汉沽区、大港区三个行政区和天津经济技术开发区、天津港保税区、天津港以及东丽区、津南区的部分区域,规划面积2270平方公里"。所以,国务院20号文件对于作为国家综合配套改革试验区的滨海新区区域范围的界定,根据现行《条例》从行政区和功能区结合的角度来规定的。

2009年11月,天津滨海新区正式启动行政管理体制改革,根据国务院批复"撤销塘沽、汉沽、大港现行建制,建立滨海新区行政区,辖区包括塘沽区、汉沽区、大港区全境。东丽区和津南区的部分区域,不划入滨海新区行政区范围,仍为滨海新区产业规划区域"。区划调整后的滨海新区区域范围界定主要基于行政区理念,成为我国基层行政区划的一部分,被纳入宪法和组织法的管辖范围。

此外,滨海新区经过十几年的开发建设,已经发展成为具备成熟产业布局的特殊经济区,按照产业聚集、循环发展的要求,规划建设九大功能区。在规划建设的九大功能区中,有一部分作为功能辐射区并不在滨海新区行政区内,如华苑科技园区、南开科技园区、武清科技园区、北辰科技园区等四个部分作为滨海高新区的组成部分并不坐落在新区行政区内,所以,作为特殊经济区的滨海新区,区域范围应完整涵盖九大功能区,即不仅包括行政区划部分,还包括未在新区界内但仍属于新区功能区的产业规划区。

新区《条例》修订是为了满足经济功能区开发开放的需求,是为了保障区域发展成果。鉴于新区区域范围构成多元而复杂,建议新区《条例》的适用范围不仅包括滨海新区行政区,还适用于滨海新区范围内、行政区域外的产业规划区域。既符合现实发展实际,也为将来开发建设提供了适度发展的空间。

关于滨海新区的功能定位和区域性质。现行《条例》规定"滨海新区是以建设现代化工业基地和现代物流中心为目标,重点发展高新技术产业和现代服务业,立足天津,服务周边,面向世界,高度开放的经济区"。根据党中央国务院对滨海新区开发开放的总体要求和战略部署,以及国务院 20 号文件对滨海新区作为国家综合配套改革试验区的功能定位,建议对滨海新区功能定位和区域性质做出修订。

关于新区内各级行政机构的职责权限。2009 年国务院正式批复同意天津市调整部分行政区划(国函〔2009〕125 号),正式设立滨海新区行政区,2010 年 1 月新区政府挂牌成立,由此根据宪法和《中华人民共和国地方各级人民代表大会和地方各级人民政府组织法》(以下简称《组织法》),新区政府对滨海新区全域享有《组织法》第五十九条规定的所有法定管理权。但是,滨海新区还是国家综合配套改革试验区,是承担国家区域发展战略使命的经济区。现阶段新区内主要行政机构包括新区政府,作为市政府派出机构与新区政府同级别的开发区、保税区、东疆保税港区等国家级功能区管理委员会,塘沽区、汉沽区、大港区等三个城区管委会,临港产业区、中心商务区等所属各区的功能区管委会,行政主体多元而层级复杂,容易造成管理权限划分不明、管理职能交叉重叠等问题,影响新区全面和谐发展。故《条例》修订中建议明确新区政府对城区和功能区的领导和统筹职能,特别在产业布局、土地管理等事关新区开发开放的重要事项上的综合领导职能,按照市委市政府新区行政管理体制改革方案中关于城区管委会与功能区管委会的职能要求,结合实际,合理界定城区管委会和功能区管委会的职能,并理顺相互之间的关系。

关于城区管委会的职能和法律地位。滨海新区成为行政区后,撤销塘沽、大港、汉沽三个行政区建制,分别成立塘沽、汉沽、大港三个管委会,主要行使社会管理职能,保留经济管理职能。从目前来看,设立城区管委会,作为区委区政府的派出机构对其所辖区域实施行政管理,使新区在区划调整和行政管理体制改革上很好地完成了过渡。但对于城区管委会这一新生事物,在管理体制上也是一个尝试和探索,所以对于城区管委会的职能和法律地位的界定,成为新区《条例》修订中需要考虑的问题。基本建议意见有两种:一是保留城区管委会,作为新区政府派出机构,赋予其相应的社会管理权限,这样可较好保持管理体制改革进程的延续性和稳定性,是一种较为稳妥的做法;二是建议撤销城区管委会,将其内部职能部门直接作为新区政府的派出机构,行使社会管理职能,这样可以减少行政管理层级,较好地完成与下属街镇职能的对接,但改革力度也大,人员调整会有困难,容易引起震荡。综合这两种意见,建议可采取折中的方式,保留城区管委会,赋予其职能,随着改革发展形势的变化,在条件成熟时,根据市人民政府授权,新区政府可对其做适时调整。

关于综合配套改革先行先试权的保障。2006 年 5 月,国务院颁布《关于推进天津滨海新区开发开放有关问题的意见》,批准滨海新区为国家综合配套改革试验区,要求天津滨海新区按照党中央、国务院的部署,从实际出发,先行先试一些重大改革举措,切实发挥综合配套改革试验区的示范带动作用。开展综合配套改革,是推进滨海新区开发开放的主要任务和关键措施,先行先试权是国家赋予滨海新区的最大最优惠的政策。如何利用好先行先试权,在重点领域和关键环节改革创新,并保障改革发展成果,会成为新区《条例》修订需要特别考虑的重点问题。建议在《条例》修订中增加综合配套改革、特别是先行先试权的规定,以法律的形式保障新区改革创新的权利。

关于完善"新区的事在新区办"的运行机制。根据滨海新区行政管理体制改革动员大会会议精神,赋予新区更大的自主发展权、自主改革权、自主创新权,形成新区的事在新区办的运行机制。建议《条例》修订中增加体现此精神和要求的条款,进一步提高新区管理服务效率和办事水平,优化招商引资环境,增强新区开发开放活力。

关于社会管理创新。作为全国社会管理创新综合试点地区之一,滨海新区全面提升社会管理水平,创新社会管理理念,健全社会管理机制,转变社会管理方式,努力打造新时期社会管理的滨海模式。社会管理创新成为滨海新区建设和谐社会首善区的重要内容之一,而现行新区《条例》主要是对发展经济、促进投资与保障做出规定,对社会管理内容的规定尚不健全,建议在《条例》修订中增加社会管理创新内容的规定,以促进滨海新区经济和社会全面和谐发展。

(5)关于《条例》修订草案的主要内容

基于对新区《条例》修订几个重点问题的分析研究,课题组建议在新区《条例》修订中可做以下内容调整:

关于篇章结构。《天津滨海新区条例》分为总则、管理机构与行为规范、投资促进与保障、附则,共四章二十条。建议《条例》修订根据目前滨海新区开发开放实际和建设发展需求,特别是结合国家及本市对滨海新区开发开放的新要求,对《条例》的篇章结构做出相应调整,以符合现阶段发展形势及未来新区发展趋势,并建议增加"社会发展"与"综合配套改革"的章节条款。

关于总则部分的规定。根据国务院、国家有关部门对滨海新区发展的文件精神,及市委市政府发展滨海新区的战略部署,纳入《国务院关于推进天津滨海新区开发开放有关问题的意见》(国发[2006]20号)、《国务院关于同意天津市调整部分行政区划的批复》(国函[2009]125号)等文件要求,在立法目的、区域范围、区域地位和作用、指导思想、功能定位等方面都根据国家和天津市对新区的最新要求对原《条例》做出修改。

关于行政管理体制的规定。行政管理体制改革是滨海新区开发开放的重要任务之一,也是促进开发开放进程的根本制度保障。加快建立统一、协调、精简、高效、廉洁的管理体制,是国家对新区管理体制改革的明确要求,是滨海新区行政管理体制改革的最终目标。与此同时,健全和完善社会管理机制和公共服务体系,切实转变政府职能,建立服务型政府,是行政管理的改革方向,《条例》修订草案从法律层面对此做出规定。

关于行政管理职权的规定。根据滨海新区行政管理体制改革的要求和行政区划的调整,明确新区内部各行政主体的职责权限,特别是明确新区与市政府及市有关部门的关系、新区与城区管委会及功能区管委会的关系、城区与功能区的关系,协调和处理好各方利益,为新区的稳定和谐发展提供体制保障。

一是根据滨海新区行政管理体制改革动员大会上的讲话要求和《天津市关于深化行政审批制度改革推进行政审批服务再提速的实施意见》,建立健全"新区的事在新区办"的运行机制,特别是在行政审批等事项上,通过市政府委托、授权的方式，或与其他市有关职能部门合作，采取派驻单位与人员等方式，充分发挥自主发展权、自主改革权、自主创新权。

二是按照市委、市政府关于滨海新区行政管理体制改革的安排部署，结合滨海新区实际，理顺行政职能和层级关系，城区管委会和新建功能区管委会均为新区政府的派出机构，由新区政府授权，城区管委会对所辖区域进行社会管理和提供公共服务，功能区管委会继续保持或比照行使国家级经济功能区的职能，在新区政府领导下实施开发建设，东丽区部分区域及津南区部分区域为新区的产业规划区，由新区政府统筹推进其区域发展。

三是根据《国务院关于天津滨海新区综合配套改革试验总体方案中》关于行政区与功能区加强职能延伸的改革要求，推进经济功能区的开发建设职能和城区的社会管理、公共服务职能相互延伸，形成整体推进、重点聚焦、相互促进的发展格局，在更高层次、更大范围统筹经济发展。

关于鼓励发展重点产业的规定。战略性新兴产业是国家重点发展和培育的产业，而国家在滨海新区的功能定位中明确指出滨海新区要建设成为高水平的现代制造业和研发转化基地、北方国际航运中心和国际物流中心。先进制造业一直是新区发展的核心优势，本次《条例》修订将新区重点发展的战略性新兴产业、服务业及都市型农业囊括其中，以实现产业结构的优化升级，加快实现新区发展的功能定位。

关于社会发展的相关规定。根据《国务院关于天津滨海新区配套改革试验总体方案的批复》的规定，结合滨海新区落实"五个争创"、科学发展观排头兵等文件的实施意见要求，重点对社会发展涉及的基本思路、社会事业、社会保障、和谐劳动关系、城乡一体化、社会管理创新、可持续发展等问题做出规定。

关于综合配套改革的相关规定。根据《国务院关于天津滨海新区配套改革试验总体方案的批复》，借鉴上海浦东新区促进和保障综合配套改革试点工作的相关举措，明确立法支持和保障促进的规定，建立有效的激励、保障和监督机制，全力推进滨海新区综合配套改革工作。

2.制定、完善各功能区条例或规章

制定完善各功能区条例,从立法角度保障充分发挥新区整体优势、实现共同发展的运行机制。各经济功能区是滨海新区开发开放的重要组成部分和经济发展主体,根据《天津滨海新区条例》修订的内容,制定、完善或修改各功能区条例或规章,修改与新区《条例》相互抵触或者不相符合的部分,删改相关落后于发展实际的条款,创新各项发展改革机制的保障规定,从而为各功能区加快开发建设提供法制保障。

(三)创新滨海新区法治体制与机制

1.创新法治保障机制

(1)市人大成立滨海新区专门委员会

滨海新区是近年来天津经济社会发展催生的具有划时代意义的新事物。滨海新区的开发开放事关国家发展战略,并肩负走在前列为全国提供示范的重要历史责任。考虑到权力推进法治创新,对保障滨海新区依法治区、超常发展意义重大,建议市人大常委会成立专门委员会,协助常委会对滨海新区的法制工作实行指导与监督职能。

(2)批准滨海新区成立专门法治工作机构

法制建设是市场经济体制下上层建筑的重要组成部分。为进一步加强滨海新区法治建设,实现依法治区目标,建议滨海新区在组织形式上设立法制工作机构,专司现行法规的修改完善、新法规起草以及相关组织与协调和调研工作。

2.创新司法工作体制

鉴于天津滨海新区作为国家综合配套改革试验区,是我国对外开放的门户等特殊性,建议市人大常委会在执法机构设置方面,突破现有司法机构格局,批准成立滨海新区法院和滨海新区检察院。

滨海新区法院、滨海新区检察院,立足新区开放改革的大局需要,在履行日常职能的同时,积极开展司法工作创新尝试,为滨海新区法治建设提供组织保证。在实践中逐步探索、建立以高效运行、服务优质为特征的滨海新区司法工作体制,加强理论学习,创新滨海新区司法建设模式。

3.加强法制工作理论研究

依法治国是建设有中国特色社会主义市场经济的客观需求。法律是上层建筑的重要组成部分。科学的法学理论是实践的总结,是在实践的基础上总结概括的思想成果。社会实践一方面必须从实际出发,另一方面又必须接受新的相关理论的指导。在经济社会超常发展的过程中,加强法学理论研究不仅是提高立法质量的保证,也是识别、破解执法过程中相关难题的客观需要。为了探索创新新区法制建设的科学路径,实现走在全国前列的目标,加强理论学习是新区法治工作的必要保证。

4.以科学发展观为指导开创法治工作新局面

科学发展观是整个社会主义事业的指导思想,同样是我国社会主义法治建设的指导思想。法治建设是中国特色社会主义建设事业的重要组成部分,只有深刻认识和切实把握科学发展观的精髓,坚持以科学发展观统领法治建设,才能保证法治建设健康发展。滨海新区开发建设纳入国家发展战略是千载难逢的历史机遇,总书记希望滨海新区成为深入贯彻落实科学发展观的排头兵的要求,充分体现了中央领导对天津的信任和期望,是天津、特别是滨海新区广大干部群众必须肩负起的历史任务。站在国家层面上,规划、完善新区法治体系建设的要求,在法治建设中,坚持尊重客观规律的科学原则,自觉贯彻科学发展观,立足新区开发建设的实际需要,在借鉴先进地区经验的基础上,精心设计、适度超前、大胆创新、先行一步,是开创新区法制建设的重要前提。

(四)加强法制宣传教育,鼓励支持民间法律服务

1.深入开展法制宣传教育活动

从宣传宪法和新区现行法律法规入手,通过推进政府依法行政、企业依法生产经营、事业单位依法开展业务活动、社区依法管理服务,营造新区日益完善的法制环境。把依法治国方略落到实处,提高依法治区水平。

结合滨海新区开放程度高、境内外企业层次高、肩负综合配套改革重任、发展速度超常的特点,大力开展形式灵活多样、行之有效的宣传活动,培育、提高新区广大法人单位和广大员工民众的法治意识,使每位新区公民在日常生活、学习、工作和其他社会活动中,成为法律法规的践行者和监督者,以全民学法、懂法、守法的实际行动,共同营造和谐有序的法治社会氛围。

2.鼓励支持民间法律服务活动

健全高效的法律咨询服务体系是市场经济条件下法制建设不可或缺的重要组成部分,在加强前述各项工作的同时,还应积极引导、支持各类法律咨询服务中介机构落户新区。通过培育建立完善的民间法律咨询服务体系,为经营者决策和运营管理专业公司、预防经济纠纷、减少法律风险提供法律意见和建议。考虑到滨海新区的特殊地位,建议加强对新区律师行业中介组织的指导,如试行准入管理,从总体上规范律师的职业道德素质,提高法律咨询服务的质量。

课题组负责人:曹达宝(天津市人大财经委)

课题组成员:张盘铭(天津财经大学)、廉津生(天津市人大财经委)、王义(天津市委研究室)、高绍林(天津市人大法制委员会)、边江(天津市政府法制办)、张健(滨海新区管委会)、邓光华(滨海新区管委会)、邢春生(天津滨海综合发展研究院)、何艳维(天津滨海综合发展研究院)、黄文颖(滨海新区管委会)、黎鹏昊(天津市人大财经委)、孙梁(天津市委研究室)、方培娟(天津市委研究室)、曹洁(天津市人大法工委)、杨博华(天津市人大法工委)、刘媛(天津市政府法制办)、张博华(天津市政法管理干部学院)、葛歆(天津财经大学)、

课题报告完成时间:2011 年 10 月

参考文献

浦东新区人民政府推进依法行政白皮书[Z].2007(12)

方兴业.法规基石铺设繁荣发展路——深圳市人大及其常委会15年立法纪实 [Z]. 深圳特区报,2007-7-24

深圳特区政策优势式微,专家称立法权仍有空间[Z].法制日报,2007-11-26

深圳十大法治事件[Z].新浪网

特区立法权是深圳现有最大优势[Z].新浪网

我国首家基层法院金融审判庭在上海成立[Z].中国经济网

深圳特区立法在全国最多，市长权力小于许多内地城市[Z].新华网

天津滨海新区国有企业改革研究

【摘要】 滨海新区国有企业已成为加快新区开发开放的主力军。但由于体制等原因,新区国有企业股权结构比较分散,整体合力不够强,服务区域发展的总体成效没能充分发挥。本研究从国有资产出资人的视角出发,从理论上阐述了国外的监管主要模式,从实践上介绍了中央和地方国企改革的实践经验及启示,从现实上全面总结了滨海新区国企改革发展的主要成效和不足,提出了滨海新区国有企业改革的总体思路、方案设计、重点任务和具体举措。

党中央、国务院把滨海新区纳入国家发展总体战略布局,要求滨海新区成为科学发展的排头兵和示范区。天津市委市政府把加快滨海新区开发开放作为全市工作的重中之重,举全市之力大力推进。滨海新区的新区总投资达 1.5 万亿元的"十大战役"全面打响。新区国有企业作为加快新区开发建设的主力军,肩负着更加繁重的任务,但从现状看,还不能完全适应开发开放的新要求,必须进一步加大改革力度,推动国有企业加快发展,更好地服务和促进滨海新区科学发展。

2008 年 3 月,国务院批复了《天津滨海新区综合配套改革试验总体方案》,2009 年 10 月,批复《天津滨海新区综合配套改革试验金融创新专项方案》,对滨海新区国有企业改革和金融创新提出了明确要求。作为改革和创新的主要内容,国有企业改革必须加快推进,努力在产权制度改革、现代企业制度建立、发展模式创新、发展环境优化等方面取得突破,完成好滨海新区综合配套改革的先行试验任务。

一、国外国资监管和治理实践及启示

国有资产管理一直是困扰世界各国的问题,不同国家采取了不同的监管模式,在国有公司治理方面进行了不同的探索。西方国家近 300 年的经验教训对滨海新区国资监管和企业改革具有重要的借鉴意义。

(一)国外国资监管模式及启示

1.亚洲模式——集权管理模式

以日本和韩国为代表的亚洲国家,对国有资产管理普遍采取集权管理,以强有力的计划和产业政策进行资源配置,达到经济发展目标。

(1)日本模式

日本的国有企业分为直营事业、特殊法人事业和第三部门三类。直营事业资产是政府直接管理的国有资产,其所有权、经营权和管理权均由政府掌握,资产经营主体也不具有法人地位,其设立、经营范围、投资规模及方向、事业计划和产品价格都受政府和国会的严格控制。特殊法人事业是由国家投资、根据特别法律设立的特殊法人企业,实行独立核算和独立经营制度,受政府间接管理。第三部门是指由中央政府、地方公共团体、私人企业共同投资的股份公司,有较充分的经营自主权。日本国有资产高度集权管理体制的优点在于产业资本和金融资本的融合发展在特定背景下发挥巨大作用,能够集中有限的国有经济力量完成较大的、迫切的政府目标任务,总体规模小但调控量大;缺点是政府统得过死,妨碍了国有资产经营治理主体积极性的发挥。

(2)韩国模式

韩国国有资产监管与日本相似,都是政府控制型。1998 年韩国实施了国有企业监管体制改革,大力推进国有企业民营化,废除了原由综合部门和企业主管部门对国有企业的直接领导,成立了国有企业管理委员会行使国有企业股东权利。政府只对国有企业经营状况进行监督检查,并建立激励机制,规范企业经营者行为,从而实现了两个转变:一是变政府直接管理国有企业为间接管理;二是企业经营自主权得以扩大。从对三星集团的考察来看,三星集团高度重视自主创新,坚持以技术领先开拓市场,如三星电子有1万多人从事研发工作,而且主要集中在国内,工厂则遍布世界各地。目前,三星集团旗下有3家公司进入世界企业500强,成为对外实际代表韩国的家族企业。

日本和韩国的高度集权式国有资产监管之所以能够建立,与它强大的中央集权制度、特定的社会文化有关。虽然我国也是中央集权式管理模式,与日本、韩国有相似性,但实践证明这一模式过分压抑了企业的自主性和创新性,不利于企业和相关市场的发展,不是我们应选择的最佳模式。

2.美国模式——高度分权模式

美国模式的特点是倡导市场竞争,企业作为经济运行的主体,在生产和经营上完全自由,政府运用间接手段对国有资产经济运行进行调控。国有资产分为经营性资产和非经营性资产,非经营性国有资产统一归行政服务总局管理,经营性国有资产一般存于各类国有企业中,而这些企业由政府直接管理。主要特点是:国有资产的设立和管理有专门的立法;企业管理人员由政府直接任命;政府对国有资产经营进行严格的审计控制。

美国信奉市场理念和法治精神,倾向市场化而不是集权,更加倾向于"西部牛仔"式的个人英雄主义。但这种监管方式使企业的经营完全按市场化规则运行,政府对国有资产的监管只是为了配合宏观调控和克服市场失灵。我国所处的发展阶段与美国不同,我国"儒家思想"的传统文化亦与美国传统理念差别很大,完全放权的管理模式不适应我国国情。

3.欧洲模式——分权与集权结合模式

欧洲国家主要采取分权与集权相结合的监管模式,监管侧重于间接方式,代表性国家有意大利、德国等。

(1)意大利模式

意大利模式的主要特点是由三大国家控股公司伊里公司(IRI,即工业复兴公司)、埃尼公司(ENI,即国家碳化氢公司)和埃非姆公司,负责管理国家拥有的企业股份,指导、协调企业的投资、经营和生产活动,向企业提供必要的支持。国家通过经济计划部及委员会和国家参与部对这三家国家控股公司进行专业管理。

(2)德国模式

德国的国有资产分别由中央、州和地方三级管理。德国政府财政部作为国有资产所有者代表,通过监事会对各行各业的国有企业进行统一管理和监督,重点对财务进行监督检查,对企业发展施加影响。国有企业的最高领导和决策者不是董事会,而是监事会,公司活动的重大问题只有取得监事会的同意,董事会才能作出最终决定。监事会的成员包括股东代表和职工工会代表,监事会主席由财政部长推荐,副主席由员工代表担任。企业的经营绩效主要是用经济指标来评价,而不是以实现政府政策目标来评价。我国国有资产的管理主要借鉴了德国模式,德国国有资产监管的体制机制对滨海新区同样具有借鉴作用。

4.国外国资监管对我们的启示

一是要根据不同国情采取不同的监管模式。从国外国资监管实践看,各个国家在国资监管上因国情不同,采取的模式各不相同。滨海新区在建立国有资产的监管体系过程中,要根据开发开放实际,借鉴西方国家的经验做法,建立有效的国资监管模式。可以考虑既设立统一的国有资产监管部门,又设立控股公司,发挥各自的作用。

二是建立集权与分权相结合的国有资产监管体制。一般来讲,由于运作方式和政府权力的运作逻辑不同,非经营性资产具有一定公益性,更倾向于由政府直接掌控,经营性资产完全可以按照市场化运作。滨海新区的国有企业的资产同样也可以分为两类,西方国家关于政府企业集权与分权的经验,对我们的国有企业改革具有很强的借鉴意义。

三是国有资产要依法监管。西方国家在国有资产监管上都建立了比较完备的法律制度体系,积累了丰富的经验。滨海新区应充分利用先行先试的政策优势,加强立法工作,提高立法层次,建立以市场机制为导向的法治化国资监管体系。

(二)国外国有企业治理实践及启示

各个国家不仅在国有资产监管的体制机制上采取不同模式,而且在国有企业的治理方面各具特色。课题组重点研究了最具代表性的美国模式和新加坡淡马锡模式。

1.美国模式

美国是现代公司制的发祥地,早期公司治理模式的最大特点是"一元制",即股东大会下只设董事会,不设监事会,董事会既是战略决策机构又是监督机构。由于缺乏独立的监督机构,一些公司出现了高管人员利用信息不对称进行财务造假,甚至控制董事会等问题。20世纪70年代,为防范道德风险和内部人控制,独立董事制度应运而生。独立董事主要履行监督职能,并对企业的战略决策和经营管理负责。近年来,美国独立董事在董事会的比例已达到90%。第二个特点是强调市场约束的外部治理,股东主要是通过买卖股票,采取"用脚投票"的方式,对公司经营管理层形成一定的约束。美国建立了有效的信息披露制度,企业的财务变化会很快地通过金融市场反映到股票价格上,实现了对经营者的外部市场约束。

2.新加坡淡马锡模式

淡马锡公司是新加坡政府全资控股公司,拥有政府关联公司的所有股权,既是国有资产的监管机构,同时又是市场化运作的综合性投资公司。政府通过董事会对淡马锡公司经营层进行监督考核,达到"管人管事管资产"的目的,不直接管理公司的经营层。淡马锡及下属企业的董事会由三部分人构成:股东董事来自财政部的出资人代表和政府的高级公务员,独立董事为商业经验丰富的民营企业或跨国公司优秀的企业家,执行董事来自公司管理层,前二者被归为外部董事。目前董事会有9名成员,除1~2名执行董事外,其余董事都是独立董事、外部董事。为了保证公正性和中立性,他们不在淡马锡领取薪酬,其薪酬由政府支付,其他的董事则一般按照市场原则进行物质激励。董事会下设七个专业委员会,委员会的召集人或主任及组成人员大部分都是独立董事;总经理的决策首先交专业委员会论证,最后交董事会把关,更大的决策交给股东大会。淡马锡所属企业董事长也几乎都是非执行董事(外部董事),董事会决策更独立于管理层。

滨海新区的国有企业治理,要重点借鉴美国企业外部监督模式和新加坡淡马锡公司法人治理结构建设的成功经验,逐步建立完善新区国有企业的监督和决策机制。

二、国内国企改革的实践经验及启示

改革开放以来,党和政府始终重视国有企业的改革和发展,不断建立健全国资监管的体制机制、法律法规,采取了一系列推进国有企业改革发展的重大举措。经过不懈努力,国有企业管理体制和经营机制发生了深刻变化,国有企业在国民经济中发挥的作用显著增强。

(一)中央企业国企改革实践进展

从实践看,近年来中央企业国有资产总量持续增长,企业盈利状况不断提升,实力不断增强。截至 2008 年年末,中央企业资产总额为176287.6 亿元,比上年增长 18.1%;净资产总额为 73289.2 亿元,比上年增长 10.9%;实现利润 6961.8 亿元。在美国《财富》杂志 2009 年公布的世界 500 强企业中,中央企业有 24 家,比 2003 年国务院国资委成立时增加了 18 家。

1.建立健全国资监管法律法规

从 2003 年开始,建立了中央及地方三级国有资产监管机构,构建了比较完整的国有资产监管体系。2005 年重新修订了《公司法》,对国有独资公司进行了特别规定,从法律上进一步明确了国有企业的市场经济主体地位。2008 年出台《中华人民共和国企业国有资产法》,进一步强调对国有资产进行分级管理。根据同级政府的授权,国务院国资委对中央企业履行出资人职责,地方国资委对地方国有企业履行出资人职责。2009年 9 月,国务院国资委发布《关于进一步加强地方国有资产监管工作的若干意见》,明确将地方金融企业纳入地方国资委集中统一监管。通过这些举措,基本形成了我国比较完整统一的国有资产监管法律法规体系。

2.实施国有经济的战略性调整

以市场为导向,立足于优化配置资源,加大调整重组的力度。一批科研院所进入产业集团,实现了产研结合,提高了企业的技术自主创新能力;一些优势企业强强联合,形成了具有较强综合竞争力的大型企业集团;一些"窗口"公司并入大型骨干企业,增强了企业海外市场的开拓能力和竞争能力;一些产业链相关企业合并重组,促进了中央企业业务链整合,发挥了协同互补效应;一些困难企业通过重组,实现了扭亏脱困,焕发新的生机。通过推进企业兼并重组、主辅分离工作,突出了主业,优化了资源配置,增强了核心竞争力,监管企业数由 196 家减至 132 家。自国资委成立以来,中央企业国有资产总量逐年递增,质量不断提高。按照规划,央企的数量将进一步减至 80～100 家,将其中 30～50 家打造成为具有自主知识产权和国际竞争力的大型跨国集团。

3.推进法人治理结构的建立

从 2004 年起,国资委在中央企业开展了建立规范的董事会试点工作,建立了外部董事制度。外部董事主要来源于中央企业原负责人、财务会计及金融等领域的专家以及境外大公司董事和高级管理人员,从源头上保障了其履职能力,通过外部专业人士的参与,提高了董事会的投资决策水平,降低了投资决策风险,同时对公司的管理层起到了约束与制衡作用,有效防范了内部人控制及相应的道德风险等问题。

坚持和完善外派监事会制度,强化外部监督。改善和强化对企业的财务监督工作,变事后监督为当期监督,增强监督的有效性和灵敏性,探索外派监事会与加强董事会建设相结合的有效途径和工作机制,强化了对公司高层管理人员的监督和制衡,最大程度上防范了内部人控制等问题的产生和危害。

重视职业经理人队伍建设。从 2003 年以来,国资委已经连续五年面向海内外公开招聘央企高管,先后组织了 100 家(次)103 个高级经营管理职位的公开招聘,初步建立了市场化选聘职业经理人的体制和机制。在企业内部,通过公开招聘、竞争上岗等方式,选拔任用各级经营管理人员达 42 万人,占经营管理人员总数近 30%。与此同时,国资委还根据

《中央企业全面风险管理指引》,建立完善了总法律顾问制度,已经面向全球公开招聘 3 批,有效提高了法律风险防范能力。通过公开选拔和竞争上岗的方式,也储备了一大批素质优良、年富力强的后备人才。

4.完善业绩考核和激励约束

重视央企的经营业绩考核工作,国资委 2003 年成立后即颁布了《中央企业负责人经营业绩考核暂行办法》,确立了考核基本原则和总体要求,指导央企建立健全对经理层的考核办法。2008 年又颁布了《中央企业负责人年度经营业绩考核补充规定》,首次引入"行业对标"原则,引导企业以同行业先进企业的指标为标杆,通过持续改进,逐步达到标杆企业的先进水平。

重视薪酬管理工作,建立完善以绩效为基础的薪酬机制。国务院国资委会同人力资源和社会保障部、中央组织部、监察部、财政部、审计署等部门联合下发了《关于进一步规范中央企业负责人薪酬管理的指导意见》,明确了中央企业负责人的薪酬结构主要由基本年薪、绩效年薪和中长期激励收益三部分构成。明确了绩效年薪根据年度经营业绩考核结果确定,加强对中央企业负责人经营业绩的考核,将年度业绩考核和任期业绩考核结合起来,根据不同行业和企业的生产经营特点科学设计体现经营盈利与风险控制的考核指标,合理确定经营目标,规范考核程序,严格考核管理,根据业绩考核结果确定负责人绩效年薪。

(二)上海及浦东新区国企改革实践进展

1.上海国企改革实践进展

上海是中国计划经济体制建构最为完整,政企关系耦合最为典型,代表一定时期中国最高生产力水平之一的国家经济中心。上海国资国企改革的每一项成就都是前期改革成就的积累和后期成就的铺垫,其发展路径具有以下几个特点:一是国有资产管理和经营从计划向市场的体制变革。上海国资管理体制与国企改革的步伐既与全国以扩大自主权、"两权分离"、"利改税"、建立公司制和现代企业制度、产权战略调整等为特征的各阶段发展相吻合,又有着自身开放、转型和发展的特点。二是配套工程同步推进使国企顺利实现市场化转型。作为经济转型核心部分的国企改革，不仅是国有企业内部的事，而且是涉及整个社会经济体制环境的大变革。上海在国企改革发展中注重社会配套工程的同步推进。自20世纪70年代末80年代初，上海市即启动生产资料市场建设，结合改革开放的步步深入建立发展了一系列相关市场及其交易，将企业推向市场。三是国有资本及经营在战略调整流动中实现保值增值。

上海国资国企改革与发展的一个重要特点是始终立足于本地区的改革发展实际。改革开放初期，上海的原有优势是相对于全国其他地区，产业工人比重和素质较高，有着依托高校、科技、产业和经贸等体系的对外联系，各行业公司和局都有一批熟悉业务并能把握全局的业务干部。上海市立足原有基础，充分尊重群众的首创精神，抓住机遇进行大胆探索改革和创新，因而能够获得好的成效。从建立中外合资企业、发展股份制企业、行政性公司改制为企业性公司、撤局组建企业集团、创立国有投资公司、探索经营者股票期权制、土地使用权有偿转让、成立国有资产管理局、编制国有资产经营预算，到建立和规范各类市场及其体系，每一步改革都体现了上海各级改革者的积极探索与勇于创新的精神，体现了在改革过程中对改革阻力、成本和稳定等综合因素评估后的理性选择，体现了上海充分发挥原有体制、人才和文化优势，作出的最大限度调动积极性的努力与行动。

以地区经济发展战略为主导实施资源重组。上海的国资国企改革与发展始终以地区经济发展战略为主导，并在其中发挥了关键作用。上海市自20世纪80年代中期即制定了城市总体发展战略，"力争到20世纪末把上海建成为开放型多功能的中心城市"。"21世纪初把上海建成为国际经济中心城市"。围绕这一地区经济发展战略，上海通过建立久事公司、陆家嘴金融贸易区开发公司、外高桥、金桥开发公司、城建投资公司、张江高新技术开发公司、上投公司、上海实业公司、联合投资公司、同盛、大盛、盛融、申能、国有资产经营公司等一系列代表地方政府，兼有政府与市场双重职能的国有投资公司，利用土地批租、BOT和资本市场等手段进行要素资源配置，推动国有资本带动其他资本的运营。在上海610平方公里的金融中心区域，引入了563家中外金融机构，建立了证券、期货、黄金等 7 个国家级要素市场，初步形成了以中外资银行、保险公司、信托投资公司、证券公司、财务公司、基金公司、金融租赁公司等为主的金融机构体系，已成为上海建设国际金融中心的重要核心部分；通过资本运作改造原有落后的城市基础设施与市容建设，新建一系列住宅区。上海地方性国有资本经营在城市建设与发展中确实发挥了巨大的带动其他资本的作用。在以发展"四个中心"及先进制造业和现代服务业为导向和做大做强企业集团的战略部署下，上海实施了一系列国有资本重组和产业结构调整的重大举措，使上海的国有产业商业资本向商贸、物流、酒店旅游、汽车、现代装备、生物制药、电子信息、国际港务等重要产业集中，崛起了一批大型企业集团，竞争实力有了显著提高。

此外，上海市紧紧围绕"四个中心"建设的需要，由市委、市政府出台推进上海国资国企改革发展，并明确提出了未来三年到五年国资国企改革方面的目标。在国资布局方面：经营性国资基本集中到城市基础设施和关系国家战略、国计民生、城市安全、基础资源领域，集中到现代服务业、先进制造业、先导性产业等支柱产业和战略产业；在企业发展方面：形成 2～3 家能够充分发挥投融资和国资流动平台功能的资本经营公司，形成 3～5 家在全球布局、跨国运营的企业，8～10 家全国布局、综合实力领先国内同行业的企业，20～30 家主业竞争力居全国同行业前列的蓝筹上市公司；在国企改革方面：基本完成产业类企业集团整体上市或核心业务资产上市，基本完成 1000 多家非主业企业的资产调整、整合，市属经营性国有资产证券化率由 18％提高到 40％左右，企业管理层级原则上控制在 3 级以内；在法人治理方面：基本完成规范董事会建设工作，形成规范运作的法人治理结构，建立市场化选用企业经营者的机制，建立规范合理的企业领导人员薪酬管理制度；在国资监管方面：形成全面覆盖市属经营性国资的监管制度，建立完善的委托监管制度，实行直接监督和委托监管。

2. 浦东新区国企改革实践进展

浦东新区国企改革起步较早，已在产权改革、提高效益、自主创新、产业升级等方面取得了重要进展，为浦东新区的发展注入了强大动力。根

据调研掌握的情况,浦东新区的国企改革进展在很大程度上得益于以下举措:

(1)国资分类监管

按照企业性质和市场化程度不同,浦东新区国有企业主要分为公益型和市场运营型。市场运营型企业均设立董事会、监事会、经理层,董事长和总经理分开设立,党委书记可由符合条件的董事长担任。浦东新区国资委正探索试行外部董事制度,由大股东委派或推荐外部董事长。公益型企业设立监事会、总经理,不设董事会,党委书记和总经理分设,总经理为法人代表,同时兼任执行董事。

(2)完善法人治理结构

在董事会建设方面,充分发挥独立外部董事的作用。外部董事由浦东新区国资委委派或按一定比例推荐,外部董事多于内部董事,经营层中只有总经理进入董事会。还出台了专门管理办法,对外部董事的选拔、职责、权利、评价、薪酬、监督等问题做出了明确规定。在监事会建设方面,实行国资委外派监事和监事会主席。为充分保障外派人员的独立性,其行政关系、社保关系、工资关系保留在原单位,到龄免职后回原单位退休。为了加强对董事和监事的管理,成立了专门委员会,负责对其任职资格进行认定。

(3)业绩考核与激励挂钩

根据《浦东新区区管国有企业领导人员业绩考核暂行办法》,对所监管的国有企业领导人员进行业绩考核。考核对象主要是大型企业的党委书记、副书记、董事长、副董事长、执行董事、区管专职监事会主席,以及国资方委派的总经理、副总经理。年度考核和任期考核相结合,年度考核结果与企业领导人员的年度绩效薪酬挂钩,并根据考核结果,决定被考核对象的留任、转任与提拔等事宜,主要包括考核期限、考核指标、考核程序和考核结果运用四部分。

考核期限:企业领导人考核包括年度考核和任期考核两部分。任期考核的期限为三年,任期内调离或终止,任期考核从任职起至离职起。

考核指标:企业领导人的考核指标由与绩效挂钩的经营性指标和非

经营性指标两种构成,具体内容在业绩责任书中予以明确。经营性指标重点考核企业领导在提高资产质量和经营管理水平方面的业绩。非经营性指标是根据企业承担浦东开发建设任务情况而制定的,重点考核企业领导人在完成公共目标和任务、创造社会效益等方面的业绩。年度考核经营性指标包括净利润、净资产收益率、上缴国有资产收益、主营业务收入和全面预算管理等五个主要指标。任期考核经营性指标包括三年平均国有资产保值增值率和主营业务收入平均增长率两种。年度考核的非经营性指标包括各企业实际完成区委、区政府下达指令性任务的情况;提供非营利公共产品、公共服务项目的情况;授权履行部分政府职能的情况;企业党建工作和精神文明建设的情况;执行各项国有资产监督管理制度的情况;客户的满意度。此外,可根据各区管国有企业实际情况设置若干个指标,以上指标均应在年度业绩责任书中确定。

考核程序和方法:(1)确定考核目标。考核期初,各企业根据区委区政府有关要求,结合企业发展规划、经营状况和预算安排,向浦东新区国资委提出年度或任期的业绩目标建议书。浦东新区国资委接到建议书后,负责审定完善经营性业绩目标,并会同有关部门和功能区共同审定完善非经营性业绩目标,形成企业考核目标建议意见,报经区委区政府批准。区委区政府批准后,浦东新区国资委同国有企业主要负责人签订年度或任期业绩责任书,明确业绩考核的具体指标内容。(2)业绩报告和考核申报。考核期末,由国有企业按要求向浦东新区国资委书面报告考核期内业绩责任书执行情况和各项目标任务完成情况,作出自我评价,并提出考核申请。(3)审计经营情况。浦东新区国资委采用外部审计的方法,委托会计师事务所对各企业考核期内经营情况进行审计,形成审计报告和意见。审计费用由浦东新区国资委在国有资产收益中列支。企业产权代表任期满或任期内离任,应按规定由审计机关对其实施任期经济责任审计。(4)综合评价考核。浦东新区国资委根据审计报告和意见,对企业经营性指标完成情况、全面预算执行情况实施绩效评价考核;同时,会同有关部门和功能区对各企业非经营指标完成情况进行考核核定,作出综合评价,形成考核结果建议意见。(5)考核上报和反馈。浦东新区国资委将国有企业考核结果建议意见上报区委区政府,区委区政府审定后形成考核结果。(6)国资委负责将考核结果反馈给企业。

考核结果运用:浦东新区国有企业业绩考核结果主要用于三个方面:薪酬挂钩。年度考核结果与企业领导人员的年度绩效薪酬挂钩。绩效薪酬=绩效薪酬标准×年度业绩考核的综合得分/100×分配系数。任免挂钩。根据考核结果,决定是否留任、转任或提拔。企业领导人员有下列情形之一的,国资委按有关规定和程序终止委派:连续两年未能履行年度业绩责任书;弄虚作假,提供失实资料或披露虚假信息;对本企业国有资产损失负有重大责任;受撤职以上纪律处分;责任追究。新区国资委根据对企业领导人员业绩考核情况建立诚信档案。企业领导人员滥用职权、玩忽职守,造成企业国有资产损失的,应承担赔偿责任,并依法给予其纪律处分;构成犯罪的,依法追究其刑事责任。企业领导人员对企业国有资产损失负有责任受到撤职以上纪律处分的,5年内不能担任浦东新区任何国有独资、国有控股企业的领导人员;造成企业国有资产重大损失或被判刑的,终身不得担任新区任何国有独资、国有控股企业的领导人员。

(三)深圳特区国企改革实践进展

深圳特区国企改革起步较早,经过有效的市场化改革探索,成为全国国有资产效益最好的地区。与京、津、沪、渝四直辖市相比,优势明显,企业户均利润总额、总资产利润率、销售利润率、成本费用利润率均排名第一,企业资产负债率保持了比较低的水平。主要做法是:

1.国资分类监管

按照企业性质和市场化程度不同,深圳特区国有企业也主要分为公益型和市场运营型,深圳市国资委主要监管公益型的国有企业,深圳投资控股公司主要负责对市场运营型国有企业的监管。

2.完善法人治理结构

在董事会建设方面,深圳市国资委同样重视发挥外部独立董事的作用,原则上外部董事在董事会中占多数,外部独立董事的来源包括专家、知名人士、企业管理者等,外部董事的专业化构成降低了董事会的投资决策风险,并对企业经理层形成了有效制衡。在经营者的管理方面,采取市场化的方式选聘,探索取消国有企业和领导人员的行政级别。除少数集团的党委书记、董事长由深圳市委市政府任免管理外,其他领导人员均为市场选聘。在国资委内部设立专门办公室,对外派监事和财务总监的选派进行统一管理,工资福利待遇均由国资委统一发放,经费主要从各企业上缴利润中列支,并建立了外派任期轮换制度,从制度上保证了外部监督的独立性和权威性。

3. 业绩考核与激励挂钩

根据《深圳市国有企业负责人经营业绩考核暂行规定》,对所辖国有独资企业、国有独资公司和国有控股公司的董事长和总经理等经营管理人员进行业绩考核,并实施奖惩;国资委委派到股份制企业的负责人参照此规定进行业绩考核。遵循依法考核、分类考核、激励约束相结合的原则,年度考核与任期考核相结合,考核结果与企业负责人薪酬及任免相挂钩,主要包括内容考核期限、考核指标、考核程序和考核方式四部分。

考核期限。年度经营业绩考核以公历年为考核期,任期经营业绩考核则以三年任期为考核期。任期内因调离、退休等原因离任的,任期经营业绩考核从任职日起至离任日止,考核指标根据实际任职时间作相应调整。

考核方式。考核采取由市国资委主任或其授权代表与企业负责人签订经营业绩责任书的方式进行。通过签订责任书,明确国有企业经营业绩目标和领导人员责任,量化了考核和奖惩标准,形成了以结果为导向,以经营业绩责任书为依据的考核模式。

考核指标。深圳市国有企业负责人考核指标主要包括:年度经营业绩考核指标和任期经营考核指标。年度经营业绩考核指标包括基本指标与分类指标。基本指标主要包括五项内容:年度利润总额、年度净利润、净资产收益率、成本费用总额占主营业务收入比重、市国资委评价指标。分类指标由市国资委根据企业所处行业和特点,综合考虑企业经营管理水平及发展能力等因素确定,具体指标在经营业绩责任书中确定。

考核流程。业绩考核包括目标确定、动态监控、组织考核、实施奖惩四个阶段。一是考核目标确定。每年 11 月份,企业参照本年度实际完成经营业绩,制定下一年度拟完成的经营业绩目标,报市国资委审核。目标值原则上不低于前三年实际完成值的平均数。市国资委根据宏观经济形势及企业运营环境,经与企业沟通,核定经营业绩考核目标值,并与企业负责人签订经营业绩责任书。任期考核期初,企业参照前一任期实际业绩,提出任期经营业绩目标,上报市国资委审定。二是业绩动态监控。建立定期业绩汇报机制,企业负责人每半年向市国资委报告经营业绩情况。建立定期重大事件汇报机制,企业发生重大安全生产事故和质量事故、重大经济损失、重大投融资和资产重组等情况时,企业负责人及时向市国资委报告。三是组织考核。考核期末,企业负责人对年度或任期经营业绩考核目标完成情况进行总结,上报市国资委。市国资委委托会计师事务所对企业负责人进行年度审计或经济责任审计,听取监事会意见后,作出综合评价意见,并将综合评价意见反馈给企业负责人。企业负责人对评价意见有异议的,可以向市国资委提出。国资委进行解释说明和重新评定,形成考核结果和奖惩意见,报市委市政府审定。四是实施奖惩。国资委将考核结果和奖惩意见反馈给企业负责人,并兑现奖惩。

(四)江苏省国有企业改革实践进展

1.江苏省国有企业改革的主要特点

江苏是国有企业比较集中的省份,近年来通过出台政策、引进淡马锡模式等措施极大地焕发了企业自身的活力。截止到 2009 年底,全省企业国有资产总额超过 1 万亿元,其发展路径归纳起来有以下五个特点:

(1)优化布局结构,提高国有经济的影响力、带动力。以加快发展为主要推动力,通过有效扩大增量带动存量调整,通过拓展发展新空间优化国有经济布局结构。进一步完善国有经济布局结构调整规划,发挥战略规划的引领作用。进一步提高国有资本在关键领域、重点行业和优势企业的集中度。加快构建国有资本经营运作平台,扩大国有资本对社会资本的引导功能。加大对先进制造业和现代服务业的投入,增创发展新优势。完善国有资本有进有退、合理流动的机制。

(2)推进战略重组,做强做大国有企业。进一步推进省内国有企业战略重组,整合资源,集中优势。支持地方企业与中央企业、省外优势企业、跨国公司进行多层次、多形式的合资合作,加大引进战略投资者步伐。推进具备条件的企业上市,用好现有国有控股上市公司资源。引导企业围绕核心业务,抓住有利时机进行低成本扩张。促进国有企业加强合作,共同发展重大项目。引导企业加强科技创新,实施品牌战略,增强核心竞争力。鼓励支持企业"走出去"建立生产基地和开辟市场。加快转变经济发展方式,不断提高质量和效益。努力做大一批市场竞争力强的大企业,做强一批富有特色的企业,培育和发展一批行业排头兵。

(3)推动企业深化改革,加快形成适应激烈竞争态势的市场化机制。推动省属企业引进民资、外资特别是战略投资者,推进股份制改革,使国有资本和非国有资本在现代企业制度的组织形式中相互融合、共同发展,塑造国有经济内生竞争力。推进劣势劣质企业加快退出步伐。要求省属企业对不符合集团发展战略、长期亏损、没有竞争能力的企业加大力度进行清理,坚决改制退出。促进国有企业按照市场经济规律和企业发展规律以真正的市场主体的身份参与市场竞争。在法律框架和市场环境下,消除国有企业的个性化色彩,消除国有企业经营管理者和职工的特殊身份,在企业内部形成竞争环境,实现企业内部的"小环境"适应市场的"大环境"。

(4)完善公司法人治理结构,加快建立现代企业制度。加强董事会建设,优化董事会结构,提高董事会决策水平。规范董事会与经理层的权责,加快形成各司其职、各负其责、有效制衡、协调运转的机制。推进外部董事制度建设,使更多国有企业董事会成员中外部董事人数多于内部董事人数。推进健全董事会工作机构,加强对外部董事履职培训和考核工作。扩大监事会监督覆盖面,创新监事会工作途径与方法,加强对企业的当期监督,提高监督检查的质量和水平。坚持"市场认可、出资人认可、职工群众认可"的原则,发挥市场化选聘经营管理者的主渠道作用。

(5)维护职工群众合法权益,确保企业和社会稳定。严格执行国家政策,严格企业改制和产权转让程序,防止国有资产流失,维护职工群众合法权益。在国有企业改革重组中,尊重和维护广大职工的知情权、参与权、监督权和相关事项的决定权,妥善解决职工群众的就业与生活保障问题。认真做好信访工作,及时核查答复职工群众反映的问题,落实政策,化解矛盾。高度负责,妥善处理前些年企业改制遗留问题。

2. 在完善法人治理结构方面的经验

江苏省国企改革的重点是健全现代企业制度,完善公司治理结构。在现阶段健全现代企业制度的过程中,改善公司治理是江苏国企改革的中心环节。经过多年实践,江苏国企在完善公司治理结构方面有了一定进展,主要采取了以下两个措施手段。

(1)健全股权结构,逐步实现股权结构多元化

江苏国企的股权通过适度分散,将国家持股为主的股权结构模式变为法人持股为主的多元化股权结构模式。法人持股为主的股权结构模式既可以大大地降低国家股过分集中带来的政企不分问题,解决国有股股权主体不清的问题,有利于外部大股东参与到上市公司的内部治理,对管理层进行有效的监督。

江苏国企实现股权结构多元化的另外一个方法就是引进各类机构投资者。高雷、张杰(2008)发现,机构投资者能有效参与公司治理,并发挥积极作用。许多公司召开股东大会时都对与会股东有最少持股量的规定,大量中小股东无法通过参加股东大会来直接行使权力,其后果是加剧了内部人控制;通过大力发展机构投资者,中小股东就可以依靠机构投资者监督公司管理层。同时,江苏国企通过加强机构投资者持股来改善股权结构。

(2)完善董事会和监事会结构

董事会和监事会是上市公司内部最重要的治理机制,在公司治理中发挥着重要作用。优化董事会结构首先要减少内部董事,并相应地增加外部董事。特别是要有一定数量的专业知识扎实、工作经验丰富并具有独立判断能力的独立董事。内外董事的合理构成,在一定程度上也限制了董事与经理班子成员过多的交叉任职,从而保证了董事会对经理人员监督的有效和约束机制。江苏国有上市公司的独立董事比例平均仅占35.1%,且至2007年末有18%的公司董事长兼任总经理,导致独立董事在公司治理中的作用大打折扣。江苏国有上市公司通过提高独立董事比

例,使独立董事在董事会和关键委员中发挥主导作用,在董事长兼任总经理的公司增设独立董事以加强董事会的独立性。江苏省属国企集团母公司已开展外部董事试点,对于控制企业的决策风险具有十分重要的意义,但选聘外部董事的机制还在进一步完善。

(五)重庆市国有企业改革实践进展

重庆于 1997 年建立直辖市时,全市国有大中型企业亏损面曾高达72.2%,而改制面仅 28.7%,一度成为全国国企改革困难特别大、任务最艰巨的地区之一。2000 年,全市国有企业一举整体扭亏为盈,扭转连续 6 年亏损的局面。2003 年重庆国有资产监督管理委员会成立,标志着国企改革进入了一个新的阶段,通过重组国有资本、打造国有建设性投融资平台,实施战略整合、推动国有资本集约优化配置,推进债务重组、提高国有企业资产质量效益等一系列深入的改革,使全市国有企业逐步走上了良性发展的轨道。到 2009 年底,全市 37 户市属国有重点企业资产总额达到 3255 亿元,已有 5 户企业集团年销售突破 100 亿元,10 户企业集团资产总额突破 100 亿元,还有一批国企初具百亿级航母雏形,其发展路径归纳起来有以下三个特点:

1. 以渝富公司为平台,加快促进国有企业改革

2003 年时,在重庆 2700 多亿元的国有资产中,负债率高达 67%,严重制约了国有企业的发展。针对这一问题,2004 年 3 月,重庆市成立国内第一个地方性资产管理公司——渝富资产经营公司,作为国资委的下属政府融资平台,负责处置国有企业的债务问题。通过"搭桥贷款"、"打折回购"等新的银企合作模式,推动核销国有企业不良债务近 30 亿元,使重庆金融机构不良债务减少近 300 亿元,使重庆金融机构不良贷款由2000 年的 36% 下降到 8% 左右,创造性的建设了"渝富"模式。

"渝富"模式归结起来有以下四个特点:一是合理处置实体企业不良资产。以重庆机电控股集团公司打包处置不良资产为例,集团公司拥有资产 110.8 亿元,同时也是个高负债的企业,负债率高达 116%。渝富公司将机电控股旗下 24.9 亿元不良资产承接,再由机电控股回购,支付价格为 5.6 亿元,帮助机电控股大规模削债,同时在回购这些不良资产时又

采取了两种手段:首先是土地作价转让。机电控股将旗下三家子公司在市区的三块土地300余亩作价3.7亿元卖给渝富,渝富再拍卖土地获得现金。其次是直接支付现金。以渝富用收购的机电控股的不良债务做担保,由机电控股出面贷款1.8亿元偿还给渝富。二是积极参与金融企业的重组。渝富公司通过购买重庆市属金融企业的不良资产,对其实现了股份持有。其中,2004年到2005年间,渝富公司分两次收购重庆市商业银行不良资产共计22.5亿元,使重庆市商业银行不良贷款占比下降到4.93%,资本充足率提高到9.71%,主要监管指标达到监管当局的要求;出资4亿元增资重庆市商业银行,并归集市属国有企业持有的股权,成为重庆银行第一大股东;向香港大新银行转让重庆银行(前重庆市商业银行)股权,使重庆银行成功引入战略投资者。三是积极进军资本市场。2005年7月,渝富公司介入重庆实业的重组工作。当年9月,渝富公司出资300万元从华融资产管理公司购得重庆实业3160万股股权,成为重庆实业第一大股东,随即启动债务重组工作。2006年8月,渝富公司与重庆实业12家债权人达成《债务重组协议》,代重庆实业偿还了全部银行债务,解决了德隆占有上市公司资金问题,重庆实业在连续两年亏损的情况下实现了赢利,摆脱了退市风险。其后,渝富公司积极为重庆实业引入战略投资者,并配合完成了股权分置改革和定向增发工作。目前的重庆实业,成为一家主业清晰、治理规范的房地产开发类上市公司。同样,渝富公司还完成了对重庆东源的重组。2005年,为了拯救这家已经连续两年亏损的企业,渝富公司通过公开竞拍成为其第二大股东,并逐步掌握公司的实际控制权,对该公司董事会进行改组。在渝富支持下,重庆东源仅半年多时间就完成了扭亏保牌工作。四是帮助企业破产和搬迁,实现国有企业维护社会稳定的职能。如化医控股属下的52户企业中就有11户要搬,但企业搬迁需要费用,企业就将自己的土地打一定折扣置换给渝富,让渝富出资搬迁。渝富取得土地权属后,再进行市场化运作。

2.调整国有企业的法人治理结构和股权结构,逐步完善现代企业制度

重庆以建立一个产权清晰、责权明确的制度,一个管理科学、赏罚分

明的现代企业制度为目标,逐步提高监管水平,防止授权和约束的不平
衡,当前国有企业执行能力低下,企业亏损严重,国有资产流失现象时有
发生。

针对国有资产监管问题,重庆采取了以下几个方面的举措:一是完善
国有资产监管体系。对市级国有企业的国有资产分级分类监管,建立了
"一体两翼"的监管体系。"一体"即以市国资委直接管理的市属国有重点
企业为主体,由市国资委履行出资人职责;"两翼"即对其他市级部门所属
国有企业,委托市级有关部门履行管人和管事的职责,市国资委履行管资
产的职责;对区县国有资产的监管,在国有资产总量较大的涪陵、万州两
区组建国资委,其他区县(自治县、市)仍然由当地财政部门继续行使国有
资产管理职能。重庆最终将建立以市、区为两级,以市国资委、国有控股
集团、生产经营企业为三层的"两级三层"国有资产监督管理新体系。二
是完善国资监管的法规体系。围绕企业财务决算审计、国有资产损失认
定、企业负责人经营业绩考核、监事会工作、清产核资及资金核实和经济
鉴证、企业经营管理人员年薪管理、国有资产产权纠纷调处和政策法律咨
询等基础性工作制发了 30 多项制度。三是完善企业法人治理结构。按
照建立现代企业制度的要求,建立和完善了各负其责、协调运转、有效制
衡的法人治理结构。

3. 组建"八大投资集团",加快城市基础设施建设

2002 年以来,重庆相继组建了市属国有八大建设性投资集团,把原
来由政府直接举债为主的投资方式,转变为由建设性投资集团向社会融
资为主的市场化方式,从根本上改变了城市基础设施建设的投融资机制,
形成了政府主导、市场运作、社会参与的多元投资格局。"八大投"集团充
分发挥了投融资平台作用,为重庆经济社会发展提供了强有力的支撑。

其主要特点可以归纳为"三五三三"。一是合理界定三个投资领域。
关系地方经济安全和经济命脉的战略性领域,需要国有资本发挥主导和
支撑的作用;市场信号缺失、市场机制尚不能完全发挥作用的领域,主要
是准经营性城市公共基础设施项目;纯公益性项目,如图书馆、博物馆、体
育场等项目。二是明确五项资本来源。①国债注入。把分散到各区县

200 多亿元的几百个国债项目的资金所有权,统一收上来,按项目性质作为资本金归口注入相应的投资集团。②财政性规费注入。将路桥费、养路费、部分城维费等作为财政专项分别归口注入投资集团。③土地储备收益权注入。赋予部分投资集团土地储备职能,将土地增值部分作为对投资集团的资本金注入。④存量资产注入。将过去几十年形成的上百亿元存量资产,比如路桥、隧道、水厂等,划拨给各有关投资集团,成为投资集团的固定资产。⑤税收返还。通过对基础设施、公共设施项目实施施工营业税等方面的优惠或税收,作为资本金返还给投资集团。"五大注入"给"八大投"带来了 700 多亿元的资本金,使其资本实力在短时间内迅速壮大,获得银行 2500 多亿元授信额度和 1000 多亿元贷款。三是通过"三个不"构筑风险"防火墙"。财政决不为投资集团作融资担保,政企之间必须保持严格的界限,防止财政债务危机;投资集团之间不能相互担保,避免造成大面积金融风险;各投资集团的专项资金不能交叉使用。财政拨付的专项资金使用范围受财政掌控,必须专款专用,不准交叉使用、互相挪用。四是通过"三大平衡"指导企业经营。净资产与负债的平衡,即争取把资产负债率控制在 50% 左右;集团现金流的平衡,搞好现金调度,实现现金流的良性运转,保证企业正常运转;投入与产出或资金投入与来源要平衡。投资集团在接受政府部门下达的具体投资建设任务时,必须要有相应的资金注入或通过特定的盈利模式回收投资,避免出现大的融资困难或信用危机。

(六)对滨海新区国企改革的启示

中央企业和上海浦东、深圳等先进地区在国企改革上进行了成功的探索,为滨海新区国企改革提供了借鉴。首先,按照企业的不同性质进行分类监管。其次,注重发挥法人治理结构在国资监管中的基础性作用,强化外部监督。最后,以业绩考核为导向,强化激励和约束机制。

在运行机制方面,各地采取的方式各有不同,形成了各自的特点。上海浦东主要借鉴了国务院国资委的现行做法,由国资委直接对所属企业实施监管;江苏目前正在以江苏高科技集团为试点,全面引入淡马锡经营管理模式;而深圳、重庆等根据自身实际建立了有特色的管理体制,在成立市国资委的同时组建深圳市投资控股公司和渝富资产管理公司,由国资委对公益型国有企业进行监管,由控股公司代表出资人对市场运营型国有企业进行管理,承担部分市国资委暂不能行使或不便行使的出资人职能。从实践看,国资委和控股公司相互协调,取长补短,有效提高了国有资产监管效率。重庆在成立市国资委的同时组建渝富资产管理公司,通过"打折回购"等创新模式减少了国有企业的债务,使国有企业轻装上阵,加快了国有企业改革的步伐,同时建立了"一体两翼"的监管体系,进一步完善了现代企业制度,值得我们借鉴。

三、滨海新区国有企业研究

党的十七大和市第九次党代会以来,滨海新区开发开放进入快车道,十大战役全面打响,管理体制改革深入推进,经济社会发展迈上新台阶,保持了又好又快发展的强劲势头。2009 年,滨海新区生产总值 3810.7 亿元,增长 23.5%;工业总产值完成 8223.99 亿元,增长 11.6%;地方财政收入 455.6 亿元,增长 50.3%;固定资产投资 2502.66 亿元,增长 49.2%。滨海新区的龙头带动作用进一步显现,科学发展排头兵实力进一步提升。

20 多年来,滨海新区国有企业从无到有、从小到大、从弱到强,不断发展壮大,走出了一条具有滨海新区特点的发展路子。根据课题组的调查统计,截至 2008 年底,滨海新区各行政区、功能区共有国有及国有控股企业 149 家。其中,市政府委托滨海新区管委会、开发区管委会、保税区管委会、高新区管委会等派出机构监管的主要有泰达投资控股有限公司、滨海新区建设投资集团有限公司、海泰控股有限公司、天保控股有限公司等 9 家大型企业。

(一)资产规模持续壮大

经过多年经营发展,滨海新区几家大型国有企业不断发展壮大,总体上形成了一定的优势。泰达投资控股有限公司、滨海新区建设投资集团有限公司、海泰控股有限公司、天保控股有限公司等 9 家大型企业的资产总额呈现出逐年增长的态势,2008 年以上 9 家公司的资产总额,约占滨海新区国有企业总资产的 87％,同深圳市属国有企业资产总额大体相当。从经营情况看,在国际金融危机的大背景下,2008 年 9 家公司的主营业务收入比 2007 年增长 28％;资产负债率为 61％,比 2007 年下降了 6个百分点;净资产比 2007 年增长 71％;净资产收益率为 2.25％。从总体上看,滨海新区国有企业较好完成了国有资产保值增值任务。

(二)经营领域范围不断扩大

从经营领域看,滨海新区国有企业经营行业范围十分宽广,涉及了金融、基础实业、房地产、城市资源经营、公用事业、区域开发、循环经济、高端酒店业、现代物流、汽车展贸、物业服务、航空、装备制造和电子信息、体育运动等 20 多个产业,形成了产业多元化、产品多样化的经营格局。从投资方向看,这些企业坚持以投资滨海新区为主,大胆实施"走出去"战略,不断向全市全国市场进军,并积极参与国家对外投资援建项目的开发建设,形成了多渠道、国际化投资布局的发展态势。

(三)投融资功能不断拓展

滨海新区国有企业在推进区域开发建设中充分发挥改革开放的先导作用和自身品牌优势,积极开展投融资活动,为拓宽投融资功能、完善投融资体制做了大量工作,取得了显著成效。一方面,坚持市场化运作,充分发挥融资平台作用。在各管委会的授信和支持下,几家大型国有企业不断创新融资理念,积极拓展融资渠道,努力通过上市发行股票、银行贷款、发行债券、BOT、PPP、集合信托等方式,大力筹措资金,为加快区域开发建设提供了大量资金。目前,泰达控股公司、滨海建投集团公司、海泰控股公司、津联集团公司、天保控股公司、北方信托公司等每年实际获得各种资金额度合计达数百亿元,成为区域融资的重要平台和重要力量。另一方面,恪守开发职能,充分发挥投资主体作用。各国有企业始终立足新区、面向新区、服务新区,自觉把融来的资金主要用在区域开发建设和完善发展环境上,推动区域实现了滚动式开发。比如,2009 年新区固定资产投资 2502 亿元,其中大部分是由国有企业承担完成的。此外,新区国有企业还充分发挥自身管理、资金、技术、人才、品牌等优势,积极开展对外经济技术交流与合作,配合有关部门开展招商引资工作,形成了互利共赢、联合招商的良好局面。

(四)产业集群效应初步显现

目前,滨海新区以现代设施农业、都市休闲农业为主的第一产业集聚度持续增加,集中分布在塘沽、汉沽、大港三个区。航空航天产业已形成以临空产业区(航空城)航空制造业和开发区西区、滨海高新区航天制造业,规划面积 40 平方公里的产业集聚区,以及分别位于东丽航空产业区、津南双港工业区和宁河现代产业区,规划面积 18 平方公里的 3 个配套零部件产业集群,2009 年总产值 112 亿元,对工业增长的贡献率达到 10%。钢铁产业蓬勃发展,天津钢管集团、天津钢铁集团、天津铁厂等几家大型钢铁公司均坐落在新区产业规划区,初步形成了集群发展的态势。石化产业加速发展,大港石油化工产业区产业链进一步完善,南港工业区开发建设全面推进,一批大项目陆续落成,石化产值以每年 50% 速度增长,预计在五年内年产值将达到 150~200 亿元。水、电、气、热和垃圾、污水处理等资源能源建设能力显著提高,新能源新材料产业迅猛发展,形成了以绿色电池、光伏发电和风力发电为代表的门类齐全、技术先进的产业集群,膜材料、先进陶瓷材料、硅材料、钛材料等多种材料的研发制造能力处于全国领先水平。以现代物流、餐饮住宿、金融等为主的第三产业逐步高端化,主要集中在开发区、保税区、塘沽区。2007 年,滨海新区三次产业的比例为 0.3% : 71.7% : 28%。

(五)自主创新能力不断增强

滨海新区国有企业在发展模式上坚持区域开发建设和技术研发制造并重,许多企业十分注重开发核心技术、增强自主创新能力,取得了较好成效。国有企业积极参与投资建设,新一代运载火箭、直播通信卫星、A320 系列飞机、直升机和无人机等产品的研发、制造和装配达到世界先进水平,滨海新区已经成为中国航天产业的四大基地之首,成为中国航空直升机产业龙头基地。2008 年,直升机实现产值 60 亿元。天津钢管公司的石油套管研发制造技术达到世界一流水平,市场占有率位居全球前三名。泰达股份有限公司研发制造的生态棉曾被作为中国军用新式冬服生产的原材料,垃圾焚烧发电技术走在行业前列,年消化垃圾 50 万吨,取得良好经济效益。泰达生态园林绿化有限公司致力于盐碱地绿化的研究和实践,取得重大科研突破,成为国家级实验室。天津开发区清源公司的电动汽车研发制造技术全球领先,每年出口2000多辆,成为中国电动汽车的重要研发基地。中新天津生态城智能电网综合示范工程是国内第一个进入实质性建设的智能电网,智能化水平走在全国前列。滨海新区设立全国首项"高新技术企业培育资金",在全国率先认定区级高新技术企业,形成了高新技术产业聚集发展的强劲态势,也为国有企业增强自主创新能力、走依靠技术进步发展壮大的道路注入了强大动力。

(六)品牌价值不断提升

在发展实践中,滨海新区国有企业注重自身品牌建设,把做大与做优结合起来,在不断提升技术服务水平的同时,大力培育企业品牌,实现企业无形资产持续升值,培育了一批有影响的品牌和上市公司。目前,"泰达"、"海泰"、"TPCO"(天津钢管)等品牌在国内外享有盛誉,"渤海银行"、"渤海保险"、"泰达金融控股"、"航母主体公园"等在业内知名度较高,成为区域招商引资、对外交流、扩大影响力的重要资源。泰达股份、天津发展、津滨发展、滨海能源、滨海物流、海泰发展、天保基建等10家境内外上市公司成为区域融资的重要平台。中新天津生态城以其低碳、环保、节能、可持续的发展模式,成为世界上第一个国家间合作开发建设的生态城市。于家堡金融区开发建设初具规模,全球路演引起广泛关注,建成后将成为世界最大的金融区。

(七)服务区域开发建设勇挑重担

滨海新区大型国有企业伴随区域的建设而创立,伴随区域的发展而壮大。多年来,认真贯彻落实市委、市政府和各管委会的要求,积极参与区域开发建设,自觉履行经济责任,为区域快速发展做出了历史贡献。一方面,这些企业承担了填海造陆、道路交通、能源资源供应、公用基础设施建设、环境综合整治等大量艰巨任务,保证了功能布局、产业规划、项目落户、投资建厂等各项经济活动的顺利实施,为优化区域投资和发展环境提供了坚实保障。特别是当前新区"十大战役"全面打响展开,新区国有企业以高度的责任感和使命感,发挥主人翁精神,派出精兵强将和主力企业投入十大战场,以拼搏实干、奉献服务的精神作风,全面快速推进功能区开发和项目建设,全力以赴打好开发开放攻坚战,掀起了大开发、大建设、大发展的热潮。另一方面,这些企业通过自身发展壮大,主动从全市发展大局出发,积极参与全市国有企业改制,先后承接了数家濒临倒闭的困难企业,累计注入资金近 100 亿元,接收安置员工数万人,使多家国有企业走出困境,为全市国有经济战略调整和国有企业健康发展做出了应有贡献。

(八)承担社会责任坚定不移

滨海新区国有企业不仅在经济建设中主力先行,在承担社会责任方面同样坚定不移。在促进就业方面,新区几家大型国有企业以其基础设施和房地产开发建设的主业特色,吸纳了大量劳动力,20 多年来累计创造了 50 多万个就业岗位,目前正式在册职工总数近 3.1 万人,成为带动新区和全市就业的重要力量。在最困难的 2008 年,新区国有企业面临的生产经营形势十分严峻,总体利润同比下降 28.0%,但始终把保增长、渡难关、上水平摆在首位,克服困难力促经济回升,承诺并切实做到"企业不裁员,员工基本收入有保障",许多企业还增加了吸收应届大学生就业人数,用实际行动做出了表率。在支援四川抗震救灾活动中,新区国有企业积极响应中央和市委的号召,踊跃捐款捐物,参与灾后重建,仅国有企业党员就交纳"特殊党费"110 多万元。在节能减排方面,新区国有企业舍得花重金更新改造设备技术,认真践行绿色环保、清洁生产的理念,企业万元产值、万元增加值能耗和二氧化硫、化学需氧量排放量逐步下降。在维护稳定方面,新区国有企业统筹兼顾各方利益,坚持边发展经济边改善民生,保持员工平均收入水平稳定增长,努力化解企业重组、改制、合并中的各种矛盾,积极支持和参与社会公益活动,以自身稳定促进了区域和谐稳定。

(九)国资监管模式发挥积极作用

滨海新区几家大型国有企业的成立时间各不相同,最初目的主要是承担新区和各功能区的开发建设任务。目前,几家大型国有企业与新区管委会、各功能区管委会基本是一一对应的,即几乎每个功能区都组建一个区域化的大型国有企业,对口主导本区域的开发建设,形成了一区一企的鲜明特点。从总体上看,几家大型国有企业的国有资产没有直接纳入天津市国资委的统一监管范围,而是由市政府分别委托滨海新区管委会或各功能区管委会监管。市政府是名义上的国有资产出资人,各管委会实际履行国有资产出资人职责,各企业按照授权依法经营,市政府与管委会形成委托与被委托关系,管委会与企业形成监管与被监管关系。从单个国有企业看,每个企业与管委会实行"1+1"捆绑,管委会对企业实行高度集权监管,企业在行政工作上受管委会领导,经济活动紧密围绕管委会的工作重心展开,经营管理重大事项要向管委会报告,投资方向、经营范围受管委会制约,经营自主权相对有限。因此,新区国有资产的监管实际上是委托集权监管。从发展实践看,这种监管模式较好地发挥了积极作用:一是委托监管使得监管权力下沉、监管重心下移,监管举措更加贴近国有企业,减少了监管与实际脱节的现象,有效提高了监管的针对性和实效性。二是分权监管使得监管主体、监管责任比较明晰,有利于充分发挥各管委会的积极性,监管重点也更加突出。三是集权监管有利于每个功能区从整体上调控国有资产布局,使国有企业的经营管理活动更加符合区域发展需要,更好发挥国有企业在区域开发建设中的主力军作用,提高了国有经济的控制力和影响力。实践证明,这种管委会加开发公司的运行模式,既充分发挥了管委会的行政职能,又充分发挥了企业的市场作用,二者紧密结合,无缝对接,各司其职,相互支持,提高了管理效率,形成了开发建设的强大合力。

(十)法人治理结构逐步完善

建立现代企业制度是国有企业改革的方向,规范法人治理结构是建立现代企业制度的核心。滨海新区几家大型国有企业自设立以来,通过公司化改制、资产重组、合并等方式,不断深化改革,目前绝大多数公司建立了董事会、监事会等机构,有的董事会还下设了决策、审计、人力资源等专业委员会,逐步形成了适应社会主义市场经济要求的法人治理结构体系。从实际运行情况看,董事会是企业的决策机构,对企业的发展目标和重大经营活动进行决策,特别是各个专业委员会充分发挥各自技术优势,为董事会提供了强有力的决策咨询和参考。经理层是企业的组织执行机构,主持经营管理工作,组织实施董事会的决议和决策。监事会主要是对企业经营管理行为和财务活动进行监督,为国有资产及其权益得到保护、不受侵犯创造良好环境条件。董事会与经理层之间形成了决策与执行、管理与被管理关系,监事会与董事会、经理层形成监督与被监督的关系。这种治理结构有效强化了对国有企业领导人员的激励约束机制,使国有企业的决策目标、执行责任、监督考核形成了比较明确的分工,促进了企业内部高效运转,提高了经营决策的科学化和民主化水平,从根本上增强了企业的市场竞争力和活力。

但是从滨海新区开发开放的新形势、新任务看,目前滨海新区国有企业在监管体制、内部治理、经营发展、业绩考核和薪酬管理等方面仍存在一些不适应、不符合的问题,深化改革的任务还十分艰巨。主要有以下几点:

一是股权结构比较分散,监管需要集中统一。目前滨海新区没有建立统一的国有资产监督管理机构和监督管理体系,国有资产及其监管比较分散,数量可观的国有资产很难统筹调整和集中使用,一定程度上影响了国有经济发展的布局,不利于提高国有经济的控制力和影响力,从而使国有企业在滨海新区开发开放中的整体作用发挥不够充分。

二是法人治理结构运行不够规范,各层面关系还需进一步理顺。一些国有企业存在领导层、决策层、执行层相互重叠的问题,有的董事会内设专业机构不完整,有的董事会、监事会实际运行不到位、不规范。有的企业党组织发挥政治核心作用、参与重大问题决策的体制机制还不健全。有的企业适应法人治理结构各职位要求的主要领导人员偏少,具备懂业务、会管理、善经营的管理人才还不够多,特别是能胜任外派专职监事会主席和财务总监的专门人才更是缺乏。

三是企业领导人员的选用市场化程度还不够高,职业化素质需进一步增强。在规管模式上,按企业资产规模、经济效益等情况来划分管理层级的特点还不够明显。在选拔任用上,虽然在公开选拔、竞争上岗等方面进行了大量积极的探索和实践,但力度还不够大,缺乏有效聚集优秀人才的机制。在企业内部,有的领导班子没有形成合理的年龄、学历、专业结构。

四是业绩考核不够科学,薪酬管理需进一步规范。目前,对国有企业领导班子和领导人员的考核,没有区分行业和职位特点,经营性指标的设置不够细化量化,考核的针对性不够突出。定期考核、年度考核、任职考察、任期考核和经常性考察考核结合不够紧密,缺乏综合分析评价,考核的系统性不够。在企业领导人员薪酬管理和分配上,薪酬结构比较复杂,薪酬兑现与考核结果紧密衔接还不够,薪酬水平不够平衡。

五是经营管理还需加强,经济效益应进一步提高。目前,滨海新区几家大型国有企业全资或控股的公司达 180 多家,管理层级较多,管理链条过长,缺乏扁平化的管理力度。不少企业经营主业不突出,经营摊子铺得过大,产业布局还没完全形成体系,甚至有的战略方向不够明确,缺乏拳头产品,难以形成规模效益。一些企业缺乏自主创新意识和机制,增长方式较为粗放,核心竞争力较弱,可持续发展的后劲不足。

四、滨海新区国有企业改革建议

(一)建立统一的国有资产监管体系

按照管人、管事、管资产相结合的原则,尽快建立滨海新区统一高效的国有资产监管体系,进一步明确国资监管的范围,逐步将金融企业国有资产、事业单位投资形成的经营性国有资产、非经营性转经营性国有资产一并纳入国资监管范围,为新区的发展提供新的动力。

1. 建立国有资产统一监管的意义

新区国资统一监管,有利于充分发挥新区综合配套改革和先行先试的政策优势;有利于明确新区国有企业的出资人体系,为进一步形成出资人、大型国有控股集团和下属专业公司的三层国资监管架构奠定基础;有利于高效统一地整合滨海新区国有资产并对优势资源进行产业配置;有利于促进滨海新区国有企业完善法人治理结构,形成科学发展的体制机制;有利于充分发挥国有企业在滨海新区开发开放中的拉动和主导作用;有利于利用改革的后发优势,在新区开展金融资产监管与经营模式和金

融工具的自主创新;有利于建立科学有效的绩效考核、薪酬激励与风险对
冲机制,为提升企业内在发展动力,促进国有资本保值增值作出贡献。

2.国有资产统一监管的三种模式

(1)模式一——建立滨海新区国资委

设立滨海新区国资委,作为滨海新区管委会的直属特设机构,对新区
国有资产和政府直接出资企业履行出资人职责。新区国资委负责贯彻执
行国家和天津市有关国资监管的政策法规,具体负责:在天津市国资委指
导下制定和实施新区国资监管制度;指导推进滨海新区国有资产调整和
布局,促进企业实现国有资本保值增值;编制和落实国有资本经营预算、
决算和执行,监督新区国有资产运行情况,维护国有资产出资人的权益;
完善公司治理结构,推进现代企业制度建设;加强对国有企业领导人员的
日常管理和绩效考核等工作。

该模式的优点是构建了统一的国有资产监管机构,填补了滨海新区
该类职能缺失的空白。缺点是这种单一的国资委机构和职能在实践中已
经存在一些问题,中央和各省市都在考虑对现行国资监管模式进行调整
完善。如果采取这种模式,很可能今后还需要进行二次改革。另外,在此
模式下,国资委虽然管理了大量资产,但因其不是企业法人,无法作为市
场主体实现资产的融资功能。

(2)模式二——设立滨海新区国有资产经营管理总公司

从近年国务院国资委的改革新举措看,国资委的出资人职能有可能
被由若干中央企业整合而成的超大型资产经营总公司所取代,原国资委
职能将逐步弱化,甚至可能被取消。借鉴新加坡淡马锡公司的国有资产
监管模式,建议滨海新区不设立国资委,而是建立一家国有资产经营管理
总公司,作为滨海新区国有资产出资人机构,承担国有资产的统一监管和
增值功能。总公司名称可暂定为"天津滨海新区投资控股集团有限公
司",简称"滨控集团"。滨控集团在行政上受滨海新区管委会领导。

目前,滨海新区由政府出资的大型企业主要有泰达投资控股有限公
司、滨海新区建设投资集团有限公司、海泰投资控股公司和天保控股有限
公司这四家。建议滨控集团可由这几家大型国有企业合并组建,并在某

一家基础上做强做实。从现实看,泰达控股公司总资产约1300亿元,出资企业包括天津钢管集团、渤海银行、渤海证券、泰达国际、津联集团、泰达集团、生态城开发公司、北方信托公司等一大批企业,涉及金融、房地产、能源、基础设施、工业制造和高新技术等行业。为加快企业资源整合,实现资产分类管理,建议以泰达控股公司等为基础组建滨控集团。

这种模式的优点是能将大量的国有资产集中配置到一个规模较大的企业之中,并按市场化的投融资规律运作,打造产业资本和金融资本相结合的、带有主权基金特点的企业航母。滨控集团既是滨海新区国有资产的唯一出资人,又是一家按市场化运作的大型投资控股公司,这在国内国资管理领域具有领先性和创新性,完全符合新区综合配套改革的要求。缺点是与其他成立了国资委的政府可能存在协调与衔接问题。

(3)模式三——同时成立滨海新区国资委和滨控集团

借鉴深圳等地区的成功经验,滨海新区可以既成立国资委作为一级国资监管机构,又成立滨控集团履行国资总公司职能。在这种分类监管模式中,国资委对国资总公司和非经营性企业的国有资产进行授权经营和监督管理,国资总公司作为一级控股集团,负责经营管理新区内经营性国有资产,并对旗下二级集团履行出资人职能。新区国资委的监管重点放在国资总公司的董事会和监事会,以及非经营性国有资产和国有企业身上,并逐步探索对非经营性国有企业进行市场化改革改制。国资总公司完全按市场规则进行企业化运作,突出具有竞争优势的核心业务,快速做大做强,成为带有产融结合特征的大型综合性国有企业,在全国乃至世界范围内树立滨海新区企业品牌形象。

这种模式的优点是在实现国资委统一监管的前提下,可以同时理顺各级国有企业的产权框架,快速集中整合优良国有资产,形成非经营性和经营性国有资产的分类监管和授权经营,有利于对新区国有企业进行分类管理与考核,提升企业发展内在动力,实现新区国有资产做大做强目标。缺点是只进行了管事和管资产的整合与分工,没有实现与管人相结合。

3.构建国有企业三级管理体系

滨控集团组建后,各功能区管委会出资的企业和塘沽、汉沽、大港区国资委监管的企业统一纳入滨控集团监管,各功能区管委会和行政区政府不再管理国有企业。在滨控集团旗下,可建立金融、地产、能源、高新技术、生态城等若干专业化和区域化的二级集团公司。在二级集团公司旗下,可再设立专业经营公司。

(二)完善国有企业法人治理结构

随着滨海新区行政管理体制改革进展,新区国有企业根据先行先试的要求,建立符合自身实际的法人治理结构。

1.逐步完善董事会

董事会由7~9人组成,设内部董事2~3人,外部董事由国资委、新区政府派出或选聘。董事长、党委书记和总裁(总经理)进入董事会。在董事会中应设战略与投资、提名与薪酬、风险与审计等三个专门委员会,并由董事会授予职权、明确职责。提名与薪酬委员会和风险与审计委员会的主任委员应由外部董事担任。政府出资企业再出资企业应依据《公司法》和公司章程依法设立董事会。

2.加快健全监事会

滨控集团的监事会应由国资委监事、外部监事和职工监事构成,监事会主席和外部监事应由国资委遴选委派,职工监事依法由职工代表大会等机构民主选举产生。滨控集团下属企业应由滨控集团遴选委派监事会主席和外部监事。监事会下设办公室,负责监事会日常事务工作。监事依法履行职责,了解重大决策事项及决策进程,可直接向国资委或上级公司等监管机构报告。

3.进一步强化经营管理层

按照《公司法》及相关政策法规,进一步明确董事会与经理层职责分工,建立科学的决策和执行流程。董事会要对经理层充分授权,对其工作支持到位。经理层要坚决贯彻董事会的决议,用好董事会的授权,组织实施公司的经营管理活动,并及时把握市场动态,积极形成企业投资、生产、营销和自主创新等方面的思路举措,为董事会决策提供依据。总经理行使经营管理统一指挥权,对企业经营管理活动承担主要责任。经理层要服从监事会的监督,做到权力规范运行。

在完善法人治理结构的同时,要进一步加强党对国有企业的政治领导,确保国有企业改革发展的正确方向。要适应现代企业制度的要求,理顺党委会与法人治理结构的关系,积极探索党组织参与企业重大决策的有效机制,充分发挥党委会在公司中的政治领导核心作用。要加强党委会建设,加大推进党委书记、董事长一人兼的力度,配好专职副书记以主要精力抓好党建。党委书记、董事长要具备战略决策和统筹协调能力,负责公司党的工作和党的建设,认真贯彻落实民主集中制,发挥抓大事、懂全局、把方向的作用,使法人治理结构协调高效运行,发挥功能优势。

(三)强化绩效考核和激励约束

随着国资监管体系的建立和国有企业改革的深入,滨海新区国有企业要根据需要,逐步建立完善以业绩考核为核心的激励约束机制。

1.绩效考核的内容和方式

坚持市场化的考核评价导向,针对新区国有企业及其领导人,建立符合科学发展观要求的全面反映企业经济责任、政治责任、社会责任以及企业领导人员履职表现、廉洁从业情况的综合考核评价机制。综合绩效评价分为年度业绩考核和任期业绩考核。考核指标可分为定量的经营性指标和定性的非经营性指标。年度经营性指标主要包括净利润、净资产收益率、上缴国有资产收益、主营业务收入等。任期经营性指标主要包括国有资产保值增值率、三年主营业务收入等。年度和任期非经营性指标是根据企业承担滨海新区开发任务情况设置的,重点考核企业领导人员在完成公共目标和任务、创造社会效益等方面的业绩。企业领导人的考核分年度业绩考核和任期业绩考核,任期最后一年的年度考核可以和任期考核相结合。负责组织实施考核的部门在必要时可委托中立的专业机构进行审计和评估。强化考核评价结果运用,将考核结果作为企业领导人的任用和奖惩的重要依据。

2.薪酬结构和分配方式

企业领导人薪酬分为基本工资、绩效工资和任期一次性奖励三部分。

其中,基本工资按月发放,保持基本稳定;绩效工资根据年度考核结果发放,每年发放不超过 70%,剩余部分作为保证金在任期结束后发放;任期一次性奖励根据任期考核结果予以发放。对于企业发展作出特殊重大贡献的,可以给予一次性奖金或津贴。各大型国有企业的薪酬分配方案,要按照有关规定审核批准。

3.外部董事和外部监事的薪酬管理

大型国有企业的外部董事、外部监事的人事、考核和薪酬应由滨海新区国资监管机构统一管理,设立专门的外部董事、外部监事薪酬账户,由各大型国有企业每年按一定数额向该账户缴存,避免外部董事、外部监事从所任职企业直接领取薪酬、津贴或其他福利。外部董事、外部监事凡是由新区内政府部门或国有企事业单位的干部职工兼任的,原则上在主要任职单位领取薪酬,国资委不再发放薪酬,或仅发放与履行职责直接相关的、数量适当的津贴和补助。

(四)加快金融创新增强国有企业活力

按照国务院批复的《天津滨海新区综合配套改革试验金融创新专项方案》,积极探索金融综合经营,增强金融企业服务功能。充分发挥泰达控股公司金融业态比较完备、股权比较集中的优势,增强其作为政府股权投资平台的基础性作用。发挥泰达控股公司控股的泰达国际控股集团的金融创新主体作用,按照统一管理、综合经营、法人分业、严格监管原则,积极开展金融综合经营的创新和探索。发挥渤海和船舶两支产业投资基金的作用,积极拓展直接融资渠道,完善基金体系建设,支持产业(股权)投资基金和创业投资企业在新区的发展。根据《关于进一步支持我市企业上市融资加快发展的意见》,加快企业上市融资的力度,发挥上市公司的资源整合平台作用。优化金融环境,全面提升金融为企业发展和产业结构调整的服务功能,促进金融资本和产业资本的有效融合。加快培养和引进高级金融管理人才,大力提升企业金融创新的能力水平。

(五)培养造就高素质企业领导人才

国有企业领导班子是推进企业改革发展的指挥部,承担着重要的政治责任、经济责任和社会责任。推动国有企业又好又快发展,关键是选好选准企业领导人员,建设高素质的领导班子。

1.改进和完善管理关系

要按照深化国有企业人事制度改革的要求,坚持党管干部、党管人才的原则,以改革和完善企业领导人员管理制度为重点,逐步完善与公司治理结构相适应的企业领导人员管理体制,努力形成符合中国特色现代国有企业制度要求和滨海新区实际的企业人事制度。要按照管资产与管人、管事相结合,权力、义务和责任相统一的要求,以资产关系为纽带,以资产规模、经济效益等为依据,合理划分和确定企业领导人员的管理级别,理顺管理关系,明确管理权限,逐步做到谁出资、谁主管、谁受益。要从滨海新区实际出发,着力加强对重要骨干企业领导班子和领导人员的管理,特别是搞好对金融企业领导人员的管理,并大力推进企业内部人力资源管理改革,形成分类科学、充满活力的企业领导人员管理办法。

2.严格规范选拔任用程序

要按照企业领导人员的管理权限,把坚持党管干部、党管人才原则与依法落实董事会和经营管理者的选人用人权结合起来,进一步规范运用市场化手段选拔企业领导人员的标准、方法和程序,突出法人治理结构对企业领导人员的职位要求,选好配强企业主要领导人员和关键岗位的领导人员。任免企业党委成员,经出资人设立的党委组织部门进行民主推荐、组织考察,由出资人党委直接任免。选派董事长、监事长,由出资人设立的党委组织部门进行民主推荐、组织考察,经出资人党委研究提名,由董事会、监事会依法选举产生。选聘总经理、副总经理和三总师,由出资人设立的党委组织部门与企业党委、董事会协商,经民主推荐、组织考察,出资人党委研究同意,由董事会提名、聘任。任免企业党群领导人员,严格按照党章及有关规定办理。授权企业管理的,由企业党委组织部门民主推荐、组织考察,按照党委研究、董事会聘任的程序进行。

3.拓宽选拔任用渠道

要坚持竞争择优,把组织选拔与市场化选聘结合起来,放宽选人视野,完善选拔方式,从更宽领域、更高层次选择符合任职条件的人选担任国有企业领导人员,不断推进国有企业经营管理人员职业化、市场化、国际化。以选好一人兼的党委书记、董事长为重点,加强出资人代表队伍建设,着重从高级经营管理者中培养选拔,同时注重从行业内交流和跨系统选任,实施出资人代表培养培训工程,重点提高职业素养。以选好总经理为重点,采取面向海内外公开招聘、企业内部竞争上岗、从职业经理人市场猎取等方式,选优配强经营管理层,并积极开展董事会选聘经理人员试点工作,加快建立企业经营者能上能下、能进能出的流动机制。以选好外派专职监事会主席为重点,加强外部董事监事队伍建设,把品德、知识、能力、阅历、业绩作为主要选聘标准,着重从机关部门熟悉企业管理的负责人、大中型企业领导人员、行业系统的专业人员中选派,并建立外部董事监事人才库。

4. 提高科学发展的能力素质

要按照职位要求,大力实施人才开发培训工程,整体推进企业领导班子的职业能力建设。党委书记应着力提高统筹协调能力,增强政治意识、大局意识、责任意识,谋全局、把方向、抓大事,善于运用民主集中制解决问题,统筹协调法人治理结构各方关系,抓好班子、带好队伍。董事长应着力提高战略决策能力,树立全球视野,正确把握宏观政策,科学制定发展战略,不断调整经营方向,从根本上为企业掌好舵、把好脉、谋好策,确保国有资产保值增值。总经理应着力提高组织管理能力,强化执行力,创新思路举措,提高运营质量,降低管理成本,防范市场风险,增强企业竞争力和盈利水平。监事会主席应着力提高监督保证能力,加强政策法规和专业知识学习,敢抓敢管,善于发现违规问题,提高监督实效,成为国有资产的忠诚"护卫者"。财务总监应着力提高财务管控能力,强化资金管理,善于资本运作,科学规避风险,严守财经纪律,促进企业健康发展。

5. 推行企业领导人员任期制

按照公司法和公司章程,滨海新区国有企业的董事会、监事会和经理人员均实行任期制,每届任期一般为 3 年,经考核可以连续聘任。企业领导人员续聘的,重新办理聘任手续;不再续聘的,其职务自然免除,不再办理免职手续。国有企业党委、纪委领导人员任期按照有关规定执行。企业领导人员退休后,不得在本企业、下属企业和关联企业任职。

课题组负责人:杨英涛(天津市滨海新区工委副书记)

课题组成员:郝寿义(天津市滨海新区管委会、南开大学城市与区域经济研究所、天津滨海综合发展研究院)、李维安(南开大学商学院)、申小林(泰达投资控股有限公司)、张青(天津市滨海新区工委组织部)、邢春生(天津市滨海新区管委会综合配套改革办公室、天津滨海综合发展研究院)、贾晋平(泰达投资控股有限公司)、张晨光(天津市滨海新区工委组织部)、许宝玉(天津市滨海新区工委组织部)、谯元华(天津市滨海新区工委组织部)、蒋宁(天津滨海综合发展研究院)、郑宇婴(泰达投资控股有限公司)、李军(天保控股有限公司)、李彦军(天津港保税区综合经济局)、牛建波(南开大学商学院)

课题执笔人:申小林、谯元华、蒋宁、郑宇婴、李军

课题报告完成时间:2009 年 10 月

参考文献

Adams, R. B., & Ferreira, D. A Theory of Friendly Boards[J]. The Journal of Finance,62(1)

Andres, P. de, Vallelado, E. Corporate governance in banking. The role of the board of directors[J]. Journal of Banking & Finance, doi. 10.1016/j.jbankfin

Boone, A. L., Casares, F. L., Karpoff, J. M., & Raheja, C. G. The determinants of corporate board size and composition. An empirical analysis[J]. Journal of Financial Economics,85(1)

Burak, G. A., Malmendier, U., & Tate, G. Financial expertise of directors[J]. Journal of Financial Economics,88(2)

Coles, J. L., Daniel, N. D., & Naveen, L. Boards. Does one size fit all[J]. Journal of Financial Economics,87(2)

Deutsch, Y. The Impact of Board Composition on Firms'Critical Decisions. A Meta-Analytic Review[J]. Journal of Management,31(3)

Fich, E. L., & Shivdasani, A. N. 2006. Are Busy Boards Effective

Monitors[J]. Journal of Finance,61(2)

Kang, E. U. Director interlocks and spillover effects of reputation-al penalties from financial reporting fraud[J]. Academy of Management Journal,51(3)

Kroll, M. , Walters, B. A. , & Wright, P. Board vigilance, director experience, and corporate outcomes[J]. Strategic Management Journal,29(4)

Lawler, I. I. , & Finegold, D. A. Who's in the Boardroom and Does It Matter. The Impact of having Non-director Executives Attend Board Meetings. Organizational Dynamics,35(1)

Linck, J. S. , Netter, J. M. , & Yang, T. The determinants of board structure[J]. Journal of Financial Economics,87(2)

Vidhi Chhaochharia, Y. G. CEO Compensation and Board Structure[J]. The Journal of Finance,64(1)

崔伟,陆正飞.董事会规模、独立性与会计信息透明度——来自中国资本市场的经验证据[J].南开管理评论,2008(2)

李维安.公司治理[M].南开大学出版社,2001

李维安.现代公司治理研究[M].中国人民大学出版社,2002

孙永祥.董事会规模、公司治理与绩效[J].企业经济,2000(10)

托尼·兰顿.公司董事指南[M].李维安、牛建波译.中国财政经济出版社,2004

魏刚,肖泽忠,NickTravlos,邹宏.独立董事背景与公司经营绩效.经济研究,2007,(3).

吴敬琏.现代公司与企业改革[M].天津人民出版社,1994

吴淑琨,席酉民.公司治理模式探讨[J].经济学动态,1999(1)

叶康涛,陆正飞,张志华.独立董事能否抑制大股东的"掏空"? [J].经济研究,2007(4)

英国董事协会.董事会标准[M].中国财政经济出版社,2004

于东智,池国华.董事会规模、稳定性与公司绩效,理论与经验分析

[J].经济研究,2004(04)

余怒涛,沈中华,黄登仕,刘孟晖.董事会规模与公司价值关系的进一步检验——基于公司规模门槛效应的分析.中国会计评论,2008(3)

支晓强,童盼.盈余管理、控制权转移与独立董事变更——兼论独立董事治理作用的发挥.管理世界,2005(11)

陈明.国企改革历程回顾与展望.商业时代,2009(27)

后　　记

　　滨海新区开发开放研究项目从组织设立到编纂出版，动员了全市乃至全国社科理论界的研究力量，各级机关研究部门、高校及科研院所近千人直接参与研究，近百名专家参加审阅，本套丛书是集体智慧和心血的结晶。

　　滨海新区开发开放研究项目受到市领导及有关部门的高度重视，时任天津市委常委、宣传部长，现任天津市人大常委会主任肖怀远同志亲自为本书作序，市社科规划办和滨海新区区委、区政府对项目研究给予资助，杜鸿林、田晓同志提供了多方面的指导和帮助，谨对各级领导的大力支持表示诚挚的谢意！

　　滨海新区开发开放研究项目由天津滨海综合发展研究院组织协调，邢春生、赵恩成同志开展了大量卓有成效的工作，武晓庆、孙洋、李暄煜、杨钊、蒋宁、王利、徐刚、何艳维、尚晓昆等同志，以及天津社会科学院的张博同志参与了后期编辑整理。南开大学出版社的编辑为本套丛书的出版做了细致周到的工作。在此，对这些同志付出的辛勤劳动一并致谢！

编　者

2012.3.30